财务管理基础

（第二版）

祝锡萍◎主编　关宏超　朱萍◎副主编

人民邮电出版社

北京

图书在版编目（CIP）数据

财务管理基础 / 祝锡萍主编．—2 版．— 北京：人民邮电出版社，2013.8（2019.7 重印）
ISBN 978-7-115-32451-1

Ⅰ.①财… Ⅱ.①祝… Ⅲ.①财务管理 Ⅳ.①F275

中国版本图书馆 CIP 数据核字（2013）第 148841 号

内容提要

《财务管理基础》（第二版）系统阐述了企业投资决策、筹资决策、收益分配与股利决策、流动资产管理、财务报表分析等企业财务管理内容。全书共分九章，各章内容既具有相对的独立性，又相互联系，构成了现代企业财务管理的核心内容。

新版《财务管理基础》沿用了原教材的知识结构体系、框架和写作风格，保留了原教材中财务管理的经典内容，对一些与目前经济环境和现行法律、法规不吻合的内容进行了修改和补充。作者合理把握教学内容的广度和深度，十分注重理论与实际的结合。书中每一章以实际例子引入，由浅入深，通俗易懂；书中的例题尽可能采用企业财务管理和人们经济生活中的真实资料，使教材具有较强的实用性和可读性。

本书主要作为经济管理类专业学生学习财务管理等相关课程的教学用书，也可作为企事业单位管理人员学习财务管理知识的参考资料。

◆ 主　　编　祝锡萍
副 主 编　关宏超　朱　萍
责任编辑　王莹舟
责任印制　杨林杰
◆ 人民邮电出版社出版发行　北京市丰台区成寿寺路 11 号
邮编　100164　电子邮件　315@ptpress.com.cn
网址　http://www.ptpress.com.cn
中国铁道出版社印刷厂印刷
◆ 开本：787×1092　1/16
印张：19.5　　2013 年 8 月第 2 版
字数：310 千字　　2019 年 7 月北京第 5 次印刷

定　价：35.00 元

读者服务热线：(010)81055656　印装质量热线：(010)81055316
反盗版热线：(010)81055315
广告经营许可证：京东工商广登字 20170147 号

再版前言

企业财务管理是对企业的投资、筹资和收益分配等活动进行决策、规划、控制和分析的一种管理活动。作为一门独立的学科，它是在20世纪初才逐步形成和发展起来的，至今不过百年历史，但已经形成了一套完整的理论框架，其内容和方法日臻完善。

《财务管理基础》自2005年出版以来，在国内许多高等院校不同层次的教学中作为使用教材，受到师生们的普遍好评。然而，随着我国经济改革的不断深化，经济、金融、法律等理财环境也发生了深刻变化；尤其是2006年新的财务通则和会计准则的出台，进一步规范了企业的财务管理和会计行为；同时《中华人民共和国公司法》、《中华人民共和国证券法》和《中华人民共和国企业所得税法》的修订，使企业的筹资、投资、收益分配等财务行为的法律约束更加规范，丰富和完善了企业财务管理的理论知识和实践内容，这就要求高等教育的财会教学与时俱进，及时更新教学内容和教学资料。《财务管理基础》（第二版）正是为了满足这种需要而编写的。本书以新形势下企业财务管理的环境和财务管理的目标为起点，系统阐述了企业财务管理的基本理论、基本观念和方法，研究企业在一定的理财环境下，如何正确地进行投资决策、筹资决策、收益分配决策，以正确处理企业与各相关利益主体的财务关系，实现企业价值最大化。

新版《财务管理基础》沿用了原教材的知识结构体系和框架，保留了原教材中财务管理的经典内容，但对一些与目前经济环境不吻合的内容，以及与现行法律、法规不一致的内容进行了修改和补充，主要包括：(1) 删除了原教材第一章第五节的内容，在第六章中增加了“吸收直接投资”一节内容；(2) 根据证券市场法律体系的变化修改了第六章和第七章的部分内容；(3) 更换了第四、六、七、九等章节中的多数例题，尽量采纳上市公司的真实案例资料；(4) 在每一章的“思考与练习”中增加了课后阅读的指引和要求，调整了部分思考题和练习题。

新版教材保留了原教材的编写风格，在吸收国内外财务管理经典教材内容的同时，结合经济管理类专业学生的特点，在教学内容的广度和深度上作了合理的把握，并十分注重理论与实际的结合。书中每一章以实际例子引入，由浅入深，通俗易懂，书中的例题尽可能采用企业财务管理和人们经济生活中的真实资料，并配备了相当数量的思考题与练习题，供教学使用。

本书主要面向普通高校和成人教育学院经济管理类学生，因此作为高校本、专科层次学生财务管理的教学用书是十分合适的。它不仅便于教师备课，也将使学生在课堂教学和自学过程中感觉比较轻松。当然，本书也可作为企事业单位在职人员学习财务管理的基本理论和基础知识的参考书。

本书第二版由祝锡萍（浙江工业大学）任主编，关宏超（浙江工业大学）、朱萍（绍兴职业技术学院）任副主编。全书共分九章，各章撰稿人员分别为：祝锡萍（第一章、第二章、第九章）、王春（第三章、第五章）、关宏超（第四章、第六章）、陈杨琴（第七章）、谢莉（第八章）、朱萍对原书第二章、第四章、第六章、第九章的部分内容进行了修改。全书由祝锡萍审校定稿。

本书在编写过程中，得到了浙江工业大学经贸管理学院、成教学院和图书教材中心的大力支持，在此一并表示感谢！

由于编者水平有限，书中错误在所难免，恳请读者不吝指正。

目　录

CHAPTER－1

第一章

财务管理导论

A公司（以下简称“公司”）2012年第二次临时股东大会于2012年12月14日上午9：00召开。会议审议通过了九项议案，其中三项议案的内容如下所述。

议案2：关于制定“未来三年股东回报规划（2012—2014年）”的议案。公司未来三年（2012—2014年）股东回报规划如下：（1）公司优先选择现金分红的方式分配利润，也可选择股票、现金与股票相结合的方式分配利润，但利润分配不得超过累计可分配利润的范围。（2）在公司当年盈利且累计未分配利润为正的情况下，原则上公司每年度进行一次利润分配。公司也可以根据盈利情况及资金状况进行中期利润分配。（3）在保证公司持续经营和长期发展的情况下，公司应当采取现金方式分配股利，分配比例不少于当年实现的可供分配利润的10%。具体分红比例由董事会根据公司盈利状况和未来资金使用计划提出预案，提交股东大会审议决定。（4）根据累计可供分配利润、公积金及现金流状况，在保证足额现金分红及公司股本规模合理的前提下，公司可以采用发放股票股利方式进行利润分配，具体分红比例由公司董事会审议通过后，提交股东大会审议决定。

议案6：关于延长公司发行债务融资工具决议及授权有效期的议案。公司2010年第五次临时股东大会审议通过了《关于公司发行债务融资工具的议案》，同意公司向中国银行间市场交易商协会申请注册、在银行间市场发行不超过人民币4亿元的债务融资工具，该决议及授权有效期于2012年10月12日到期。由此，2011年1月21日公司获中国银行间市场交易商协会《接受注册通知书》，批准公司3.9亿元中期票据注册，注册额度自通知书发出之日起2年内有效。2011年2月25日，公司在中国银行间债券市场发行了1.9亿元第一期中期票据，为保证公司发行债务融资工具即中期票据工作的顺利实施，优化公司资本结构及负债结构，经公司第七届董事会第四次会议审议，现提请股东大会同意，将公司发行债务融资工具决议及授权有效期延长至中国银行间市场交易商协会批文有效期为止。

议案7：关于增加B水电站配套工程项目投资的议案。为保证B水电站顺利建成，结合工程进度需求，公司第七届董事会第一次会议同意全资子公司C公司增加对B水电站配套工程项目投资5 700万元。其中，对D输电线路工程项目投资2 400万元，对B水电站新增移民项目投资3 300万元。

A公司2012年第二次临时股东大会审议通过的上述三项议案中，第一项是利润分配问题，第二项是筹资问题，第三项是投资问题，它们是企业财务管理的三个重大问题，也是本书要重点介绍的内容。

财务管理是管理资金的学问，它能改变人的思想，它能改变人的命运，它能为企业创造价值!

本章主要介绍财务和财务管理的基本概念，阐述财务管理的目标和内容，分析财务管理的环境，目的是为读者学习后面的内容打下坚实的理论基础。

第一节 财务和财务管理

要说明财务管理的含义，首先必须说明什么是财务。“财务”一词从字面上理解，可以看成是理财事务的简称。理财主体可以大到一个国家，小到一个家庭，当然也可以是一个企业，或者一个非营利单位（如学校）。以国家为主体的理财属于财政学研究的问题，以家庭为主体的理财属于家政学的内容。本书主要研究以企业为主体的理财，也称为企业理财，即企业财务管理。至于以非营利单位为主体的理财，则称为非营利单位财务管理，它构成财务管理的另一个重要分支。

一、经济的本质

企业财务是企业组织资金运动的各项活动的总称，这些活动是通过资金的筹集、投放及使用、收回和分配等环节完成的。企业的资金运动体现了企业与有关各方的经济关系，因此，财务的本质是资金运动所体现的经济关系，对企业财务可以从资金运动和经济关系两个方面加以理解。

（一）资金运动

资金是企业资产的货币表现（包括货币本身）。资金可以从两个方面去观察：一是资金的存在形态，表现为企业的各种资产（投资），即资金的运用；二是资金的来源，即广义的资本概念，包括债权人提供的债务资本和投资者提供的权益资本。资金是企业开展经营活动的物质基础，从价值表现看，企业的生产经营活动是资金运动的过程，包括资金的筹集、资金的投放和使用、资金的收回和分配。

1. 资金的筹集

企业从事生产经营活动，必须筹集资金，这是资金运动的起点。资金筹集就是要从一定的渠道采用一定的方式获得企业所需的资金。从总体上说，企业的资金主要来源于投资者和债权人。由投资者提供的资金构成了企业的权益资本，它是企业生产经营的“本钱”，在财务会计中称之为所有者权益。权益资本包括企业设立时由投资者投入的资本、企业设立以后由投资者追加的资本以及企业在经营过程中留存的收益。债权人提供的资金形成企业的债务，会计上称为负债，包括流动负债和非流动负债（长期负债）。企业从投资者和债权人那里获得的资金可能是货币资金，也可能是固定资产、存货等有形实物，或者无形资产。

2. 资金的投放和使用

企业筹集资金的目的是为了组织生产经营活动，因此，资金运动的第二个环节是资金的投放和使用。企业需要将所筹集的资金投放到各种经营资产上，如购建固定资产、无形资产，购买存货等；当然也有一部分资金以货币形态存在，这就是资金的投放，财务管理中称之为投资。企业投资所形成的各种资产在生产经营过程会发生耗费，这就是资金的使用。这种耗费可以分为两类：一类是形成费用的耗费，直接在当期取得的收入中得到补偿，如企业发生的期间费用；另一类是转化为其他形态资产的耗费，如原材料投入生产后被转移到产品价值中，固定资产在使用过程中发生的耗费以折旧的方式转移到存货中去，待产品出售后仍然在取得的收入中得到补偿。

3. 资金的收回和分配

企业投放在各种形态上的资产最终通过销售过程收回资金，如产品出售后取得货款，变卖固定资产、无形资产后收回现金，或者收回股权投资、债权投资等。企业收回的资金首先需要补偿原先耗费的资金，多余的资金形成了企业的盈利，不足补偿的部分便是企业的亏损。企业的盈利在缴纳了所得税以后形成企业的净收益；净收益属于企业投资者所有。然后，企业净收益的一部分以股利的形式分配给投资者，另一部分留存于企业。分配给投资者的收益实际上是企业资金的退出，而留存于企业的这部分收益则使企业的所有者权益得以增加，这意味着投资者对企业的投资增加了。

企业资金运动的这三个过程是相互联系、相互影响的，在一个经营过程的循环中依次发生资金形态的转换。企业资金运动所表现出来的特征是价值运动，这种价值运动就是财务活动。这是对企业财务的第一种理解。

（二）经济关系

将企业财务理解为一种资金运动，这只是对企业财务的现象剖析，而更进一步，从本质上去理解资金运动，则可以探究企业财务的本质。企业生产经营过程中所表现的资金的筹集、投放及使用、收回和分配，体现着企业与有关各方的经济关系，这种经济关系主要表现为利益关系（也称为财务关系）。在市场经济条件下，企业的财务关系主要包括以下几个方面。

1. 企业与投资者之间的财务关系

投资者是企业最重要的利益主体，投资者与企业的关系是投资和被投资的关系，投资者向企业出资，并拥有相应的所有权，其目的就是为了赚取最大的报酬。企业接受投资者的出资，形成资本，并定期或不定期向投资者分配利润，形成资本成本。投资者在企业中享有利益的依据是他们拥有企业权益的比例。因此从理论上说，企业的利益就是投资者的利益。但是，投资者可能没有直接参与经营，他们的经济利益并不是在具体经营活动中直接体现的，而是反映在企业经营的最终结果上。

2. 企业与国家之间的财务关系

就一般的非国有企业而言，国家仅仅是社会管理者；在国有企业中，国家既是投资者，又是社会管理者。国家的利益就是社会公众的利益。国家为了实现其职能，必须对每一经济主体实施管制，而这种管制必须以拥有一定的资源为基础，要消耗一定的人、财、物。因此，国家机器的运转需要一定的收入，这种收入是从各经济主体取得的，其中最主要的是税收收入。由此可见，国家与非国有企业的主要经济关系就是征纳税的关系，国家向企业依法征收税款，企业向国家依法缴纳税金；而国家与国有企业的经济关系除了征纳税关系外，国家作为投资者还要参与企业的股利分配。在现实中企业财务必然要面对其与国家之间的这些利益关系，如何正确地处理国家和企业的利益关系，就成为企业财务管理的重要内容。

3. 企业与债权人之间的财务关系

债权人是指将货币资金或其他资产出借给企业的主体。企业的债权人主要包括银行等金融机构、其他经济实体或个人。债权人与企业的经济关系是一种借贷关系。债权人对企业的利益要求就是按时收回本金，并获取一定量的利息。但是，债权人在这种借贷关系中往往处于被动地位，由于信息的不对称，债权人的利益往往会受到某种程度的损害。例如，企业将债权人提供的资金用于风险很大的项目，如果冒险成功，获得的收益由投资者和经营者享受，债权人仍然只能按照出借资金的约定比例获得利息；如果冒险失败，企业偿付本金、支付利息的能力会削弱，最终可能会使债权人受到损失。当然，债权人也会采取一些手段保护自身利益。例如，债权人在向企业出借资金时，通常会对企业提出一些有助于保证贷款及时偿还的条件，将其写入借款合同中，形成合同的保护性条款，如规定抵押或担保条款；规定如逾期未能偿还本金和利息，应向债权人支付滞纳金和罚息；规定资金的使用范围，限制企业将资金投入到风险较大的项目；对投资者分配现金股利进行限制等。

4. 企业与职工之间的财务关系

职工是在企业从事生产、经营、管理和其他工作的利益主体，他们是企业的人力资源，直接创造了价值和使用价值。企业与职工的关系是雇用与被雇用的关系。职工在企业中的经济利益是其获得的劳动报酬。除此之外，职工也享有其他诸如社会保险、经常性福利等利益。

值得关注的是企业职工中的特殊群体——经营者（高级管理人员）。经营者是接受投资者的委托来具体管理企业的主体，一般是具有专业知识和专门经营技能的人。投资者与经营者是一种委托与代理的关系，这是现代企业代理理论的核心。企业与经营者之间的经济关系比与一般职工的关系要复杂得多、微妙得多，这是因为经营者被赋予很多经营权，他们更有机会为了个人利益而损害企业的利益。为了使经营者按照投资者的要求去经营企业，可以采取两类措施：一是激励，即让经营者的利益与企业的利益联系起来，鼓励他们采取符合企业最大利益的行为，如将经营者的工资、奖金等劳动报酬与其经营业绩挂起钩来，采用股票期权的激励形式，使经营者分享公司股票上涨的好处等；二是监督，就是由投资者直接或委托第三者对经营者的行为实行控制，限制经营者损害企业利益的行为。激励和监督都有成本，过度的激励和监督可能会得不偿失。因此，投资者在采用激励和监督两种措施时，要把握合适的度。从理论上说，激励和监督应当控制在使激励成本、监督成本和偏离目标损失三者之和最小的最佳状态上。

除了上述财务关系以外，企业的财务关系还包括企业与被投资单位之间的财务关系、企业与客户之间的财务关系、企业与供应商之间的财务关系等。财务管理的任务之一就是要处理好这些财务关系，使企业的财务活动得以正常进行。

二、财务管理的含义

明确了财务的含义和本质，我们可以给企业财务管理作这样的描述：财务管理是以价值形式对企业资金运动过程中的筹资、投资和收益分配等财务活动进行决策、计划和控制，以正确处理企业与各利益主体的经济关系，实现企业价值最大化的一项综合性管理活动。

上述概念是从管理的角度来认识财务管理的，即认为财务管理首先是一种管理活动，而管理的核心是决策，所以财务管理是一个决策的过程。理解财务管理的含义，应当注意以下几点：

（1）财务管理是一种综合性的价值管理活动，综合性是财务管理最明显的特点，因为财务管理涉及企业资金运动的各个方面，包括生产经营活动，投资活动、融资活动和收益分配行为等；

（2）财务管理作为一种价值管理活动，主要是围绕企业的投资决策、筹资决策和收益分配与股利决策展开的，即财务管理的主要内容是投资决策、筹资决策和收益分配与股利决策；

（3）企业财务管理与企业的资金运动密切相关，企业生产经营活动和各种理财活动实际上是资金运动的具体表现形式，因此，也有人将财务管理概括为“管理资金的一门科学”。

三、财务管理的产生与发展

财务管理从最初的筹资演变为一项综合性的价值管理活动，其内涵和外延在不断地扩展。在西方，财务管理从经济学中分离出来成为一门独立的学科，至今不过100年的历史。在这大约一个世纪的时间里，财务管理已迅速发展成为既具有相对独立性、又融合了多种学科知识并在经济管理中扮演着越来越重要角色的一门科学。西方财务管理发展至今，大约经历了以下几个阶段。

（一）筹资财务管理阶段

筹资财务管理阶段是财务管理的产生阶段。20世纪20年代末期前，资本主义工业化的发展以及科学技术的进步，使企业对资金的需求不断扩大。社会经济发展的潜力很大，但资源的缺乏制约了经济的发展，这使企业必须考虑如何筹集资金，以满足生产不断发展的需要。资产负债表的右方（资金来源）成为企业关注的重点，筹资成为当时财务管理的主要内容，其重点是研究公司的筹资环境，分析公司证券发行等有关事宜。

（二）内部控制财务管理阶段

自20世纪20年代末开始，出现了资本主义世界性的经济危机，大量的企业破产，工人失业，企业的生存面临着很大的挑战，财务管理的重心也随之发生了变化。企业的并购、破产、重组成为企业财务管理的主要问题，因此，在经济危机的条件下，企业财务管理的重心不再是公司的扩张，而是公司的生存。企业为求得生存，必须加强内部控制，合理地使用资金。

（三）投资财务管理阶段

人们将20世纪30年代至70年代这一段时期称为投资财务管理阶段。经过经济危机的考验和企业破产、重组的洗礼，人们开始认识到：筹资并不是企业理财要解决的唯一问题，人们对企业理财的关注开始由资产负债表的右方转向资产负债表的左方（资金运用）；企业要生存、发展，必须认真研究外部环境，正确进行投资决策，并保持一定的资产流动性。因此，企业财务管理的重点由研究资金的筹措转向研究资金的运用，即投资决策问题。

在这一时期中，财务管理的理论研究开始运用严谨的数量方法，如贴现技术。以时间价值、风险价值为基础，以财务决策为核心的一整套财务管理方法体系已初露端倪。财务决策以提高企业资金利润率、提高股票价格为目标已经为人们所接受。财务管理已经渗透到企业管理的许多方面，它在企业管理中的核心地位已经显现。

20世纪70年代以后，由于金融市场的迅速发展，筹资和投资的环境发生了前所未有的变化，通过金融市场发行证券筹集资金已经成为企业主要的筹资方式，资产负债表的右方再度成为关注的焦点。同时，企业投资的形式也呈现了多样化，除直接投资外，将资金投放于证券市场的间接投资越来越为企业所青睐。此时财务管理面临着两个重要的问题：一是筹资决策中的资本结构问题；二是投资决策中风险的处置问题。前者探讨公司在筹措资金时，应如何搭配债务资本与权益资本、短期资金与长期资金的比例，才能形成可使企业资本成本最低的资本结构；后者探究投资者应该如何制定投资政策，才能形成一个在风险既定的情况下，可使投资报酬率达到最大的投资组合。从此，财务管理的研究领域开始与投资学发生交叉。

（四）国际财务管理阶段

20 世纪 80 年代以后，世界经济的格局又发生了巨大变化。一方面经济全球化的潮流势不可挡；另一方面，20 世纪 70 年代以后国际货币体系的改革、汇率管制的取消导致汇率变幻莫测，国际剩余资金纷纷追求获取汇兑损益，财务管理出现了一个新的领域——国际财务管理。与此同时，电子计算机辅助决策系统的出现，使财务管理的方法发生了根本性变革。电子计算机使管理当局可迅速地储存、传递以及取出大量的资料，并且可以非常容易地代替人脑去进行各种复杂的数量分析。正因为如此，使用电子计算机辅助决策系统也成为现代财务管理区别于传统财务管理的根本特征之一。

21 世纪的世界经济已经进入了全球化、知识化和信息化时代，财务管理将面临许多新问题、新课题，财务管理的理论与方法将以环境变迁为契机，不断进行创新，以适应新经济时代财务管理的需要。

四、财务管理的职能

现代管理科学理论告诉我们，管理的基本职能是决策、计划和控制。财务管理是管理学的一个分支，财务管理的职能包括财务决策、财务计划和财务控制三个方面。财务决策需要解决“做什么”的问题，财务计划需要解决“怎么做”的问题，而财务控制则要解决“如何做好它”的问题。下面对财务管理的三项基本职能作简单的阐述。

（一）财务决策

财务决策是有关资金筹集、使用和分配的决策，它是财务管理首要的也是最重要的职能。财务管理决策职能是指财务管理具有能够对企业财务活动进行分析抉择的功能，而这种功能的发挥标志着决策的完成。财务决策主要包括三个部分：投资决策、筹资决策和收益分配与股利决策。决策不是决定，而是一个分析的过程，它是收集情报、设计方案、抉择方案的一个完整的、系统的过程。而决定则是一个瞬间发生的行为，它通常以表决的形式完成，以书面的形式公布。

（二）财务计划

计划是指预先决定做什么、何时做、怎样做和谁去做。财务计划是通过价值形式对企业未来一定时期的财务活动的具体内容所作出的筹划，它是企业财务活动乃至一切经营活动的依据。财务计划实际上是以价值形式反映企业未来一定时期财务活动应达到的目标，而价值形式是财务计划区别于其他计划的一个主要属性。

财务计划既是一种综合性的价值管理活动，也是一种系统性计划。在市场经济体制下，财务计划是以利润为中心来规划企业的财务活动，通过利润规划使财务计划构成一个完整的系统工程，这使财务计划成为企业从事财务活动和经营活动的行动指南，为协调各部门的行为提供了依据和方向；同时，编制财务计划本身也是协调经营行为的一种手段，最终成为控制和考核经营绩效的依据。

（三）财务控制

控制是执行计划的手段。财务控制就是以财务计划为依据，对企业日常财务活动乃至生产经营活动进行指导、督促和约束，确保计划全面完成的一种管理手段。广义地说，财务控制有三个基本环节：制定控制标准、实施日常控制和定期考核评价。这就是说，制订计划既为控制提供依据，也是控制的方式之一。财务控制的内容相当广泛，但其核心是成本控制。成本控制的主要环节包括确定标准、计算偏差、分析偏差和矫正行为等。

财务管理的上述三项职能是相互影响、相互依存的。财务决策是前提，没有财务决策，财务计划就成为无本之木；财务计划又是财务控制的依据和目标，而财务控制是实现财务计划的手段，控制的效果好坏又直接关系到财务决策的成功与否，影响着财务活动的经济效果。

第二节　财务管理的目标

企业财务管理的目标是企业从事理财活动所要达到的目的。它具有明显的层次性，即财务管理的目标可以分为总体目标（最终目标）、分部目标和具体目标三个层次。总体目标与企业的目标相一致，是对企业财务管理行为最终目的的高度概括；总体目标统驭分部目标和具体目标。分部目标分别指投资决策的目标、筹资决策的目标和收益分配决策的目标。具体目标是指某一具体理财事项所应达到的目标。不同的企业、不同的财务活动，其具体目标各不相同。

一、企业的目标及其对财务管理的要求

财务管理是一种综合性的价值管理活动，它涉及企业生产经营活动的各个方面。财务管理的目标取决于企业的目标，并且受财务管理自身特点的制约。因此可以说，企业的财务目标与企业的目标具有一致性，企业财务管理的总体目标也就是企业的目标。

企业是营利性组织，其出发点和归宿是获利。企业一旦成立，就会面临竞争，并始终处于生存和倒闭、发展和萎缩的矛盾之中。企业必须生存下去才可能获利，只有不断地发展才能求得生存，因此从管理的角度讲，企业的目标可以概括为生存、发展和获利。这三个基本目标对财务管理提出了相应的要求。

（1）生存。生存是发展和获利的基础，企业只有生存，才谈得上发展和获利。生存的反面是破产，而破产的直接原因是不能清偿到期债务。企业不能清偿债务的原因主要有两个：一是现金量的匮乏，二是发生长期亏损。因此，企业生存的目标对财务管理提出了这样的要求：使企业在经营过程中增加现金流量，保持偿还债务的能力，减少破产的风险。

（2）发展。发展是企业生存的条件。在激烈的市场竞争中，企业只有发展壮大，才能在市场中生存。企业的发展集中表现在收入的增加上，收入的增加来源于企业市场份额的扩大，而市场份额的扩大依赖于企业产品的更新换代和产品质量的提高，这些都需要企业增加资源的投入。因此，企业发展对企业财务管理的要求是：运用合适的金融手段，筹集企业发展所需要的资金。

（3）获利。获利既是企业生存的条件，也是企业生存和发展的目的。获利是使企业的资产获得超过其投资的回报，使企业的产出大于投入。获利对企业财务管理的要求是：有效地使用企业的资源，使其产生最大的经济效益。

二、财务管理的总体目标

明确了企业的目标后，我们再来研究企业财务管理的总体目标。财务管理的目标不仅具有层次性，而且具有鲜明的时代特征。从财务管理的产生和发展过程来看，其总体目标有一个演变的过程。人们在不同的理财环境下对财务管理的目标在理论上有不同的理解和表述，在此仅作简单的说明。

（一）筹资数量最大化

20 世纪 20 年代之前，财务管理的总体目标是筹资数量最大，这是短缺经济对企业财务管理提出的要求。短缺经济的特征是：资源十分匮乏，资源的匮乏制约了企业的发展；企业只要有了经济资源，投资任何项目都能赚钱。因此，当时企业的主要目标是获得资源，即取得资金。当然这种局面不可能维持很长时间，企业盲目地筹资和投资，必然导致筹资成本的提高和投资决策的失误。20 世纪 20 年代末期发生的经济危机便是一个很好的印证。

中国在改革开放前实行的是高度集中的计划经济体制，企业的任务就是按照国家下达的计划组织生产和流通，企业的目标是保质保量地完成国家的任务，这个时期对企业财务管理的要求就是要监督企业按照国家的规定开展生产活动。那时财务管理最重要的职能是督促企业遵守国家制定的各项法律、法规和政策，在规定的范围内开支成本费用，维护财经纪律。

改革开放以后的前10年间，我国尽管在经济体制上有一定的突破，但当时的经济仍然表现为严重的短缺经济，企业的目标没有实质性的变化，只是国家给企业的一定放权使企业有了一定程度的自主经营权。企业发展的“瓶颈”仍然表现为资金的短缺，所以那时财务管理的目标可以说是筹资数量最大化，争项目、争资金成为企业领导和财务人员的主要工作。

（二）产值最大化

产值最大化是计划经济的产物，这种目标的提出是与当时我国的经济背景相适应的，因为在计划经济体制下，企业实际上是国家的附属物，企业生产什么、生产多少都是由国家以计划的形式下达，企业没有什么自主权。在这种情况下，企业领导的主要任务就是为企业争项目，企业拿到了项目，国家一定会有配套的资金拨下来，当然也会有相应的生产计划任务。

而产值最大化在市场经济条件下是不可思议的！产值指标存在许多重复计算，产值最大在一定程度上会诱导企业进行高投入、高产出，从而形成高消耗和严重的浪费。市场经济条件下，企业的产品生产量应当由市场决定，企业不可能盲目生产许多产品，以达到产值最大。一味追求产值最大只会导致企业只讲产值，不讲效益；只求数量，不求质量；只抓生产，不抓销售；只重投入，不重挖潜，最终无法达到企业生存、发展和获利的目的。因此，这种财务目标在步入市场经济之后已被淘汰。

（三）利润最大化

在财务管理发展过程中相当长的一段时期内，利润最大化一直被作为衡量财务管理绩效的标准，也被公认为财务管理的最终目标。这种观点认为：利润代表了企业新创造的价值，利润越多说明企业的财富增加得越多，越接近企业目标。其理由有以下几点。（1）人类进行的一切活动，都是为了创造剩余产品，而剩余产品的多少是以利润的高低衡量的，因此把利润最大化作为企业财务管理的最终目标，可以引导企业去创造尽可能多的剩余产品。（2）在自由竞争的市场里，资本会最终流向获利能力强的公司，而获利能力强的基本含义就是相同的资本数额能创造出更多的利润。因此，利润最大化的目标有利于社会经济资源的合理配置。（3）公司利润最大化可促进整个社会财富的最大化，进而实现社会经济发展的目标。

在我国20世纪80年代初开始的经济体制改革，第一次明确了企业是自主经营、自负盈亏的经济实体。这是历史的转折点，它表明我国经济将从传统的计划经济过渡到商品经济，企业的目标也从追求产值最大转向追求利润最大，这是一个重要的观念转变。从20世纪80年代后期开始，我国经济已经从原来的严重短缺逐渐过渡到相对过剩的状态。进入20世纪90年代以后，中国的经济格局又一次发生质的变化。中国开始实行社会主义市场经济体制，优胜劣汰的经济规律开始发生作用，企业的财务活动和经营活动开始显现风险，一味追求利润最大已经不能适应现实的理财环境，利润最大化的财务目标明显暴露出一些缺陷。

首先，由于利润的实现和现金净流量的增加在时间上不同步，利润最大化通常没有考虑货币时间价值这一因素。例如，10 年后获得 10 000 元利润的方案与五年内每年获得 1 500 元利润的方案，决策者应该追求哪个？利润最大化概念未能对此作出解释。利润是一个会计概念，它是一定时期收入和费用的差额。而收入和费用的确认要遵循权责发生制原则，收入的实现和现金的流入并不同步，同样，费用的发生和现金的流出也不同步，这就导致企业一定时期内实现的利润与现金流量的增加并不相等，而不同时点产生的现金流量又具有不同的价值，利润最大并不能体现这种时间价值的作用。

其次，利润最大化会引导企业管理者（决策者）盲目追求利润，忽视风险因素。利润最大化可能导致过度的风险投资。风险价值理论认为，投资的风险越大，其收益越高。为追求利润最大化，公司可能会增加风险投资，从而造成资产风险的扩大、机会成本的增加和股票价格的下跌。

再次，利润最大化易诱发企业经营者的短期行为，导致企业通过变更会计政策和会计处理方法，达到虚增当期利润和资产的目的，甚至不惜编造虚假利润。

最后，利润最大化只强调实现利润最大，而忽视了利润分配对企业生存、发展和未来获利能力的影响。事实证明，一定盈利水平的企业，其利润分配方法不同，就会有不同的未来发展前景。

（四）每股盈余最大化

每股盈余的概念一般是对股份有限公司而言的，它是企业实现的盈利（一般指净利润）与其总股本数量的比值。每股盈余被认为是最能反映企业盈利能力的财务指标，也是投资者最为关注的财务指标之一。现实中许多人认为：应当把企业的利润和股东投入的资本联系起来考察，用每股盈余（或净资产收益率）来概括企业的财务目标，以避免“利润最大化目标”的某些缺陷。与利润最大化对比，每股盈余最大化衡量的是一个关于利润的相对数，可以用它对不同资本（或净资产）规模的企业进行比较。然而，这种观点仍然不能克服“利润最大化”目标的某些缺陷，如仍然忽视了每股盈余取得的时间性，仍然没有考虑每股盈余的风险性。

（五）价值最大化

既然利润最大化作为理财目标已不能适应市场经济条件下的企业财务行为，那么，市场经济条件下企业财务管理的目标又是什么呢？现代财务管理理论认为，企业财务管理的目标是实现企业价值最大化。

企业的价值是一个比较抽象的概念。从理论上讲，企业的价值可以有以下几种：

（1）账面价值；（2）清算价值；（3）重置价值；（4）市场价值。其中账面价值是指企业账面的净资产，它是最明确也是最具可靠性的一种价值。清算价值和重置价值都是一定假设下企业的价值，这些假设带有非正常的因素，研究这些特殊情况下企业的价值没有多大意义。而市场价值是企业价值最恰当的反映，市场价值是以公司股票在资本市场中交易的价格为依据计算确定的价值，这种价值随市场瞬息万变，谁都无法准确判断哪一时刻的股票价格正好能够合理地计量公司的价值。正是由于市场价值特殊的价值属性，才使用其衡量公司价值具有某种合理性。因此，价值最大化所说的价值应当理解为公司的市场价值。以市场价值来衡量公司价值的一个重要前提是：必须存在一个有效的（资本）市场，该公司的股票在这样的市场中挂牌交易。在资本市场并不十分发达的中国，大多数公司还没有成为上市公司，它们无法通过股权交易来体现其市场价值。

从理论上说，企业的价值在于它未来能给所有者带来多大的报酬，包括股利和出售其股权取得的现金。如果用收益现值法计量，我们可以将企业的价值写成下面的形式：

$$V=\frac{\Sigma P_t}{(1+K)^t} \tag{1-1}$$

式中，V 是企业的价值；P_t 是企业在时期 t 产生的收益（或现金流量）；K 是把收益折算成现值的贴现率，它与企业的风险成同方向变化，可以用与企业具有相同风险水平的资产报酬率确定。

从式（1-1）可以看出，企业的价值 V 主要受两个因素的影响：一是企业未来能够实现的收益，二是企业所承担的风险大小。在相同的风险水平下，企业未来能够产生的收益越高，其价值就越大；反之亦然。同样，在相同的收益水平下，企业承担的风险越小，贴现率 K 的取值就越小，企业价值就越大；反之亦然。然而，影响企业风险高低的因素又有很多，包括企业外部各种因素和内部各种因素。

价值最大化是现代财务管理理论的出发点。按照业主产权论的观点，企业价值最大化，就是股东财富最大化。股东财富最大化已经被越来越多的公司作为财务管理的目标，它是指通过合理的经营、最优的财务决策使企业资产的市场价值最大化，进而使股东财富最大化。以股东财富最大化作为企业的财务目标，可以避免利润最大化等观点所带来的一些弊端。它的以下三个特点非常明显。

（1）股东财富最大化的财务目标充分考虑了风险因素。在股份公司里，股东财富的多少最终体现在股票价格的高低上，而股票价格的高低不仅取决于公司目前的盈利情况，更主要的是取决于公司未来的盈利水平及取得盈利的风险大小。而公司经营所承受的风险大小取决于宏观经济、金融等外部环境的变化以及公司内部各种因素的不确定程度。

（2）股东财富最大化的财务目标也考虑了时间价值因素。式（1-1）中不同时期创造的收益 P_t 需要用不同的系数 $(1+K)^{-t}$ 折算成现在的价值。

（3）股东财富最大化也体现了社会利益最大化。这是因为，在一个完善的资本市场中，股票的价格不仅会反映公司本身的盈利状况和风险水平，而且会反映公司的经营活动和财务活动对整个社会经济产生何种影响。例如，一个污染特别严重的造纸企业，尽管其目前盈利水平较高，但由于它对社会造成的不良影响已被市场投资者所认同，投资者认为这个企业在不远的将来会被政府重罚或强行搬迁，至少也得花相当的成本处理污水，它未来的经营活动将包含更多的风险，其盈利增长也许将受到制约，这一切最终会在其股票价格的下跌中反映出来。因此，我们可以这样说，股东财富最大化既是公司财务的目标，也是企业经营行为符合整个社会利益的体现。

值得一提的是，将股东财富最大化作为理财目标，便于股东评价经营者的经营绩效。经营者作为雇员，接受股东的委托来管理企业，应该根据股东的意志来经营企业。如果企业以追求利润最大作为最终目标，这往往容易使经营者产生片面追求利润的倾向；而企业将实现股东财富最大化作为企业财务管理的最终目标，在一定程度上能抑制经营者的短期行为，这对于企业的长远发展是有利的。

三、社会责任

与财务管理目标相联系的另一个重要问题是企业的社会责任。随着时代的进步，一系列新的管理理念和社会价值观出现并迅速成长，企业的“社会责任观”也在起着积极而丰富的变化。在现代社会里，公司在制定财务管理目标时，应当考虑承担一定的社会责任。

社会责任在今天包含丰富的内涵，主要体现在以下几个方面：（1）依法纳税，不偷税漏税；（2）保护环境，消除环境污染；（3）扩大社会就业机会，向社会招聘员工，减轻社会的就业压力；（4）支持社会保障工程，包括为职工足额缴纳养老保险等；（5）保护消费者利益，不制造、出售假冒伪劣商品。

企业的社会责任在西方是一个争论很久的问题。股东财富最大化总的来说与社会利益是一致的，但也有矛盾，因为有时企业承担社会责任会造成企业利润和股东财富的减少。许多企业的经营者将社会责任和企业的财务目标割裂开来，认为社会责任的履行必然会增加企业的成本，或减少企业的收入，从而减少企业的利润，使企业价值最大的目标打折扣，这其实是一种片面观念和短期行为。履行社会责任，虽然会影响企业眼前的利益，但从长远看，它对于企业的发展是有促进作用的。一个企业对价值最大化的追求与它的社会责任追求的最终目的应当是一致的。因为，在一个竞争有序的市场里，在一个充满正义感的消费者心目中，企业只有认真履行其社会责任，才能为其所接受，企业的发展才会逐渐得到社会公众的承认。

第三节　财务决策的内容

管理的核心是决策，财务决策自然成为财务管理的核心内容，而财务决策的核心内容是投资决策、筹资决策和收益分配决策。本书后面的章节将对财务决策的具体内容作系统的阐述，本节只对投资决策、筹资决策和收益分配决策的一些基本理论问题作简单的介绍。

一、投资决策

（一）投资概述

经济学中所说的投资是指投入一定的资财，期望未来获得收益的一种经济行为。财务管理中所说的投资基本上就是这种口径，即反映在资产负债表左端的项目都是投资。但从财务会计核算的观点看，投资仅指对外投资，包括股权投资和债权投资等。

投资对于企业的生存和发展是极为重要的，这一点谁都不会否认。但是，投资会有两个麻烦事：一是它受到资源的限制，二是它可能会让投资者亏本。第一个问题在财务管理产生的初期就出现了，当时投资本身并不是企业的主要问题，因为市场到处存在着机会，可惜没有资金，筹资才是最困难的事。到后来，第二个问题出现了，那就是投资会有风险。20 世纪 30 年代资本主义经济大萧条以后，财务管理才开始真正关注投资决策问题，而 20 世纪 50 年代贴现技术的出现使投资决策（资本预算决策）方法出现了前所未有的变革。到 20 世纪 60 年代以后，证券投资得到了快速发展，随后这种间接投资远远超过了实物资产的投资，成为世界范围内最具吸引力的投资。

（二）投资的分类

投资按照其对象的不同可以有多种形式，如储蓄投资、证券投资（股票投资、债券投资、基金投资等）、外汇投资、房地产投资和实业投资等。一般来说，投资有两种基本的分类：直接投资和间接投资、长期投资和短期投资。

1. 直接投资和间接投资

直接投资和间接投资的区别在于资金的投向不同。直接投资是将资金直接投入到本企业的经营资产上，主要包括固定资产投资、无形资产投资和流动资产投资（如增加存货）；间接投资是将资金投放到企业外部的金融市场，或将资金的使用权出让给其他企业的行为，其主要形式是股权投资和债权投资。换句话说，间接投资就是企业将资金提供给他人使用，以获得收益的行为。从经营的形式看，直接投资推动着企业的产品经营（或称商品经营），而间接投资则伴随着企业的资本经营。产品经营和资本经营是两种不同的经营方式，它们共同推动了企业的发展。

2. 长期投资和短期投资

长期投资和短期投资的区别比较明确。从形式上看，主要是收回投资的时间长短不同，一般以一年为界限；但是，实际上长期投资和短期投资的本质区别是投资目的的不同。长期投资的主要目的是谋求企业的长远利益，通常与企业的发展战略有关，一旦投入资金，就不会轻易改变方向；而短期投资则主要是为了提高企业的资金使用效益，以谋求眼前利益为主要目的。

（三）投资决策的目标

投资决策的目标不同于投资的目标，总的来说，投资的目标是谋求企业的发展，实现企业价值最大；而投资决策的目标是指投资决策行为应达到的目的。投资决策的基本目标应当是处理好投资项目风险和报酬的关系，即在承担一定风险水平的前提下，实现尽可能高的报酬率；或在取得一定报酬率的前提下，使企业承担的风险尽可能小。

二、筹资决策

筹资（也称融资）是筹集资金的简称，它是企业根据投资方案所确定的不同时期的资金需要量，利用金融工具和金融手段，从可能的资金来源渠道取得资金的行为。企业筹集资金需要解决以下四个基本问题：（1）预测企业资金需要量；（2）规划企业的资金来源渠道；（3）研究企业最佳的筹资方式；（4）计量企业的资本成本，确定最佳资本结构。本书第六章和第八章将详细阐述这些问题，这里只就筹资决策的一些基本理论问题作简单的介绍。

（一）筹资渠道和筹资方式

进行筹资决策首先要明确筹资渠道和筹资方式。前者指资金的来源渠道，即何处存在资金可供企业筹集；后者指企业筹集资金所采用的手段或工具。

1. 筹资渠道

企业的筹资渠道相当广泛，主要的筹资渠道有国家财政资金、银行信贷资金、非银行金融机构资金、其他法人单位资金、社会闲散资金、企业实现的收益（未分配的部分）和外商资金（境外金融机构、企业或个人的资金）。当然，对某一企业而言，其筹资渠道并没有如此广泛。一般企业要取得国家财政资金是不可能的；小企业要获得银行信贷资金往往比较困难；有些企业处于微利状态，没有留存收益可以利用。

2. 筹资方式

如何从资金的来源渠道获得资金，这是筹资方式问题。企业可以采用的筹资方式多种多样，主要有吸收直接投资、发行股票、发行债券、借款、租赁（主要指融资租赁）、商业信用和收益留存等。当然，某一企业不可能都采用或都曾经采用过上述筹资方式，有些企业可以采用上述任何一种筹资方式，但也有一些企业只能采用其中的某些筹资方式。

应当注意，筹资渠道和筹资方式是相互联系的，但并不是一一对应关系。同一种筹资方式可以筹集不同来源渠道的资金，如发行债券可以筹集社会闲散资金，也可以筹集法人单位的资金；同样，同一来源渠道的资金可以通过不同的筹资方式筹集，如对于社会闲散资金，可以采用发行股票的方式筹集，也可以采用发行债券或吸收直接投资等方式筹集。

（二）债务资金与权益资金

资产负债表右端的“负债及所有者权益”揭示的是企业的资金来源问题，即企业的资金由谁提供。概括地说，企业的资金由债权人和投资者提供。债权人提供的资金称为债务资金，它是企业通过举债向债权人筹集的、需要在规定的时间按约定的方式还本付息的资金。债务资金在会计核算中形成企业的负债，负债有流动负债和长期负债之分，因此，债务资金又可以分为短期债务资金（也称短期资金）和长期债务资金(也称债务资本)。

权益资金是由投资者提供的、在企业存续期间长期拥有并可支配使用的资金，会计上称其为所有者权益。由于权益资金具有相当的稳定性，是一种长期资金，所以通常将权益资金称为权益资本。权益资本包括投资者投入的资本金、资本公积以及企业从税后利润中形成的保留盈余（盈余公积和未分配利润）。

这里有必要对资本概念作一说明。企业的资本有三种不同的口径：一是注册资本，指企业在工商行政管理部门登记的注册资金，注册资本一般与其实收资本相等；二是权益资本，即所有者权益；三是债务资本和权益资本的统称，这是广义的资本概念。债务资本和权益资本是财务管理理论中涉及的重要概念，二者的搭配比例是现代资本结构理论研究的出发点。

债务资本和权益资本是企业在相对比较长的时间内可以使用的资金，习惯上将它们称为企业的长期资金。除此之外，还有一块是由债权人提供的短期资金，会计上称为流动负债。由于企业使用短期资金通常不发生形式上的筹资成本或只付出很低的筹资成本，所以，在研究企业资本结构中往往将短期资金予以忽视或将其排除在外，只考虑长期资金中债务资本和权益资本的结构问题。尽管如此，长期资金和短期资金的比例问题仍然是企业筹资组合策略中需要探讨的一个问题。

（三）筹资决策的目标

筹资决策需要达到何种目标？以下三个方面是应当重点关注的。

（1）所筹集的资金要满足投资的需要。也就是说筹资是为了满足投资的需要，包括筹资数量的要求和筹资时间的要求。企业不能盲目筹资，否则就会造成资金的闲置和浪费。

（2）资本成本尽可能低。这是筹资决策的重要目标，因为低成本筹资能使企业增加收益。在一定的筹资环境下，筹资成本的高低与筹资方式有关。一般而言，债务资本的筹资成本低于权益资本的筹资成本。要降低筹资成本必须提高债务资本在全部资本中的比例，但这样做又会增加企业的财务风险。因此，在进行筹资决策时，我们不能一味追求低筹资成本。筹资成本和资本结构的关系是一个复杂的问题，具体内容在本书的第八章中阐述。

（3）控制财务风险。简单地说，财务风险是由于举债经营而引起的风险。不举债的企业也有风险，那是经营风险；但举债经营会使企业承担的风险增大，增大的那部分风险就是财务风险。显然，企业的负债比例越高，所承担的财务风险就越大，而过大的财务风险会对企业的生存产生威胁。从控制财务风险、避免破产的目标看，企业应当尽可能降低负债比例，但过低的负债比例又会提高企业全部资金的筹资成本。

因此，上述后两个目标是一对矛盾。因为要降低资本成本，必须增加负债筹资的比例；而高比例的负债筹资往往使企业承担较大的财务风险。如何解决这一矛盾？这是财务学家一直研究并将继续研究的课题。

三、收益分配决策

收益是一个比较含糊的概念。财务管理中所说的收益是指净利润，即税后利润，因此，收益分配通常也称为利润分配。收益分配决策的核心问题是确定企业实现的净利润多大比例分配给股东，多大比例留存于企业。这实际上是股东的眼前利益和长远利益（公司的长远发展）的关系问题。它不仅是一个收益分配决策问题，也是一个融资决策问题，因为将利润留存于企业是内部筹资的一种方式。

前文分别阐述了投资决策、筹资决策和收益分配的基本内容和目标。必须指出的是，财务决策的三个方面是相互联系、相互依存、相互促进和相互制约的。首先，投资决策决定了筹资决策，筹资不是盲目取得资金，而是根据投资方案所确定的资金需要量而进行的一种有目的的资金筹措行为。其次，投资决策也决定了收益分配决策。广义地说，企业的收益是投资的结果，投资决策的成功与否直接关系到企业的收益多寡，进而影响企业的收益分配。最后，筹资决策和收益分配又相互影响，这是因为，企业收益分配的最终去向有两个：一是以股利方式分配给投资者，二是留存于企业。其中将收益留存于企业就是一种筹资的方式（也称内部融资），这意味着收益分配本身包含了筹资的功能。而且，筹资环境及其变化也会影响企业的收益分配决策。当金融市场资金供给比较充裕、资本成本较低时，企业可以将较多的收益分配给股东；反之，如果外部筹资比较困难，资本成本相对较高，就应当将较多的收益留存于企业，以减少外部筹资。

综上所述，三大财务决策中，投资决策决定了筹资决策和收益分配决策，处于决定性地位；筹资决策和收益分配决策反过来也影响投资决策；而筹资决策和收益分配决策则是相互影响、相互制约的。

第四节 财务管理的环境

财务管理的环境简称理财环境，它是指影响企业财务管理行为的各种因素，分内部环境和外部环境两个方面。内部环境是企业可以改变的，但要改变内部环境必然受外部环境的影响；外部环境是企业无法改变的，企业只能去顺应它。财务管理是一项开放性的活动，管理者必须及时分析研究理财环境，以便作出合理的决策。

一、财务管理的内部环境

财务管理的内部环境是指影响企业财务管理行为的各种内部因素。内部环境包含诸多方面，如企业的组织形式、企业内部的组织机构（治理结构）、企业所属的行业特征、企业经营的产品（业务）的特点以及企业经营者的经营风格等，甚至连企业内部的某些法律文件（如投资协议、公司章程等）也属于内部理财环境的内容。各个企业的内部环境千差万别，具体内容不易阐述，在此我们只从一般意义上阐述企业组织形式和法人治理结构两个方面。

（一）企业组织形式

企业组织形式是指企业存在的法律形式。从理论上讲，企业的组织形式有独资企业、合伙企业、有限合伙制企业、有限责任公司或有限责任合伙制企业、股份有限公司等。在不同的经济环境中，我们需要考虑企业采取何种组织形式才能在各自的经济体制中运转得最好，才能最大程度地满足发展该企业的需要。目前我国企业的组织形式主要有以下四种。

1. 独资企业

独资企业即一个人拥有的企业。这种组织形式具有以下特点：企业的组建和经营比较简单；出资者对债务承担无限责任；出资者一般直接参与企业的经营，不产生所有权与经营权的分离；独资企业随业主的死亡而终止，并且被作为个人征税。独资企业不属于法人单位，其规模比较小，没有完整的组织机构。在现实生活中，小杂货店、独立干洗店、小型独立餐馆等都可以是独资企业。

2. 合伙企业

合伙是指两个或两个以上的自然人以共同所有人的身份从事某项经营业务而形成的联盟。合伙企业就是两人或两人以上合伙经营的企业，这种组织形式与独资企业有很大的相似之处，只是出资者的人数不同。其主要特点是：企业的设立与经营相对比较简单，通常只需要合伙各方达成协议即可设立；对债务负无限责任；出资者一般直接参与企业的经营，共同管理企业，各出资者在企业重大问题的决策中享有相对平等的权利；合伙人一级征税。合伙企业也不属于法人单位，其规模比较小。

3. 有限责任公司

有限责任公司是指由两人以上股东共同出资、每个股东以其所认缴的出资额对公司承担有限责任，公司以其全部资产为限对其债务承担责任的企业法人。有限责任公司是目前最主要的企业组织形式，其主要特点是：作为独立法人以公司全部财产对外承担债务责任；股东人数受法律限制，规定为2～50人；不属于上市公司。其组织结构主要包括股东会、董事会、经理层和监事会。有限责任公司的规模大小不一，视经营规模而定。

4. 股份有限公司

股份有限公司是指依照《中华人民共和国公司法》（以下简称《公司法》）的有关规定设立的，其全部资本分成等额股份，股东以其所有股份为限对公司承担责任，公司以其全部资产对公司的债务承担责任的企业法人。它具有以下几个主要特征：全部资本分成等额股份，股份采取股票的形式；股东均负有限责任；股东人数受法律限制（五人以上）；股份有限公司属于典型的资合公司。

企业财务管理活动是在一定的企业组织形式下进行的，势必受到企业采用的组织形式的影响。例如，独资企业与有限责任公司及股份有限公司的筹资方式大相径庭；有限责任公司与合伙企业在利润分配上也各有规矩。

（二）法人治理结构

一般而言，法人治理结构主要是针对有限责任公司和股份有限公司的内部各层关系而言的，因此法人治理结构通常也称公司治理结构。法人治理结构涉及的是公司治理的方式，重点是股东与企业管理层的关系。

理论界对法人治理结构的确切含义是众说纷纭，似乎没有一个令人满意的定论。一般认为，法人治理结构是公司内部的一种治理机制（或治理体制），主要通过设置股东会、董事会、监事会等机构，明确各机构的权、责，达到三者间在重大经济决策中的相互约束与权力制衡的目的。可以看出，法人治理结构的实质是公司的权力分配与制衡机制，即明确股东、董事、经理和其他利益相关人之间权利和责任的分配，规定公司重大事项的决策程序和规则，决定公司目标和组织机构，以及实施目标和进行监督的手段。

法人治理结构的内容可以概括为“一个基础”和“一条主线”。“一个基础”就是以两权分离为基础，“一条主线”就是以处理好企业所有者与经营者的关系为主线。我们可以从不同的角度认识法人治理结构。

1. 从所有者角度看法人治理结构的安全机制

作为投资者，法人治理结构是保护其合法利益的一种机制。投资者将资本投入公司，取得股权，但他们没有直接参与公司的经营，对于如何使他们在公司中的资产安全运行，不受非法侵犯，实现资本保值增值，法人治理结构是一种保护机制。例如，对国有企业来说，健全的法人治理结构是防止国有资产流失的有效机制。再如，完善的法人治理结构有利于小股东及其他非控（股）权股东的权益得到应有的保护。

2. 从经营者角度看法人治理结构的经营机制

企业是一个独立的法人，它应该具有完全独立的法律人格，这种完全独立的法律人格表现在人事权、经营权以及资产最终处置权等方面。这些权力的保护和实施必须依赖于法人治理结构，同时，法人治理结构使企业投资者对经营者的激励和约束机制制度化、市场化。

3. 从监督者角度看法人治理结构的监督机制

监事会是受股东会的委托对经营者行为实施监督的内部机构。监事会能否起监督作用是判断公司法人治理结构是否有效的重要标准。《公司法》规定了监事会拥有的四种职权：（1）基本监督权；（2）调查咨询权；（3）要求纠错权；（4）代表公司行使诉讼权。如何使这些法律条文得以落实？首先，公司要设置监事会，监事应当具有这种监督能力；其次，公司内部要建立这样一种契约或制度，规定监事可以定期或不定期地对公司经营活动、财务会计、董事、经理及相关管理人的业务进行监督；最后，应当在公司章程或相关的法律文件中明确董事和经理人必须无条件接受监事会的监督和检查。因此我们说，法人治理结构是监事会实施这些权力的基本平台。

法人治理结构是企业财务管理的重要内部环境，企业开展财务活动必然受到法人治理结构的制约和影响。企业财务决策权在股东会、董事会之间的分配影响着决策的结果。例如，企业的重大投资决策方案须由公司股东大会审议通过，而对一般的投资决策方案，公司董事会便可决定。

二、财务管理的外部环境

财务管理的外部环境是指影响企业财务管理的各种外部因素，包括政治、经济、金融和法律诸方面的因素。我们这里着重阐述两个重要的外部理财环境：金融市场和税收政策。

（一）金融市场

财务管理不能只着眼于企业内部的资金运作，企业财务人员必须研究金融市场。金融市场是融通资金的场所，它是财务管理最重要的外部环境之一，在企业财务管理中扮演着十分重要的角色。

1. 金融资产及其特点

资金的融通产生了一种特殊的资产，叫金融资产，也称金融产品，它是金融市场交易的对象。金融资产的含义相当广泛，它可以是货币（本国货币或外国货币），可以是有价证券（如股票、债券、票据和存单等），也可以是股票、债券的衍生产品（如认股权证、股票期权和指数期货等）。金融资产具有一般商品的某些属性，但它又具有某些特性。流动性、风险性和收益性是金融资产的三个显著特点。

（1）流动性。它是指某种金融资产能够在短期内不受损失地得到偿付而变为现金的属性，这一特点使金融资产可以避免或减少因资产不能及时变现而造成的损失。一项金融资产的流动性取决于两个方面：一是该资产的兑现能力，二是该资产的市场价值波动大小。资产容易兑现，价值波动较小，其流动性就强；反之，其流动性就差。

（2）风险性。它是指某种金融资产不能恢复其原投资价格的可能性。金融资产的风险性主要体现在两种风险上：一是由影响整个金融市场的不确定因素引起的风险，称为市场风险，如因加息、银根紧缩等宏观经济政策的出台引起金融资产的市场价格发生波动而产生的风险；二是因证券发行人未能履行约定的义务导致金融资产持有者不能全部收回本金和利息的风险，称为违约风险。

（3）收益性。它是指某项金融资产具有获取收益的属性。金融资产的收益表现为一定时期内该项资产产生的利息、股利或利得（出售该资产时获得的收入超过取得该资产时所付出的投资成本的差额）。金融资产的收益分为当期收益和到期收益。当期收益是指投资金融资产的当年所获取的利息或其他报酬；到期收益是指金融资产到期时收回的价格扣除原投资额后的差额。值得注意的是，金融资产的收益具有很大的不确定性，这就是金融资产高风险性的体现。

上述三种属性是相互关联、相互制约的。一般来说，金融资产的流动性和收益性成反比关系，即流动强的资产，其收益性相对比较差。例如，活期存单的流动性比定期存单的流动性要强，但其收益性较差。收益性和风险性成正比关系，资产的风险性越大，其收益性应当越好；反之亦然。同时，资产流动性的好坏本身也是体现资产风险的一个因素。本节后面提到的所谓“变现力风险”实际上与资产的流动性密切相关，二者的关系是：资产的流动性越强，意味着其变现力越强，则其变现力风险越小。

2. 金融市场的分类

金融市场有多种分类，以下介绍最重要的三种。

（1）按信用期限长短划分，可以分为货币市场和资本市场。货币市场即短期资金市场，是指融通资金的期限在一年之内的资金借贷业务所形成的市场。货币市场没有固定的交易场所，其交易对象为短期的信用凭证，如商业票据、银行存单等。资本市场即长期资金市场，它是经营一年以上长期资金的借贷业务的市场，其交易对象为长期信用凭证，如债券、股票等。将金融市场分为货币市场和资本市场，这是国际上通行的分类标准。

（2）按金融市场的具体功能划分，可以分为发行市场和流通市场。发行市场也称初级市场或一级市场，它是发行人以发行证券的方式筹集资金的场所。例如，股份有限公司通过发行新股筹集资金，投资者通过认购股票进行证券投资，这个交易是通过发行市场完成的。流通市场也称次级市场或二级市场，它是买卖已经发行证券的市场。例如，一家股份有限公司通过一级市场发行股票以后，其股票在流通市场交易，投资者可以买进或卖出该公司的股票，这种交易是在二级市场完成的。

发行市场和流通市场的功能不同，发行市场的主要功能是筹资，它使发行人获得生产经营所需的资金；流通市场的主要功能是交易，它为投资者提供资金运用的场所，使投资者完成从货币到证券、从证券到货币或从一种证券到另一种证券的快速流动。当然，发行市场和流通市场也存在着密切联系，一级市场证券发行价格的高低会影响二级市场证券的交易价格，从而影响投资者的投资收益；而二级市场证券交易价格的高低会影响该公司通过一级市场的再融资行为。为促进一级市场证券和二级市场的融合，中国证监会于2000年2月作出规定，一级市场发行股票部分按照投资者在二级市场所持股票的市值进行配售。

（3）按实际交割的日期划分，可以分为现货市场和期货市场。现货市场是指在买卖时当场完成交割或在几天内就要完成交割的市场。现行的股票市场就是现货市场，投资者买卖股票完成后，买方即时付款并获得股票，卖方即时转让股票以取得价款。期货市场是指在买卖的金融产品不能当场完成交割而需在未来某一特定日期（半年或一年以后）才能实行交割的市场。期货市场将金融资产目前的价格锁定，使产品未来交割时不受价格波动的影响。我国最初在上海、大连、郑州等地分别开设了以铜、大豆和小麦为交易对象的期货市场，经过十几年的发展，我国期货市场的主体结构日趋完善，一个相对独立的期货业基本形成。

3. 金融机构

金融市场的形成需要各方的参与，这些参与者包括资金的供给方、资金的需求方和金融中介。资金的供给方和需求方可以是国家、法人单位甚至个人，这里不作展开。下面着重介绍金融中介（即金融机构）。我国的金融机构主要包括中央银行、商业银行、政策性银行和非银行金融机构。

（1）中央银行。我国的中央银行是中国人民银行，它是国务院下属的管理全国金融工作的国家机关。中央银行只与商业银行发生资金融通业务，不直接从事基层的资金借贷业务。中央银行的主要职能是执行国家宏观金融政策，实施宏观金融调控。

（2）商业银行。商业银行是具体从事存贷款业务和其他金融业务的金融机构。我国的商业银行可以分为三类。第一类是国有控股商业银行，包括中国工商银行、中国农业银行、中国建设银行和中国银行，它们占据着中国金融业的大半边天，处于相对垄断地位。这些银行目前已都实施股份制改革，通过公开发行股票，成为上市银行。第二类是股份制商业银行，包括深圳发展银行、浦东发展银行、广东发展银行、华夏银行、民生银行、招商银行和兴业银行等，这些银行中大部分已经上市，成为上市银行。第三类是外资银行，外资银行是相对于本国银行而言的，凡是由外国资本建立的或由外国资本参股的银行都称外资银行。

（3）政策性银行。政策性银行是我国为特定项目和特定的企业单位办理信贷业务的金融机构。政策性银行不向社会公众吸收存款，其资金来源主要是向社会发行的国家担保债券和向金融机构发行的金融债券。其业务经营的宗旨是国家整体利益和社会效益，并不以盈利为目的。目前我国的政策性银行有三家：国家开发银行、中国农业发展银行和中国进出口银行。

（4）非银行金融机构。非银行金融机构是除了银行以外的其他金融机构，包括信用合作联社（大部分已经改制为商业银行）、保险公司、信托投资公司、证券交易所、证券公司、租赁公司和财务公司等。

根据金融机构在融通资金中的不同作用，我们可以将融资分为两类：直接融资和间接融资。所谓直接融资，是指没有金融媒介参加的融通资金方式，在这种方式下，资金供给者和资金需要者之间资金的转移由融资双方或通过经纪人直接协商确定。通过证券交易所买卖有价证券（股票或债券）属于典型的直接融资。除此之外，预付和赊购商品也属于直接融资。所谓间接融资，是指由金融媒介参加的融通资金方式，在这种方式下，资金供给者和资金需要者之间资金的转移不能直接由融资双方直接协商来完成，而是通过金融媒介来实现。如银行首先吸收资金供给者的存款，再将资金出借给资金的需求者，这是典型的间接融资。

4. 金融市场在企业财务管理中的作用

众所周知，金融已经成为经济的中心，而金融市场是金融的核心，它与我们的生活息息相关；同样，公司的财务活动和生产经营活动都离不开金融市场。具体地说，金融市场对企业财务管理的作用主要表现在以下几个方面。

（1）金融市场为企业筹集资金提供了场所。从总体上说，企业筹资可以分为内部筹资和外部筹资。内部筹资是通过收益留存实现的，采用这种方式筹集的资金是极其有限的；外部筹资才是企业获得资金的主要形式，就绝大多数企业来说，所需资金基本上是通过在外部金融市场发行证券或以借款方式取得的。很难想象，离开了金融市场，一个企业如何生存？如何求得发展？

（2）金融市场为企业投资创造了机会。我们知道，企业的投资活动可以分为直接投资和间接投资。直接投资与金融市场没有太直接的关联，但间接投资大多是通过金融市场实现的。例如，企业要取得另一企业的股权投资，必然要通过资本市场或类似的产权交易市场的股权交易完成；同时，企业在生产经营过程中出现暂时闲置的资金时，可以在金融市场中寻找合适的投资机会，如购买股票、债券等有价证券。这种现金和短期证券的转换，能够使企业的现金持有量保持在一个较为合理的水平上，从而提高企业整体的资金使用效率和使用效益。

（3）金融市场为企业财务决策提供有用的信息。金融市场不仅促进了企业投资和筹资的顺利实现，而且为企业财务管理提供了十分有用的金融信息。企业要进行投资决策、筹资决策和收益分配决策，必须以充分可靠的经济信息为依据。例如，企业进行投资决策，需要选择资金的投放对象和具体的投资品种，如何作出选择呢？财务人员可以从金融市场获得关于各种投资对象的投资收益及其风险的数据资料，便于设计出较为合理的投资方案。筹资决策也是如此，企业财务人员要分析筹资渠道、确定合适的筹资方式，在很大程度上要依赖于金融市场的信息。例如，企业投融资决策中贴现率的确定，一般以金融市场中风险相当的融资项目的平均利率作为依据。而收益分配决策对金融市场的依赖性，也是显而易见的。企业实现的利润如何在股利和积累两者间作出合理的分配，也要通过分析外部金融市场的资金供求状况而定。当金融市场发出资金紧缺、筹资成本高的信号时，企业应当将较多的利润用于积累；而当金融市场显现出资金供过于求、筹资成本低的迹象时，企业可以将较多的利润用于分配股利。

综上所述，财务管理离不开金融市场。作为企业财务管理人员，必须熟悉金融市场，及时关注金融市场，捕捉市场信息，使自己作出的财务决策更符合市场的变化和企业的实际情况，促进企业的健康发展。

5. 金融市场的利率结构

利率作为资金使用权的价格，是金融市场资金供给和资金需求两种力量对比的结果。从宏观经济层面看，利率是国家宏观调控的重要经济杠杆；从微观经济层面看，利率是企业财务决策必须考虑的重要经济因素。利率有官方利率和市场利率之分，官方利率是由人民银行确定的利率，市场利率是金融市场中资金借贷双方依据市场供求状况确定的利率。市场利率随着金融市场的资金供求关系的变化而发生变化，这种变化受到官方利率的影响；反之，官方利率的制定也会考虑市场利率的变化。

金融市场中不同的融资项目其市场利率也不同。影响市场利率的因素有很多，其中的决定因素是融资项目的风险大小。而影响融资项目市场利率的风险因素又可以从各个方面去剖析，这就形成了市场利率的构成内容，也就是利率的结构问题。一般来说，融资项目市场利率的结构可以作如下的分解。

（1）纯粹利率。它是指无通货膨胀、无风险情况下的平均利率。纯粹利率的高低主要受平均利润率、资金供求关系和国家宏观经济调控的影响。一般认为，在没有通货膨胀时，国库券的利率可视为纯粹利率。

（2）通货膨胀附加率。由于通货膨胀使货币贬值，投资者的实际报酬率下降，投资者将资金交给借款人时，会在纯粹利率的基础上再加上通货膨胀附加率，以弥补通货膨胀造成的购买力损失。

（3）违约风险附加率。金融市场中的违约是指证券发行人（债务人）未能按时支付利息或未能如期偿还本金的行为。违约会给资金出借者带来损失，资金出借者向债务人提供资金后，可能发生由于债务人违约而引起的损失，这种风险叫违约风险。债权人承担违约风险应当获得额外的报酬，这就是违约风险附加率。违约风险越大，所要求的违约风险附加率应当越高。

（4）变现力附加率。各种有价证券的变现力是不同的，持有不同变现力的证券，持有者受到损失的可能性不一样，风险也不同。有价证券的变现力越强，由于不能及时变现而发生损失的可能性越小，其变现力风险就越小；否则，其变现力风险就越大。由于有价证券存在变现力风险，持有者要求一定的报酬率作为补偿，这就是变现力附加率。

（5）到期风险附加率。到期风险也称再投资风险，它实际上是指由于利率下调给短期证券持有者造成损失的可能性。到期风险附加率是对到期风险的一种补偿。一般而言，长期证券的利率会高于短期证券的利率；但是当预期市场利率将持续下降时，人们普遍认为短期投资需要承受再投资损失，这时需要给短期证券设定更高的报酬率，这种超过正常利率的额外报酬就是到期风险附加率。

将上述各种影响利率的因素综合起来，得到反映市场利率结构的一般表达式如下：

$$\text{市场利率}=\text{纯粹利率}+\text{通货膨胀附加率}+\text{违约风险附加率}+\text{变现力附加率}+\text{到期风险附加率} \quad (1\text{-}2)$$

（二）税收政策

税收是政府财政收入的主要来源，但却是企业经济利益的流出。企业财务决策必然要将税收作为重要因素加以考虑。

1. 税收的种类

我国现行的税收制度是1994年税制改革形成的。目前我国共设有24个税种，其中工商税种有18个。税收按照其性质和作用大致可以分为以下七类。

（1）流转税类，包括增值税、消费税和营业税等，主要在生产、流通或者服务业中发挥调节作用。

（2）所得税类，包括企业所得税和个人所得税，这些税种主要是在国民收入形成后，对生产经营者的利润和个人的纯收入发挥调节作用。

（3）资源税类，包括资源税和城镇土地使用税，这些税种是对从事资源开发或者使用城镇土地者征收的，可以体现国有资源的有偿使用，并对纳税人取得的资源级差收入进行调节。

（4）特定目的税类，包括城乡维护建设税、土地增值税、车辆购置税和耕地占用税等，这些税种主要是为了达到特定目的对特定对象和特定行为发挥调节作用。

（5）财产和行为税类，包括房产税、车船使用税、印花税和契税等，这些税种主要是对某些财产和行为发挥调节作用。

（6）农牧业税类，包括农业税和牧业税，主要对取得农业或者牧业收入的企业、单位和个人征收，目前此类税收基本已被取消。

（7）关税，主要对进出我国国境的货物、物品征收。

无论哪一种税，对企业而言都是一种经济利益的流出，按会计的术语讲，企业的任何赋税都是费用，它要与相关时期的收入相配比，因此税收最终影响企业的净收益。从这一点上说，企业偷逃税款是利益驱动下的“自觉行为”。

2. 税收的不公平性

从理论上说，税收应当具有公平性，即同一税种对不同纳税人（或负税人）应当是公平的，这是税收的一个重要特征。但是税收又必须具有调节经济的作用，绝对的公平是无法起到调节作用的。因此，税收的公平性是相对的，不同的纳税人所承担的税种可能不同。例如，消费税是专门对某些应税消费品或应税劳务而开设的税种。同样，有些税种尽管对每个纳税人来说都有纳税义务，但其税负也轻重不一。

财务管理中将税收作为重要的因素来考虑，就是因为税收具有这种不公平性；企业追逐税务筹划并产生节税的效果，在很大程度上是由于税收的不公平性。税收的不公平性给企业财务管理工作提供了获利的机会，当然也设置了障碍。我们研究税收这一理财环境，就是要尽可能利用税收政策的有利影响，克服其负面影响。

3. 税收政策对财务决策的影响

由于税收是通过相应的政策、法规和制度加以规范的，因此，分析税收对企业财务管理的影响，其关注点是税收政策、法规和制度（合称为税收政策）。下面我们重点分析税收政策对投资决策、筹资决策和收益分配决策的影响。

（1）对投资决策的影响。投资决策要考虑税收政策，例如，你要新办一家企业，或者扩大你原有的生产能力，你会考虑许多因素，其中少不了考虑税收这个因素，这主要体现在以下几个方面。

首先，税收政策影响注册地点的选择。由于税收政策的不公平性，一个国家的不同地域和不同地区存在着不同的税收优惠政策，这就为企业提供了一个税收筹划的空间和机会。从全球化的角度看，这种空间更大。投资者在选择企业的注册地时，肯定会充分利用国家对高新技术产业开发区、贫困地区和经济特区等的税收优惠政策，确定合适的注册地，以达到节税的目的。

其次，税收政策影响企业组织形式的选择。投资者在投资设立企业时，有多种组建形式可以选择，这种选择会影响到投资者的投资收益和税收负担。例如，某企业想要在某一沿海地区（能享受所得税优惠政策）设立分支机构，应采用分公司的形式还是子公司的形式？一般来说，在创立初期，新办企业发生亏损的可能性较大，采用分公司的形式可以把分支机构的损失转嫁到总公司，进而减轻总公司的税收负担。当新办企业进入正常运行之后，就要采用子公司的形式来享受政府提供的税收优惠政策。

再次，税收政策影响投资方向的选择。企业在确定投资方向时会考虑税收政策的导向，这是不言而喻的。例如，随着社会经济的发展，人们越来越注重环境保护，环保型的产业和产品也会享受到税收政策的优惠。企业可以根据这种政策导向，适时调整产品结构，达到减税的目的。

最后，税收直接影响投资收益。这是显而易见的，因为任何一项税金的支付对企业来说都是经济利益的流出，最终表现为利润的减少，从而影响投资收益。

（2）对筹资决策的影响。筹资决策需要研究的重要因素是资本成本，即筹资需要付出的代价。税收政策影响筹资决策主要是通过影响资本成本实现的，这是因为税收会影响资本成本。我们知道，企业筹集的资金来自于投资者和债权人，通过投资者投入资产形成的是权益成本，而由债权人提供的是债务资本。两种资金都有资本成本，前者主要是股息，后者是利息。然而，这两种资本成本的税收政策是不同的。利息支出对企业来说是一项费用，可以在所得税税前列支，即利息具有抵税作用，企业因为支付利息而少缴了所得税，实际上等于减少了资本成本。而股利是税后由使用资金的一方支付给资金供给方的，股利不是费用，它不像利息那样具有抵税效应。所得税政策对利息和股利支付的不同规定，必然影响企业的资本成本，从而影响筹资决策。

（3）对收益分配决策的影响。收益分配决策要解决的问题是：企业实现的利润中多大的比例分配给股东，多大的比例留存于企业。而股票投资收益可以分为股利收益和资本利得，在可分配的利润不变的前提下，企业分配的股利多了，留存的利润就少了，资本利得就会减少。收益分配的最终决定权在于企业的投资者，投资者有两类——个人投资者和法人投资者（又可以分为企业法人和非企业法人），这两类投资者对于收益分配的偏好是不同的。法人投资者一般愿意公司分配现金股利，愿意以牺牲一定的资本利得为代价，这是因为，法人投资者取得现金股利一般不需要缴纳企业所得税，而取得的资本利得属于应纳税所得额，需要缴纳企业所得税。

个人投资者取得投资收益的税收政策与企业正好相反，个人投资者取得现金股利需要缴纳个人所得税（税法规定采用20%的比例税率，目前实施差别化个人所得税政策）。如果公司分配现金股利给个人投资者，股东需要支付一定比例的个人所得税。但是，如果公司不分配现金股利，将收益留存于公司，投资者会取得更多的资本利得，而资本利得对个人并不构成纳税所得。因此，个人投资者与法人投资者不同，他们不愿意公司分配现金股利，而希望公司将利润留存或分配股票股利。从以上的分析可以看出，税收政策对利润分配的导向作用是显而易见的。

【思考与练习】

思考题

1. 在市场经济环境下，将利润最大化作为财务管理的目标主要存在哪些缺陷？

2. 筹资决策和收益分配决策都是财务决策的重要内容，请你指出它们之间的联系。

3. 金融资产具有哪三个显著特点？它们之间存在怎样的关系？

4. 试述金融市场在企业财务管理中的作用。

5. 股利和资本利得是股东获得的两种主要投资报酬，但是它们所涉及的所得税政策不同，请你针对个人投资者和法人投资者分析这两种投资报酬的所得税政策有何不同。

单项选择题

1. 财务管理作为一种管理活动，最显著的特点是（　）。

A. 货币作为计量单位　　B. 综合性
C. 动态性　　D. 开放性

2. 现代财务管理理论认为，企业的最终目标是实现企业（　）。

A. 产值最大　　B. 利润最大
C. 账面净资产最大　　D. 价值最大

3. 国际惯例将金融市场分为两类：一类是货币市场，另一类是（　）。

A. 期货市场　　B. 流通市场　　C. 发行市场　　D. 资本市场

4. 金融市场按照其功能的不同分为两类：一类是发行市场，另一类是（　）。

A. 货币市场　　B. 资本市场　　C. 流通市场　　D. 现货市场

5. 下列筹资方式属于间接筹资方式的是（　）。

A. 向商业银行取得借款　　B. 发行股票
C. 发行债券　　D. 吸收直接投资

多项选择题

1. 财务决策主要包括（　）。

A. 投资决策　　B. 经营决策　　C. 筹资决策
D. 成本决策　　E. 收益分配决策

2. 筹资决策的目标之一是所筹集资金应当满足投资的需要，除此之外，筹资决策还要求达到另外两个目标，即（　）。

A. 筹资方式多样化　　B. 筹资渠道多元化　　C. 资本成本尽可能低

D. 资金使用时间尽可能长　　E. 控制财务风险

3. 留存收益是企业的资金来源之一。企业的留存收益主要包括（　）。

A. 资本公积　　B. 盈余公积　　C. 未分配利润

D. 股利收益　　E. 资本利得

4. 金融资产最基本的特征有三个：（　）。

A. 流动性　　B. 收益性　　C. 开放性

D. 风险性　　E. 抽象性

5. 某公司通过上海证券交易所发行普通股，以筹集资金。这种筹资所依赖的金融市场是（　）。

A. 资本市场　　B. 货币市场　　C. 发行市场

D. 流通市场　　E. 二级市场

6. 市场利率包含纯粹利率和风险附加率。通货膨胀附加率是风险附加率的一种，除此以外，主要的风险附加率还有（　）。

A. 财务风险附加率　　B. 变现力附加率　　C. 经营风险附加率

D. 到期风险附加率　　E. 违约风险附加率

计算分析题

财务管理的目标是实现企业价值最大化。按照收益现值法的基本原理，财务管理中评价企业经济价值的基本公式如下：

$$V = \Sigma \frac{P_t}{(1+K)^t}$$

试针对上述公式回答以下问题。

（1）公式中的 P_t 和 K 分别表示什么？

（2）该公式表明了企业的价值主要取决于哪些因素？

（3）结合该公式说明为什么企业价值最大的财务目标既考虑了货币时间价值，又体现了风险因素？

CHAPTER－2

第二章

时间价值

天地化工有限责任公司是一家聚化剂制造企业，其生产的产品有良好的市场前景。为扩大生产能力，公司考虑购置一套大型生产设备，供应商提供了如下三种付款方式：

（1）采用交款提货方式，要求购买方现在一次支付500万元；

（2）采用分期付款方式，现在首付110万元，以后每过半年支付110万元，连续支付五次（包括首付），共550万元；

（3）两年以后一次支付600万元。

关于选择何种付款方式的问题，天地公司进行了分析和讨论。

设备处负责人认为：付款方式（1）支付的全部价款比其他两种方式分别少50万元和100万元，因此付款方式（1）对本公司有利。

投资管理处负责人认为，公司目前投资机会多，而资金较为紧张，因此，应该选择付款方式（3）。

财务处负责人则认为，上述两个部门负责人的分析均存在缺陷，应该综合分析各方面的因素，再作出决定。

究竟应该如何分析和选择付款方式呢？

像天地化工有限责任公司这类问题在许多企业的财务决策中是十分常见的，它涉及财务管理中一个非常重要的概念——时间价值。购买相同的资产有三种不同的付款方式，所支付款项的总金额不同，那么能否按照支付价款的多少来评判付款方式的好坏呢？当然不能！因为三种方式所支付款项的时点不尽相同，不能直接进行比较，这就是时间价值观念。

第一节　时间价值的概念

时间价值是财务管理中非常重要的价值观念。学习财务管理，首先必须搞清时间价值的含义及其计量方法，这对于学好以后各章内容是十分重要的。

一、时间价值现象

为了说明时间价值现象，我们先来看下面的例子。

【例2-1】40年前500克大米的国家牌价为0.138元，40年后的今天，500克相同种类大米的市场价格为1.38元。从500克大米的价值来衡量，40年前的0.138元相当于现在的价值为1.38元。

【例2-2】张先生现在将5 000元钱存入银行，期限为3年，按照目前银行3年期定期存款基准利率4.25%计算，张先生在3年后能够获得的本利和为5 637.50元，比现在存入的本金增加了637.50元。

【例2-3】王先生2000年2月16日以10 000元资金购入“佛山照明”股票800股，每股价格为12.40元。5年中王先生分得现金股利（税后）合计1 408元，佛山照明股份有限公司曾于2000年6月20日实行资本公积金转增股本的方案为每10股转增1股，王先生持有的股票数量增加到880股。至2005年2月16日收盘时，“佛山照明”股票的市价为15.28元，这880股“佛山照明”股票的市值约为13 446元，5年中分得的股利和股票市值合计为14 854元，5年中增值4 854元。

上述三个例子说明，货币经过投资，其数额随着时间的推移会产生增值，这是一种经济现象。这种现象表明：同等数量的货币，现在的价值与若干时期后的价值是不相等的，或者说其经济效用不同。例如，前面例2-1说明，现在的1.38元钱只能买500克大米，而40年前的1.38元可以买5 000克大米，现在的1.38元货币比40年前的1.38元货币的经济价值要小得多；反过来说，40年前的0.138元比现在的0.138元的价值要大得多，即使不存在通货膨胀也是如此。

例2-2说明了最简单的投资方式——储蓄投资的增值现象。如果将现在的5 000元钱存入银行，按照年利率4.25%计算，这5 000元钱3年以后的本利和比原先本金增加了637.50元。这是时间价值现象。

增值并不是储蓄投资所特有的。例2-3中王先生的股票投资同样产生了增值，而且比储蓄的增值（按年平均计算）要多得多，5年中增值了近50%。这同样是时间价值现象。

关于时间价值的概念和成因，人们的认识与理解并不完全一致。概括地说，货币时间价值现象就是指货币经过一定时间的投资和再投资而产生增值的现象，这种增值称为货币的时间价值。

二、时间价值的数量特征

仅仅从质的方面去理解货币时间价值的概念，对于财务管理是远远不够的。我们必须从数量上把握时间价值的基本特征。时间价值是指一种增量，或增值率。货币需要投资和再投资并持续一定的时间才会产生增值。这种增值不仅与时期长短有关，而且与投资有关。一定量的货币在相等的时期内，由于投资项目的不同，会产生不同的增值。

储蓄是一种投资，购买股票也是一种投资，但是相等数量的货币用于这两种投资所产生的增值是不等量的。例如，目前一年期储蓄投资的年利率是3%，即100元存入银行，一年以后其增值为3元。如果将100元投入股市，同样经过一年，其增值可能是10元（决策分析时应当按照股票市场的平均收益率计算），那么其时间价值究竟是3元，还是10元？可能都不是。为什么股票投资的增值高于储蓄投资的增值呢？这是因为，股票投资具有较高的风险，而储蓄投资可以被认为无风险或风险极小。高风险投资就应当有高报酬作为补偿，换句话说，股票投资产生的高于储蓄投资的那部分增值（此处为7元）是一种风险溢酬，这种风险溢酬与投资的风险大小有关。因此，衡量货币时间价值的大小，应当剔除风险因素的影响。

我们再来看不同时期的储蓄增值的不同情形。同样是一年期的储蓄投资，目前年利率是3%，而20年前的年利率是10.98%。那么，同样100元的货币，目前存入银行，一年后的增值是3元，而在20年前存满一年的增值是10.98元。对于20年前的储蓄和现在的储蓄，其风险应当是基本相同的，但其增值相差悬殊，这是为什么呢？很多人知道答案：因为20年前的物价指数上涨得快，为了弥补高通货膨胀给投资者带来的购买力损失，需要给予较高利率的补偿。也就是说，如果认为目前的通货膨胀率几乎为零，那么20年前100元储蓄产生的10.98元增值中就有7.98元是由于通货膨胀而给予投资者的额外报酬。因此，衡量货币时间价值的大小，应当剔除通货膨胀造成的影响。

综上所述，从量的规定性来看，货币时间价值是指在没有风险、没有通货膨胀条件下的社会平均资金利润（率）。在实际工作中，这种增量通常以相对数表示，可以认为，这个相对数就是第一章中介绍的“纯粹利率”。

第二节　时间价值的计量

一、计量基础：终值和现值

时间价值的计量，必须首先明确两个重要概念：终值和现值。它们是两个时点数，终值是指现在一笔货币在未来某一时点的价值，如现在的5 000元，3年以后的价值为5 637.50元，这3年以后的价值就是终值。现值是指未来一笔货币相当于现在的价值，如5年以后的1 500元，按照10%的利率（单利）折算，相当于现在的价值为1 000元，现在的1 000元就是现值。

为了更清楚地描述终值和现值的计算方法，我们在此引入下列常用符号：

P 是本金，又称现值；F 是未来某一时点的价值，又称终值；i 是增值率，也称利率；I 是一定期限内的增值，俗称利息；n 是期限，常以"年"为单位。

终值和现值有两种计量模式：单利模式和复利模式，以下分别介绍。

(一) 单利模式下终值和现值的计量方法

采用单利模式计量终值和现值，只考虑本金的利息，而不考虑利息的利息。

1. 单利终值

对本章第一节开头的例 2-2 中张先生 5 000 元的储蓄，银行就是按照单利方式计算利息的。计算过程为：

$F = 5\ 000 \times (1 + 5 \times 4.25\%) = 5\ 637.50$（元）

将其推广到一般的情形，本金为 P、利率为 i、期限为 n 的单利终值计算公式如下：

$$F = P(1 + n \times i) \tag{2-1}$$

其利息的计算公式为：

$$I = F - P = P(1 + n \times i) - P = P \times n \times i \tag{2-2}$$

2. 单利现值

单利现值是单利终值的相反情况，其计算方法实际上是单利终值的逆运算。单利现值的计算公式如下：

$$P = \frac{F}{1 + n \times i} \tag{2-3}$$

例如，按照 10% 的年利率计算，5 年以后的 30 000 元，相当于现在的价值为：

$$P = \frac{30\ 000}{1 + 5 \times 10\%} = 20\ 000\text{（元）}$$

需要注意的是，本例中单利现值不能按照下列方式计算：

$P = 30\ 000 \times (1 - 5 \times 10\%) = 15\ 000$（元）

单利模式下时间价值的计量比较简单。目前银行定期储蓄利息的计算普遍采用单利模式，但这种模式有时显得不太合理，严格地讲，它还没有充分考虑时间价值的作用。

(二) 复利模式下终值和现值的计量方法

1. 复利终值

采用复利模式计量终值，不但要考虑本金的利息，而且要考虑利息的利息，即按照规定的时间计算利息，并将利息转入本金，以此计算下期的利息，因此，这种方法俗称"利滚利"。我们先来看以下例子。

【例 2-4】如果例 2-2 中张先生 5 000 元的储蓄采用定期一年、到期转存的方式，而一年期的年利率为 3%，则三年后的本利和为多少呢？

从时间价值的角度看，上述储蓄实际上是复利计息的问题，我们逐年计算。

一年后的本利和：5 000 ×（1 +3%）=5 150（元）

两年后的本利和：5 150 ×（1 +3%）=5 304. 50（元）

三年后的本利和：5 304. 50 ×（1 +3%）=5 463. 64（元）①

一般地，本金为 P、利率为 i、期限为 n 的复利终值公式可以推导如下：

一年后的本利和：$P(1+i)$

两年后的本利和：$P(1+i)\times(1+i)=P(1+i)^2$

三年后的本利和：$P(1+i)^2\times(1+i)=P(1+i)^3$

依此类推，n 年以后的本利和为：

$$F=P(1+i)^n \tag{2-4}$$

式（2-4）就是复利终值公式的一般形式。复利模式下利息的计算公式为：

$$I=F-P=P(1+i)^n-P \tag{2-5}$$

上述例 2-4 中储蓄的本利和可以直接利用式（2-4）计算得到：

$5\,000\times(1+3\%)^3=5\,463.64$（元）

三年的利息合计为：

5 463. 64 −5 000 =463. 64（元）

为书写方便，我们引入“复利终值系数”的概念，也称为一元终值系数，其表达式为：$(1+i)^n$，通常用符号 $(F/P, i, n)$ 表示。这样一来，复利终值公式可以表示为：

$$F=P(F/P, i, n) \tag{2-6}$$

本书后面附有“复利终值系数表”（见本书附表一）。对于期限为整数、利率为整数的百分比的复利终值系数，在计算时可以直接查阅该系数表。

我们再举一个例子来说明复利终值的计算。

【例 2-5】30 年前一位农民将 100 元现金投入到一个年收益率为 10% 的投资项目上，每年的收益转存本金后再投资，30 年以后的今天这笔钱的价值为多少？

这是一个复利终值问题，已知 $P=100$ 元，$i=10\%$，$n=30$ 年，其终值为：

$100\times(1+10\%)^{30}=100\times17.449\,4=1\,744.94$（元）

计算结果表明，按照 10% 的年收益率计算，30 年以后的终值达到最初本金的 17 倍之多。这似乎并不出乎人们的意料。但是，如果年限延长，则复利的力量就会明显地显示出来。让我们来看一个饶有趣味的例子。

【例 2-6】1626 年，Peter Minuit 大约以价值 24 美元的货物和一些小东西向印第安人买下了整个曼哈顿岛。听起来似乎很便宜，但是印第安人可能赚大钱了。假定当初这些印第安人将货物都卖掉，并且将这 24 美元投资在有 10% 的年收益率的项目上，那

① 计算结果的准确值应为 5 463. 635，这里取小数点后两位的近似值，算式中仍以“等号”表示。后面类似的近似计算同样表示。

么到今天（假设截至2013年，共计387年）当初的24美元价值多少呢？

我们计算当初这24美元的复利终值，结果如下：

$24\times(1+10\%)^{387}\approx2.507\,15\times10^{17}=25.071\,5\times10^{8}\times10^{8}$ 美元 $=25.071\,5$（亿亿美元）

25.071 5亿亿美元就是250 715万亿美元。这可是一笔巨款，多到什么程度呢？如果你拥有这笔钱，你可以买下整个美国的财产，剩余的钱你可以买下世界上的任何其他国家的财产。

为了说明复利与单利的差异，我们不妨试着按照单利计算上述24美元的终值，结果为：

$24\times(1+387\times10\%)=952.80$（美元）

也就是说，在10%的年利率下，387年后的复利终值竟然是相同年限的单利终值的（2.63×10^{14}）倍之多，单利与复利的差异之大可见一斑。

2. 复利现值

与单利的情况一样，复利现值是复利终值的相反情况，其计算方法实际上是复利终值的逆运算。复利现值的计算公式如下：

$$P=\frac{F}{(1+i)^{n}} \tag{2-7}$$

为书写方便，我们同样引入“复利现值系数”的概念，也称为一元现值系数，其表达式为 $(1+i)^{-n}$，通常用符号（P/F, i, n）表示。这样一来，复利现值公式可以表示为：

$$P=F\,(P/F,\ i,\ n) \tag{2-8}$$

显然，复利终值系数和复利现值系数互为倒数，即

$$(F/P,\ i,\ n)\times(P/F,\ i,\ n)=1 \tag{2-9}$$

本书后面的附录中也为读者准备了复利现值系数表（见本书附表二）。对于期限为整数、利率为整数的百分比的复利现值系数，在计算时可以直接查阅该系数表。

【例2-7】江山动力机械有限公司准备两年后购置一项新设备，估计需要支付价款600 000元，该公司准备现在存入银行一笔一年期的定期存款（到期自动转存），使两年后该笔存款到期时的本利和正好能支付设备价款。如果银行规定的年利率为5%，该公司目前应存入多少款项？

这是一个复利现值问题，已知两年以后的复利终值 $F=600\,000$ 元，$i=5\%$，$n=2$ 年，要求计算复利现值。查表得到复利现值系数（P/F, 5%, 2）$=0.907\,0$，根据复利现值公式得：

$P=600\,000\times(P/F,\ 5\%,\ 2)=600\,000\times0.907\,0=544\,200$（元）①

① 这里的现值系数是一个近似值，最后的计算结果也存在一定的误差；本例中精确到0.01元的结果应该是544 217.69元，后面类似的近似计算不再说明。

二、年金的终值和现值

前面介绍的终值和现值都是在某一时点发生的一次性货币收付，可以说是时间价值计量的基础。在财务管理实务中更多出现的是连续发生相等或不相等金额的货币（或现金流量）收付，我们把每次间隔相等的时间收入或者付出相等金额的款项称为年金。

年金在日常生活中十分常见，如储蓄中的“零存整取”是年金，购房中按揭贷款的还款方式大多也是年金，人寿保险中大多数险种都与年金有关。

年金按照发生的时间不同，可以分为普通年金、即付年金、递延年金和永续年金四种。年金也有终值和现值的问题。我们先来看下面的例子。

【例2-8】秦大妈从现在起每月月末存入银行500 元，月息为2 厘4，按单利计算两年（24 个月）后的本利和为多少?

【例2-9】老王夫妇想为自己刚考上大学的儿子存一笔钱，以便今后4 年内可以在每年年末取出5 000 元为儿子缴纳学费，假设银行的年复利率为5%，那么，老王夫妇现在应一次存入多少钱?

上述例2-8 是年金终值问题，而例2-9 是年金现值问题。为便于说明，我们引入以下符号：A 是年金，即每年发生的相等金额；F_A 是年金的终值；P_A 是年金的现值。

接下来我们分不同类型的年金来推导年金的终值和现值公式。

（一）普通年金的终值和现值

普通年金是指在每一期期末发生的年金，由于这种年金在财务管理问题中具有普遍性，故称为普通年金。普通年金的终值和现值可以按照单利计算，也可以按照复利计算，故我们仍然分两种情况进行讨论。

1. 单利方式下的普通年金终值和现值

（1）单利方式下的普通年金终值

单利方式下的普通年金终值可以通过图 2-1 说明。

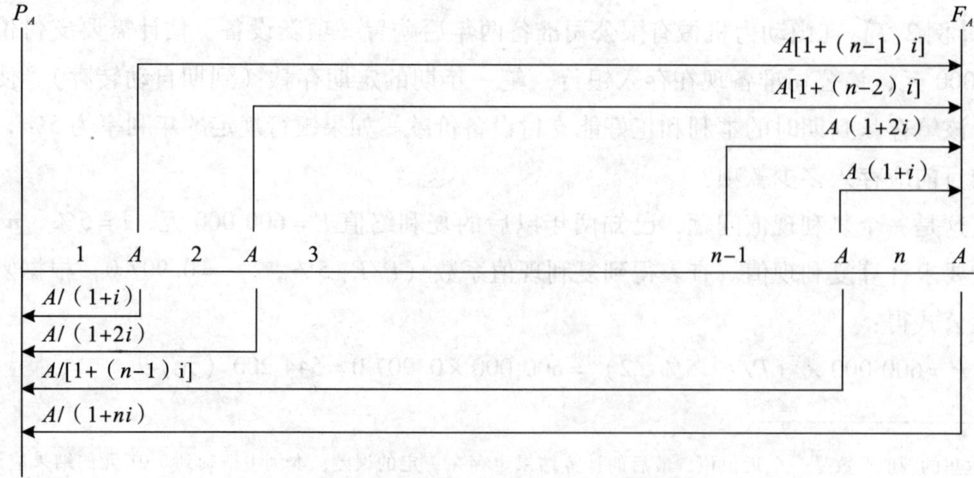

图 2-1　单利普通年金终值、现值示意图

图2-1中，第一期发生的年金的终值为$A\ [1+(n-1)\ i]$，第二期发生的年金的终值为$A\ [1+(n-2)\ i]$，……，第$(n-1)$期发生的年金的终值为$A\ (1+i)$，第n期发生的年金的终值为A。将这n个时点的年金的终值全部加总，得到单利普通年金终值为：

$$F_A=\Sigma A\times\ [1+\ (t-1)\ i]\ =A\times n+\frac{A\times i\times n\ (n-1)}{2} \tag{2-10}$$

式（2-10）就是单利模式下普通年金的终值公式。终值包含两个部分：年金的本金$A\times n$；年金的利息$A\times i\times n\ (n-1)\ /2$。

运用上述公式，我们可以直接计算例2-8中秦大妈“零存整取”的本利和。$A=500$元，$i=0.24\%$，$n=24$个月，则

$$F_A=500\times 24+\frac{500\times 0.24\%\times 24\times\ (24-1)}{2}=12\ 331.20\ (元)$$

其中本金为12 000元，利息为331.20元。

（2）单利方式下的普通年金现值

单利方式下的普通年金现值同样可以通过图2-1来说明。在图2-1中，第一期发生的年金的现值为$A/\ (1+i)$，第二期发生的年金的现值为$A/\ (1+2i)$，……，第$(n-1)$期发生的年金的现值为$A/\ [1+\ (n-1)\ i]$，第n期发生的年金的现值为$A/\ (1+ni)$。将这n个时点的年金的现值全部加总，得到单利普通年金现值为：

$$P_A=\Sigma\frac{A}{1+ti} \tag{2-11}$$

式（2-11）就是单利模式下普通年金的终值公式。遗憾的是，式（2-11）的右边并不能化简，计算时必须逐项求和。

2. 复利方式下的普通年金终值和现值

（1）复利方式下的普通年金终值

复利方式下的普通年金终值可以通过图2-2说明。

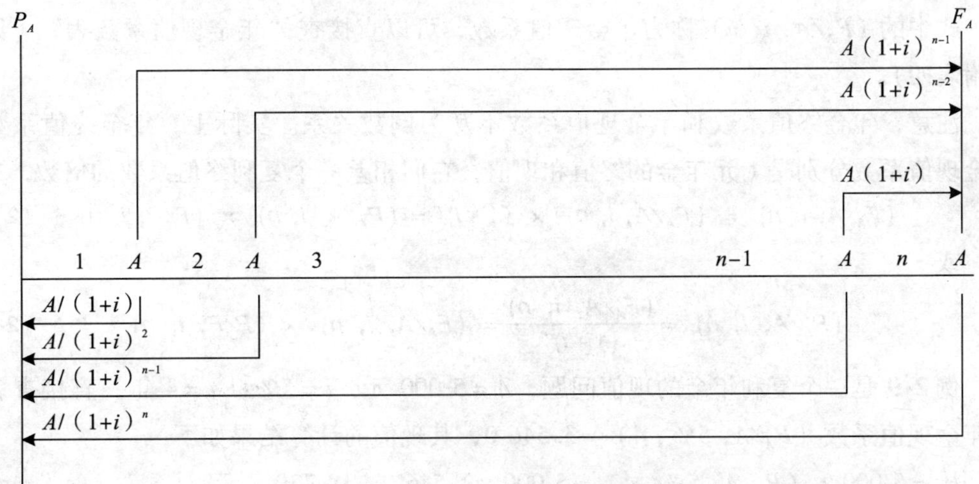

图2-2　复利普通年金终值、现值示意图

在图 2-2 中，第一期发生的年金的终值为 $A(1+i)^{n-1}$，第二期发生的年金的终值为 $A(1+i)^{n-2}$，……，第（$n-1$）期发生的年金的终值为 $A(1+i)$，第 n 期发生的年金的终值为 A。将这 n 个时点的年金的终值全部加总，得到复利的普通年金终值为：

$$F_A=\Sigma A\times(1+i)^{t-1}=A\times\frac{(1+i)^n-1}{i} \tag{2-12}$$

或写成：

$$F_A=A\times(F_A/A,i,n) \tag{2-13}$$

式（2-13）中的（F_A/A, i, n）称为年金终值系数，可以直接查本书最后的“年金终值系数表”（见本书附表三）。

例 2-8 的零存整取储蓄如果采用复利计算，则两年以后的本利和应为：

$$F_A=500\times\frac{[(1+0.24\%)^{24}-1]}{0.24\%}=500\times24.674\,2=12\,337.10\text{（元）}$$

注意，本例中的年金终值系数不能直接查表，只能按照公式计算其结果。可以看出，复利计算结果与单利的情形相差甚微，这是因为本例中使用的利率太低、期限较短。

（2）复利方式下的普通年金现值

复利方式下的普通年金现值也可以通过图 2-2 说明。图中第一期发生的年金的现值为 $A/(1+i)$，第二期发生的年金的现值为 $A/(1+i)^2$，……，第（$n-1$）期发生的年金的现值为 $A/(1+i)^{n-1}$，第 n 期发生的年金的现值为 $A/(1+i)^n$。将这 n 个时点的年金的现值全部加总，得到复利的普通年金现值为：

$$P_A=\Sigma A\times(1+i)^{-t}=A\times\frac{1-(1+i)^{-n}}{i} \tag{2-14}$$

或

$$P_A=A\times(P_A/A,i,n) \tag{2-15}$$

式中的（P_A/A, i, n）称为年金现值系数，可以直接查“年金现值系数表”（见本书附表四）。

注意，年金终值系数和年金现值系数不互为倒数关系。实际上，年金终值系数和年金现值系数分别是 1 元年金的终值和现值，它们相差一个复利终值系数的倍数，即

$$(F_A/A,i,n)=(P_A/A,i,n)\times(1+i)^n=(P_A/A,i,n)\times(F/P,i,n) \tag{2-16}$$

或

$$(P_A/A,i,n)=\frac{(F_A/A,i,n)}{(1+i)^n}=(F_A/A,i,n)\times(P/F,i,n) \tag{2-17}$$

例 2-9 是一个复利年金的现值问题，$A=5\,000$ 元，$i=5\%$，$n=4$ 年，直接查表得到年金现值系数（P_A/A, 5%, 4）$=3.546\,0$，其现值的计算结果如下：

$P_A=5\,000\times(P_A/A,5\%,4)=5\,000\times3.546\,0=17\,730$（元）

前文我们介绍了普通年金的终值和现值，其他年金的终值和现值计算公式的推导与其基本相同。尽管在实际中单利模式也是经常出现的，但是在财务管理的理论中，常见的是复利的情形。为便于说明，后文涉及的其他类型的年金终值和现值只考虑复利的情况。

(二) 即付年金的终值和现值

即付年金是指在每一期的期初发生的年金。它与普通年金只是在发生时间上相差一个时期，由此可见，即付年金的终值和现值分别是相同期限、相同利率下普通年金终值和现值的 $(1+i)$ 倍。因此，即付年金（复利模式下，下同）的终值和现值可以由普通年金的终值和现值公式得出。

1. 即付年金终值

由于即付年金的终值是相同期限、相同利率下普通年金终值的 $(1+i)$ 倍，故根据普通年金终值公式（2-12）得到即付年金的终值公式为：

$$F_A = A \times \frac{[(1+i)^n - 1](1+i)}{i} \tag{2-18}$$

或

$$F_A = A \times \left[\frac{(1+i)^{n+1} - 1}{i} - 1\right] \tag{2-19}$$

式（2-18）和式（2-19）实际上是可以相互转化的，有兴趣的读者可以自行进行演算和证明。

值得注意的是，式（2-19）给我们一个巧记即付年金终值的方法，那就是：即付年金终值等于普通年金终值的“期数加1，系数减1”，这也从另一个侧面说明了即付年金终值与普通年金终值之间的关系，这种关系可以通过图2-3作出解释。

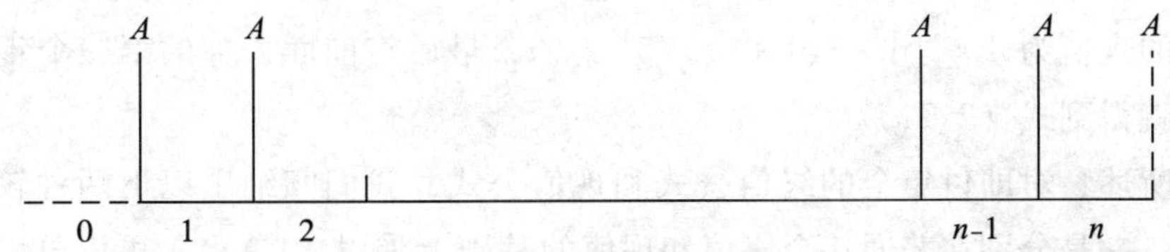

图2-3　即付年金终值与普通年金终值关系示意图

首先，我们将即付年金的期限向前延长一个时期（图中以虚线表示），成为第零期，即由 n 期延伸为 $n+1$ 期；再将最后一期期末加上一个年金 A（图中以虚线表示），得到的是 $n+1$ 期的普通年金。将原先第一期期初的年金 A 看成是第零期期末的年金 A，而将原先第 n 期期初的年金 A 看成是第 $n-1$ 期期末的年金 A。该 $n+1$ 期普通年金的终值为 $A\times[(1+i)^{n+1}-1]/i$。最后将原先添加进去的最后一个年金 A 重新减回去，就得到式（2-19）。

2. 即付年金现值

按照即付年金终值的推导原理，我们同样可以得出即付年金的现值公式。只要在相同期限、相同利率下普通年金现值的基础上乘以（1 + i），就得到即付年金的现值公式为：

$$P_A = A \times \frac{[1-(1+i)^{-n}](1+i)}{i} \tag{2-20}$$

或

$$P_A = A \times \left[\frac{1-(1+i)^{-(n-1)}}{i} + 1\right] \tag{2-21}$$

同样，式（2-20）和式（2-21）是可以相互转化的，有兴趣的读者可以通过演算加以证明。

细心的读者可能已经发现，与年金终值的情况一样，式（2-21）也给了我们一种巧记即付年金现值的方法，那就是：即付年金现值等于普通年金现值的“期数减 1，系数加 1”。这种关系可以通过图 2-4 作出解释。

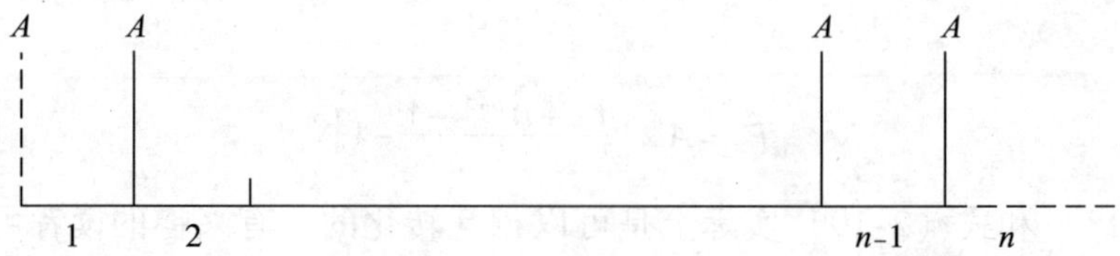

图 2-4　即付年金现值与普通年金现值关系示意图

我们将即付年金的期限从最后一期向前缩短一个时期，即将第 n 期删除，原先第 n 期期初的年金 A 变成第 $n-1$ 期期末的年金；再将第一期期初的一个年金 A 去掉，原先第二期期初的年金 A 变成第一期期末的年金，这样留下的便是 $n-1$ 期的普通年金，该普通年金的现值为 $A \times [1-(1+i)^{-(n-1)}]/i$，最后将前面去掉的第一个年金 A 重新加回去，就得到式（2-21）。

综上所述，对即付年金的终值公式和现值公式，我们归纳出以下两种较为简单的记忆方法：一是分别在普通年金终值和现值的基础上乘以（1 + i），可以分别得到即付年金的终值和现值；二是在普通年金终值公式中将时期数加上 1 然后系数减去 1（简记为：期数加 1，系数减 1），便得到即付年金终值公式；同样将普通年金现值公式中的时期数减去 1 然后系数加上 1（简记为：期数减 1，系数加 1），便得到即付年金现值公式。

【例 2-10】中国平安保险公司在 1996 年前后推出一种少儿人寿保险，要求投保人每年交纳保费（按购买一份计）360 元，至 14 周岁结束。那么从 15 周岁起，被保人定期可以获得不等额的收益，包括上中学金、上大学金、婚嫁金以及养老金等，当然这里还有对被保人意外事故等的保障。假如现在有一位年轻的妈妈为其刚出生的女儿购买了一份这种保险，假设她在女儿刚出生时投保，第一次交纳保费360元，以后每过一年存入360元保费，一直到孩子14周岁生日止，共15次。假设该险种的年收益率约为8%。

现在我们避开该例中的保险内涵，也不考虑被保人日后得到的收益，而只将这一问题抽象化，将保险看成这样一种投资：投保人从被保人出生日起至其14周岁止，每过一年交存360元，按照8%的年收益率计算，我们关注以下两个问题。

（1）上述投保人在15年中交纳的保费在被保人14周岁末的本利和为多少？

（2）如果保费可以在参加保险时一次性交纳，投保人应一次性交纳多少款项？

分析：第一个问题是计算即付年金的终值，可以根据式（2－18）或式（2－19）计算，14周岁末的本利和为：

$360\times(F_A/A, 8\%, 15)\times(1+8\%)=360\times27.152\times1.08\approx10\ 557$（元）

或

$360\times[(F_A/A, 8\%, 15+1)-1]=360\times(30.324-1)\approx10\ 557$（元）

实际上两个算式的计算结果有很小的差异，这是因为表中查得的年金终值系数是一个近似值。计算结果表明，15个360元的终值为10 557元。按照方案的设计，在正常情况下，保险公司在被保人15周岁以后给予的收益换算成14周岁时的价值应当等于10 557元（按8%的利率计算，下同）。

第二个问题是计算即付年金的现值，可以根据式（2-20）或式（2-21）计算，一次性应交纳的款项为：

$360\times(P_A/A, 8\%, 15)\times(1+8\%)=360\times8.559\ 5\times(1+8\%)\approx3\ 328$（元）

或

$360\times[(P_A/A, 8\%, 15-1)+1]=360\times(8.244\ 2+1)\approx3\ 328$（元）

计算结果表明，每年交存360元，连续交纳15年，与现在一次交纳3 328元是等值的。

有一个问题读者可以思考：上述保险方案中，一次交纳保费与分期交纳保费，对于投保人来说哪个更合算？

（三）递延年金的终值和现值

递延年金是指在若干期以后的某一期开始连续发生的年金，这种年金在日常经济工作中也经常出现。如对于一个未到退休年龄的职工来说，现在每月交存的养老金是普通年金或即付年金，在退休以后按规定领取养老金，如果每期领取的金额相等，便是一个递延年金。显然，递延年金发生的时间可以是期末，也可以是期初，二者相差一个时期。我们这里只考虑发生在期末的递延年金，见图2-5。

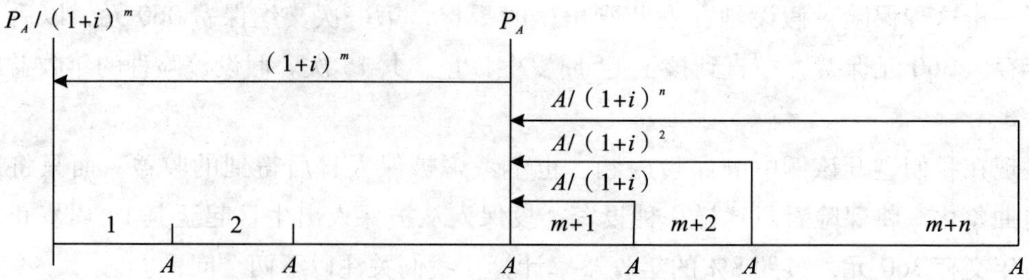

图 2-5 复利递延年金现值示意图

图中前 m 期为递延期，没有发生年金，从第（$m+1$）期开始至（$m+n$）期每年发生年金 A。

显然，递延年金终值的计算方法和计算公式与一般普通年金终值相同，而递延年金现值是递延期以后发生的年金换算到最初时点（递延期期初而非年金期期初）的价值，与一般普通年金的现值不同。我们可以运用下列两种思路计算递延年金的现值。

（1）以普通年金的现值表示，即先将第（$m+1$）至（$m+n$）期的 n 个年金换算到第（$m+1$）期期初的现值，再将第（$m+1$）期期初的价值换算到最初的现值。计算公式如下：

$$P_A(n) = A\times[1-(1+i)^{-n}]/i/(1+i)^m$$
$$= A(P/A, i, n)(P/F, i, m) \qquad (2\text{-}22)$$

（2）以（$m+n$）期的年金现值减去 n 期的年金现值的差表示，即先将递延期的年金加上，形成一个（$m+n$）期的年金，计算其现值，再减去前面 m 个年金的现值，得到第（$m+1$）至（$m+n$）期的 n 个年金的现值。计算公式如下：

$$P_A(n) = P_A(m+n) - P_A(m)$$
$$= A\times\frac{[1-(1+i)^{-(m+n)}]}{i} - A\times\frac{[1-(1+i)^{-m}]}{i} \qquad (2\text{-}23)$$

式中，P_A（n）表示 n 期递延年金的现值，P_A（$m+n$）表示全部（$m+n$）期普通年金的现值，P_A（m）表示前 m 期普通年金的现值。

式（2-22）和式（2-23）的右边是恒等的，两种思路的计算结果是相同的，有兴趣的读者不妨加以证明。

【例 2-11】王明是一个自由职业者，他从 2004 年 1 月起每月月末交纳养老保险金 120 元，以便他在 30 年以后退休期间每月月末能领取一笔固定的养老金。假设养老金的月利率为 0.36%，那么，他在退休后的 20 年中每月能够领取多少养老金？

分析：该问题中有两个年金，一是从 2004 年 1 月起的 360 个月（至 2033 年 12 月）中每月月末发生 120 元的年金，这是普通年金；二是从 2034 年 1 月起的 240 个月（至 2053 年 12 月）每月月末发生的年金，这是递延年金，其年金值为所求的未知数（假设为 A）。我们可以以不同的时点为基准，建立交纳养老金和领取养老金的现值相等关系。

（1）以 2004 年 1 月初为时点，交纳养老金的年金现值为 120 ×（P_A/A，0.36%，

360)，领取养老金的年金现值为 $A\times(P_A/A, 0.36\%, 240)\times(P/F, 0.36\%, 360)$。这两个现值应当相等，故得到下列方程：

$$120\times(P_A/A, 0.36\%, 360)=A\times(P_A/A, 0.36\%, 240)\times(P/F, 0.36\%, 360)$$

计算上述方程中的系数，代入上式，得到：

$$A=\frac{120\times 201.5940}{160.5202\times 0.2743}\approx 549.42\text{（元）}$$

（2）以 2033 年 12 月末（即 2034 年 1 月初）为基准日计算，交纳养老金的年金终值为 $120\times(F_A/A, 0.36\%, 360)$，领取养老金的年金现值为 $A\times(P_A/A, 0.36\%, 240)$。这两个价值应当相等，故得到下列方程：

$$120\times(F_A/A, 0.36\%, 360)=A\times(P_A/A, 0.36\%, 240)$$

计算上述方程中的系数，代入上式，得到：

$$A=\frac{120\times 735.0426}{160.5202}\approx 549.50\text{（元）}$$

（3）以 2053 年 12 月末（即 2054 年 1 月初）为基准日计算，交纳养老金的年金终值为 $120\times(F_A/A, 0.36\%, 360)\times(F/P, 0.36\%, 240)$，领取养老金的年金终值为 $A\times(F_A/A, 0.36\%, 240)$。这两个终值应当相等，故得到下列方程：

$$120\times(F_A/A, 0.36\%, 360)\times(F/P, 0.36\%, 240)=A\times(F_A/A, 0.36\%, 240)$$

计算上述方程中的系数，代入上式，得到：

$$A=\frac{120\times 735.0426\times 2.3690}{380.2650}\approx 549.51\text{（元）}$$

以三个不同的时点为基准日，建立交纳养老金和领取养老金的价值平衡关系，计算得到的结果是相同的（略有误差是近似计算所致）。

（四）永续年金的现值

永续年金是指发生的期限是无穷无尽的年金。显然，永续年金的终值是发散的（即无穷大），但它的现值是收敛的。只要将普通年金现值公式中的期限 n 趋向于无穷大，就可以得到永续年金的现值公式：

$$P_A=\frac{A}{i} \tag{2-24}$$

如果永续年金在每一期的期初发生，其现值为：

$$P_A=\frac{A(1+i)}{i} \tag{2-25}$$

在例 2-10 中，假设投保人从现在开始每过一年缴纳 360 元保费，此行为永远继续下去，按 8% 的年利率复利计算，所缴保费相当于现在的价值为：

$P_A=360\times(1+8\%)\div 8\%=4\,860$（元）

计算结果表明，从现在开始每年缴纳 360 元与现在一次性缴纳 4 860 元等值。也许你会觉得纳闷：每年缴纳 360 元，缴 10 年就是 3 600 元，20 年是 7 200 元，缴无数年的价值怎么只有 4 860 元？但是你要知道，你缴纳的保费是未来的价值（除第一次外），而 4 860 元是现在的价值。这恰恰说明了时间价值的作用。

第三节　时间价值的运用

货币时间价值在财务决策中的应用相当广泛，这里我们通过几个典型的例子加以说明。

一、偿债基金系数和投资回收系数

由年金终值和年金现值可以派生出两个概念：偿债基金和投资回收额。

（一）偿债基金

为了说明偿债基金和偿债基金系数的由来，我们不妨看下面的例子。

【例 2-12】东南化工股份有限公司向银行借入一笔 1 000 万元 5 年期的借款，银行规定到期一次还本付息，年利率为 9%，按单利计息，即 5 年后向银行归还本息 1 450 万元。为了保证及时足额收回借款本息，银行规定借款人在该银行的存款账户上建立偿债基金，要求公司每年在账户上等额存入一笔基金，使 5 年后该基金账户的本利和正好能够偿还借款本息 1 450 万元。而银行规定这类定期存款的年复利率为 6%。那么该公司为 5 年后偿还借款需每年存入银行多少资金？

分析：这是一个年金终值问题，已知 5 年后的年金终值为 1 450 万元，年复利率为 6%，要求计算每年的年金 A。根据年金终值公式得到：

$$1\,450 = A \times (F_A/A,\ 6\%,\ 5)$$

$$A = \frac{1\,450}{(F_A/A,\ 6\%,\ 5)} = \frac{1\,450}{5.637\,1} = 257.22\ (\text{万元})$$

计算结果表明，该公司每年应当在存款账户中等额存入 257.22 万元，才能保证 5 年以后足额偿还借款的本金和利息，这个数额就是偿债基金。一般地，偿债基金是指为使年金终值达到既定金额每年应支付的年金数额，其计算公式为：

$$A = \frac{F_A}{(F_A/A,\ i,\ n)} \tag{2-26}$$

我们将年金终值系数的倒数称为偿债基金系数，用符号 $(A/F_A,\ i,\ n)$ 表示。因此，式（2-26）可以写成：

$$A = F_A \times (A/F_A,\ i,\ n) \tag{2-27}$$

（二）投资回收额

为了说明投资回收额和投资回收系数的由来，我们看下面的例子。

【例 2-13】四方达公司欲投资一项目，需要一次投入 50 万元的资金，该公司要求的最低报酬率为 12%。假设该投资项目的寿命期为 10 年，每年收回的现金流量相等，

10 年后该项目基本无残值。问：该项目每年至少收回多少现金流量才是有利的?

分析：这是一个年金现值问题。已知年金现值为 50 万元，年复利率为 12%，要求计算每年的年金 A。根据年金现值公式得到：

$$500\,000 = A \times (P_A/A,\ 12\%,\ 10)$$

$$A = \frac{500\,000}{(P_A/A,\ 12\%,\ 10)} = \frac{500\,000}{5.650\,2} \approx 88\,492\text{（元）}$$

计算结果表明，该投资项目每年应当收回 88 492 元的现金流量，才能达到 12% 的年收益率，这个数额就是投资回收额。一般地，投资回收额是指为能达到既定的年金现值数额每年应回收的年金数额。其计算公式为：

$$A = \frac{P_A}{(P_A/A,\ i,\ n)} \tag{2-28}$$

相应地，由年金现值系数派生出另外一个系数——投资回收系数，它是年金现值系数的倒数，用符号 $(A/P_A,\ i,\ n)$ 表示。式（2-28）可以写成：

$$A = P_A \times (A/P_A,\ i,\ n) \tag{2-29}$$

二、利率转换中的运用

时间价值观点告诉我们，相等数额的货币收付，如果发生在不同的时间，其价值是不同的。这种思想在借贷业务中的直接应用就是不同利息支付方式下利率的转换。我们先看下面两个问题：

问题一：3 年中每年付 8% 的利息与 3 年后一次付 24% 的利息，其结果一样吗?

问题二：每年付 8% 的利息与每季度付 2% 的利息，其结果一样吗?

回答是很明确的：不一样！这是因为时间价值在起作用。由于利息的支付时间不同，即使从整个借款期限内所支付的利息总额相等，作为借款人实际承担的利率高低仍然是不同的。

我们来分析问题一。3 年中每年付 8% 的利息，1 元借款 3 年后的终值为 $(1+8\%)^3 \approx 1.259\,7$ 元；而 3 年后一次付 24% 的利息，1 元借款的终值为 1.24 元。这说明 3 年后一次付 24% 的利息，若每年支付利息，其年利率小于 8%。实际上，我们可以通过简单的计算，得到相当于每年付息的利率为下列方程的解：

$$(1+x)^3 = 1.24$$

解得：

$$x = \sqrt[3]{1.24} - 1 \approx 7.43\%$$

计算结果说明，3 年后一次付 24% 的利息相当于每年支付 7.43% 的利息。

反过来，我们也可以分析这样的问题：每年支付 8% 的利息相当于 3 年后一次支付百分之几的利息？由于 $(1+8\%)^3 \approx 1.259\,7$，这相当于 3 年后一次支付 25.97% 的利息，这时的年平均利率约为 8.66%。

我们再来分析第二个问题。每季度付2%的利息，一年内等于付了4次利息；1元借款一年后的终值为 $(1+2\%)^4 \approx 1.0824$ 元，相当于按年支付8.24%的利息。反过来，一年支付8%的利息相当于按季度支付百分之几的利息呢？显然它是下列方程的解：$(1+x)^4 = 1+8\%$，解得：$x \approx 1.94\%$。因此，一年支付8%的利息相当于按季度支付1.94%的利息。

根据前面的分析，我们来看一般的情形。

（1）若干年后一次支付利息的情形。设每年支付一次利息的年利率为 i，如果规定 n 年后一次支付利息，其利率的转换公式为：

$$x = \sqrt[n]{1+ni} - 1 \tag{2-30}$$

式中 x 为实际年利率，显然 x 小于 i。

（2）一年内多次付息的情形。设每年支付一次利息的年利率为 i，如果规定一年内付 m 次利息，每次支付的利率为 i/m，其利率的转换公式为：

$$x = \left(1+\frac{i}{m}\right)^m - 1 \tag{2-31}$$

式中 x 为实际年利率，显然 x 大于 i。

三、分期等额还本付息方式

企业向银行借款，传统的还款方式是到期一次还本付息，或者分期付息，到期还本。金融业创新使银行贷款的还款方式也呈现多样化的趋势，分期等额还本付息就是其中一种新颖的还款方式。我们通过一个实例来说明。

【例2-14】利奥康制药有限公司拟向浦东发展银行借入一笔10年期的长期贷款1 000万元，年利率为8%，银行给出的还款方式为：规定一年后按年分期等额还本付息，10年内付清本金和利息。利奥康制药有限公司需要编制一个还款计划表，在此之前，财务人员必须首先计算该笔借款每年的还款金额。

显然，这是一个年金现值问题。已知年金现值为1 000万元，年利率为8%，设每年还款额为 A，可以得到：

$$1\,000 = A \times (P_A/A,\ 8\%,\ 10)$$

$$A = \frac{1\,000}{6.710\,1} = 149\text{（万元）}$$

计算结果表明，1 000万元的借款，每年偿付149万元，10年共偿付1 490万元的本息，正好还清全部本金和利息。

初学者可能对这种还款方式比较陌生，为此，我们对这种还款方式作一些说明。

第一，分期等额还本付息是指每年偿还的本金和利息之和是相等的，但每年偿还的本金并不相等，而是随着年限的推移呈等比级数递增；每年支付的利息也不相等，而是呈等比级数递减。例如，本例中第一年偿付的149万元中，支付利息为80万元，还本69万元；由于第一年已经偿还本金69万元，故第二年计算利息的本金只有931万元，利息为74.48万元。所以，第二年偿付的149万元中，还本为74.52万元。以后各年依此类推，循环计算。

第二，采用分期等额还本付息方式，借款期限内的利息总额并不能按照单利或复利终值公式计算。本例如果按照单利终值公式计算，10年的利息合计应当为$1\ 000 \times 10 \times 8\% = 800$万元，如按照复利计算应当为$1\ 000 \times (1+10\%)^{10} - 1\ 000 = 1\ 594$万元。而实际上，支付的利息总额为490万元，这是什么原因呢？因为采用分期等额还本付息方式，每年的本金在不断减少，借款人从第二年开始每年实际使用的资金并没有1 000万元，而且每年呈等比级数递减，10年支付的利息总额自然不是800万元，更不可能是1 594万元。

第四节　树立时间价值观念

时间价值是一种理财观念，也是一种理财思想，它并不产生于理财范畴，然而它改变了人们的理财决策思想。时间价值观念告诉人们，由于货币随时间的延续而增值，现在一定数额的货币与将来相等数额的货币其经济价值不相等。企业进行财务决策时，决策者对不同时点上的货币收支不宜直接比较，必须将它们换算到相同时点的价值上，才能进行大小的比较，并进行有关的计算和决策分析。但是，目前有些企业的管理者对时间价值的作用重视不够。例如，在投资决策中，只考虑投资项目在寿命期（估计）内能实现的利润总额或现金净流量总和，而忽视利润或现金净流量在各个时期的分布情况，从而高估或低估投资报酬率，造成投资决策失误。

【例2-15】宏达公司拟引进一条新的生产线，估计需要投资200万元，估计寿命期为6年，建成投产后每年可收回的现金流量为40万元，假设不考虑残值，该项目是否可行呢？

如果不考虑时间价值，该项目显然是可行的，因为投产后6年中产生的现金流量合计为240万元，超过了其最初的投资额。但是，如果考虑时间价值，答案就变得不确定了。该项目是否可行关键要看项目的收益率是否能够达到决策者的期望报酬率。假设投资者要求的报酬率为10%，按10%的年利率计算出该项目可收回的现金流量的现值和为：

$$40 \times (P_A/A, 10\%, 6) \approx 40 \times 4.355\ 26 \approx 174.21 < 200 \text{（万元）}$$

计算结果表明，该项目未来回收的现金流量净额的现值小于投资额，实际报酬率达不到投资者要求的报酬率，故该项目不可行。因此，是否考虑时间价值，对于同样的决策问题，其决策结果完全不同。

同样，在筹资决策中，如果决策者只关注表面的资金成本（如借款利息），而忽视资金成本的支付方式和支付时间，往往会错误测算资金成本的高低，导致筹资决策的失误。

【例2-16】神源火力发电有限公司1997年与某信托投资公司商谈一个融资项目。由信托投资公司向该公司提供2 000万元信贷资金，分10年还本付息，在前5年中，企业每隔半年须向信托投资公司支付120万元的利息；从第六年至第十年，每年年末偿还本息500万元。公司财务主管在决策时要考虑的首要问题是这项融资方案的代价相当于承担多高的年利率。

如果不考虑时间价值，计算结果为（120×10+500×5-2 000）÷（2 000×10）=8.5%；而考虑时间价值，可以求得该融资项目真正的年利率约为11.1%（计算方法见本书第三章关于"内含报酬率"计算的有关内容），两者相差2.6个百分点，可见时间价值因素不可忽视。

最后，我们来讨论本章开头提出的天地化工有限责任公司购买设备的三种付款方式的选择问题。简单地说，天地化工有限责任公司购买设备的上述三种付款方式可以简称为一次性付款、分期付款和延期付款。从公司所支付价款总额来比较，以方式（1）支付的全部价款比其他两种方式分别少50万元和100万元，但由于三种方式现金流出的时间不同，不能直接根据支付的价款多少来选择付款方式。

实际上，选择付款方式需要考虑的因素可能会很多，应当根据该公司的实际情况作出分析。由于我们对天地化工有限责任公司的具体情况没有充分的了解，这里只能就决策时应当考虑的一些重要因素进行分析，其中最重要的是公司现金存量、投资机会和筹资成本等。

（1）如果该公司目前有足够的现金存量一次性支付设备价款，那么，公司采纳方式（2）或方式（3）就会出现暂时的资金闲置，这就需要考虑公司目前是否存在较好的投资机会。如果公司能够找到报酬率较高而变现力较强的投资项目，就应当考虑推迟付款，首选方式（3），其次是方式（2），使目前拥有的现金投资于高回报的项目，提高资金的使用效益。当然，如果公司目前没有合适的投资机会，就应当选择方式（1），将设备价款一次性付清，以避免资金的闲置。

（2）如果该公司目前没有足够的现金一次支付500万元的设备款，公司似乎应当采纳方式（2）或方式（3）。但是，公司完全可以考虑通过适当的方式筹足500万元资金，以一次支付设备价款。这时就要考虑筹资成本的高低。如果公司能够以较低的代价筹集到足够的资金，那就应当选择一次性支付价款的方式；反之，如果公司目前筹资困难较大，筹资成本很高，那就应当放弃筹资，而选择分期付款或延期付款的方式。

实际上，对于天地化工有限责任公司付款方式的决策问题，可以做更为深入的定量分析。但鉴于许多财务决策的方法将在本书以后各章作系统的介绍和展开，因此有兴趣的读者可以在学完本书其他章节的主要内容后再回过头来进行深入的思考。

【思考与练习】

思考题

1. 年金终值系数和年金现值系数互为倒数吗？它们之间有怎样的数量关系？

2. 以普通年金终值公式表示即付年金终值有两种方式，请你写出这两种方式下的计算公式，并作简单的解释。

3. 某人拟购置一处房产，房主提出以下两种方案（付款方式）：

（1）从现在起，每年年初支付5万元，连续支付10次，共50万元；

（2）从第五年起，每年年初支付7万元，连续支付10次，共70万元。

该购房者目前资金较为宽裕，他认为第一种方案支付的全部价款比第二种方案少20万元，因此第一种方案对购房者来说更合算。

你认为该购房者的分析有何不妥？应该如何分析和选择付款方式？

单项选择题

1. 如果银行存款利率为10%，5年以后想要得到3 000元，按照单利计算，现在应一次存入（　）元。

A. 1 000　　B. 1 500　　C. 2 000　　D. 2 500

2. 偿债基金系数是（　）。

A. 复利终值系数的倒数　　B. 复利现值系数的倒数

C. 年金终值系数的倒数　　D. 年金现值系数的倒数

3. 年金现值系数的倒数是（　）。

A. 复利终值系数　　B. 复利现值系数

C. 偿债基金系数　　D. 投资回收系数

4. 某人准备现在存入银行一笔钱，希望从第一年开始在今后6年内每年年末取出3 000元供子女上中学，设年复利率为5%，此人现在应一次存入约（　）元。

A. 2 239　　B. 15 227　　C. 18 000　　D. 20 406

5. 某人每年年初存入1 000元，按5%的年复利率计算利息，10年后获得的利息总额最接近的数额是（　）元。

A. 2 278　　B. 2 578　　C. 3 207　　D. 8 108

6. 某人年初存入银行1 000元，假设银行按每年10%复利计息，每年年末取出200元，则最后一次能够足额（200元）提款的时间是（　）。

A. 5年末　　B. 7年末　　C. 8年末　　D. 9年末

7. 一项500万元的借款，期限为5年，年利率为8%，若每半年复利一次，则年实际利率会高出名义利率约（　）个百分点。

A. 0.16　　B. 0.24　　C. 0.4　　D. 0.8

8. 某人准备将10 000元钱存入银行，有两种方式：（1）定期5年，目前银行规定的5年期存款年利率为4.75%；（2）定期1年，年利率为3%，到期转存。假设5年内上述定期存款的利率均不变，那么，这笔储蓄在上述两种存储方式下最终的利息差异是：第（1）种方式比第（2）种方式大约多（　）元。

A. 175.00　　B. 782.26　　C. 875.00　　D. 1 018.86

多项选择题

1. 货币时间价值在数量上应当理解为扣除（　）后的社会平均利润率。

A. 时间因素　　B. 通货膨胀因素　　C. 纯粹利率

D. 风险因素　　E. 最低必要报酬率

2. 如果以 $F/P(i, n)$ 表示复利终值系数，$P/F(i, n)$ 表示复利现值系数，$F/A(i, n)$ 表示年金终值系数，$P/A(i, n)$ 表示年金现值系数，则下列关于终值系数和现值系数的关系中正确的有（　）。

A. $F/P(i, n) \times P/F(i, n) = 1$

B. $F/A(i, n) \times P/A(i, n) = 1$

C. $P/A(i, n) = F/A(i, n) \times F/P(i, n)$

D. $F/A(i, n) = P/A(i, n) \times F/P(i, n)$

E. $P/A(i, n) = F/A(i, n) \times P/F(i, n)$

3. 下列关于复利终值系数、复利现值系数、普通年金终值系数和普通年金现值系数的数值大小判断正确的有（　）。

A. 复利终值系数大于1　　B. 复利现值系数小于1

C. 普通年金终值系数大于期数　　D. 普通年金现值系数小于期数

E. 普通年金终值系数小于期数

4. 下列关于即付年金的终值公式中正确的有（　）。

A. $F_A = A \times [(1+i)^n - 1](1+i)/i$

B. $F_A = A \times [1-(1+i)^{-n}](1+i)/i$

C. $F_A = A \times \{[(1+i)^{n-1} - 1]/i + 1\}$

D. $F_A = A \times \{[(1+i)^{n+1} - 1]/i - 1\}$

E. $F_A = A \times \{[(1+i)^{-(n-1)} - 1]/i + 1\}$

5. 下列关于即付年金的现值公式中正确的有（　）。

A. $P_A = A \times [(1+i)^n - 1](1+i)/i$

B. $P_A = A \times [1-(1+i)^{-n}](1+i)/i$

C. $P_A = A \times \{[1-(1+i)^{-(n+1)}]/i-1\}$

D. $P_A = A \times \{[(1+i)^{n+1}-1]/i-1\}$

E. $P_A = A \times \{[1-(1+i)^{-(n-1)}]/i+1\}$

6. 企业向银行借款1 000万元，期限为5年，年利率为9%，确定的还款方式为按年分期等额还本付息。那么可以计算出每年的还款金额约为257.09万元。下列关于分期等额还本付息方式的说法正确的有（　）。

A. 每年支付的利息逐年递减　　B. 每年偿还的本金逐年递增

C. 5年共支付利息约为285.45万元　　D. 最后一年偿还的本金约为257.09万元

E. 第一年偿还的本金约为167.09万元

计算分析题

1. 某家长为其女儿5年后出国需要准备200 000元人民币。现在有两种存储方式：(1) 现在一次存入，定期5年，年利率为6%，银行按单利计息；(2) 每年年初存入一笔相等金额的本金，银行存款利率为5%，按年复利计算利息。试分别计算应存入的金额（计算结果精确到元）。

2. 某人从现在开始每年年初存入银行200元，银行规定的年利率为10%，但银行规定按单利计息。

(1) 试计算该（零存整取）储蓄5年以后的本利和。

(2) 请你根据上述计算过程导出单利计息下的即付年金终值公式（假设年利率为i，期限为n，年金值为A，n期的年金终值为F_n）。

3. 某企业向银行借入一笔10年期的可变利率贷款500万元，规定一年后按年分期等额还本付息，年利率为9%。从第六年开始，银行宣布年利率按6%计算。试分别计算该笔借款前五年和后五年的等额还款数额（计算结果精确到0.01万元）。

4. 2001年8月1日正是张先生23周岁生日，也是他大学毕业参加工作的时间。他在一家上市公司做财务工作，按照正常情况，张先生将于2038年8月1日退休。张先生从工作的第一个月开始每月从工资中扣除200元存入他的养老金账户，同时公司也为他存入相等金额的养老金。如果该养老金的月投资收益率为0.5%，请你按照复利计算（结果精确到元）：

(1) 张先生在60周岁退休时养老金账户的本利和是多少？

(2) 如果张先生的寿命为80岁，那么他退休后可以从自己的养老金账户中每月（等额）取出多少钱？

CHAPTER－3

第三章

项目投资管理

由于市场上产品的同类、同质性导致的企业间竞争已经越演越烈，一场场价格大战接踵而至。在这样严峻的市场竞争中，只有“适者生存”，“大鱼吃小鱼，小鱼吃虾米”的现象表现得淋漓尽致。发展中的企业唯有做大做强，否则将被市场无情地淘汰。而企业要扩张，就会面临各种项目投资决策，下面是A企业和B企业新设备投资决策方面的一个案例。

A企业的产品在当地市场上占有一席之地，由于市场需求逐步扩大，为了打开西部市场，该厂打算购置一套新的生产设备。企业经过初步论证后，得出的结论是，该设备投资额约2 000万元，每年可收回的现金流量不超过200万元，设备的投资回收期在10年以上。该厂的高管人员认为回收期超过5年的项目不可接受，最终放弃了该项方案。B企业是A企业的主要竞争对手，对购置新设备持有不同的观点，并不惜重金购买了当初A企业放弃购买的设备。新设备投产后使产品在用料、机器维修、人工方面的成本大大节约，而且产品的次品率也显著降低。更重要的是，新设备的使用使产品质量显著提高，投产仅一年就收回400余万元现金流量。照此速度，用不了5年即可收回全部投资。新设备的使用使B企业的产品在当地市场上的份额显著提高，竞争优势逐步形成。

从这个例子中，我们得到了什么启发呢？两家企业面临着相同的项目投资决策问题，却作出了不同的选择。当读者学完“项目投资管理”这一章内容后，也许会懂得企业应当如何评价投资项目的可行性。

项目投资贯穿于企业整个存续期内，它是企业生存和发展的基础。项目投资决定了企业购置的资产类别，不同的生产经营活动需要不同的资产，因此项目投资决定了企业的经营方式和盈利模式，影响着企业的发展前景。项目投资决策是项目投资管理的重要内容，提出投资方案和评价方案需要科学的决策分析。本章主要介绍项目投资决策中的评价指标，而计算这些评价指标主要依赖于项目的现金流量。

第一节　项目投资概述

企业投资按照其内容不同可分为项目投资、证券投资和其他投资等类型。项目投资是对企业内部生产经营所需要的各种资产的投资（本章所介绍的项目投资主要是指对生产性固定资产的投资，不包括对非生产性固定资产的投资），其目的是为保证企业生产经营过程的连续和生产经营规模的扩大。在企业的整个投资中，项目投资具有十分重要的地位，它不仅数额大、投资面广，而且对企业的稳定与发展、未来盈利能力、长期偿债能力都有重大影响。

一、项目投资的分类

项目投资是直接投资中最重要的一种，这种投资的结果是形成企业的经营性资产，它是企业维持简单再生产和扩大再生产的基础。对于不同的企业而言，项目投资的内容是多种多样的，但概括地说，企业进行的项目投资可以按照下列不同的标志进行分类。

（一）固定资产投资、无形资产投资和其他资产投资

项目投资按其投资对象不同可分为固定资产投资、无形资产投资和其他资产投资。固定资产投资是指投资于企业固定资产，特别是生产经营用固定资产的投资，如对房屋及建筑物、机器设备、运输设备、工具器具等的投资都属于固定资产投资；无形资产投资是指在企业长期使用但没有实物形态的资产上的投资，如对著作权、专利权、商标权、土地使用权、商誉和非专利技术的投资等均属于无形资产投资；其他资产投资是指形成其他长期资产的投资，如开办费、投产前职工培训支出等。

（二）维持性投资与扩大生产能力投资

项目投资按其与企业未来经营活动的关系可分为维持性投资和扩大生产能力投资。维持性投资是为维持企业正常经营、保持现有能力而投入的财力，如固定资产的更新投资等；扩大生产能力投资是企业为扩大生产规模、增强生产能力，或改变企业经营方向，对企业今后的经营与发展有重大影响的各种投资。

（三）战术性投资与战略性投资

项目投资按其对企业前途的影响可分为战术性投资和战略性投资。战术性投资是指不牵涉整个企业前途的投资，如为提高劳动生产率而进行的投资、为改善工作环境而进行的投资等；战略性投资是指对企业全局有重大影响的投资，如企业转产投资、增加新产品投资等，战略性投资一般所需资金多、回收时间长、风险大。

（四）相关性投资与非相关性投资

项目投资按其相互关系可分为相关性投资与非相关性投资。如果采纳或放弃某一

项目并不显著地影响另一项目，则可以说这两个项目在经济上是不相关的，二者互为非相关性投资，如一个设备制造公司在专用机床上的投资和它在某些办公设施上的投资，就是两个非相关性投资。如果采纳或放弃某个投资项目，可以显著地影响另外一个投资项目，则可以说这两个项目在经济上是相关的，如对油田和输油管道的投资便属于相关性投资。

（五）采纳与否投资与互斥选择投资

项目投资按其决策角度可分为采纳与否投资与互斥选择投资。采纳与否投资是指决定是否投资于某一项目的投资，如是否要购入办公电脑、是否要引进一条生产线、是否要建一栋厂房等都属于采纳与否投资。在两个或两个以上的项目中，只能选择其中之一的投资，叫互斥选择投资。例如，同一地域的土地利用方案是互斥方案，是建居民住房，还是建写字楼等，只能选择其中之一；厂址选择问题和建设规模问题通常也是互斥方案的选择问题。对互斥方案的评价，我们可归为对不同方案优劣的排序，只有排在第一位的方案才是企业应该实施的投资方案。

二、项目投资的程序

项目投资影响时间长、投资数额大、变现能力差、考虑因素复杂，因此，项目投资是一项复杂的系统工程，一旦出现决策失误，对企业未来的生产经营活动、长期经济效益和长期偿债能力都将产生重大而深远的影响，甚至会导致企业破产。因此，项目投资需要一个科学、严密的可行性论证。

（一）投资项目的提出

投资项目是根据企业的发展计划和投资环境的变化，在把握良好投资机会的情况下提出的。一般而言，企业管理当局和企业高层管理人员提出的投资项目大多是具有战略意义的投资项目或扩大生产能力的投资项目，其投资金额巨大、影响深远，一般要由企业的战略、市场、生产、财务和物资部门参与共同论证；由企业各级管理部门和相关部门领导提出的投资项目主要是一些战术性投资项目或维持性投资项目，一般可先由提出部门进行可行性论证。

（二）投资项目的评价

投资项目的评价主要涉及以下几项工作：（1）对提出的投资项目进行适当分类，为分析评价做好准备；（2）计算有关项目的投资回收期及预测有关项目的现金流入和现金流出；（3）运用各种投资评价指标，将各项投资按可行程度进行排序；（4）写出详细的评价报告。

（三）投资项目的决策

对投资项目作出评价后，应按分权管理的决策权限由企业高层管理人员或相关部门经理作最后决策，其结论一般可分成以下三种：（1）接受这个投资项目，可以进行投资；（2）拒绝这个投资项目，不能进行投资；（3）发还给项目提出部门，重新论证后，再行处理。

（四）投资项目的执行

决定对某项目进行投资后，要积极筹措资金，实施项目投资。在投资项目的执行过程中，要对工程进度、工程质量、施工成本和工程概预算进行监督、控制和审核，防止工程建设中的舞弊行为，确保工程质量，保证按时完成。

（五）投资项目的再评价

在投资项目的执行过程中，应注意原来作出的投资决策是否合理、是否正确。一旦出现新的情况，就要随时根据变化的情况作出新的评价。如果情况发生重大变化，原来的投资决策已变得不合理，就要进行是否终止投资或怎样终止投资的决策，以避免更大的损失。

第二节　现金流量及其估计

一、现金流量的概念及其重要性

（一）现金流量的概念

投资项目的现金流量指的是在投资活动过程中，由于引进一个项目而引起的现金流出或现金流入数量的统称。投资决策分析中所说的“现金”是一个广义的概念，它不仅包括货币资金，同时也包含了与项目有关的非货币资源的变现价值。例如在投资某项目时，使用了企业原有的固定资产，这时的“现金流出”就包含了该固定资产的变现价值，或其重置成本，而事实上使用原有固定资产并没有发生货币支付。

（二）现金流量在评价投资方案中的重要性

投资项目现金流量是企业进行投资项目决策评价的重要信息和主要依据之一。企业之所以以现金流量作为投资项目评价的重要价值信息，而将投资项目的利润信息放在次要位置，主要是基于以下考虑。

（1）现金流量的增加是企业生存、发展的基础。一个企业要生存，必须要有足够的现金。因为企业生存的直接威胁是破产，破产的直接动因是不能清偿到期债务。要使企业避免清算，企业必须要有一定的偿债能力，而一定的偿债能力是以足够的现金流量作为保证的。另外，现金净增量是企业实现规模扩张的重要资金来源。企业债权人、投资者最关心的是企业经过一段时间的经营，是否有足够的现金来支付利息和股利，是否有足够的现金清偿到期债务以及扩大生产经营规模。而且，经营活动中现金净流量的增加表明企业具有良好的盈利质量，可以增强债权人和投资者对企业投资的信心，为企业规模扩张提供良好的资金保证。

（2）使用现金流量评价投资项目，能使决策更符合客观实际情况。在项目投资决策中，应用现金流量能科学、客观地评价投资方案的优劣，因为利用现金流量指标代替利润指标作为反映投资项目经济效益的信息，可以避免计算利润时采用权责发生制带来的主观随意性问题。现金流量比利润具有刚性，它一般不会随着会计处理方法的变化而变化，即现金流量很难造假。企业日常的经济交易和会计事项有许多是与现金流量无关的，如采用不同的方法计提固定资产折旧、计提资产减值准备、采用不同的存货计价方法等，它们一般不会影响企业的现金流量净额，但通常会影响企业在某一时期的利润。从这一点说，利润不仅与企业的经营活动有关，在很大程度上它是会计处理的结果；而现金流量净额则是企业经营活动的沉淀，它与会计处理方法一般没有什么必然的联系。

（3）现金流量有利于科学地应用货币时间价值。由于投资项目的时间较长，所以资金时间价值的作用和影响不容忽视。现金流量信息反映了每笔预期收支款项的具体时间，因而与项目计算期的各个时点密切结合，有助于在计算投资项目决策评价指标时，应用货币时间价值的形式进行动态投资效果的综合评价。

（4）在投资分析中，现金流转状况比盈亏状况更重要。有利润的年份不一定能产生多余的现金用来进行其他项目的再投资。一个项目能否持续下去，并不取决于一定期间是否盈利，而是取决于有没有足够的现金用于各种支付。现金一旦支出，不管是否消耗，都不能用于别的目的，只有将现金收回后，才能用于再投资，因此，在投资决策中更要重视现金流量的分析。

二、现金流量的内容及其估算

（一）现金流量的内容

项目投资的现金流量通常包括初始现金流量、营业现金流量和终结现金流量三个部分。

（1）初始现金流量。初始现金流量是指开始投资时发生的现金流量，一般包括以下四个部分。

① 固定资产投资支出。固定资产作为企业的一种劳动资料，它所需投资往往是投资项目最重要的一项现金流出。固定资产投资包括建筑工程费、设备购置费、安装工程费、工程建设其他费用等。

② 垫支流动资金支出。长期投资项目除了会在筹建阶段发生大量的固定资产投资支出外，通常还需要在投产后将一部分资金垫支在现金应收账款和存货等流动资产上。这些资金一经投入，便在整个投资期限里围绕着企业的生产经营活动进行周而复始的

循环周转，直至项目终结时才能退出收回，并转作他用。

③ 其他投资费用。指与长期投资项目有关的职工培训费、谈判费、注册费等。

④ 原有固定资产的变价收入。主要是指固定资产更新时因原有固定资产的变卖所得的现金收入。

（2）营业现金流量。营业现金流量是指投资项目投入使用后，在其寿命周期内由于生产经营所带来的现金流入和流出的数量。营业现金净流量是指一定期间现金流入量和现金流出量的差额。这里所说的“一定期间”，有时是指一年内，有时是指投资项目持续的整个年限内。流入量大于流出量时，净流量为正值；反之，净流量为负值。

营业现金净流量的计算一般有以下三种方法。

① 根据营业现金净流量的定义计算。考虑企业的所得税因素以后，根据营业现金净流量的定义，所得税是一种现金支付，应当作为每年营业现金净流量的一个减项。

营业现金净流量＝营业收入－付现成本－所得税　　(3-1)

② 根据年末营业成果来计算。企业每年现金流量增加来自两个主要方面：一是当年增加的净利；二是计提的折旧，以现金形式从销售收入中扣回，留在企业里。这里的折旧是指广义的折旧，包括各种长期资产的摊销和减值准备提取。

营业现金净流量＝净利润＋折旧　　(3-2)

式（3-2）与式（3-1）是一致的，因为付现成本是指每年支付现金的成本，成本中不需要每年支付现金的部分称为非付现成本，其中主要是折旧费。于是付现成本可以用营业成本减折旧来估计。我们对式（3-1）进行直接推导，便可得到式（3-2）。

营业现金净流量＝营业收入－付现成本－所得税
＝营业收入－（营业成本－折旧）－所得税
＝营业利润＋折旧－所得税
＝净利润＋折旧

③ 根据所得税对收入、付现成本和折旧的影响计算。

营业现金净流量＝税后收入－税后成本＋折旧抵税　　(3-3)

这个公式可以根据式（3-2）直接推导出来：

营业现金净流量＝税后净利＋折旧
＝（营业收入－营业成本）×（1－所得税税率）＋折旧
＝（营业收入－付现成本－折旧）×（1－所得税税率）＋折旧
＝营业收入×（1－所得税税率）－付现成本×（1－所得税税率）－折旧×（1－所得税税率）＋折旧
＝营业收入×（1－所得税税率）－付现成本×（1－所得税税率）＋折旧×所得税税率
＝税后收入－税后成本＋折旧抵税

上述三个公式，最常用的是式（3-3），因为企业的所得税是根据企业总利润计算的。当投资项目决策方案无法测算出利润即无法利用前两个公式时，可以使用式(3-3)估计现金流量，以作出正确的决策，尤其在设备更新决策中更是如此。

（3）终结现金流量。终结现金流量是指投资项目完结时发生的现金流量，主要包括以下内容。

① 固定资产报废时的残值收入或变价收入，即投资项目终了所收回的固定资产清理净值，通常是一次性收入。

② 原有垫支在各种流动资产上的资金的收回。特定投资项目终了，垫支在流动资产上的流动资金便可收回移作他用，因而构成企业在当年的一项重要的现金流入。

③ 停止使用的土地的变价收入。

（二）现金流量的估算

为了正确地评价投资项目的优劣，必须正确地计算现金流量。我们通过一个例子简要说明投资项目现金净流量的估算方法。

【例3-1】中原内配股份有限公司（以下简称“中原公司”）准备购买一台设备用于生产甲产品。该设备购入后可立即投产。经预测，该项固定资产投资总额为1 500万元，在第一年年初一次性投入。项目寿命期为6年，终结时有净残值60万元，固定资产采用平均年限法计提折旧。另外需要垫支营运资金150万元，需要在第一年年初一次投入。预计该项目投产后甲产品的年销售量与产量相同，均为2 000台。单位售价为2万元，单位付现成本为1.2万元。所得税税率为25%。

要求：确定该项目各年的现金流量。

解：

（1）初始现金流量的估算

本例中，初始投资现金流量包括两项内容：一是固定资产投资1 500万元，二是垫支的流动资金150万元。两项合计流出现金1 650万元。

（2）营业现金流量的计算

$$年折旧额=\frac{1\ 500-60}{6}=240（万元）$$

本例中，项目投产后各年营业现金净流量相同，运用前面介绍的三种算法，分别如下：

按式（3-1），算式如下：

营业现金净流量 = 营业收入 − 付现成本 − 所得税

$=2\ 000\times(2-1.2)-[2\ 000\times(2-1.2)-240]\times25\%$

$=1\ 260$（万元）

按式（3-2），算式如下：

营业现金净流量 = 净利润 + 折旧

= [2 000 ×（2 - 1.2）- 240] ×（1 - 25%）+ 240

= 1 260（万元）

按式（3-3），算式如下：

营业现金净流量 = 营业收入 ×（1 - 所得税税率）- 付现成本 ×（1 - 所得税税率）+ 折旧 × 所得税税率

= 2 000 × 2 ×（1 - 25%）- 2 000 × 1.2 ×（1 - 25%）+ 240 × 25%

= 1 260（万元）

三种计算方法的计算结果必定相同。

（3）终结现金流量的计算

本例中，终结现金流量包括固定资产清理净残值和最初垫支的营运资金的收回，它们分别为 60 万元和 150 万元，两项之和为 210 万元。

（4）各年现金净流量的汇总

将上述计算结果汇总于表 3-1，得到该投资项目各年现金净流量。

表 3-1　各年现金流量估算结果　（单位：万元）

年份	0	1	2	3	4	5	6
固定资产投资 营运资金垫支	-1 500 -150						
营业现金净流量	—	1 260	1 260	1 260	1 260	1 260	1 260
固定资产净残值 营运资金收回							60 150
现金净流量合计	-1 650	1 260	1 260	1 260	1 260	1 260	1 470

三、估计投资项目现金流量应注意的几个问题

判断投资项目相关现金流量的基本准则是：只有增量现金流量才是与项目相关的现金流量。所谓增量现金流量是指接受或拒绝某个方案后，企业总现金流量因此而发生的变动。为了正确判断投资项目的现金流量，还应注意以下几点。

（1）要区分相关成本与非相关成本。相关成本是指与特定决策有关的，在分析评价时必须加以考虑的成本，例如差额成本、未来成本、重置成本和机会成本等都属于相关成本。而与特定决策无关的，在分析时不必加以考虑的成本是非相关成本，例如沉没成本、过去成本和账面成本等往往是非相关成本。

例如，中原公司在2010年曾经打算新建一座厂房，并请一家会计师事务所作过可行性分析，支付咨询费4万元。后来由于本公司有了更好的投资机会，该项目被搁置下来，但这笔咨询费作为费用已经入账了。2013年旧事重提，在重新进行项目投资分析时，这笔咨询费是否仍是相关成本呢？答案应当是否定的。该笔支出已经发生，不管本公司是否采纳新建厂房的方案，它都已无法收回，与公司未来的总现金流量无关。

如果将非相关成本纳入投资方案的总成本，则一个有利的方案可能因此变得不利，一个较好的方案可能变为较差的方案，从而造成决策错误。

（2）不要忽视机会成本。在投资方案的选择中，如果选择了一个投资方案，则必须放弃投资于其他途径的机会。其他投资机会可能取得的收益是实行本方案的一种代价，被称为这项投资方案的机会成本。

例如，上述中原公司新建厂房的投资方案，需要使用公司拥有的一块土地。在进行投资分析时，虽然公司不必动用资金去购置土地，但此土地的成本却不能不考虑在内，因为该公司若不利用这块土地兴建厂房，则可将这块土地移作他用，并取得一定的收入。公司由于要在这块土地上兴建厂房，才放弃了这笔收入，这笔收入即成为兴建厂房方案的机会成本。但值得注意的是，不管该公司当初是以什么价格购进这块土地，都应以现行市价作为这块土地的机会成本。

机会成本不是我们通常意义上的“成本”，它不是一种支出或费用，而是失去的收益。这种收益不是实际发生的而是潜在的，它总是针对具体方案而言的。机会成本在决策中的意义在于它有助于全面考虑可能采取的各种方案，以便为既定资源寻求最为有利的使用途径。

（3）要考虑投资方案对公司其他部门的影响。当我们采纳一个新的项目后，该项目可能对公司的其他部门造成有利或不利的影响。

例如，1991年美国通用食品公司推出了Dino pebbles软糖新品种，其目的是为了抢占Kellogg公司的果汁软糖市场，但不可避免地也抢占了本公司的相同类型的Gruity pebbles软糖的市场。所以在计算Dino pebbles软糖项目的现金流量时，应扣除其使Gruity pebbles软糖现金流量的减少量。当然，也可能发生相反的情况，即新产品上市后促进了其他部门的销售增长，这要看新项目和原有部门是竞争关系还是互补关系。

事实上，诸如此类的交互影响很难被准确计量，但决策者在进行投资分析时仍要将其考虑在内。

（4）要重视对净营运资金的影响。在一般情况下，当公司开办一项新业务并使销售额扩大后，对于存货和应收账款等流动资产的需求也会增加，公司必须筹措新的资金以满足这种额外需求；另一方面，公司扩充的结果是，应付账款与一些应付费用等流动负债也会同时增加，从而降低公司流动资金的实际需要。所谓净营运资金的需要，是指增加的流动资产与增加的流动负债之间的差额。

当投资方案的寿命周期快要结束时，公司将与项目有关的存货出售，应收账款变为现金，应付账款和应付费用也随之偿付，净营运资金恢复到原有水平。通常，在进行投资分析时，要假定开始投资时筹措的净营运资金在项目结束时能收回。

估计投资方案所需的资本支出以及该方案每年能产生的现金净流量，会涉及很多变量，并且需要企业有关部门的参与：销售部门负责预测售价和销量等；产品开发和技术部门负责估计投资方案的资本支出等；生产和成本管理部门负责估计制造成本等。而财务人员的主要任务是：为销售、生产等部门预测建立共同的基本假设条件，如物价水平、贴现率、可供资源的限制条件等；协调参与预测工作的各部门人员，使之能相互衔接与配合；防止预测者因个人偏好或部门利益而高估或低估收入和成本。

第三节　项目投资决策评价指标及其应用

长期投资决策的评价指标可以分为两大类：一是非贴现指标，二是贴现指标。非贴现指标不考虑货币的时间价值，而贴现指标则考虑货币的时间价值。尽管非贴现指标在理论上有较大缺陷，但实际上，许多公司在评价时通常同时使用两类指标。下面我们分别论述这两类指标。

一、非贴现指标

非贴现指标是指在评价投资项目和经济效益时，没有考虑货币时间价值因素的指标，主要包括（静态）投资回收期、投资报酬率等。

（一）投资回收期

投资回收期是指投资引起的现金流入累计到与投资额相等时所需要的时间。它代表收回投资所需要的年限。回收年限越短，方案越有利。

如果现金流入量每年不等，或原始投资是分几年投入的，则可使下式成立的 n 为投资回收期：

$$\sum_{t=0}^{n} I_t = \sum_{t=0}^{n} O_t \tag{3-4}$$

如果原始投资一次支出，每年现金净流入量相等时：

$$\text{投资回收期} = \frac{\text{原始投资额}}{\text{每年现金净流入量}} \tag{3-5}$$

投资回收期一般以年为单位。下面举例说明投资回收期的计算方法。

【例 3-2】江铃公司现有两个投资项目 A 和 B，其有关数据如表 3-2 所示。

表 3-2　投资项目的有关资料　（单位：万元）

时间（年）		0	1	2	3	4	5
A 项目	净利润		180	180	180	180	180
	净现金流量	－1 500	480	480	480	480	480
B 项目	净利润		200	280	210	140	205
	净现金流量	－1 800	560	640	570	500	565

A 项目每年的营业现金净流量相等，按照式（3-5）计算其投资回收期如下：

A 项目投资回收期＝1 500÷480＝3.125（年）

B 项目每年的营业现金净流量不相等，计算其投资回收期需要计算该项目的累计净现金流量，可以用列表的方式进行，请看表 3-3 的计算过程。

表 3-3　B 项目投资回收期的计算　（单位：万元）

年限	0	1	2	3	4	5
净现金流量	－1 800	560	640	570	500	565
累计净现金流量	－1 800	－1 240	－600	－30	470	1 035

从表 3-3 可知，至第三年止，还有 30 万元投资额尚未收回，需要由第四年的现金流量收回，而第四年产生的现金流量为 500 万元，故收回 30 万元投资额需要 0.06 年(30/500)。因此，B 项目的投资回收期为 3.06 年。

由此可见，上述两项目的投资回收期基本相当，B 项目较 A 项目略短一些，可以说 B 项目略优于 A 项目。

投资回收期的长短是项目风险的一种标志，它需要一个主观上确定的最长的可接受回收期（往往用基准回收期表示）作为评价依据。当项目的投资回收期低于基准回收期时，该方案可以接受；反之，当项目的投资回收期高于基准回收期时，应拒绝该方案。正如本章开头引例中提到的 A 企业购置新设备，预计该设备的投资回收期在 10 年以上，该厂的高管人员认为回收期超过 5 年（基准回收期）的项目不可接受，最终放弃了该项方案。

投资回收期法的主要优点是计算简便，在实务中也常常被当作选择方案的标准。但是，投资回收期的最大缺点在于它既没有考虑货币的时间价值，也没有考虑回收期后的现金流量。在实际工作中，长期投资往往看重的是项目中后期将得到的较为丰厚的长久收益。对于这种类型的项目，用投资回收期法来判断其优劣，就显得很片面了。

（二）投资报酬率

投资报酬率也叫投资利润率或会计利润率，它表示年平均利润占总投资的百分比，即

$$投资报酬率 = \frac{年平均利润}{投资总额} \tag{3-6}$$

【例3-3】根据表3-2的资料，请分别计算A项目和B项目的投资报酬率。

解：根据式（3-6）分别计算项目A与项目B的投资报酬率如下：

$$投资报酬率（A）= \frac{180}{1\ 500} \times 100\% = 12\%$$

$$投资报酬率（B）= \frac{(200+280+210+140+205)/5}{1\ 800} \times 100\% = 11.5\%$$

A项目的投资回收期虽然较B项目长一些，但它的投资报酬率却高于B项目。因此上述A、B两个项目，按照投资报酬率法来评判，应该是A项目优于B项目。

投资报酬率法与回收期法相比，虽然考虑了回收期后的收益且具有简明、易算、易懂等优点，但它仍然忽略了货币的时间价值，可能会导致项目投资决策的失误，所以它仅作为投资项目评价的辅助参考指标。

二、贴现指标

贴现指标就是通过研究与投资项目相关的所有现金流量的折现值进行投资项目评价的指标。此类方法的共同特点是：对所有现金流量进行折现，将不同时点的现金流量折算到同一时点进行计算，因而更具科学性。常用的指标包括净现值、现值指数和内含报酬率等。

（一）净现值

1. 净现值的概念

净现值是指特定方案未来现金流入的现值与未来现金流出的现值之间的差额。即所有未来现金流入和流出都要按预定贴现率折算为它们的现值，然后再计算它们的差额。计算净现值的公式为：

$$净现值 = \sum_{t=0}^{n} \frac{I_t}{(1+i)^t} - \sum_{t=0}^{n} \frac{O_t}{(1+i)^t} \tag{3-7}$$

式中，n是项目的寿命期；I_t是在项目实施第t年的现金净流入值；O_t是在项目实施第t年的现金净流出值；i是预定的贴现率。

2. 净现值指标的决策规则

对于独立方案，当投资方案的净现值为正时才能接受，因为只有净现值为正数，即贴现后现金流入大于贴现后现金流出，该投资项目的报酬率大于预定的贴现率，该方案才可行。如净现值为零，则贴现后现金流入等于贴现后现金流出，该投资项目的

报酬率等于预定的贴现率。当净现值为负时应拒绝该方案，因为净现值为负数，即贴现后现金流入小于贴现后现金流出，该投资项目的报酬率小于预定的贴现率，该方案不可行。

对于多个净现值为正的互斥方案，应该选择净现值最大者。

下面，我们仍以上题为例说明净现值的计算方法，以及如何利用净现值指标进行长期投资决策分析。

【例3-4】根据表3-2的资料，假设贴现率 $i=15\%$，请计算上述两个项目的净现值。

解：根据式（3-7）分别计算项目A与项目B的净现值：

净现值（A）$=480\times$年金现值系数（15%，5）$-1\ 500$

$=1\ 609.03-1\ 500=109.03$（万元）

净现值（B）$=560\div1.15+640\div1.15^2+570\div1.15^3+500\div1.15^4+565\div1.155^5$

$=1\ 912.45-1\ 800=112.45$（万元）

上述两投资项目的净现值均大于零，说明这两个项目的报酬率均大于设定的贴现率15%，如果投资者要求的最低报酬率为15%，则上述两投资项目均可行。

同时我们也看到，B项目的净现值略大于A项目，我们是否可以就此得出B项目优于A项目的结论呢？不一定。这个问题将在后面再作分析。

3. 净现值指标的特点

净现值是投资决策评价方法中最基本的方法，它具有广泛的适用性，在理论上也比其他方法更完善。首先，净现值指标考虑了货币的时间价值；其次，净现值指标是一个绝对指标，能明确反映出从事一项投资会使企业增值（或减值）的数额大小，从而能为企业投资决策提供最为有用的信息。但净现值指标也存在自身的缺陷。首先，净现值指标没有揭示出投资方案可能达到的实际投资报酬率到底是多少，所以，依据净现值的大小不能对投资获利水平作出正确评价，而必须结合其他方法作出分析评价。另外，净现值是投资方案未来报酬总现值与初始投资额的差额，净现值指标依据净现值绝对数的大小分析投资方案，但是如果存在几个初始投资额不相同的方案，就无法利用净现值指标进行分析判断。要对投资额不同的投资方案进行比较，应利用其他方法，如下面将要论述的现值指数和内含报酬率等指标。

（二）现值指数

1. 现值指数的概念

现值指数是指未来现金流入现值与现金流出现值的比率，也称获利指数、现值比率等。计算现值指数的公式如下：

$$\text{现值指数}=\frac{\sum_{t=0}^{n}\frac{I_t}{(1+i)^t}}{\sum_{t=0}^{n}\frac{O_t}{(1+i)^t}} \tag{3-8}$$

式中，n、I_t、O_t 和 i 所表示的含义与在净现值公式中的相同。现值指数的经济意义是每元投资在未来获得的净收益，它是一个相对数指标，反映投资的效率；而净现值指标是绝对数指标，反映投资的效益。

2. 现值指数指标的决策规则

如果投资方案的现值指数大于1，说明其收益超过成本，该投资项目的报酬率大于预定的贴现率，该方案可行。如果投资方案的现值指数等于1，说明其收益等于成本，该投资项目的报酬率等于预定的贴现率。如果投资方案的现值指数小于1，说明其收益低于成本，该投资项目的报酬率小于预定的贴现率，该方案不可行。

【例3-5】根据表3-2的资料，假设贴现率 $i=15\%$，我们来计算上述两个项目的现值指数。

根据式（3-8），分别计算A项目与B项目的现值指数如下：

现值指数（A）＝1 609.03 ÷1 500＝1.073

现值指数（B）＝1 912.45÷1 800＝1.062

上述两投资项目的现值指数均大于1，说明这两个项目均可行。虽然B项目的净现值略大于A项目，但A项目的现值指数却高于B项目。两个投资项目的净现值大小与现值指数的大小出现了矛盾，那究竟该如何评价A、B项目的优劣？后面再作详细讨论。

3. 现值指数指标的特点

现值指数是一个相对数，因此解决了不同投资额方案间的净现值缺乏可比性的问题，使各种不同投资额的项目之间可直接用现值指数进行对比。其缺点是除了无法直接反映投资项目的实际收益率外，其计算过程比净现值的计算过程复杂，计算口径也不一致。

净现值和现值指数的计算都是在假定贴现率的基础上进行的，但是如何确定贴现率却有一定的难度。而且选择不同的贴现率，也会引起净现值和现值指数发生变化，有时甚至会影响到判断结果。

（三）内含报酬率

1. 内含报酬率的概念

内含报酬率是指能够使未来现金流入量现值等于未来现金流出量现值的贴现率，或者说是使该投资方案净现值为零的贴现率。内含报酬率通常用 *IRR* 表示，满足下列等式的 i 就是内含报酬率。

$$\sum_{t=1}^{n}\frac{I_t}{(1+i)^t}=\sum_{t=1}^{n}\frac{O_t}{(1+i)^t} \tag{3-9}$$

内含报酬率的计算比较复杂，通常采用“逐步测算法”，经过多次运算，才能够求得近似值。计算内含报酬率的公式如下：

$$IRR = i_m + \frac{NPV\ (i_m)\ (i_n - i_m)}{NPV\ (i_m)\ + |NPV\ (i_n)|} \tag{3-10}$$

有关上式的求解原理的证明如图 3-1 所示。

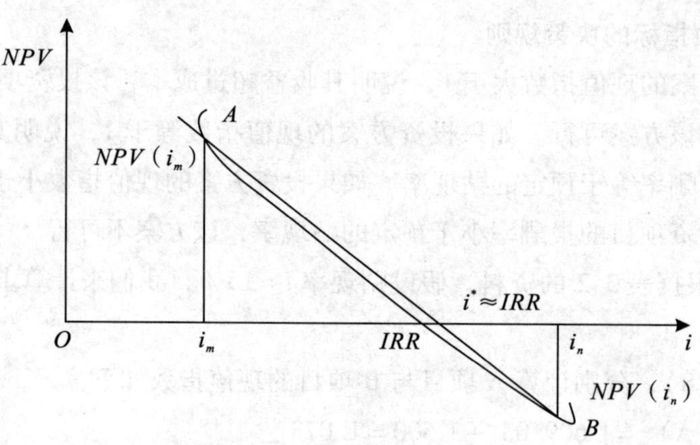

图 3-1　用内插法求 *IRR* 图解

在图 3-1 中，当 $i_n - i_m$ 足够小时，可以将曲线 *AB* 近似看成直线段与横坐标交点处的折现率 i^*，即 *IRR* 的近似值。三角形 $\triangle A i_m i^*$ 相似于三角形 $\triangle B i_n i^*$，故有：

$$\frac{i^* - i_m}{i_n - i^*} = \frac{NPV\ (i_m)}{|NPV\ (i_n)|}$$

通过变换即可得到 *IRR* 的求解公式。

由求解原理可知，计算结果的误差与 $i_n - i_m$ 的大小有关，$i_n - i_m$ 越大，则误差越大。因此，为保证计算结果的可靠性与精度，应反复试算，使 $i_n - i_m < 5\%$；在工程计算中，应使 $i_n - i_m \leqslant 1\%$，这样产生的误差会很小。

2. 内含报酬率指标的决策规则

内含报酬率是方案本身的收益能力，反映其内在的获利水平。计算出各方案的内含报酬率以后，可以根据企业的资本成本或要求的最低投资报酬率对方案进行取舍。如果投资方案的内含报酬率大于企业的资本成本或要求的最低投资报酬率，该方案可行；反之，如果投资方案的内含报酬率小于企业的资本成本或要求的最低投资报酬率，该方案不可行。

3. 内含报酬率指标的特点

内含报酬率考虑了资金的时间价值，并为投资部门提供了一个适合于本行业的投资效益的衡量标准。在计算内含报酬率时也不必事先选择贴现率，根据内含报酬率就可以排定独立投资方案的优先次序，只是最后需要一个切合实际的资本成本或最低投资报酬率来判断方案是否可行。但内含报酬率也有不足：第一，内含报酬率由于没有扣除资本成本率，故数值较大，往往会给人一种错觉，不及扣除了资本成本后的净现值或现值指数清楚；第二，内含报酬率中包含一种假设，即每期收到款项可用来再投资，并且也可获得与该内含报酬率相同的报酬率，这一点内含报酬率偏大的投资实际上是做不到的；第三，内含报酬率只是一个相对值，并不能说明企业投资项目的收益总额，一般投资规模大的项目，利润率偏低，如果企业只用内含报酬率来评价投资项目，可能会更多地重视那些投资小、利润率较高的项目，而不愿意进行较大规模的投资，实际上大投资项目对企业利润总额的贡献和长远发展是十分重要的。所以，在用内含报酬率评价投资项目时，同样要与其他方法结合使用。

【例3-6】下面仍以表3-2的资料的数据为依据，假设贴现率 $i=15\%$，计算上述两个项目的内含报酬率。

解：A项目内含报酬率的计算：

贴现率 $K=15\%$ 时，A项目的净现值 $NPV=109.03$；提高贴现率，取 $K=18\%$ 进行测试，$NPV=1.04$；再提高贴现率，$K=19\%$，$NPV=-32.34$。得到A项目的内含报酬率为：

$$\text{内含报酬率（A）}=18\%+[1.04\div(1.04+32.34)]\times(19\%-18\%)$$
$$=18.03\%$$

B项目的内含报酬率计算：

$K=15\%$ 时，$NPV=74.36$，取 $K=17\%$，$NPV=26.58$；再提高贴现率，$K=18\%$，$NPV=-14.01$，得到B项目的内含报酬率为：

$$\text{内含报酬率（B）}=17\%+[26.58\div(26.58+14.01)]\times(18\%-17\%)$$
$$=17.65\%$$

从计算结果可以看出，A项目的内含报酬率高于B项目，这与前面现值指数的比较结果一致，但与净现值的比较结果相违背，其中的原因将在后面作深入分析。

（四）三种贴现指标的比较

前文我们介绍了项目投资决策评价的各种贴现指标的概念、决策规则及特点，现将计算出的两个方案的各贴现指标数据汇总在表3-4中，并进行比较。

表3-4　三种贴现指标的比较

	净现值（$i=15\%$）	获利指数（$i=15\%$）	内含报酬率
A项目	109.03	1.073	18.03%
B项目	112.45	1.062	17.65%

1. 净现值指标与内含报酬率指标的比较

对于独立方案，运用净现值指标和内含报酬率指标，能够作出相同的决策。从前面所举例子的计算过程中可以看出，当贴现率为15%时，项目A和项目B的净现值均大于0，其内含报酬率均大于设定的贴现率（15%），二者的评价结论是一致的。当贴现率为18%时，项目A的净现值大于0，其内含报酬率大于设定的贴现率（18%）；项目B的净现值小于0，其内含报酬率小于设定的贴现率（18%）。两个评价指标都能得出一致结论。然而，对于两个互斥投资项目而言，运用净现值指标和内含报酬率指标的评价结果不一定相同，也就是说净现值大的项目其内含报酬率不一定高，有时用这两种评价指标可能导致相互矛盾的结论，具体不再展开。

净现值与内含报酬率的区别主要表现在以下几个方面。

（1）经济意义不同。净现值表示从事一项投资会使企业价值增加或减少的现值，而内含报酬率则表示投资项目的内在报酬率。

（2）计算净现值需要首先确定贴现率的大小，而内含报酬率的计算则不需如此。

（3）在对多个互斥方案排序时有时会得出不同结论。

2. 净现值指标与现值指数指标的比较

净现值指标与现值指数指标有很多相似之处，例如，两者都需要将未来各年净现金流量按给定的贴现率（通常取作资本成本）进行贴现；但是两者还是有些不同，主要表现在以下两个方面。

（1）经济意义不同。净现值表示投资使企业价值增减的大小，而现值指数则表示每一元资金的投入能获得净现金流入的现值。

（2）在进行互斥方案排序决策时，使用两种指标可能会得出不同的结论，其原因在于初始投资不同。在一般情况下，应以现值指数指标为准，选择现值指数较大的投资项目。但如果该投资项目所要求的收益率特别高，企业的资金充裕且无其他更好的投向时，应以净现值指标为准。

3. 内含报酬率指标与现值指数指标的比较

虽然内含报酬率与现值指数都可以在一定意义上表明投资效率的高低，但两者之间也存在着一定的差异，主要体现在：

（1）现值指数的计算首先需要确定贴现率，而内含报酬率则不需要；

（2）两者对再投资报酬率的假定不同，这一点与净现值指标和内含报酬率指标两者的关系相同。

通过上述讨论我们可以得出结论：上述三种指标各有其特点，它们分别从不同角度评价投资方案的优劣，因此都有各自的应用价值。但是考虑到净现值能直接表示出投资使企业价值增加或减少的幅度大小，而财务管理的目标恰恰是使企业价值最大化，所以一般认为，净现值指标是最优的投资决策指标。

三、影响项目投资决策的其他因素

项目投资决策需要考虑的因素较多，包括宏观的和微观的。从宏观因素上看，要考虑社会、政治、经济和环境保护等诸多因素；从微观因素上看，又包括企业的财务状况、人员素质、管理水平、企业发展规模和方向等。这里还需要强调以下几点。

（一）投资的不确定性和风险因素

前文我们在讨论投资项目评价过程中认为各年净现金流量的实际值可以预测，然而现实中影响现金流量大小的因素很多，事先很难准确地确定，因此任何投资项目都带有一定的不确定性，投资方案的选择也都在承担不同程度的风险。

不确定性和风险，严格来说有一定的区别。不确定性通常是指对未来出现的情况可事先估计到，但对各种情况出现的概率无法确定；而风险不仅对未来出现的情况可事先掌握，并且对每种情况出现的概率也能预先确定。对于不确定性因素的影响，在投资决策分析时常采用敏感分析；而对于风险问题，通常采用统计学上的概率分析方法。本书对此不展开论述。

（二）道德因素

经理人员的道德问题也是影响项目投资决策的重要因素。由于资源的稀缺性，企业不同部门出于对自身利益的考虑，为了获得公司总部的支持，有时会提供虚假信息。例如，生产部门为了争夺公司有限的资金，在计划购置一台新设备时，可能会夸大该设备投产后各年所能产生的收益，以便在企业论证该设备投资的可行性时容易通过。为了避免虚假财务信息给投资决策带来的不良影响，一方面公司应该强化有关人员的职业道德教育，另一方面也要关注基层提供的用于投资项目评价的财务信息的真实性。

第四节　项目投资决策实例分析

为了更好地掌握投资项目财务评价方法在实际工作中的应用，本节将介绍几种项目投资决策分析中的典型实例。

一、扩充型投资方案的决策分析

扩充型投资方案是指一个企业需要投入新设备才能增加销售的投资方案。扩充型投资方案的决策通常包括为增加现有产品的产量或扩大现有的销售渠道所作的投资决策，以及为生产新产品或打入新的市场所作的投资决策。下面举例说明。

【例 3-7】大华公司考虑购买一套新的生产线，公司投资部对该项目进行可行性分析时估计的有关数据如下。

（1）初始投资为 3 000 万元，该生产线能使用 5 年。

（2）按税法规定该生产线在 5 年内折旧（采用平均年限法），净残值率为 5%，在此会计政策下，预期第一年可产生 400 万元的税前利润，以后 4 年每年可产生 600 万元的税前利润。

（3）已知公司所得税税率为25%，公司要求的最低投资报酬率为12%。

公司董事会正在讨论该投资项目的可行性问题。

董事长认为，按照投资部提供的资料，该投资项目根本不可行。理由是：投资项目在5年的寿命期内只能创造2 800万元的税前利润，扣除25%左右的所得税，税后利润约为2 100万元，即使加上报废时净残值150万元，也不能收回最初的投资额3 000万元，更不用说实现12%的期望报酬率。

总经理则认为，按照该类生产线国外企业的使用情况来看，使用寿命达不到5年，一般只能使用4年；如果该生产线4年后确实淘汰，该项目的报酬率可能达不到公司要求的最低投资报酬率。

要求：根据以上资料，通过计算分析，回答下列问题：

（1）公司董事长的分析为何是错误的?

（2）如果该生产线能使用5年，折现率为12%，请你按净现值法评价该项目是否可行?

（3）如果该生产线的实际使用寿命只有4年，假设折旧方法和每年的税前利润等均不变（注：此时需要额外考虑提前报废造成净损失减少所得税的影响），请你通过计算后回答：公司总经理的担忧是否有理？此时，该项目的内含报酬率有多高?

解：

（1）公司董事长的分析是以利润作为依据，这是错误的。因为利润指标中已扣除了固定资产折旧，而折旧也是投资的收回，应该以投资项目的现金流量作为评价的主要依据。

本项目中每年的折旧额为570万元，其经营活动的税前现金流量第一年为970万元，以后每年为1 170万元。

（2）如该生产线能使用5年，净现值如下。

$$
\begin{aligned}
NPV(5) &= [400\times(1-25\%)+570]\times 0.8929+[600\times(1-25\%)+570]\times \\
&\quad 3.0373\times 0.8929+150\times 0.5674-3000 \\
&= 3628.18-3000=628.18\text{（万元）}
\end{aligned}
$$

净现值大于零，说明该项目可行。

（3）如果该生产线的实际使用寿命为4年，报废当年会计账面上将出现570万元的损失，该损失将减少公司的所得税，从而产生现金流入。按12%的折现率计算该生产线的净现值如下：

$$
\begin{aligned}
NPV(4) &= [400\times(1-25\%)+570]\times 0.8929+[600\times(1-25\%)+570]\times \\
&\quad 2.4018\times 0.8929+150\times 0.6355+570\times 25\%\times 0.6355-3000 \\
&= 3150.17-3000=150.17\text{（万元）}
\end{aligned}
$$

由于净现值仍然大于零，故总经理的担忧是多余的。

再取贴现率为 14% 计算都得到净现值为 13.59（计算过程省略，下同）；再提高贴现率至 15%，净现值为 -51.12。运用内插法，计算得到该项目的内含报酬率如下：

$$IRR = 14\% + \frac{13.59}{13.59 - (-51.12)} \times (15\% - 14\%) = 14.21\%$$

按照前面的假设，如果该生产线的实际使用寿命为 4 年，该项目的内含报酬率将达到 14.21%。

二、重置型投资方案的决策分析

重置型投资方案通常是指设备更新决策。随着科学技术的不断发展，固定资产更新周期大大缩短，这是因为旧设备往往消耗大、维修费用多，而新设备往往效率高，可以节约原材料、燃料和动力的消耗。尽管旧设备还能继续使用，但企业也会考虑对固定资产是否进行更新。

设备更新就是用比较经济、完善、性能和效率更高的设备来更换已经陈旧的、在技术上不能继续使用，或在经济上不宜继续使用的设备。固定资产更新的目的是为了提高企业生产的现代化水平，尽快地形成新的生产能力。

设备更新决策对企业的经济效益有着重要的影响。过早的设备更新，将造成资金的浪费，使企业失去其他的收益机会；过迟的设备重置，将造成生产成本的迅速上升，使企业失去竞争的优势。因此，企业要做好固定资产是否更新与固定资产何时更新的决策工作，这是生产发展和技术进步的客观需要。

（一）如何作设备是否更新的决策

进行此决策的关键在于比较新、旧设备的成本与收益，看更新所能增加的收益或节约的成本是否大于更新所需要增加的投资。

作设备更新决策时，应该遵守以下两个原则。

（1）不考虑沉没成本。在设备更新分析中，经常会遇到沉没成本的概念。沉没成本一般不会影响方案的新选择。例如，某设备 4 年前的原始成本是 25 000 元，目前的账面价值是8 200元，现在的净残值仅为 5 000 元。在进行设备更新分析时，4 年前的原始成本 25 000 元是过去发生的，与现在的决策无关，因此是沉没成本。目前该设备的价值为净残值 5 000 元。

（2）不要以方案直接陈述的现金流量进行比较分析，而应该在一个客观介入的立场上进行比较分析。在进行新、旧设备的经济效益比较分析时，分析者应该以一个客观的身份进行研究，而不应该在原有现状上进行主观分析，只有这样才能客观、正确地描述新、旧设备的现金流量。

【例 3-8】四明公司有一旧设备，工程技术人员提出更新要求，有关数据如下：

表 3-5　设备更新资料

	旧设备	新设备
原值（元）	220 000	240 000
预计使用年限（年）	10	10
已经使用年限（年）	4	0
最终残值（元）	20 000	30 000
变现价值（元）	60 000	240 000
年运行成本（元）	70 000	40 000

假设该公司要求的最低报酬率为15%，试问：该旧设备更新是否经济？

解：由于没有适当的现金流入，无论哪个方案都不能计算其净现值和内含报酬率。通常，在收入相同时，人们认为成本较低的方案是好方案。那么，我们可否通过比较两个方案的总成本来判别方案的优劣呢？结论依然不妥，因为旧设备尚可使用6年，而新设备可使用10年。因此，只能通过计算方案的平均年成本，采用平均年成本法判断方案的优劣。具体有以下三种计算方法。

（1）计算现金流出的总现值，然后分摊给每一年。

旧设备平均年成本为：

$[60\ 000 + 70\ 000 \times (P_A/A,\ 15\%,\ 6) - 20\ 000 \times (P/F,\ 15\%,\ 6)]\ /\ (P_A/A,\ 15\%,\ 6)$

$= (60\ 000 + 70\ 000 \times 3.784\ 5 - 20\ 000 \times 0.432\ 3)\ /\ 3.784\ 5 = 83\ 570$（元）

新设备平均年成本为：

$[240\ 000 + 40\ 000 \times (P_A/A,\ 15\%,\ 10) - 30\ 000 \times (P/F,\ 15\%,\ 10)]\ /\ (P_A/A,\ 15\%,\ 10)$

$= (240\ 000 + 40\ 000 \times 5.018\ 8 - 30\ 000 \times 0.247\ 2)\ /\ 5.018\ 8 = 86\ 343$（元）

（2）由于各年已经有相等的运行成本，只要将原始投资和残值摊销到每一年，然后求和，即可取得每年平均的现金流出量。

平均年成本 = 投资摊销 + 运行成本 − 残值摊销

旧设备平均年成本 $= [60\ 000\ /\ (P_A/A,\ 15\%,\ 6)] + 70\ 000 - [20\ 000\ /\ (F_A/A,\ 15\%,\ 6)]$

$= (60\ 000/3.784\ 5) + 70\ 000 - (20\ 000/8.753\ 7)$

$= 83\ 570$（元）

新设备平均年成本 $= [240\ 000\ /\ (P_A/A,\ 15\%,\ 10)] + 40\ 000 - [30\ 000\ /\ (F_A/A,\ 15\%,\ 10)]$

$= (240\ 000/5.018\ 8) + 40\ 000 - 30\ 000/20.304$

$= 86\ 343$（元）

（3）将残值在原投资中扣除，视同每年承担相应的利息，然后与净投资摊销及年运行成本总计，求出每年的平均成本。

旧设备平均年成本＝［（60 000－20 000）/（P_A/A, 15%, 6）］＋20 000×15%＋70 000

＝（40 000/3. 784 5）＋3 000＋70 000＝83 570（元）

新设备平均年成本＝［（240 000－30 000）/（P_A/A, 15%, 10）］＋30 000×15%＋40 000

＝（210 000/5. 018 8）＋4 500＋40 000＝86 343（元）

以上三种方法的计算结果相同。

上例是不考虑税收影响的设备更新决策，在实际生活中，设备更新肯定会受到所得税的影响。以下以实例说明在考虑所得税影响下固定资产更新决策的分析方法。

【例3-9】续上例，假设四明公司所得税税率为30%，税法规定该类设备应采用直线法折旧，折旧年限为10年，设备报废时残值为原价的10%，其他条件沿用上例，问：该设备应否更新？

解：由于继续使用旧设备与购入新设备的使用年限不同，因此应采用平均年成本法进行比较。解题过程见表3-6。

表3-6　设备更新决策计算表　（单位：元）

项目	计算过程	现金流量	时间	折现系数	现值
继续使用旧设备：					
旧设备变现价值	－60 000	－60 000	0	1	－60 000
变现损失减税	（60 000－140 800）×30%	－24 240	0	1	－24 240
每年付现成本	－70 000×（1－30%）	－49 000	1～6	3. 784 5	－185 440. 5
每年折旧抵税	19 800×30%	5 940	1～6	3. 784 5	22 479. 9
残值净收入	20 000	20 000	6	0. 432 3	8 646
残值损失减税	（22 000－20 000）×30%	600	6	0. 432 3	259. 4
合计					－238 295. 2
使用新设备：					
投资额	－240 000	－240 000	0	1	－240 000
每年付现成本	－40 000×（1－30%）	－28 000	1～10	5. 018 8	－140 526. 4
每年折旧抵税	21 600×30%	6 480	1～10	5. 018 8	32 521. 82
残值净收入	30 000	30 000	10	0. 247 2	7 416
残值收益纳税	（30 000－24 000）×30%	－1 800	10	0. 247 2	－444. 96
合计					－341 033. 54

因此，

旧设备平均年成本 = ［238 295.2/（P_A/A，15%，6）］

=238 295.2/3.784 5 =62 966.10（元）

新设备平均年成本 = ［341 033.54/（P_A/A，15%，10）］

=341 033.54/5.018 8 =67 951.21（元）

由以上计算可以看出，更新设备的年均使用成本高于继续使用旧设备的年均使用成本，所以应继续使用旧设备。如果新旧设备未来可使用年限相同，则可以通过比较其现金流的总现值来判断方案的优劣。

（二）设备经济寿命的决策

设备的经济寿命是指设备从投入使用开始，到因继续使用不经济而被更新所经历的时间。设备使用年限越长，每年可分摊的设备购置费越少。但是随着设备使用年限的增加，一方面需要更多的维修费维持其原有功能，另一方面其操作成本及能源耗费也会增加，这就意味着在设备使用到某一年份时，其平均综合成本最低，经济效益最好。因此，人们在进行新、旧设备方案的比较分析时，其实就是决定是现在马上购置新设备、淘汰旧设备，还是至少保留使用旧设备一段时间，再用新设备替换旧设备。人们只有对此进行权衡判断，才能作出正确的选择，一般情况要进行逐年比较。

【例 3-10】某设备目前的净残值为 8 000 元，还能继续使用 4 年，保留使用的情况见表 3-7：

表 3-7　年使用费和净残值　（单位：元）

保留使用年数	年末净残值	年使用费
1	6 500	3 000
2	5 000	4 000
3	3 500	5 000
4	2 000	6 000

新设备的原始费用为 35 000 元，经济寿命为 10 年，10 年年末的净残值为 4 000 元，平均年使用费为 500 元，基准折现率是 12%。请问旧设备是否需要更换，如需要，何时更换为宜?

解：设新、旧设备的平均年费用分别为 AAC_N 与 AAC_O，则：

AAC_N =（35 000 − 4 000）×（A/P，12%，10）+4 000 ×0.12 +500

=31 000 ×0.177 +480 +500

=6 467（元）

AAC_O =（8 000 − 2 000）×（A/P，12%，4）+2 000 ×0.12 +［3 000（P/F，

12%，1）+4 000（P/F，12%，2）+5 000（P/F，12%，3）+6 000（P/F，12%，4）］×（A/P，12%，4）

=6 000×0.329 2+240+（3 000×0.892 9+4 000×0.797 2+5 000×0.711 8+6 000×0.635 5）×0.329 2

=6 503.27（元）

$\because AAC_N < AAC_O$，$\therefore$ 旧设备应该更换。

保留一年：

AAC_O（1）=（8 000－6 500）×（A/P，12%，1）+6 500×0.12+3 000=5 460元<6 467元，应保留。

保留两年：

AAC_O（2）=（6 500－5 000）×（A/P，12%，1）+5 000×0.12+4 000=6 280元<6 467元，应保留。

保留三年：

AAC_O（3）=（5 000－3 500）×（A/P，12%，1）+3 500×0.12+5 000=7 100元>6 467元，应更换。

可见，旧设备应继续保留使用两年，于第二年年末更换，所以，该项设备的经济寿命期为第二年年末。

【思考与练习】

思考题

1. 投资项目营业活动的现金流量净额与利润有怎样的关系？

2. 投资回收期作为评价投资项目是否可行的一项指标，主要存在哪些缺陷？

3. 利民公司2013年年初有一套新设备交付使用，该设备原价300万元，预计使用年限为5年，预计净残值为12万元。按税法规定该公司的固定资产只能采用平均年限法计提折旧，公司原来对固定资产也一直采用平均年限法计提折旧。现在会计部门考虑对该新设备采用年数总和法计提折旧。

会计人员小林认为：与平均年限法相比，公司采用年数总和法计提折旧，使固定资产在使用前期计提的折旧增加，这会导致公司2013年的利润减少，从而减少当年所得税，这会使公司2013年的税后经营活动现金流量净额增加。

会计人员小鲁认为：按年数总和法计提折旧，与平均年限法相比，虽然固定资产在使用前期计提的折旧增加，但这并不一定会导致公司2013年税前利润减少；即使导致当年利润减少，也不一定增加公司税后经营活动现金流量净额。

公司总经理觉得他们的说法不一，似乎都有一定的道理，但又无法下结论。请你分析并回答下列问题。

（1）与平均年限法相比，公司采用年数总和法计提折旧，是否会导致公司2013年的税前利润减少？为什么？

（2）公司采用年数总和法计提折旧，是否会使公司2013年的税后经营活动现金流量净额增加？为什么？

4. 为什么要在项目投资中重视现金流量，而将利润指标放在次要地位？

5. 一汽富维公司在进行固定资产投资项目决策时，有下列两个同类型的方案（贴现率均为10%）：

指标 方案	最初投资额	净现值	现值指数
A	800万元	100万元	120.3%
B	950万元	108万元	118.2%

决策者认为，尽管方案B的净现值大于方案A，但方案A的投资额小于方案B，从相对数来看，方案A的现值指数高于方案B，所以方案A优于方案B。你认为这样的分析一定正确吗？为什么？

单项选择题

1. 使投资项目现金流量的净现值等于零的贴现率称为（　）。

A. 现值指数　　B. 内含报酬率　　C. 期望报酬率　　D. 投资回收期

2. 净现值与现值指数相比，其缺点是（　）。

A. 没有考虑货币时间价值　　B. 没有考虑投资风险

C. 不便于投资额相同的方案的比较　　D. 不便于投资额不同的方案的比较

3. 东方公司欲购进一台新机器，要支付300万元，该机器的使用寿命为4年，无残值，如果采用直线法计提折旧，预计每年可产生税前利润40万元，如果所得税税率为25%，则投资回收期为（　）年。

A. 2.73　　B. 3　　C. 7.5　　D. 10

4. 一个投资方案年销售收入500万元，年营业成本380万元，其中折旧150万元，除折旧外无其他非付现成本。如果所得税税率为40%，则该方案年营业现金净流量为（　）。

A. 72万元　　B. 120万元　　C. 222万元　　D. 234.5万元

5. 某投资方案，当贴现率为16%时，其净现值为338元，当贴现率为18%时，其净现值为－22元。该方案的内含报酬率约为（　）。

A. 15.88%　　B. 16.12%　　C. 17.88%　　D. 18.14%

6. 在设备更新的决策问题中，计量投资方案的增量现金流量时，一般不需要考虑（　）。

A. 新设备的购置成本　　B. 旧设备的变现价值

C. 新、旧设备运行成本的差异　　D. 旧设备的最初投资成本

7. 折旧具有减少所得税的作用，如果税法允许，企业有盈利且不免税，则由于计提折旧而减少的所得税额可用下列（　）计算。

A. 折旧额×所得税税率　　B. 折旧额×（1－所得税税率）

C. （付现成本＋折旧）×所得税税率　　D. （付现成本＋折旧）×（1－所得税税率）

8. ABC公司正在考虑卖掉现有的一台闲置设备。该设备于8年前以40 000元购入，税法规定的折旧年限为10年，按直线法计提折旧，预计净残值率为10%，已提折旧28 800元；目前可以按10 000元价格卖出，假设所得税税率为30%，则在考虑所得税影响的前提下，卖出现有设备对企业现金流量的最终影响是（　）。

A. 减少360元　　B. 减少1 200元　　C. 增加9 640元　　D. 增加10 360元

多项选择题

1. 运用各种贴现指标来评价投资项目的可行性，下列确定投资方案可行的必要条

件之一是（　）。

A. 内含报酬率大于1　　B. 现值指数大于1

C. 净现值大于0　　D. 现值指数大于0

E. 内含报酬率高于必要报酬率

2. 投资决策过程中使用的非贴现评价指标主要有（　）。

A. 净现值　　B. 现值指数　　C.（静态）投资回收期

D. 投资报酬率　　E. 内含报酬率

3. 当贴现率与内含报酬率相等时（　）。

A. 净现值等于0　　B. 现值指数等于0

C. 净现值等于1　　D. 现值指数等于1

E.（静态）投资回收期等于项目寿命期

4. 在其他条件不变的前提下，提高贴现率会引起投资项目的（　）发生变化。

A.（静态）投资回收期　　B. 净现值　　C. 投资报酬率

D. 现值指数　　E. 内含报酬率

5. 影响项目内含报酬率的因素包括（　）。

A. 投资项目的有效年限　　B. 投资项目未来的现金流量

C. 所选取的贴现率　　D. 所得税税率

E. 投资项目寿命期结束收回的残值

6. 作设备更新决策时通常要考虑两种方案：一是继续使用旧设备；二是更新旧设备、使用新设备。这种决策问题在（　）通常采用平均年成本法进行决策。

A. 新设备的投资成本大于旧设备的变现价值时

B. 旧设备与新设备的使用年限不相等时

C. 旧设备与新设备的使用年限相等时

D. 继续使用旧设备与更新旧设备两种方案的现金流入量相等且为未知时

E. 不能合理计算净现值率和内含报酬率时

计算分析题

1. 某投资项目需要现在投资2 500万元，当年便可开始经营，预计寿命期为6年，估计前三年每年可产生的现金净流量均为600万元，后三年可产生的现金流量均为500万元。

（1）如果不考虑时间价值因素，计算该项目的（静态）投资回收期。

（2）如果决策者要求的报酬率为10%，用净现值法评价该投资项目是否可行。

2. 某投资项目第一年初投资3 200万元，第一年开始经营，预计第一年至第五年各年经营过程中的现金净流量依次为600万元、900万元、1 100万元、1 000万元和

800 万元。

现有甲、乙两个决策者对上述项目进行决策，甲投资者的期望报酬率为9%，而乙投资者的期望报酬率为12%，要求：通过计算回答下列问题。

(1) 甲、乙两个投资者对该项目是否可行的评价结果是否相同?

(2) 用插值法近似计算该投资项目的内含报酬率（计算结果精确到0.01%）。

3. 赛象公司正面临印刷设备的选择决策。它可以购买10台甲型印刷机，每台价格8 000元，且预计每台设备每年末支付的修理费为2 000元。甲型设备将于第四年年末更换，预计无残值收入。另一个选择是购买11台乙型设备来完成同样的工作，每台价格5 000元，每台每年年末支付的修理费用分别为2 000元、2 500元、3 000元。乙型设备须于3年后更换，在第三年年末预计有500元/台的残值变现收入。

该公司要求的投资报酬率为10%；所得税税率为25%（假设该公司将一直盈利），税法规定的该类设备折旧年限为3年，残值率为10%；预计选定设备型号后，公司将长期使用该种设备，更新时不会随意改变设备型号，以便与其他作业环节协调。

要求：分别计算采用甲、乙设备的平均年成本，并据此判断应当购买哪一种设备。

4. 某人拟开设一个图文店，通过调查研究，获得如下有关资料。

(1) 设备投资：复印机等设备购价20万元，预计可使用6年，报废时无残值收入；按税法要求该设备折旧年限为5年，使用直线法折旧；计划本年12月底购进，从次年1月初投入使用。

(2) 门店装修：装修费用预计6万元，在装修完工的本年12月底支付。预计在3年后还要进行一次同样的装修。

(3) 收入和成本预计：预计图文店次年1月初开业，前6个月每个月收入3万元（已扣除营业税，下同），以后每月收入4万元；耗用纸张等成本为收入的60%；人工费、水电费和房租等费用每月0.8万元（不含设备折旧、装修费摊销）。

(4) 营运资金：开业时垫付2万元（项目寿命期满后可以全额收回）。

(5) 所得税税率为25%。

(6) 业主要求的最低投资报酬率为12%。

假如你是该业主的财务顾问，请为他完成下列决策工作。

(1) 估计该图文店投资项目从次年开始经营的6年中各年的现金净流量，估计结果直接填入表中（单位：万元）。

(2) 用净现值法评价该项目经济上是否可行。

项目	第1年	第2～5年每年	第6年
收入			
付现成本和费用			
折旧			
装修费摊销			
利润			
所得税			
净利润			
收回流动资金			
现金净流量			

CHAPTER－4

第四章

证券估价

在美国财经杂志《福布斯》（*Forbes*）上公布的2008年全球富豪榜上位居第一、拥有620亿美元资产的是一位世界上最传奇的理财高手。他于11岁时手持100美元跻身于投资行业，几乎从零开始，仅靠从事股票和企业投资，就积聚了上百亿美元的巨额财富，成为20世纪的世界大富豪，他就是沃伦·巴菲特。巴菲特执掌的伯克希尔哈撒韦公司的股票无疑成为全球第一高价股，下面是伯克希尔哈撒韦公司（纽约证券交易所代码：BRK. A）的股价（2013年5月10日收盘）及相关信息：

股票代码：BRK. A

上市A股总股数：165万股

每股股价：167 780美元

A股总市值：2 768亿美元

2012年度每股收益：8 977美元

2012年年末每股账面价值：11.37万美元

在过去的一年BRK. A股票涨了近40%，而与1965年巴菲特接管该公司时相比，BRK. A的股价已经增值了1.5万倍。

BRK. A的这些数字让我们感到惊讶！BRK. A如此高的股价还能吸引投资者吗？一股BRK. A股票究竟值多少钱？股票的价值究竟取决于什么？这就是证券估价要研究的问题！

证券估价是指对证券价值的估计，这里的“价值”是证券的内在价值，或者称为经济价值。从理论上说，证券的经济价值是用适当的折现率计算的证券未来现金流量的现值。证券估价是财务管理中一个十分重要的理论和实际问题。本章在简要介绍证券估价基本模型的基础上，重点阐述股票和债券的估价模型以及证券组合投资的风险与收益等问题。

第一节　证券和证券估价的基本模型

一、证券的概念和种类

广义地讲，证券是证明或设定民事、经济权益的法律凭证，是相应的各类财产所有权或债权凭证的统称，是用来证明证券持有人有权取得相应权益的凭证。证券也称有价证券，它通常分为三类：一是货币证券，如票据、存款单等；二是资本证券，如股票、债券、认股权证等；三是商品证券，如货运单、提单等。狭义的有价证券仅指资本证券，即本章所指的证券。

根据不同的投资目的，企业可选择不同的证券进行投资，不同的证券投资会对企业未来的预期收益产生很大影响。证券按照不同的标准可作如下几种分类。

（一）债权性证券、权益性证券和混合性证券

按证券的性质不同，证券可以分为债权性证券、权益性证券和混合性证券。债权性证券是由企业或政府机构发行，承诺按规定时间和方式还本付息的债务证书，它表明持有人拥有证券发行人的债权，如国库券、金融债券、公司债券等。

权益性证券是一种既不定期支付利息，也无偿还期的证券，其收益的高低取决于发行公司的股利支付水平和股票市场价格，如普通股股票。此种证券表明持有者拥有证券发行公司的所有权。

混合性证券是同时具有债权性证券和权益性证券性质的证券。其典型代表是优先股股票，它是介于普通股股票和债券之间的一种混合性有价证券，兼有普通股股票和债券的某些特点。一方面它可以像债券那样，定期获得固定的收入；另一方面它又像普通股股票，没有偿还期限。除优先股股票外，可转换债券也是一种混合证券。

当然，上述这三种证券的性质并非一成不变，如可转换债券和优先股股票在规定的条件下又可转换为普通股股票。

（二）固定收益证券和不固定收益证券

按购入证券收益的稳定与否，证券可以分为固定收益证券和不固定收益证券。固定收益证券是指投资者可定期从中获得稳定收益的证券，即投资者在购买该种证券时，预先已知该证券的收益率（在整个证券寿命期中固定不变），具体有优先股股票、债券、银行承兑汇票、商业票据等。

不固定收益证券是指对投资者而言事先并不知道其到底有多高的收益率的证券，持有该种证券的收益因时而异且不一定按期获得，普通股股票属于典型的不固定收益

证券。企业选择固定收益证券还是不固定收益证券进行投资，主要根据公司投资的目的和各种证券的风险和收益情况而定。

必须指出，上述固定收益与不固定收益并非绝对，在某些特定情况下，也会有所改变。例如在通货膨胀较严重的情况下，债券发行单位为了照顾投资者所蒙受的损失，并使自己的债券易于推销，规定其发行的债券可按市场利率变动，在一定时间按一定利率加以调整，这种债券便称为浮动利率债券，属于一种收益不固定的证券。

（三）短期证券和长期证券

按投出资金的收回期限长短不同，证券有短期证券和长期证券之分。短期证券是指持有期限在一年以内的有价证券，如商业本票、短期融资券等。短期证券投资的目的是利用生产经营暂时闲置的资金谋求收益。长期证券一般是指持有期限在一年以上的有价证券，如股票、债券等。对短期证券与长期证券的划分并不完全取决于所投资金收回期限的长短，而主要取决于投资的目的。例如，投资股票、债券，既可以是长期持有，也可以是短期持有；企业究竟购入何种证券更为有利，则要根据企业的投资目的、投资策略和证券的风险程度而定。

由此可见，证券的种类是多种多样的。由于各种证券的性质、期限、偿还条件、各期收益等各有差异，因此，企业在进行证券投资时，应根据不同的投资目的、一定时期证券市场的变化情况和企业投资的风险承受能力等因素，合理组合各种证券投资，以获得最佳的投资收益。

二、证券的特征

证券作为一种金融资产，既具有一般金融资产的特征，也具有自身的特征。一般来说，证券具有如下基本特征。

（一）证券的产权性

证券的产权性是指有价证券记载着权利人的财产权内容，代表着一定的财产所有权，拥有证券就意味着享有财产的占有、使用、收益和处置的权利。在现代经济社会里，财产权利和证券已密不可分，证券已成为财产权利的一般形式。虽然证券持有人并不实际占有财产，但可以通过持有证券，拥有有关财产的所有权或债权。

（二）证券的收益性

证券的收益性是指通过持有证券本身可以获得一定数额的收益，这是投资者转让资本使用权的回报。证券代表的是对一定数额的某种特定资产的所有权，它要在社会经济运行中不断运动、不断增值，最终形成高于原始投入价值的价值。由于这种资产的所有权属于证券投资者，投资者持有证券也就同时拥有取得这部分资产增值收益的权利，因此，证券本身具有收益性。有价证券的收益表现为利息收入、红利收入和买卖证券的差价（资本利得）等。

（三）证券的流通性

证券的流通性又称变现性，是指证券持有人可按自己的需要灵活地转让证券以换取现金的属性。流通性是证券的生命力所在，流通性不但可以使证券持有人随时把证券转变为现金，而且还使持有人可以根据自己的偏好选择持有证券的种类。证券的流通是通过承兑、贴现、交易等方式实现的。

（四）证券的风险性

证券的风险性是指证券持有者面临着预期投资收益不能实现，甚至使本金受到损失的可能。风险是由未来经济状况的不确定性所致，在现有的社会生产条件下，未来经济的发展变化有些是投资者可以预测的，有些是无法预测的，因此，投资者难以确定他所持有的证券将来能否取得收益和能获得多少收益，从而使持有证券具有风险。

三、证券估价的通用模型

证券的价值取决于未来持有证券期间的现金流入情况，具体来讲取决于证券未来的利息收入、股利收入及证券转让收回的货币收入。证券的价值与证券持有期间的上述现金流入呈同方向变动，并受该期间社会平均收益水平的制约。因此，证券估价首先就要估计持有期间的现金流量的分布，然后采用贴现的办法计算证券的价值。证券估价的通用模型如下：

$$V_0 = \sum_{t=1}^{n} \frac{D_t}{(1+K)^t} + \frac{V_n}{(1+K)^n} \tag{4-1}$$

式中，V_0是证券现在的价值；D_t是第 t 年证券的利息或股息；K 是投资者购买证券时的市场利率或投资者的必要收益率；V_n是投资者出售证券或持有至到期获得的货币收入；n 是持有证券的期限。

式（4-1）的估价模型表明，证券的价值 V_0主要受两个因素的影响：一是证券未来能够实现的收益，二是投资证券所承担的风险大小。在相同的风险水平下，证券未来能够产生的收益越高，其价值就越大；反之亦然。同样，在相同的收益水平下，投资者投资证券所承担的风险越小，投资者要求的必要收益率即贴现率 K 的取值就越小，证券的价值就越大；反之亦然。

当证券持有人持有证券的时间很短，或者由于证券自身的规定而导致投资者在证券持有期间没有获得股利或者利息，式（4-1）的现值估价模型就简化为下面的形式：

$$V_0 = \frac{V_n}{(1+K)^n} \tag{4-2}$$

第二节　股票估价

股票的估价是投资者对某种股票进行分析以后确定的估计价值，也称为股票的内在价值或投资价值。对于股票价值的计算，我们可用上一节介绍的证券估价通用模型，结合前面所学的知识，先进行现金流量分析，然后利用净现值法将其折算成现值，求和即可得到股票的价值。衡量股票价值有各种不同的模型，下面介绍几种常见的股票估价模型。

一、股票估价的基本模型

股票给投资者带来的现金流入包括两部分：股利收入和出售时的资本利得。股票的内在价值是由发行股票的公司未来支付给股东的一系列股利的现值和将来出售股票的售价的现值所构成。股票估价的基本模型如下所述。

（一）长期持有的股票估价模型

如果股东准备永远持有股票，他只获得股利，这是一个永续的现金流入。这个现金流入的现值就是股票的价值，此时的股票估价模型为：

$$V_0 = \frac{D_1}{(1+K)^1} + \frac{D_2}{(1+K)^2} + \cdots + \frac{D_n}{(1+K)^n} = \sum_{t=1}^{\infty} \frac{D_t}{(1+K)^t} \tag{4-3}$$

式中，V_0是股票现在的价值；D_t是第 t 年的股利；K 是贴现率，即投资者的必要收益率；t 是年份。

（二）短期持有股票的估价模型

在一般情况下，投资者将资金投资于股票，不仅希望得到股利收入，更重要的是希望在未来出售股票时从股票价格的上涨中得到利益。这时其未来现金流入是若干次股利收入和出售时收回的价款。此时的股票估价模型为：

$$V_0 = \sum_{t=1}^{n} \frac{D_t}{(1+K)^t} + \frac{V_n}{(1+K)^n} \tag{4-4}$$

式中，V_n是未来出售时预计的股票价格；n 是预计持有股票的期限；其他字母的意义与前面相同。

【例 4-1】陆宽先生在 2009 年 4 月 29 日准备投资 A 公司股票，当日股票收盘价为每股 14.81 元。据统计 A 公司在 2009 年 7 月 20 日、2010 年 7 月 16 日、2011 年 7 月 18 日和 2012 年 7 月 13 日分别分配 2008 年、2009 年、2010 年和 2011 年的现金股利（税后）每股 0.27 元、0.441 元、0.711 元和 0.774 元。4 年后（2013 年 4 月 29 日）该股票的市场价格达到 17.22 元。假如陆宽在 2009 年 4 月 29 日购买 A 公司股票所要求的收益率为 10%，那么 2009 年 4 月 29 日 A 公司股票每股 14.81 元的收盘价格是否有投资价值？

解：我们可以计算该股票在 2009 年 4 月 29 日每股价值应为：

$$V_0=\frac{0.27}{(1+10\%)^{0.225}}+\frac{0.441}{(1+10\%)^{1.214}}+\frac{0.711}{(1+10\%)^{2.219}}+\frac{0.774}{(1+10\%)^{3.206}}+\frac{17.22}{(1+12\%)^{4}}$$

$$\approx 13.56\text{（元）}$$

通过计算可知，股票在 2009 年 4 月 29 日每股的内在价值为 13.56 元，事实上 2009 年 4 月 29 日该公司股票收盘价格为 14.81 元。也就是说，当时的股价被高估，陆宽当时不应该买进该股票。

二、固定股利股票估价模型

由式（4-3）可知，如果投资者准备长期持有股票，那么股票的价值取决于公司分配的股利多少。现在，我们对式（4-3）的模型作进一步的假设，假定公司未来每年提供的股利是固定不变的，即 D_t 是一个常数，其支付过程就是一个永续年金。运用永续年金现值的计算公式，可得出此时股票价值的估价模型为：

$$V_0=\frac{D}{K} \tag{4-5}$$

式中，D 是每年固定的股利额；其他字母的意义与前面相同。

【例 4-2】王小言女士准备在 B 公司股票的首次上市交易日（2006 年 8 月 1 日）投资该公司股票。已知该股票上市日的开盘价为 6.39 元，据查上市后 4 年中 B 公司分配的现金股利均为每股 0.30 元（税前）。ABC 公司预计该公司以后每年分配的每股现金股利均为 0.30 元，不考虑股利收益应交纳的个人所得税，并假设该公司于每年的 8 月 1 日分配上一年的股利，投资者要求的收益率为 6%，则该公司股票的价值为：

$$V_0=0.3\div 6\%=5\text{（元）}$$

这就是说，如果该股票每年给你带来 0.30 元的股利收益，而你准备长期持有该股票，在 6% 的期望收益率下，0.30 元的股利相当于 5 元资本每年的收益，所以股票的理论价值为 5 元。当然，股票的市场价格可能高于 5 元，也可能低于 5 元。按照前面的计算，B 公司的股票市价若低于 5 元，王小言就可以考虑购买该股票；股票市价若高于 5 元，她就不应购买该股票。

三、股利固定增长股票估价模型

公司的股利不应当是固定不变的，而应当不断增长。股利固定增长是指发行公司每年分配的股利以固定的增长率长期增长。在这种情况下，公司未来每年提供的股利是呈等比级数增长的，这种股票的估价模型为：

$$V_0=\frac{D_0\ (1+G)}{K-G}=\frac{D_1}{K-G} \tag{4-6}$$

式中，D_0是公司前一年分配的股利；D_1是公司第一年分配的股利；G是股利增长率。

【例4-3】再看前面例4-1中的A公司股票，该公司自2003年以来每年均有现金股利分配，2003—2012年的10年中累计分配的现金股利超过40亿元。据统计，该公司2009—2012年3年的股利增长率为12.62%。已知该公司2013年7月分配的现金股利为每股0.70元，假如该公司以后每年分配的现金股利按12.62%的增长率持续增长，且以后每年的股利在7月中旬实施，而投资A股票所要求的收益率为17.5%，试求该公司股票的每股价值。

解：根据股利固定增长股票的估价模型式（4-6），$D_0=0.70$，$G=12.62\%$，$K=17.5\%$。则

$V_0=0.70\times(1+12.62\%)\div(17.5\%-12.62\%)=16.15$（元）

计算结果表明，由于该公司每年发放的股利成固定比率增长，其股票的理论价格为16.15元，高于固定股利假设下的股票价值。

四、非固定成长股票的价值

前面介绍的股票估价模型都是在公司的股利呈某种规则变化的假设下推出的结果，但实际上大多数公司的股利分配并无规律可循，既不是绝对的固定不变，也不是严格的固定增长，而是一种不规则的变化。例如，公司未来股利的增长分成几个阶段，不同阶段的股利增长率是不固定的，有的阶段内高速增长，有的阶段内正常固定增长或固定不变。这就是所谓的股利非固定成长股票估价问题。在这种情况下，股票价值的计算必须分段进行，这里不再展开。

前面介绍的股票估价模型计算得到的价值是股票的理论价值。当然上述假设的股票预期价格和收益率，可能与日后的实际情况有差异，甚至可能有较大差异。这是因为我们使用的数据都是预计的，不可能十分准确，而且影响股市的因素又是多方面的，如未来的利率变化、整个股市兴衰等，这些因素在计算时都被忽略了。尽管如此，我们还是应该充分认识到这种方法在股票投资的预测和分析中的必要性和有用性。因为我们是根据不同股票的价值差异来进行决策的，预测的误差通常只影响其绝对值，而往往不影响股票投资中对各种股票选择的优先次序；同时，被忽略的不可预见因素通常影响所有股票，而不是个别股票，因此对决策的正确性往往不会产生太大的影响。

五、股票投资收益率的计算

前面我们主要讨论了如何估计股票的价值，以判断某种股票是否被市场高估或低估。现在我们来介绍与股票估价密切相关的问题——股票投资收益率的计算。我们假

设股票价格是公平的市场价格，证券市场处于均衡状态；在任一时点证券价格都能完全反映有关该公司的任何可获得的公开信息，而且证券价格对新信息能迅速作出反应，在这种假设条件下，股票的期望收益率就是其必要收益率。

（一）短期持有股票收益率的计算

投资者短期持有股票，其收益由发行公司分配的股利以及出售股票实现的资本利得组成。因此，股票的收益率包括两部分：股利收益率和资本利得收益率。

股利收益率是获得的股票股利除以投资者的买入价格，资本利得收益率是买卖价差除以买入价格，则股票的收益率为：

$$K=\frac{D+V_n-V_0}{V_0}\times100\% \tag{4-7}$$

式中，D 是获得的股利；V_0是股票的买入价格；V_n是股票的卖出价格。

【例4-4】C公司于2011年12月29日从证券市场买进D公司的股票200 000股进行短期投资，每股价格为19.22元（D公司股票2011年12月29日的收盘价），总价款3 844 000元。D公司于2012年6月5日实施2011年度利润分配方案，向全体股东每股分配现金股利0.20元。C公司于2012年6月29日按当日的收盘价每股19.55元的价格出售200 000股D公司股票，取得价款3 910 000元。若不考虑其中的交易费用和税金，试计算C公司投资D公司股票的年收益率。

解：运用式（4-7），C公司投资D公司股票（持有时间为6个月）的投资收益率为：

$$K=\frac{0.20+19.55-19.22}{19.22}\times100\%\approx2.76\%$$

由于上面计算得到的收益率是持有时间为6个月的收益率，转换为年收益率便是5.52%。

（二）股利固定增长、长期持有股票收益率的计算

根据股利固定增长、长期持有股票的估价模型，我们知道：

$$V_0=\frac{D_1}{K-G}$$

把上述公式移项整理，写成收益率K的表达式，得到：

$$K=\frac{D_1}{V_O}+G \tag{4-8}$$

这个公式说明，股票的收益率可以分为两个部分：第一部分是D_1/V_0，叫作股利收益率，它是根据预期股利除以当前估价计算出来的；第二部分是增长率G，叫作股利增长率。由于股利的增长速度也是估价的增长速度，因此G可以解释为价值增长率或资本利得收益率，G的数值可以根据公司的可持续增长率估计。只要能预计出下一期的股利，我们就可以估计出股东预期收益率，在有效市场中它就是与股票风险相适应的

必要收益率。

【例4-5】接前面例4-3，已知A公司股票目前每股市价为17.79元（2013年5月17日收盘价），预计下一期每股股利为0.70元，该公司股利将以12.62%的速度持续增长，则投资者目前投资该股票的期望收益率计算如下：

$K = 0.7/17.79 + 12.62\% = 16.55\%$

必须明确，在对股票投资收益率的计算中我们假设的是投资者长期持有股票，不会在中途转让，也就没有获得转让股票的资本利得，这其实是不符合实际的。在目前我国普遍存在的上市公司少分红、甚至不分红的情况下，投资者往往更加看重的是出售股票所带来的价差收益。所以投资者在选择证券的时候应更多关注的是证券未来估价的成长性。

第三节　债券估价

债券估价是对某种债券进行分析以后确定的估计价值，债券估价在投融资决策中具有重要的实际意义。从发行企业的角度看，企业运用债券从资本市场上筹集资金，必须对它合理定价。定价偏低会导致发行方筹资成本的提高，而定价偏高则可能会使筹资失败。同样，投资者进行债券投资，首先必须分析债券本身所具有的价值，然后将债券价值与当前该债券的价格进行对比，以确定是否购买。只有当债券的价值大于债券价格时，才值得购买；反之表示该债券投资不可取。

影响债券价值的主要因素有：债券的票面利率和发行时的市场利率的高低、债券的期限长短以及规定的付息方式等。按照证券估价的基本模型，债券价值就是债券未来现金流入量的现值。债券未来现金流入量包括债券的利息收入及到期归还的本金。对于债券价值的计算，我们可利用前面所介绍的方法，先进行现金流量分析，确定合适的贴现率，然后利用净现值法将其折算成现值，即可得到债券的价值。

一、分期付息到期还本的债券估价模型

典型的债券是固定利率，每年须计算并支付利息，到期要归还本金。这种债券的价值估价模型如下：

$$V_0 = I \times (P/A, K, n) + M \times (P/F, K, n) \tag{4-9}$$

式中，V_0是债券价值；I是每年的利息；M是债券面值；K是贴现率，一般取金融市场中与该债券风险相当的市场利率或投资者要求的最低收益率；n是债券到期前的期限。

【例4-6】E公司于2009年11月26日向社会公开发行公司债券6亿元。每份债券面额100元，期限为5年，票面利率为7.05%，计息起始日为2009年11月2日，每年

11 月 2 日付息，到期一次还本。F 公司欲在 2010 年 11 月 2 日（第一年利息已经支付）以每份 108.55 元的价格（该债券当日收盘价）购买该公司债券。假设当时的市场利率为 6%，问 F 公司是否应该购买该债券？

解：本例中，$I=100\times7.05\%=7.05$ 元，$M=100$ 元，$K=6\%$，则：

$$V_0=7.05\times(P/A,\ 6\%,\ 4)+100\times(P/F,\ 6\%,\ 4)$$
$$=7.05\times3.4651+100\times0.7921=103.64\text{（元）}$$

该债券的价值小于该债券的市场价格，F 公司不应该购入该债券。

二、一次还本付息单利计息债券估价模型

在我国，公司发行债券通常规定到期一次还本付息（利随本清），且不计复利，这种债券的价值计算模型是：

$$V_0=(I\times n+M)\times(P/F,\ K,\ n) \tag{4-10}$$

【例 4-7】某国财政部于 2012 年 10 月 10 ~ 19 日发行 3 年期和 5 年期国债共 200 亿元。债券面额每份 100 元，票面利率分别为 4.76% 和 5.32%，计息起始日为 2012 年 10 月 10 日，规定到期一次还本付息，按单利计息。假设发行时 3 年期国债的市场年利率为 5%，5 年期国债的市场年利率为 5.2%，要求分别计算上述两种国债的理论价格。

解：（1）3 年期国债的理论价格计算如下：

$I=100\times4.76\%=4.76$ 元，$M=100$ 元，$K=5\%$，则

$$V_0=(4.76\times3+100)\times(P/F,\ 5\%,\ 3)=114.28\times0.8638=98.72\text{（元）}$$

（2）5 年期国债的理论价格计算如下：

$$V_0=(5.32\times5+100)\times(P/F,\ 5.2\%,\ 5)=126.60\times0.7761=98.25\text{（元）}$$

三、债券投资收益率的计算

任何投资活动最终都是为了取得投资收益，在进行债券投资时，有必要比较各类债券的收益情况，计算出投资收益率，以便作出正确的投资决策。债券投资收益率是一定时期内债券投资收益与投资额的比率。债券投资收益主要包括债券利息收入、债券的价差收益和债券利息的再投资收益。债券利息收入就是根据债券的面值与票面利率计算的利息额；债券的价差收益是债券到期得到的偿还金额（即债券面额）或到期前出售债券的价款与投资时购买债券的金额之差；债券利息的再投资收益可以理解为用债券利息再进行投资所得的收益，与前两项不同，它不是债券投资所实际取得的收入，通常在复利计息方式下才予以考虑，在以单利计息时一般不考虑该项收益。债券投资额是投资时购买债券的金额，主要是购买价格和购买时发生的佣金、手续费等。

不同种类的债券，因计息方式不同，投资时间不同，其投资收益率的计算方法也有所差异。下面分别介绍短期债券收益率和长期债券收益率的计算方法。

（一）短期债券收益率的计算

短期债券由于投资者持有期限较短，一般不用考虑货币时间价值因素，只须考虑债券价差及利息收入，将收益额与投资额相比，即可求得债券收益率。其基本计算公式为：

$$K=\frac{V_1-V_2+I}{V_0}\times 100\% \tag{4-11}$$

式中，K是债券投资收益率；V_0是债券购买价格；V_1是债券出售价格；I是债券持有期间的利息。

【例4-8】G公司于2011年9月19日以每份103.00元的价格（当日收盘价）从债券市场购进例4-6中的E公司于2009年11月发行的债券500份。G公司在2011年11月2日取得债券利息每份7.05元，并于2012年6月19日以每份101.20元的价格（当日收盘价）出售此债券。试问：G公司投资该债券的年投资收益率为多少？

解：按一份计算，本例中，$V_1=101.20$元，$V_0=103.00$元，$I=100\times 7.05\%=7.05$元，则投资该债券9个月的收益率为：

$$K=\frac{101.20-103.00+7.05}{103.00}\times 100\%=5.097\%$$

应当注意的是，按照式（4-11）计算的收益率没有考虑时间价值，而且这种收益率是投资者在整个持有期间获得的投资收益率。而投资不同的债券，因其持有时间的长短不同，用式（4-11）计算的收益率不宜进行直接比较，应当转换为年收益率，再进行比较和选择。例如，上例中如转换为年收益率则为6.796%（即5.097%×12÷9）。

（二）长期债券收益率的计算

对于长期债券，由于涉及时间比较长，需要考虑货币时间价值，其投资收益率一般是指购进债券后一直持有至到期日止可获得的收益率，也称到期收益率，它是使未来现金流量等于债券购入价格的折现率。我们按照债券付息方式不同分两种情况加以阐述。

1. 每年付息到期还本的债券收益率

计算债券到期收益率的方法是求解含有贴现率的方程，即求出使债券投资活动的现金流量的净现值等于零的贴现率。即

$$V_0=I\times(P/A,\ K,\ n)+M\times(P/F,\ K,\ n) \tag{4-12}$$

式中，V_0是债券的价格；I是每年的利息；M是面值；n是到期的年数；K是贴现率（即债券到期收益率）。

由于无法直接计算收益率，必须采用逐步测试法来计算。下面举例说明。

【例4-9】根据前面例4-6的资料，假设F公司准备在2010年11月2日以108.55元的价格（当日收盘价）购买E公司发行的公司债券，债券的相关资料见前面例题。

要求：计算 F 公司购买上述债券的到期收益率。

解：设债券的到期收益率为 K，于是得到下列关于收益率的方程：

$108.55 = 7.05 \times (P/A, K, 4) + 100 \times (P/F, K, 4)$

该方程要用逐步测试法求解。

用 $K = 5\%$ 试算：

上式右边 $= 7.05 \times 3.5460 + 100 \times 0.8227 = 107.27 < 108.55$

降低贴现率，取 $K = 4\%$ 试算：

上式右边 $= 7.05 \times 3.6299 + 100 \times 0.8548 = 111.07 > 108.55$

这说明所求的到期收益率介于 4% ~5%，采用逐步测试法计算得到的到期收益率为：

$$K = 4\% + \frac{108.55 - 107.27}{111.07 - 107.27} \times (5\% - 4\%) = 4.34\%$$

由于利用逐步测试法计算到期收益率比较麻烦，可用下面的简便算法求得近似结果：

$$K = \frac{I + (M - V_0) \div N}{(M + V_0) \div 2} \times 100\% \tag{4-13}$$

式中，V_0 是买价；N 是持有债券期限；其他字母的含义与前相同。

显然，式中的分母是债券投资的平均资金占用额，分子则是每年平均收益。利用到期收益率计算的简便算法计算上述债券的到期收益率，结果如下：

$$K = \frac{7.05 + (100 - 108.55) \div 4}{(100 + 108.55) \div 2} \times 100\% = 4.71\%$$

可见，利用简易算法计算的债券到期收益率和用逐步测试法求得的结果有一定的差异，但如果投资者对计算结果不要求十分准确，利用简易算法计算债券到期收益率还是能够满足需要的。

2. 到期一次还本付息的单利债券收益率

到期一次还本付息债券到期收益率的计算相对比较简单，只需要求解下列方程：

$$V_0 = \frac{M(1 + ni)}{(1 + K)^n} \tag{4-14}$$

式中，i 是债券的票面利率；其他字母的意义与前面相同。

在已知债券购买价格、票面利率、债券面值的情况下，只要通过开方运算便可计算出债券的到期收益率。

【例 4-10】对于前面例 4-7 中某国财政部 2012 年 10 月发行的 5 年期国债，现有甲、乙投资者在不同时机进行投资。甲投资者于 2012 年 10 月 10 日平价买入此国债，随后银行利率大幅度下调后，债券价格明显上涨，但甲投资者并没有出售国债。乙投资者于 2013 年 4 月 10 日以 103.55 元的市场价格购进此国债。试分别计算甲投资者和乙投资者投资该国债的到期收益率。

解：（1）甲投资者的到期收益率就是下列方程的解：

$100 \times (1+K)^{5} = 100 \times (1+5 \times 5.32\%)$

求得：$K = 4.83\%$

（2）乙投资者的到期收益率就是下列方程的解：

$103.55 \times (1+K)^{4.5} = 100 \times (1+5 \times 5.32\%)$

求得：$K = 4.57\%$

从上述计算结果可以看出，由于国债价格上涨，国债投资的到期收益率明显下降。

第四节　风险与报酬

证券投资的目的是获取报酬，但证券投资又包含风险。风险和报酬是证券投资的两个重要问题。本节主要介绍风险的基本理论及风险和报酬的关系，目的是解决在证券估价时如何确定贴现率的问题。从投资的角度看，贴现率应当根据投资者要求的必要报酬率来确定。实证研究表明，必要报酬率的高低取决于投资的风险，对于不同风险的投资，需要使用不同的贴现率；风险越大，要求的必要报酬率越高；所取的贴现率也越高。

一、风险的含义

风险是指在一定条件下或一定时期内，某一项行动具有多种可能而不确定的结果。风险产生的原因是由于决策者缺乏信息且不能控制未来事物的发展过程。风险具有多样性和不确定性，人们可以事先估计采取某种行动可能导致的各种结果以及每种结果出现的可能性大小，但无法确定最终结果是什么。理解风险的含义，应当注意以下几点。

第一，风险不同于不确定性。不确定性是指对于某种行动人们不知道它会出现什么结果，或者虽然知道未来产生的各种可能结果，但不知道每种结果出现的概率。例如，投资者购买股票时，无法在购买前确定所有可能达到的报酬率以及该报酬率出现的概率，这是不确定型决策问题。而风险决策问题是指出现的各种结果及其发生的概率一般可事先估计和测算，只是不准确而已。因此，风险与不确定有关，但不等于完全的不确定性，可以说风险是一种有条件的不确定性。

第二，风险是“一定条件下”或“特定环境条件下”的风险。不同的投资其风险大小是不同的，如投资公司股票的风险大于投资公司债券的风险。对于同一类投资品种，投资者在不同时间、以不同比例进行组合投资，其风险也是不同的。

第三，风险的大小随时间延续而变化，是“一定时期内”的风险。从事件发生时起，随着时间的延续，事件的不确定性逐渐明朗，至事件完成时，其结果也就完全肯定了（即不确定性消失）。因此，风险总是“一定时期内”的风险。

第四，风险总是与报酬联系在一起的。风险是事件本身的不确定性引起的，它具有客观性。由于企业的财务活动经常是在有风险的情况下进行的，各种难以预料和无法控制的因素可能会使企业遭受风险，蒙受损失，但是如果只有损失，没有报酬，投资者就不会去冒风险，而企业冒着风险投资的最终目的是为了得到额外收益，因此，风险不仅可能带来预期的损失，而且可能带来预期的收益。

二、风险的种类

企业面临的风险主要有两种：市场风险和企业特有风险。企业特有风险又可以分为经营风险和财务风险。

（一）市场风险

市场风险是指由影响所有企业的不确定因素而引起的风险。它通常由企业的外部因素引起，涉及所有的投资对象。如战争、自然灾害、利率的变化和经济周期的变化等，它会影响几乎所有企业的经营活动。对这种风险投资者无法控制，无法通过组合投资加以分散，因此证券市场将市场风险称为系统风险或不可分散风险。

（二）企业特有风险

企业特有风险是指个别企业的特有事件造成的风险。它只与个别企业和个别投资项目有关，不涉及所有企业和所有投资项目。例如，企业产品开发失败、销售份额减少、雇员罢工等会引起个别企业的收益发生波动。这种风险是可以通过组合投资加以分散的，故又称非系统风险或可分散风险。企业特有风险根据风险形成的原因不同，可分为经营风险和财务风险。

1. 经营风险

经营风险是企业由于市场、技术、成本和企业自身不能左右的其他因素的不确定性而引起的风险。这些生产经营条件的变化可能来自于企业内部的原因，也可能来自于企业外部的原因，如顾客购买力发生变化、竞争对手增加、政策变化、产品不适销对路、生产组织不合理，等等。这些内外因素使企业的生产经营产生不确定性，最终引起收益变化。

2. 财务风险

财务风险是指由于企业举债而给企业财务成果带来的不确定性，又称筹资风险。企业举债虽可以解决资金短缺的困难，产生财务杠杆效应，但举债也改变了企业的资本结构。债权人要求企业还本付息，可能对企业的经营活动产生负面影响。借人资金所获得的收益是否大于应支付的利息，具有不确定性，因此举债既可能导致企业权益资本报酬率的提高，也可能导致权益资本报酬率的下降，这就是财务风险。借入资金所占的比重越大，企业的财务负担就越重，所承担的财务风险也就越高。

经营风险是最基本的一种风险，是产生财务风险的前提。试想，如果一个企业没有经营风险，所有的经营活动及结果都是完全确定的，那不论企业是否举债或举债程度多高，其最终的收益也是确定的，就不存在财务风险。当然，企业如果不举债，全部使用权益资本，那么企业就没有财务风险，只有经营风险。

三、风险的衡量

既然风险表现为投资项目（通常泛指“资产”）报酬率的不确定性，那么报酬率不确定程度的高低便成为衡量风险的主要依据，即投资项目报酬率可能结果的差异程度越大，其风险越大，这就使人们想到以统计学中衡量标志值①变异程度的指标来计量风险的大小。

统计学中衡量标志值差异程度的统计指标称为变异指标，其中最典型的是方差、标准差（也称均方差）和标准差系数（也称标准离差率）等，它们的计算公式分别如下：

$$\text{方差：} Var(R)=\sigma^2=\sum[R_i-E(R)]^2\times P_i \quad (4\text{-}15)$$

$$\text{标准差：} \sigma=\sqrt{\sum[R_i-E(R)]^2\times P_i} \quad (4\text{-}16)$$

$$\text{标准差系数（标准离差率）：} CV=\sigma/E(R) \quad (4\text{-}17)$$

这里，R_i表示资产报酬率的各种结果；P_i表示出现各种结果的概率；而$E(R)$表示资产报酬率的期望值（或平均报酬率），即

$$E(R)=\sum(R_i\times P_i) \quad (4\text{-}18)$$

【例4-11】现有两种投资项目A和B，它们在不同市场情况下（这里假设“繁荣”、“正常”和“衰退”三种情况）的报酬率分布情况见表4-1。

表4-1 A、B项目在不同市场情况下的报酬率分布

市场情况（概率）	繁荣（$P_1=0.3$）	正常（$P_2=0.5$）	衰退（$P_3=0.2$）
A项目	30%	18%	-15%
B项目	20%	10%	5%

我们来计量它们的风险大小。首先计算出各自的期望报酬率为：

$E(R_A)=\sum R_{Ai}P_i=30\%\times0.3+18\%\times0.5+(-15\%\times0.2)=15\%$

$E(R_B)=\sum R_{Bi}P_i=20\%\times0.3+10\%\times0.5+5\%\times0.2=12\%$

其次，分别计算报酬率的方差和标准差（计算过程省略），结果如下：

① 在财务管理中，“标志值”是各种收益率，本身没有计量单位。

A 资产：方差 $Var(R_A)=2.52\%$，标准差 $\sigma=15.8745\%$

B 资产：方差 $Var(R_B)=0.31\%$，标准差 $\sigma=5.5678\%$

标准差系数分别为：

$CV_A=15.8745\%\div15\%=105.83\%$

$CV_B=5.5678\%\div12\%=46.40\%$

计算结果表明：A 项目报酬率的方差、标准差和标准差系数均大于 B 项目，我们认为 A 项目的风险要高于 B 项目。那么，上述三项反映风险的统计指标，哪一个最恰当呢？方差和标准差的关系是平方和开方的关系，标准差为方差的算术平方根。从统计学的观点看，标准差比方差的优越之处在于它与标志值的计量单位一致，但标准差的大小不仅受到标志值之间差异程度的影响，而且与标志值本身数值大小有关。而标准差系数是标准差和期望报酬率的比值，它可以克服由于不同资产的期望报酬率不同而产生的不合理影响。因此，我们可以这样说，标准差系数是反映资产风险大小的最恰当的指标。然而，在理论上，方差和标准差的重要性却远远超过标准差系数。

四、风险与报酬的关系

（一）风险与报酬的基本关系

在不考虑通货膨胀的情况下，投资者投资某项资产所要求的报酬率由无风险报酬率和风险报酬率两部分组成。各个投资项目的风险大小是不同的，谨慎的投资者会对风险采取回避的态度，即当投资报酬率相同时，人们会选择风险小的项目；当风险相同时，人们会选择报酬率高的项目。这种选择的结果是：高风险项目必须有高的报酬率，否则就没有人投资；低报酬的项目必须风险较低，否则也没有人投资。因此，风险和报酬的基本关系是：风险越大，要求的报酬率越高。由于期望投资报酬率中无风险报酬率在一定条件和一定时期内没有变化，因此，风险和报酬的关系可以理解为：风险越大风险报酬也越大；高风险意味着高的风险报酬，低风险意味着低的风险报酬。

（二）风险报酬的计量

风险报酬也称风险价值，它可以用绝对额表示，也可以用相对数表示；将风险投资超过无风险报酬的那部分额外报酬除以投资额所得的比率，被称为风险报酬率。

我们知道，投资者的期望报酬率由无风险报酬率和风险报酬率两部分组成，即

$$期望报酬率=无风险报酬率+风险报酬率 \tag{4-19}$$

上式中，无风险报酬率一般以国库券利率来衡量，风险报酬率则是风险程度的函数，它与风险大小有关，风险越大，所要求的报酬率越高。我们简单假设风险和风险报酬率成正比，则有：

$$风险报酬率=风险报酬系数\times风险程度 \tag{4-20}$$

其中风险程度用标准差系数计量。风险报酬系数取决于全体投资者对风险的态度，

可以通过统计方法来测定。如果大家都愿意冒险，风险报酬系数就小。反之，如果大家都不愿意冒险，风险报酬系数就大，风险报酬率就比较大。

因此，风险与报酬之间的关系可以表示为：

$$K = i + b \times CV \tag{4-21}$$

式中，K 是期望报酬率；i 是无风险报酬率（一般用国债利率）；CV 是标准差系数；b 是风险报酬系数。

【例 4-12】根据例 4-11 的资料和计算结果，A 投资项目的期望报酬率为 15%，标准差系数为 105.83%。现在我们假设有甲、乙两个投资者对该项目进行决策，他们确定的风险报酬系数分别为 0.15 和 0.10，而市场的无风险报酬率为 3%，分别计算甲、乙投资者的期望报酬率。

甲投资者的期望报酬率为：

$R_{甲} = 3\% + 0.15 \times 105.83\% = 18.87\%$

乙投资者的期望报酬率为：

$R_{乙} = 3\% + 0.10 \times 105.83\% = 13.58\%$

从上述计算可以看出，甲投资者的期望报酬率为 18.87%，说明甲投资该项目，其最低的期望报酬率为 18.87%；同样，乙投资者的最低期望报酬率为 13.58%。如果该投资项目的预期报酬率能够达到 15%，那么，乙投资者愿意投资该项目，而甲投资者不愿意接受该项目。

从上述分析我们可以看出，风险报酬系数的经济意义是十分明显的，它反映了决策者对风险的态度。风险报酬系数的取值越大，说明决策者比较保守，不愿冒险；反之，风险报酬系数的取值越小，说明决策者敢于冒险。本例中，相比之下，甲投资者比较保守，而乙投资者比较冒险。

建立上述标准差系数和风险报酬的定量关系，是以风险报酬系数为桥梁的。然而，非常遗憾的是，风险报酬系数的确定是一件比较困难的工作。一般来说，确定风险报酬系数有两种思路：一是由有关权威机构在调查了解的基础上，针对不同行业或部门的具体情况分析确定并对外公布，作为企业投资决策的参考；二是依据以往同类项目的有关数据确定，即利用以往同类项目的必要报酬率、无风险报酬率和报酬率的离散程度等历史资料，求得风险报酬系数。例如，某企业准备进行一项投资，此类项目含风险报酬率的投资报酬率一般为 18% 左右，其报酬率的标准离差率为 65%，无风险报酬率为 5%，则由公式 $K = i + b \times CV$ 得：

$$b = (K - i) \div CV = (18\% - 5\%) \div 65\% = 0.20$$

第五节　证券组合投资理论

证券投资充满了各种各样的风险，为了规避风险，投资者经常采用证券组合投资方式，即在进行证券投资时，不是将所有的资金都投向单一的某种证券，而是有选择地投向多种证券。然而困扰投资者的是，在进行组合投资时如何才能正确地选择投资组合以实现投资收益最大，并规避风险，从而实现总效用最大化。现代投资组合理论的出现为解决这一问题提供了可能。证券组合投资理论是探索如何通过有效方法降低投资风险和提高投资收益的理论。该理论首先利用数学工具对证券组合投资的收益和风险进行数量化分析，然后根据投资者厌恶风险和追求投资收益最大化的行为特征，解决如何选择最优投资组合的问题。下面简单介绍现代证券组合投资的基本理论。

一、风险分散理论

风险分散理论认为，虽然投资组合的报酬率是个别证券的报酬率的加权平均数，但投资组合的风险却并非个别证券的风险的加权平均数。在理论上，可以将两种高风险股票组合成一个没有风险的投资组合。现举例如下。

【例 4-13】飞龙公司投资 100 万元购买 A、B 两种股票，投资比重各占 50%。从第一年到第五年各年的报酬率及风险情况如表 4-2 所示。

表 4-2　呈完全负相关的两种股票及其构成的投资组合的报酬率与概率分布

年份	投资报酬率		
	A 股票	B 股票	AB 组合
1	40%	-10%	15%
2	-10%	40%	15%
3	35%	-5%	15%
4	-5%	35%	15%
5	15%	15%	15%
平均报酬率	15%	15%	15%
标准差	22.6%	22.6%	0

从表 4-2 可以看出，如果飞龙公司分别只持有 A 股票或 B 股票，它们的风险都很高，但如将两种股票进行组合投资，则其风险为零（标准差为零）。这种组合之所以使风险为零，是因为这两种证券的投资报酬率的变动方向正好相反：当 A 股票的投资报酬率上升时，B 股票的投资报酬率下降；反之，当 A 股票的投资报酬率下降时，B 股票的投资报酬率上升。这种报酬率的反向变动趋势在统计学上称为完全负相关，相关系数 $r=-1$。

与完全负相关相反的是完全正相关（$r=1$），两个完全正相关的股票的报酬率将一起上升或下降，这样的两种股票进行组合，不能抵销任何风险。

从以上分析我们知道，当各种股票的报酬率完全负相关时，适当投资组合后其风险可以被完全分散；而当各种股票的报酬率完全正相关时，分散持有各种股票不能抵减风险。实际上，个股之间不可能完全正相关，也不可能完全负相关，大部分股票间的相关程度在0.5~0.7，所以不同股票的组合投资可以降低风险，但又不能完全消除风险。一个证券组合的风险，不仅取决于组合中各证券的风险，也取决于它们之间的相关程度。值得说明的是组合投资分散或者抵减的风险是投资组合中的非系统风险，当股票种类足够多时，几乎能把所有的非系统风险分散掉，但投资组合中的系统风险却无法通过组合投资加以消除。

二、贝他系数（β）分析

如前所述，投资存在系统风险和非系统风险。对于非系统风险投资者可以通过证券组合来加以分散；对于系统风险，投资者则不能通过证券组合来分散。但是，在同一市场环境下，不同的股票其股价的波动是不完全相同的，有的发生剧烈变动，有的只发生较小的变动。β系数就是用来计量个别股票的报酬率相对于整个市场平均风险报酬率的变动程度。

β系数有多种计算方法，实际计算过程十分复杂，但幸运的是β系数一般不需投资者自己计算，而由一些投资机构定期计算并公布。但我们应该知道，作为整体的证券市场的β系数为1。如果某种股票的风险情况与整个证券市场的风险情况一致，则这种股票的β系数也等于1；如果某种股票的β系数大于1，说明其风险大于整个市场的风险；如果某种股票的β系数小于1，说明其风险小于整个市场的风险。

证券组合的风险是由证券组合中个别证券的风险决定的，因此，证券组合的β系数应该是个别证券的β系数的加权平均数。其权数为各种证券投资在总投资中所占的比重。其计算公式为：

$$\beta_p = \sum W_i \beta_i \tag{4-22}$$

式中，β_p是证券组合投资的β系数；W_i是个别证券在组合中占总投资价值的比重；β_i是第i种证券的β系数。

证券组合投资的β系数反映特定组合投资风险，即该组合的报酬率相对于整个市场组合报酬率的变异程度。由式（4-22）可以看出，证券组合的β系数应当介于个股β系数的最高值和最低值之间。而且，当一个高β值股票被加入到一个平均风险组合中，则组合β系数会提高，即组合风险将会提高；反之，如果一个低β值股票被加入到一个平均风险组合中则组合β系数会降低，即组合风险将会降低。现举例如下。

【例4-14】某投资人持有组合证券投资共200万元，其中A种股票60万元，B种股票100万元，C种股票40万元，三种股票的β系数依次为1、2、0.5，则组合的β系

数为：

β（ABC）$=30\%\times1+50\%\times2+20\%\times0.5=1.4$

这说明三种股票投资组合的β系数介于个股β系数的最高值和最低值之间，其市场风险是个股市场风险的加权平均水平。

若将其中的B股票出售并购进同样金额的D债券，其β系数为0.1，则新投资组合的β系数为：

β（ACD）$=30\%\times1+50\%\times0.1+20\%\times0.5=0.45$

可见，构成组合的个股的β系数减少，则组合的综合β系数也降低，使组合的风险减少；反之亦然。投资者可以据此选择自己能够接受的风险水平。但是，降低风险的同时，报酬率也会降低。

假如例4-14中的A、B、C、D四种证券的报酬率分别为15%、25%、12%、8%，则两个组合的预期报酬率分别为：

R（ABC）$=30\%\times15\%+50\%\times25\%+20\%\times12\%=19.4\%$

R（ACD）$=30\%\times15\%+50\%\times8\%+20\%\times12\%=10.9\%$

显然，ABC组合的风险较大，其投资额报酬率较高；ACD组合则相反。

三、资本资产定价模型

投资者一旦进行证券投资，就会要求对自己承担的风险进行补偿；证券的风险越大，要求的报酬率就越高。由于证券投资的非系统风险可通过投资组合来抵销，投资者要求补偿的风险主要是系统风险。因此，证券投资组合的风险报酬是投资者因承担系统风险而要求的、超过无风险报酬的那部分额外报酬。其计算公式为：

$$R_p=\beta_p\times(R_m-R_f) \qquad (4\text{-}23)$$

式中，R_p是证券组合的风险报酬率；β_p是证券组合的β系数；R_m是整个证券市场的平均报酬率；R_f是无风险报酬率，一般用国债的利率来衡量。

在其他因素不变的情况下，风险报酬取决于证券投资组合的β系数：β系数越大，风险报酬越大；β系数越小，风险报酬越小。

证券投资的必要报酬率等于无风险报酬率加上风险报酬率，即

$$R_i=R_f+\beta(R_m-R_f) \qquad (4\text{-}24)$$

式中，R_i是第i种股票或证券组合的预期报酬率；R_f是无风险报酬率；R_m是平均风险股票的必要报酬率；β是第i种股票或证券组合的β系数。

这就是资本资产定价模型。下面举例来说明该模型的运用。

【例4-15】力士达股份有限公司持有由甲、乙、丙三种股票构成的证券组合，它们的β系数分别是2.0、1.0、0.5，它们在证券组合中所占的比重分别为60%、30%和10%，股票的市场平均报酬率为14%，无风险报酬率为6%，试确定力士达股份有限公

司对该证券投资组合的期望报酬率是多少?

解:

(1) 确定证券组合的β系数。

$\beta_p = \sum W_i\beta_i = 60\% \times 2.0 + 30\% \times 1.0 + 10\% \times 0.5 = 1.55$

(2) 根据资本资产定价模型，力士达股份有限公司对该证券投资组合的期望报酬率为:

$R_i = R_f + \beta\ (R_m - R_f) = 6\% + 1.55 \times (14\% - 6\%) = 18.4\%$

四、证券组合投资类型

证券组合投资的目的在于避免风险，投资者不应把资金全部投放在一种证券上，否则一旦有变，就可能使投资者遭受巨大损失。投资者选择什么样的投资组合主要取决于投资者对风险的偏好程度以及承受能力。由于投资者厌恶风险的程度不同就形成了各种不同类型的证券投资组合。常见的证券投资组合类型有以下三种。

(一) 保守型证券投资组合

保守型证券投资组合尽量模拟证券市场的某种市场指数，以求分散掉全部可分散风险，获得与市场平均报酬率相同的投资报酬。这种证券投资组合所承担的风险主要是市场上的系统性风险，非系统性风险基本上能够消除，其投资收益也不会高于市场的平均收益，因此是比较保守的投资组合类型。保守型投资组合的优点是: (1) 能分散掉全部可分散风险; (2) 不需要高深的证券投资专业知识，只要尽可能地模仿某种市场指数就可以; (3) 证券投资管理费用较低。缺点是收益较低。

(二) 冒险型证券投资组合

冒险型证券投资组合以资本升值为主要目标，它尽可能多地选择一些成长性较好的股票，而较少选择低风险低报酬的股票，这样就可以使投资组合的收益高于证券市场的平均收益，但风险也高于证券市场的平均风险。所以，采用这种投资组合，如果做得好，会取得远远高于市场平均报酬的投资收益，但是如果失败，会造成较大的损失。采用冒险型证券投资组合，不仅要求投资者要具备较好的证券投资知识，还要求其对企业进行深入细致的分析，如行业发展前景、产品的市场需求状况、竞争情况、企业经营状况、财务状况等。

(三) 收入型证券投资组合

收入型证券投资组合也称稳健型证券投资组合，它是一种比较常见的投资组合类型。这种投资组合以追求低风险和稳定的收益为主要目标。收入型投资组合通常选择一些风险不大、效益较好的公司的股票。这些股票虽然不是高成长股票，但能够给投资者带来稳定的股利收益。因此，收入型投资组合风险较低，但收益却比较稳定。选择这种投资组合的投资者通常认为，股票的价格主要是由企业的经营业绩所决定的，只要企业的经济效益好，股票的价格终究会体现其优良的业绩，所以在进行股票投资时要全面深入地进行证券投资分析，选择一些品质优良的股票组成证券组合，这样既可以获得较高的投资收益，又不会承担太大的投资风险。

【思考与练习】

思考题

1. 固定增长股票的估价模型如下：$V_0=\frac{D_1}{(K-G)}$，试问：

（1）该模型说明股票的价值受到哪些因素的影响？

（2）该模型在哪些假设前提下适用？

2. 假设甲、乙两投资者在同一时间以相同的价格购买了同一种公司债券（固定利率债券），甲准备随时出售，乙准备持有至到期。半年后由于市场利率大幅度上升，该债券的市场价格快速下降，甲投资者将其持有的债券在下跌后出售，而乙投资者仍持有该债券。请指出：

（1）市场利率大幅度上升时，固定利率债券的市场价格为什么会快速下跌？

（2）半年后债券市场价格的快速下跌对甲投资者的短期收益率和乙投资者的到期收益率是否产生影响？请简述理由。

3. 信赖公司准备进行股票投资，现有A、B、C三种股票作为备选品种。反映这三种股票风险大小的有关数据见下表：

指标	A股票	B股票	C股票
期望报酬率	25%	20%	18%
报酬率的标准差	18%	20%	16%
β系数	1.30	1.20	1.50

信赖公司证券部的甲、乙、丙三位职员的分析如下：甲认为A股票的期望报酬率最高，高收益意味着高风险，所以A股票的风险最大；乙认为B股票的风险最大，因为其标准差最大；丙则认为C股票的风险最大，理由是C股票的β系数最大。请你分别指出证券部这三位职员对A、B、C三种股票的风险分析有何不妥？你认为哪一种股票的风险最大？请说明理由。

4. 证券组合投资的主要目的是降低风险。试问：任何证券组合投资都能降低风险吗？为什么？

单项选择题

1. 某种股票为固定成长股，年增长率为5%，预期第一年的股利为0.60元。投资者要求的必要报酬率为15%，那么，该股票的理论价值为（　）元。

A. 4　　B. 6　　C. 6.30　　D. 12

2. 某种股票当前的市价是 8 元，前一次每股股利是 0.40 元，预期的股利增长率是 5%，则其市场决定的预期收益率是（　）。

A. 5%　　B. 5.5%　　C. 10%　　D. 10.25%

3. 某公司发行面值为 1 000 元的债券，票面利率为 8%，期限为 5 年，每年付息一次，当时的市场利率为 10%，则该债券的内在价值约为（　）元。

A. 924　　B. 952　　C. 1 000　　D. 1 352

4. 如果某人以每份 100 元的价格平价购入一种按年分期付息、到期一次还本的公司债券，并一直持有到期，债券的票面利率为 5%，则该人获得的投资收益率为（　）。

A. 大于 5%　　B. 等于 5%　　C. 小于 5%　　D. 不能确定

5. 下列属于混合性证券的是（　）。

A. 定期存单　　B. 普通股股票　　C. 国库券　　D. 可转换公司债券

6. 反映投资项目风险大小的主要指标是（　）。

A. 期望报酬率　　B. 内部收益率　　C. 风险报酬系数　　D. 标准离差率

7. 设某投资项目收益率的标准差系数为 64%，无风险报酬率为 5%，如果某决策者确定的风险报酬系数为 0.15，则该决策者投资该项目的期望报酬率是（　）。

A. 9.6%　　B. 14.6%　　C. 18.2%　　D. 20%

8. 已知某证券的 β 系数等于 1，则表明该证券（　）。

A. 无市场风险　　B. 市场风险很低

C. 市场风险与金融市场上所有证券平均风险一致

D. 市场风险比金融市场上所有证券平均风险高一倍

多项选择题

1. 按照短期持有股票的估价模型分析，股票的价值主要取决于三个因素，分别是（　）。

A. 投资者的必要报酬率　　B. 该股票过去的交易价格

C. 持有股票期间的预期股利　　D. 以前年度分配的股利水平

E. 未来出售时预计的股票价格

2. 影响债券价值的因素有（　）。

A. 债券的票面利率　　B. 发行时的市场利率

C. 债券的面值　　D. 债券的期限

E. 债券的付息方式

3. 债券到期收益率是（　）。

A. 能够评价债券收益高低的指标之一

B. 指购进债券后，一直持有该债券至到期日所获取的收益率

C. 按照复利计算的年收益率

D. 按照单利计算的年收益率

E. 能使债券未来现金流入的现值与债券购买价格相等的贴现率

4. 假设某公司同时购买了两种国库券：一种为 10 年期的国债，票面利率为 9%；另一种为 5 年期的国债，票面利率亦为 9%。两种国债的其他方面没有区别，均在证券市场中交易，则下列关于国债的交易价格和市场利率波动的相互关系的论述中，正确的是（　）。

A. 当市场利率急剧上升时，两种国债价格均下跌，且前一种下跌得更多

B. 当市场利率急剧上升时，两种国债价格均下跌，且后一种下跌得更多

C. 当市场利率急剧下跌时，两种国债价格均上涨，且前一种上涨得更多

D. 当市场利率急剧下跌时，两种国债价格均上涨，且后一种上涨得更多

E. 由于国债的利率是固定的，无论市场利率如何变化，两种国债的价格均不变

5. 关于股票或股票组合的 β 系数，下列说法中正确的是（　）。

A. 股票的 β 系数反映该股票的报酬率相对于整个市场平均风险报酬率的变动程度

B. 股票组合的 β 系数是构成组合的个股 β 系数的加权平均数

C. 投资组合的股票数量越多，其组合的 β 系数越小

D. 特定股票的 β 系数衡量该股票的系统风险

E. 某只股票的 β 系数不可能是负数

6. 按照资本资产定价模型，影响特定股票预期报酬率的直接因素有（　）。

A. 特定股票的面值　　B. 平均风险股票的必要报酬率

C. 特定股票的 β 系数　　D. 公司以前的盈利水平

E. 无风险报酬率

计算分析题

1. 三连山公司计划利用一笔长期资金投资购买股票，现有 A、B 两种股票可供选择。A 股票现行市价为每股 7.25 元，上年每股股利为 0.15 元，预计以后每年以 6% 的增长率增长。B 股票现行市价为每股 8.00 元，上年每股股利为 0.60 元，采用固定股利政策。该公司所要求的必要报酬率为 8%。要求：

（1）利用股票估价模型，分别计算 A、B 两种股票的内在价值；

（2）如该公司只投资一种股票，请问应当选择哪种股票投资？

2. 三花公司 1999 年 4 月 1 日发行面值 1 000 元的债券 50 000 份，规定票面利率为 10%，4 年后到期一次还本付息。该债券的发行价格为 1 050 元。杜先生购买了此债券，但他没有仔细阅读债券发行的有关条文，以为该债券是每年付息一次，到期还本，结果

以 1 050 元的价格购入 10 张面值为 1 000 元的债券，他要求的年收益率为 8%。试问：

（1）按照杜先生的错误理解，如果该债券为每年付息、到期还本，杜先生以 1 050 元的价格购入该债券是否能够获得 8% 的年收益率？

（2）实际上杜先生购入的这种债券为到期一次还本付息，他以 1 050 元的价格买进，能够获得的年收益率为多少？

3. 云达科技公司准备投资 1 000 万元开发新产品，现有三个方案可供选择。根据市场预测，三种不同市场状况的预计年投资报酬率的概率分布如下表：

市场状况	概率	预计年投资报酬率		
		A 方案	B 方案	C 方案
好	0.30	40%	30%	50%
一般	0.50	15%	15%	15%
较差	0.20	−15%	0	−30%

要求：

（1）分别计算三个方案预计年投资报酬率的期望值；

（2）分别计算三个方案期望值的标准离差率；

（3）根据计算结果，确定三个方案的优劣排序。

4. 三元投资公司持有甲、乙、丙三种股票构成的证券组合，其投资总额为 200 万元，三种股票在证券组合中所占比重分别为 50%、30% 和 20%。根据以往的历史资料得知，三种股票的 β 系数分别为 1.8、1.5 和 0.7，股票市场的平均报酬率为 10%，无风险收益率为 5%。要求：

（1）计算该证券组合的 β 系数；

（2）计算该证券组合的风险报酬率；

（3）计算该证券组合的必要报酬率。

CHAPTER－5

第五章

流动资产管理

K公司2012年12月31日流动资产主要项目的年末数和年初数见表5-1。

表5-1　　（单位：万元）

项目	年末数	年初数
货币资金	68 515.25	16 165.98
应收票据	7 422.16	8 067.22
应收账款	9 469.20	11 253.29
预付账款	4 458.51	5 069.40
其他应收款	42.75	3 062.96
存货	21 408.61	18 949.61
流动资产合计	111 316.48	62 568.46

王小言是该公司的小股东，她是某财经院校会计学专业三年级学生，她在阅读该公司的财务报表时有下列疑问。

（1）公司2012年年末的流动资产总额比年初增加了近一倍，基本上为货币资金大幅增加所致。那么公司年末持有6.85亿元的货币资金有必要吗？她同时从资产负债表中发现该公司年末的长期借款余额为82 036 362元，公司为什么一方面将巨额货币资金闲置在银行，而另一方面又有长期借款的债务？如果以银行存款偿还长期借款，不就可以减少利息支出吗？

（2）从公司2012年的利润表可以发现，当年实现的销售收入较上年增长20%左右，但2012年年末的应收票据和应收账款均比年初有所减少，这是否意味着公司2012年的信用政策和收账政策较上年出现了明显的变化？

（3）2012年年末的存货较年初略有增加，从年报附注可以发现，存货增加的主要原因是库存商品和自制半成品增幅较大，这是否意味着该公司2012年度产品出现了滞销？合理确定存货需要量应该考虑哪些因素？

上述问题涉及企业流动资产的三大块内容：货币资金、应收款项和存货，王小言所提出的疑问实际上是流动资产管理中需要研究的主要问题。

在企业的生产经营过程中，流动资产是不可缺少的物质条件之一。广义地讲，将企业筹集的资金运用在流动资产上，也是一种直接投资行为。财务管理不但要进行固定资产投资决策和证券投资决策，而且要研究如何合理确定投放在流动资产上的资金量，以及如何提高资金的使用效益，这就是流动资产的管理。本章对现金持有量的合理确定、信用政策和收账政策的制定、存货的经济订货量等财务决策的理论和方法进行了系统的阐述，这将有助于读者解决类似王小言所提出的有关流动资产管理的问题。

第一节　现金管理

现金是流动性最强的资产，具有普遍的可接受性。狭义的现金仅指企业的库存现金，广义的现金是指包括库存现金在内的银行存款以及各种符合现金特征的票据（如银行本票和银行汇票）。财务管理中使用的现金，一般是指广义的现金。现金与有价证券具有密切的关系，有价证券一般指的是债券、股票等具有一定价值的收款凭证。短期有价证券是指可以很快转化成现金的有价证券，对其可以视同现金实施管理。

企业如何进行现金管理？现金管理的根本目标是在仍然保证企业高效率、高质量地开展经营活动的情况下，尽可能地保持最低现金持有量。现金管理主要包括四项内容：持有现金的动机、最佳现金持有量的确定、现金管理制度和现金的内部控制。

一、持有现金的动机

现金资产是企业暂时间歇的资金。从理论上讲现金资产是从经营过程中溢出的非盈利性资产，它是上一次资金循环的终结和下一次资金循环的开始，是企业两次资金循环的间歇资金。既然现金是非盈利性资产，那么企业为什么要持有一定数额的现金呢？企业管理人员持有现金是有特定的动机的，一般归纳起来有交易的动机、预防的动机和投机的动机。

（一）交易的动机

交易的动机是指企业为了应付正常的交易活动而必须保持一定量的现金数额，这是基于以下原因。

（1）现金收入和现金支出很少是同步发生的。企业在日常交易中经常取得现金收入，也经常发生现金支出，两者不大可能同步同量，这是因为企业向顾客提供的商业信用条件相对于它从供应商那里获得的信用条件是不同的。例如，企业为了促进销售而允许顾客分期付款，为了迅速收回货款而给予顾客一定的现金折扣。而企业本身可能由于生产的需要无法享受供应商的信用优惠。一个企业面对不大可能同步同量的现金流入与现金流出，不保持一定量的现金存量就难以保证生产经营活动的正常开展。

（2）季节性的变化造成现金需求量的临时增加。许多企业的生产经营活动带有很明显的季节性，如啤酒生产企业、服装生产企业等。经营的季节性变化会使企业的现金需求量产生很大的波动。例如，为了购买大量廉价的原材料而造成现金的大量支出，而现金的收取即使待商品销售出去以后也不一定实现。有些企业的商品销售就有明显的旺季与淡季，在销售旺季到来之前，企业必须垫付大量现金以供生产所需，在短期内造成大量现金的支出。

（3）其他交易活动也会引起现金收支的不平衡。如买卖上市的有价证券、添置机器设备和偿还借入的短期债务，这些业务都带有偶发性，难以预测，因而企业需要有一定量的现金余额作为经营保证。

（二）预防的动机

预防的动机是指企业要保证充足的现金以应付意外的现金需求。意外的现金需求在企业编制现金收支预算时往往难以预料，编制现金预算有时也会出现失误，这些意外事件的发生会打乱预先安排好的财务计划，降低现金预算的效用。因此，企业一般应考虑维持比正常交易所需量更大的现金余额。企业究竟应如何考虑这些意外现金需求？通常应当考虑以下几个方面。

（1）企业临时融通资金的能力。企业要提高现金的利用效益，就应考虑以较少的现金储备来应付突发的现金需求。但这种现金安排必须以企业具有相当强的融资能力为前提。如果企业能够很容易地随时借到现金，则企业可以减少预防性现金数额；反之，如果企业借款能力有限，就不得不储存较多的现金以应付各种可能发生的突发性现金需求。

（2）企业预测现金收支的准确性。预测现金流量总会出现偏差，而其预测的准确性又直接关系到现金短缺风险的大小，准确性高，风险就小，反之风险就大。现金收支预测的准确性还能使企业以最少量的现金余额来应付这一短缺的风险。

（3）企业甘愿冒多大的现金短缺风险。风险与盈利有内在联系。企业若甘愿承担较大的现金短缺风险（如因现金短缺而可能丧失的购买机会、可能造成的信用损失和得不到的折扣好处等），将大量现金投放于盈利性较大的资产，它可能获取较高收益，但同时也面临着现金周转不灵的风险以及现金短缺成本；反之，企业为了降低短缺风险，而将现金留作备用，则会失去将现金运用在盈利性较大的资产上而可能带来的收益。

（三）投机的动机

投机的动机是指置存现金用于不寻常的购买机会。例如，某一企业可能因种种原因而宣告破产，该破产企业会以极其低廉的价格出售企业的存货以及固定资产。如果本企业持有足够的现金，便能够利用现金购置这些资产，以扩充本企业的生产规模而带来较大的利益。再如，如果预计利率会下降，证券行情看涨，便可以用现金去购买证券，并等待证券市价上涨时从中谋取投资收益。当然，除了金融和投资公司外，一般企业并不需要专为投机性置存过多的现金；遇到不寻常的购买机会，企业也常设法临时筹集资金。但如果企业拥有相当数额的现金，确实能为突然的大批采购提供方便。

上述三项现金持有的动机，虽然在理论上是可以划分的，但在实际测定企业具体现金存量标准时，却是很难分别确定的。这是因为从现金管理的目的看，主要是有效保证企业有供随时动用的现金资产，至于它到底是用于偿债或是用于投资，这就要视企业的具体情况而定。所以，企业在日常活动中并不是按上述各种动机来测定各期现金存量的，而是根据企业各期财务状况来编制现金预算，并使各期保留的现金资产量足以达到收支平衡。当然，企业在编制各期现金预算时应充分考虑到交易、预防和投机的因素，使现金的预算尽可能完善。

二、最佳现金持有量的确定

我们经常听到一些类似本章开头王小言所提出的问题，一些企业的总经理和财务经理在现金持有量的多少上总是观点不一致。例如，某企业的总经理对财务经理说，我们的企业目前存放在三家开户银行的存款约为5 300万元，而且这个数目基本上保持不变。而本企业目前又有3 000万元的短期借款和8 000万元的长期借款。为什么企业留那么多现金资产吃活期利息，而同时又承担贷款利息？能否将一部分银行存款用以偿还债务，以减少利息支出？

财务经理向总经理解释道：企业因交易性动机、预防性动机和投机性动机的需要而持有一定量的现金。如果企业缺乏必要的现金，将不能应付业务开支，使企业蒙受损失。但是，如果企业置存过量的现金，又会因这些资金不能投入周转无法取得盈利而遭受另一些损失。考虑到上述现金不足和现金过量两方面的威胁，企业必须确定现金的最佳持有量。最佳现金持有量的确定方法主要有成本分析模式、现金周转模式、存货模式和随机模式四种。本节主要介绍最佳现金持有量的成本分析模式与存货模式。

（一）成本分析模式

成本分析模式的基本思路就是要寻求持有现金的相关总成本最低时的现金余额。企业持有的现金的相关成本主要是机会成本、管理成本和短缺成本，三者之和构成了企业持有现金的相关总成本。

1. 机会成本

持有现金的机会成本就是因持有现金而不能赚取投资收益的机会损失，在实际工作中可以用企业的资本成本来衡量。假定F公司的资本成本为5%，每年平均持有100万元的现金，则该公司每年持有现金的机会成本为5万元（100×5%）。显然现金持有量越大，机会成本也就越高。企业为各种动机而持有一定量的现金，付出相应的机会成本代价是必要的；如果企业现金持有量过多，机会成本代价大幅度上升，就不合算了。

2. 管理成本

现金管理成本是指对企业置存的现金资产进行管理而付出的代价，如要建立完整的企业现金管理内部控制制度，制定各种现金收支规定和现金预算执行的具体办法等。它还包括支付给具体现金管理人员的工资薪酬、福利费用和各种为保护现金安全而建立的安全防范措施及购入的相应设备装置等。现金管理成本的高低一般与企业现金置存量并没有明显的依存关系，故在大多数情况下被视为一种相对固定的成本。

3. 短缺成本

现金短缺成本是指企业由于缺乏必要的现金而不能应付业务开支所需，使企业蒙受的损失或为此付出的代价。内容大致上包括丧失购买机会（甚至会因缺乏现金不能及时购买原材料，而使生产中断造成停工损失）、造成信用损失和得不到折扣好处等。现将现金短缺成本概括为如下三种。

（1）丧失购买能力的成本。这主要是指企业由于缺乏现金而不能及时购买原材料等生产必需物资，而使企业正常生产不能维持所付出的代价。这种代价虽然不能十分明确地测定，但一旦发生，会给企业造成很大的损失。

（2）信用损失和丧失折扣好处成本。这首先是指企业由于现金短缺而不能按时付款，失信于供货单位，从而造成供货方以后拒绝供货或不接受延期付款的代价，这种损失对企业来讲，可能是长久和潜在的，会造成企业信誉和形象的下降。其次是指如企业缺乏现金，不能在供货方提供的现金折扣期内付款，便会丧失享受现金折扣优惠的好处，这会相应提高购货成本。这两种短缺成本的损失也不能十分精确地测定，但对于其给企业造成的长远损害也是不可轻视的。

（3）丧失偿债能力的成本。企业由于现金严重缺乏而根本无力在近期内偿付各种债务，造成企业财务危机，甚至导致破产清算，这种损失对企业来说可能是致命的。

现金的短缺成本随现金持有量的增加而下降，随现金持有量的减少而上升。

上述三项成本之和最小的现金持有量，就是最佳现金持有量。如果把以上三种成本线放在图5-1上，就能找出总成本最低的最佳现金持有量。

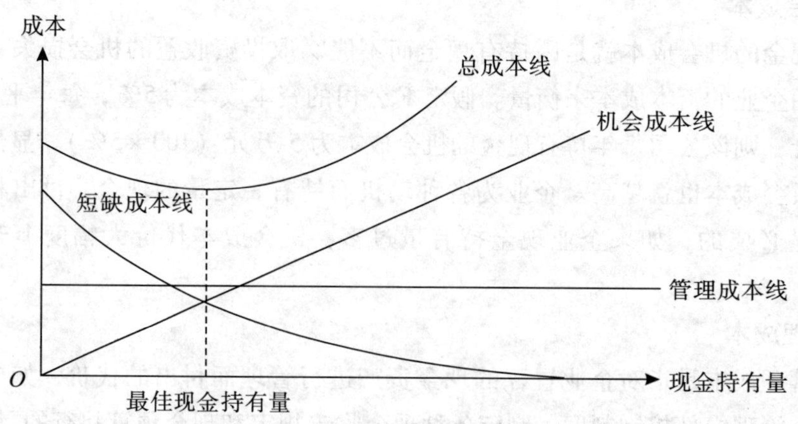

图 5-1　最佳现金持有量的成本分析图

在图 5-1 中，持有现金的机会成本线是向右上方倾斜的；持有现金不足的短缺成本线是向右下方倾斜的；持有现金的管理成本线为一平行线。由此，持有现金的总成本线便是一条抛物线，该抛物线的最低点即为持有现金的最低总成本。超过这一点，机会成本上升的代价就会大于短缺成本下降的好处；在这一点之前，短缺成本上升的代价又会大于机会成本下降的好处。这一点在横轴上的量，就是最佳现金持有量。

计算最佳现金持有量，可以先分别计算出各种方案的机会成本、管理成本和短缺成本之和，再从中选出总成本之和最低的现金持有量即为最佳现金持有量。

【例 5-1】F 公司有 4 种现金持有方案，据测算，机会成本（即该公司的平均收益率）为 15%，持有现金的管理成本总额为 10 000 元，各自的现金持有成本如表 5-2 所示。

表 5-2　现金持有方案成本分析表　（单位：元）

项目	甲方案	乙方案	丙方案	丁方案
现金持有量	60 000	80 000	100 000	120 000
机会成本	9 000	12 000	15 000	18 000
管理成本	10 000	10 000	10 000	10 000
短缺成本	10 000	5 000	3 000	1 500
总成本	29 000	27 000	28 000	29 500

通过对表 5-2 中的四种方案总成本进行比较，可知乙方案即现金持有量为 80 000 元时，持有成本总额最低。故 80 000 元为 F 公司的最佳现金持有量。

（二）存货模式

存货模式是指用企业管理存货的经济批量原理来确定最佳现金持有量。它主要考虑持有现金的机会成本和转换成本，而不考虑现金的短缺成本。随着现金持有量的变化，机会成本和转换成本都会发生变化，但它们的变动方向相反，存货模式就是要找到一个最佳现金持有量，使持有现金的相关总成本最低。我们将总成本写成如下的形式：

$$TC=\frac{Q}{2}\times K+\frac{T}{Q}\times F \tag{5-1}$$

式中，TC 是现金持有的总成本；Q 是一定时期的现金持有量；K 是有价证券的利息率；T 是一定时期现金的总需要量；F 是每次有价证券的转换成本。

式中，$Q/2$ 是现金的平均持有量；K（$Q/2$）是持有现金的机会成本；T/Q 是有价证券的转换次数；F（T/Q）是企业的一定时期内有价证券转换总成本。

式（5-1）中的 K、T、F 为常量。欲使总成本最低，必须 $\frac{Q}{2}\times K=\frac{T}{Q}\times F$，得到最佳现金持有量的计算公式如下：

$$Q^*=\sqrt{\frac{2FT}{K}} \tag{5-2}$$

此时，与现金持有量有关的总成本为：

$$TC=\sqrt{2KFT} \tag{5-3}$$

【例5-2】F公司现金收支情况比较稳定，预计每月现金需要量为100 000元，每次转换有价证券的成本为45元，有价证券年利率为12%，则该公司的最佳现金持有量为：

$$Q^*=\sqrt{\frac{2FT}{K}}=\sqrt{\frac{2\times 45\times 100\ 000}{\frac{12\%}{12}}}=30\ 000\text{（元）}$$

计算结果表明，该公司的现金持有量为30 000元时，持有现金的相关总成本最低。

三、现金管理制度

现金是企业流动性最强的资产，也是最容易受到侵蚀的资产。从宏观层面看，现金交易关系到整个国家的货币流通，因此中国人民银行、财政部等有关部门对企事业单位现金的使用与管理作出了相应的规定，主要内容如下。

（1）规定了现金的使用范围。这里的现金是指人民币现钞，即企业用现钞从事交易，只能在一定范围内进行。该范围包括支付职工工资、津贴；支付个人劳务报酬；根据国家规定颁发给个人的科学技术、文化艺术和体育项目等的各种奖金；支付各种劳保、福利费用以及国家规定的对个人的其他支出；向个人收购农副产品和其他物资的价款；出差人员必须携带的差旅费；结算起点（1 000元）以下的零星支出；中国人民银行确定需要支付现金的其他支出。

（2）规定了库存现金限额。企业库存现钞由其开户银行根据企业的实际需要核定限额，一般以3～5天的零星开支额为限。边远地区和交通不便地区，可以按多于5天，但不超过 15 天的日常零星开支核定。

（3）不得坐支现金。即企业不得从本单位的人民币现钞收入中直接支付交易款。现钞收入应于当日终了时送存开户银行。

（4）不得出租、出借银行账户。

（5）不得签发空头支票和远期支票。

（6）不得套用银行信用。

（7）不得保存账外公款，包括不得将公款以个人名义存入银行和保存账外现钞等各种形式的账外公款。

四、现金的内部控制

现金的管理除了执行国家有关部门对现金管理的相应规定外，还必须从内部控制角度入手，建立内部控制制度，这是有效实施现金预算控制的基本前提和保证。

（一）现金支出内部控制

（1）现金支付程序。企业应当按照规定的程序办理现金支付业务。

① 支付申请。单位有关部门或个人用款时，应当提前向审批人提交现金支付申请，注明款项的用途、金额、预算和支付方式等内容，并附有经济合同或相关证明。

② 支付审批。审批人根据其职责、权限和相应程序对支付申请进行审批。对不符合规定的现金支付申请，审批人应当拒绝批准。

③ 支付复核。复核人应当对批准后的现金支付申请进行复核，复核无误后，交由出纳人员办理支付手续。对于审批人超越授权范围审批的现金业务，经办人员有权拒绝办理，并及时向审批人的上级授权部门报告。出纳人员应当根据复核无误的支付申请，按规定办理现金支付手续，及时登记现金和银行存款日记账。

（2）授权审批制度。为了审核支出的合法性及防止贪污盗窃，对于现金支出应建立严格的授权批准制度，明确审批人对现金业务的授权批准方式、权限、程序、责任和相关控制措施，规定经办人办理现金业务的职责范围和工作要求。授权批准制度有以下两种模式。

①“一支笔”模式。“一支笔”模式是指企业的一切支出，必须全部经过最高管理人员的审批。这种模式有利于最高管理人员对现金的集中控制，避免支付分散化造成的资金效率低下和管理失控，但由于权限过于集中，不利于提高中层干部主动增收节支的积极性。因此，对于重要现金支付业务，提倡实行集体决策和审批制度。

② 预算管理模式。在预算管理模式下，将支出分为预算内支出和预算外支出。对预算内支出，由费用发生的各分公司、分部门经理进行签字，对于大额支出还得同时经过财务经理或总经理签字，即联签制；对于预算外支出，遵循例外管理原则，报经决策机构批准后，由决策者或部门经理签字。

审批人应当根据授权批准制度的规定，在授权范围内进行审批，不得超越审批权限。对于重要现金支付业务，应当实行集体决策和审批，并建立责任追究制度，防范贪污、侵占和挪用货币资金等行为。审批权限一般用支出金额大小表示。

对于预算外现金支付，金额较小的，为提高工作效率，可由上一级主管经理审批；对于金额较大的支出，应经过一定的决策机构如董事局会议、经理联席会等批准、签字。

预算管理模式将支付审批与预算管理结合，既下放了一定权限，使公司的高层管理者集中精力抓好大事，又通过预算控制，防止了支付的随意性。这种授权批准制度适合于大型公司。

（二）现金集中管理制度

20 世纪 90 年代后期，经营机构遍布全国的大型公司和集团公司相继出现。特别是集团公司，通过层层控股在内部形成了许多具有独立法人资格的子公司。这样的集团公司该如何控制其现金资产，该集权还是分权？从财务理论上讲这些问题是没有标准答案的，企业一定要对具体问题进行具体分析，只要使自身的现金管理达到均衡和高效，就是最优的管理模式。从我国国有企业内部管理体制的改革过程与结果来看，企业管理较为松散，财务监控不到位，尤其多头开户导致资金分散，时常发生现金“体外循环”的问题，现金的集中管理因而显得尤为重要。

一般来说，企业实现现金集中控制有四种主要模式：统收统支模式、拨付备用金模式、设立结算中心模式和财务公司模式。

（1）统收统支模式。该模式是指集团的一切现金收付活动都集中在集团财务部门，各分支机构或子公司不单独设立财务账号，一切收入直接进入总部的账户，一切现金支出都通过财务部门付出，现金收支的批准权高度集中在经营者或经营者授权的代表手中。

（2）拨付备用金模式。拨付备用金是指企业按照一定的期限统拨给所属分支机构或子公司一定数额的现金，备其使用。等各分支机构或子公司发生现金支出后，持有关凭证到企业财务部门报销以补足备用金。

（3）设立结算中心模式。结算中心通常又称为内部银行，是集团公司实现资金集中控制的最主要方式。结算中心通常设立于集团总部的财务部内，是一个独立运行的职能机构，是负责办理内部各成员或分公司现金收付和往来结算业务的专门机构。

（4）财务公司模式。财务公司模式就是通过财务公司实现资金的集中管理。财务公司是大型集团公司或跨国公司投资设立的一个独立的法人实体，它是由人民银行批准设立，经营部分银行业务的非银行金融机构。除了经营联合贷款、包销债券、不动产抵押、财务及投资咨询等业务外，它的主要职责是负责集团公司或跨国公司内部各成员企业间的财务协调和资金调度。

第二节 应收账款管理

随着我国市场经济的建立与完善，企业与企业之间相互提供商业信用已成为一种越来越普遍的现象。应收账款便是企业销售产品、提供劳务时向对方提供商业信用的产物。这里所说的应收账款是指因对外销售产品、材料、供应劳务及其他原因，应向购货单位或接受劳务的单位及其他单位收取的款项，包括应收销售款、其他应收款和应收票据等。

一、企业持有应收账款的动因和成本

（一）持有应收账款的动因

应收账款的存在原因是企业的赊销和分期付款方式。这些促销方式虽然能扩大企业的产品销售量，但也使企业承担坏账损失的风险。然而在现代市场经济中，赊销已被认定为一种通用的交易形式，因此有必要对企业持有应收账款的动因做一番了解，究其原因主要有以下两个方面。

1. 扩大销售

应收账款的发生是企业采用赊销方式的必然结果。企业之所以采用赊销方式而不是现销方式，主要原因在于它想通过赊销方式为顾客提供一些方便，以便扩大其销售规模。

首先，许多顾客限于可用现金的规模而愿意赊购。如果销售企业不能采用赊销方式，顾客只能从其他商家选购或降低需求或要求降价，这对销售方扩大销售规模是不利的。

其次，许多顾客希望保留一定时间的支付期限以检验商品和复核单据。如果顾客采用现购方式购买，一旦以后发现商品数量、规格、品质和计算方面的误差，要求退还货款，会对双方都很不利。

最后，激烈的市场竞争也要求销售企业采用赊销方式。在买方市场的情况下，许多企业都愿意采取一种能够吸引顾客的营销策略，以此扩大销售规模，增大市场占有份额，而赊销就是一种占领市场、争夺顾客和打败对手的行之有效的方法。

2. 减少存货

赊销具有促销功能，它可以加速产品的销售，减少存货中的产成品数额，这有利于缩短产成品的库存时间，降低产成品存货的管理费用、仓储费用和保险费用等各方面的支出。因此，无论是季节性企业还是非季节性企业，当产成品较多时，一般应采用较优惠的赊销政策，把存货转化为应收账款，减少产成品存货，节约各种支出。并且，存货的减少将增大企业的速动资产，提高企业的偿债能力，改善企业的财务指标。

（二）持有应收账款的成本

应收账款也是企业的一种资产，或者说是一种投资，有时被称为“放账”。持有这种资产也会有成本，它还蕴藏着一定的风险，即无法变现的损失。从总体上讲，持有应收账款的成本主要包括管理成本、机会成本和坏账成本三类。

（1）管理成本。应收账款的管理成本是指企业对应收账款进行管理而耗费的开支，它是应收账款成本的重要组成部分。管理成本主要包括对顾客信用情况调查的费用、收集信息的费用、催收账款的费用和账簿的记录费用等。

（2）机会成本。应收账款的机会成本是指将资金投资于应收账款而不能进行其他投资所丧失的收益。这一成本的大小通常与企业维持赊销业务所需要的资金数量、资本成本率有关。其计算公式为：

$$\text{应收账款的机会成本}=\text{维持赊销业务所需要的资金}\times\text{资本成本率} \tag{5-4}$$

式中，资本成本率一般可按有价证券收益率计算，维持赊销业务所需要的资金可按下列步骤计算：

① 计算应收账款周转率

$$\text{应收账款周转率}=\frac{\text{日历天数（360 天）}}{\text{应收账款平均收现期}} \tag{5-5}$$

② 计算应收账款平均余额

$$\text{应收账款平均余额}=\frac{\text{赊销收入净额}}{\text{应收账款周转率}}=\text{日赊销额}\times\text{应收账款平均收现期} \tag{5-6}$$

③ 计算维持赊销业务所需要的资金

$$\text{维持赊销业务所需要的资金}=\text{应收账款平均余额}\times\text{销售成本率} \tag{5-7}$$

其中“销售成本率”是销售收入中产品成本和期间费用所占的比重。式（5-7）说明，计算维持赊销业务所需要的资金时，需要在应收账款平均余额的基础上乘以销售成本率，这是因为企业维持赊销业务实际所占用的资金不是应收的全部销售额，而是所垫付的成本和费用。但如果从机会成本的本来意义去考虑，维持赊销业务所需要的资金可以直接按照应收账款平均余额确定，不必乘以销售成本率，因为如果企业不实施赊销，收回货款的数额将是按照销售额计算的应收账款余额，而不仅仅是所垫付的成本费用。

另外，在比较同一企业不同信用政策的优劣时，维持赊销业务所需要的资金也可以按照应收账款平均余额乘以变动成本率来确定。因为不同信用政策下企业的固定成本总额是不变的，可以不加考虑，这时维持赊销业务所需要的资金可以按照下列公式计算：

$$\text{维持赊销业务所需要的资金}=\text{应收账款平均余额}\times\text{变动成本率} \tag{5-8}$$

【例 5-3】若 F 公司预测 2013 年赊销收入为 2 000 000 元，应收账款平均收现期为

45 天，销售成本率为 60%，资本成本率为 10%。

我们来计算 F 公司应收账款的机会成本。根据以上资料可得：

$$应收账款周转率=\frac{360}{45}=8（次）$$

$$应收账款平均余额=\frac{2\ 000\ 000}{8}=250\ 000（元）$$

维持赊销业务所需要的资金 $=250\ 000\times60\%=150\ 000$（元）

应收账款机会成本 $=150\ 000\times10\%=15\ 000$（元）

（3）坏账成本。坏账成本是指由于某种原因导致应收账款不能收回而给企业造成的损失。这一成本一般与应收账款数量成正比，即企业的赊销规模越大，应收账款的余额越大，其坏账成本也就越高。所以，为了减少坏账给企业生产经营活动的稳定性带来的不利影响，企业会计核算时应当按应收账款余额的一定比例提取坏账准备。

二、信用政策

信用政策也称为赊账政策，它是企业基于对客户资信情况的认定，而对客户给予先行交货而后收款的结算优惠，这种优惠实质是企业对客户的一种短期融资。企业应收账款管理的重点，就是要根据企业的实际情况和客户不同的信誉情况制定合理的信用政策，这是企业信用管理的重要内容。信用政策由信用标准、信用期限和现金折扣政策三部分组成。

（一）信用标准

信用标准是指客户获得企业的交易信用所应具备的条件。如果客户达不到企业规定的信用标准，就不能享受企业按商业信用赋予的各种优惠，或只能享受较低的信用优惠。那么，具备什么条件的客户才算达到信用标准呢？企业在作出正确评价之前，应对申请赊购的客户进行信用状况分析，一般可采用信用标准的定性分析和定量分析。

（1）信用标准的定性分析。企业在制定信用标准时，首先应进行定性分析。在分析中主要考虑以下三个方面的问题。

① 同行业竞争对手的情况。如果竞争对手实力很强，企业就应考虑是否采取较低的信用标准，增强对客户的吸引力；反之，如果竞争对手实力很弱，则可以考虑制定较严格的信用标准。

② 企业承担违约风险的能力。当企业具有较强的违约风险承担能力时，就可以考虑采用较低的信用标准，以提高企业产品的竞争能力；反之，如果企业承担违约风险的能力较弱时，则可以制定较严格的信用标准，谨防坏账的发生。

③ 对客户的资信进行调查与分析，然后在此基础上判断客户的信用状况，并决定是否给该客户提供商业信用。这通常是按信用的“五 C”系统逐一进行评估。所谓

“五 C”系统，是评估客户信用品质的五个方面，即品质（Character）、能力（Capacity）、资本（Capital）、抵押（Collateral）和条件（Conditions）。

“品质”是指客户的信誉，即履行偿债义务的可能性。企业必须设法了解客户过去的付款记录，看其是否有按期如数付款的一贯做法，及与其他供货企业的关系是否良好。这一点经常被视为评价客户信用的首要因素。

“能力”是指客户的偿债能力，即其流动资产的数量和质量以及与流动负债的比例。客户的流动资产越多，其转换为现金支付款项的能力越强。同时，还应注意客户流动资产的质量，看是否有因存货过多、过时或质量下降而影响其变现能力和支付能力的情况。

“资本”是指客户的财务实力和财务状况，表明客户可能偿还债务的背景。

“抵押”是指客户拒付款项或无力支付款项时能被企业用作抵押的客户的资产。这在企业接触不知底细或信用状况有争议的客户时尤为重要。一旦企业收不到这些客户的款项，便可以用抵押品抵补。如果这些客户能提供足够的抵押，就可以考虑向他们提供相应的信用。

“条件”是指可能影响客户付款能力的经济环境。例如，万一出现经济不景气，会对客户的付款产生什么影响，客户会如何做等，这需要企业了解客户在过去困难时期的付款历史。

（2）信用标准的定量分析。信用标准的定量分析主要是解决两个问题：一是制定信用标准，以此作为给予或拒绝向客户提供商业信用的依据；二是具体确定客户的信用等级。信用标准的制定主要是通过比较不同方案之间的销售收入和相关成本，最后比较不同方案之间的净收益来进行。但在具体实行信用标准时，首先必须对具体客户的信用等级进行评定，同时应确定对其提供商业信用时可能导致的坏账损失率。确定客户的信用等级主要是通过以下三个步骤完成的。

第一步，设定信用等级的评价标准，即根据对客户信用资料的调查分析，选取一组具有代表性的、能够说明付款能力和财务状况的若干比率作为信用状况的指标标准值及其对应的拒付风险系数。通常可以选用的评价指标有流动比率、速动比率、资产负债率、产权比率和已获利息倍数等。

第二步，根据特定客户的财务数据，计算出以上选定的指标值，并与本企业制定的标准值相比较，然后确定各指标相对应的拒付风险系数（或称坏账损失率增加系数），最后计算总的拒付风险系数。

第三步，根据上面计算出的该客户的拒付风险系数，确定其信用等级，并将其与制定的信用标准（坏账损失率）进行比较，以确定是否给该客户提供商业信用。

具体操作时，可以设定若干个具有代表性、能说明偿债能力和财务状况的指标作为信用评价标准，现将 F 公司的信用标准列表反映如下（见表 5-3）。

表 5-3 F 公司的信用标准

指标①	信用标准		
	信用好	信用一般	信用差
流动比率	2 以上	1.5 ~ 2	1.5 以下
速动比率	1 以上	0.7 ~ 1	0.7 以下
净流动资产（万元）	100 以上	35 ~ 100	35 以下
资产负债率	30% 以下	30% ~ 70%	70% 以上
产权比率	1 以下	1 ~ 22	以上
销售收入（万元）	5 000 以上	2 000 ~ 5 000	2 000 以下
应收账款周转率（次）	13 以上	9 ~ 139	以下
存货周转率（次）	5 以上	3 ~ 53	以下
已获利息倍数	5 以上	1 ~ 51	以下
赊购偿付情况	及时偿付	偶有短期拖欠	经常拖欠

① 有关财务指标的计算公式请读者见本书第九章的相关内容。

根据各种客户的相关资料，计算出各个客户的上述指标，然后与上述设定的信用标准进行比较。比较时，凡客户指标处于信用差范围内的，可设定客户拒付风险系数为 8%；凡客户指标处于信用一般范围内的，可设定客户拒付风险系数为 2%；凡客户指标处于信用好范围内的便认定为无坏账风险。然后累计其客户的拒付风险系数，作为判断是否要提供给该顾客商业信用的依据。表 5-4 是 F 公司对某客户的信用评价结果。

表 5-4 F 公司对某客户的信用标准考察表

指标（某客户）	信用标准值	客户拒付风险系数（累计）
流动比率	2.35	—
速动比率	0.75	2%
净流动资产（万元）	90	4%
资产负债率	65%	6%
产权比率	1.8	8%
销售收入（万元）	800	16%
应收账款周转率（次）	10	18%
存货周转率（次）	6	18%
已获利息倍数	4	20%
赊购偿付情况	及时偿付	20%

上述客户的累计拒付风险系数为20%。按照上述方法，便能得出每位客户的拒付风险系数，然后企业财务人员可将不同客户的累计拒付风险系数进行排队。将客户拒付风险系数小的排在前面，优先给予应收账款信用；将客户拒付风险系数大的排在后面，延迟考虑给予应收账款信用；对客户拒付风险系数很大的可以取消其信用待遇，直至预收货款。

这种方法的运用只是为企业信用决策提供参考依据。由于实际情况千变万化、复杂多样，财务人员在运用此法时，还应根据实际情况和历史经验，进行综合判断，以便作出正确的信用决策。

（二）信用期限

信用期限是企业要求客户付款的最长期限，只要客户在此期限内能够付清账款，便认为该客户没有违约。例如，F公司允许顾客在购货后的30天内付款，则信用期为30天。不同的行业，信用期限往往不同。例如，一家珠宝店销售订婚钻戒的信用期限也许是120天，而一家食品批发公司或售卖新鲜水果和农产品的企业，其信用期限只有7天。而且同一个企业在不同的时候也可能有不同的信用期限。

每个企业都可能遇到这样的问题：信用期限过短，不足以吸引顾客，在竞争中会失去市场；信用期限过长，对增加销售额固然有利，但只顾及销售增长而盲目放宽信用期限，所得的收益有时会被增长的费用（主要指应收账款的机会成本、管理成本和坏账损失成本的增加）抵销，甚至造成利润减少。因此，企业必须慎重研究，确定出恰当的信用期限。

信用期限的确定，主要是分析改变现行信用期限对企业收入和相关成本的影响。延长信用期限，会使销售额增加，产生有利影响；与此同时，应收账款的机会成本、管理成本和坏账损失成本增加，会产生不利影响。当前者大于后者时，可以延长信用期限，否则不宜延长。如果缩短信用期限，情况则与此相反。

在实际工作中，企业的信用期限通常根据行业惯例确定。在此基础上，如果想更改信用期限，可以采用边际收益法进行评估，以确定更适宜的信用期限。具体决策思路是：（1）确定每一方案的决策相关收益，包括扩大销售所取得的贡献毛益增量收益；（2）确定方案的决策相关成本，这些成本项目包括应收账款占用机会成本、管理成本和坏账损失等；（3）对每一方案进行成本效益比较，得出净收益最大的决策方案。

【例5-4】若F公司现在采用30天按发票金额付款的信用政策，拟将信用期限放宽至60天，仍按发票金额付款即不给折扣，设相同风险投资的最低报酬率为12%，其他有关的数据见表5-5。

表 5-5　信用期限决策分析表

项目 \ 信用期	30 天	60 天
销售量（件）	50 000	60 000
销售额（元）（18 元/件）	900 000	1 080 000
销售成本（元）	645 000	765 000
其中：变动成本（12 元/件）	600 000	720 000
固定成本	45 000	45 000
可能发生的收账费用（元）	2 000	3 000
可能发生的坏账损失（元）	4 000	8 000

根据表 5-5 所提供的资料，我们进行以下分析。

1. 计算增加的收益

收益增加额 = 销售量增量 ×（销售价格 - 单位变动成本）

= （60 000 - 50 000）×（18 - 12）= 60 000（元）

2. 应收账款占用资金的机会成本增加

根据式（5 - 5）、式（5 - 6）和式（5 - 8）分别计算 30 天和 60 天信用期限的应收账款机会成本如下。

（1）30 天信用期限

应收账款平均余额 = 日赊销收入净额 × 平均收现期

$$= \frac{900\ 000}{360} \times 30 = 75\ 000 \text{（元）}$$

维持赊销业务所需要的资金 = 应收账款平均余额 × 变动成本率

$$= 75\ 000 \times \frac{600\ 000}{900\ 000} = 50\ 000 \text{（元）}$$

应收账款的机会成本 = 维持赊销业务所需要的资金 × 资本成本率

$= 50\ 000 \times 12\% = 6\ 000$（元）

（2）60 天信用期限

应收账款平均余额 = 日赊销收入净额 × 平均收现期

$$= \frac{1080\ 000}{360} \times 60 = 180\ 000 \text{（元）}$$

维持赊销业务所需要的资金 = 应收账款平均余额 × 变动成本率

$$= 180\ 000 \times \frac{720\ 000}{1\ 080\ 000} = 120\ 000 \text{（元）}$$

应收账款的机会成本＝维持赊销业务所需要的资金×资本成本率

＝120 000×12%＝14 400（元）

（3）应收账款的机会成本增加＝14 400－6 000＝8 400（元）

3. 收账费用和坏账损失增加

收账费用增加＝3 000－2 000＝1 000（元）

坏账损失增加＝8 000－4 000＝4 000（元）

4. 改变信用期的税前损益

收益增加－成本费用增加＝60 000－（8 400＋1 000＋4 000）＝46 600（元）

由于收益的增加大于成本的增加，故应采用60天的信用期限。

（三）现金折扣政策

现金折扣是企业为了鼓励客户尽早（在规定的期限内）付款而给予的价格扣减。现金折扣包括两个方面的内容：一是折扣期限，即在多长时间内给予折扣；二是折扣率，即在折扣期内给予客户多少折扣。现金折扣常用如“4/10、2/20、*N*/30”这样一些符号形式来表示，这种符号的含义为：4/10 表示客户在 10 天内付款，可享受 4% 的价格优惠，即只需支付原价的 96%；2/20 表示客户在 20 天内付款，可享受 2% 的价格优惠，即只需支付原价的 98%；*N*/30 表示客户付款的最后期限为 30 天，此时付款无优惠，即全额支付。

企业采用什么程度的现金折扣，要与信用期限结合起来考虑。例如，要求客户最迟不超过 30 天付款，若希望客户在 20 天、10 天付款，能给予多大折扣？或者给予 4%、2% 的折扣，能吸引客户在多少天内付款？无论是信用期限还是现金折扣，都可能给企业带来收益，但也会增加成本。现金折扣能鼓励客户尽早付款，但也会带来价格折扣损失。当企业给予客户某种现金折扣时，应当考虑折扣所能带来的收益与成本孰高孰低，权衡利弊，最终确定最佳方案。

【例 5-5】沿用例 5-4，假定 F 公司在放宽信用期限的同时，为了吸引顾客尽早付款，给出了 1/30、*N*/60 的现金折扣条件，估计会有一半的顾客（按 60 天信用期限所能实现的销售量计）将享受现金折扣优惠。我们来分析提供现金折扣政策是否对企业有利。

1. 收益的增加

收益的增加＝销售量的增加×单位边际贡献

＝（60 000－50 000）×（18－12）＝60 000（元）

2. 应收账款占用资金的机会成本增加

30 天信用期的机会成本 $=\dfrac{900\,000}{360}\times 30\times\dfrac{600\,000}{900\,000}\times 12\%=6\,000$（元）

提供现金折扣的机会成本

$$=\left(\frac{1\ 080\ 000\times 50\%}{360}\times 30\times\frac{720\ 000\times 50\%}{1\ 080\ 000\times 50}\times 12\%\right)$$

$$+\left(\frac{1\ 080\ 000\times 50\%}{360}\times 60\times\frac{720\ 000\times 50\%}{1\ 080\ 000\times 50\%}\times 12\%\right)$$

$=10\ 800$（元）

应收账款的机会成本增加 $=10\ 800-6\ 000=4\ 800$（元）

3. 收账费用和坏账损失增加

收账费用增加 $=3\ 000-2\ 000=1\ 000$（元）

坏账损失增加 $=8\ 000-4\ 000=4\ 000$（元）

4. 估计现金折扣成本的变化

现金折扣成本增加 = 新的销售水平 × 新的现金折扣率 × 享受现金折扣的顾客比率 − 旧的销售水平 × 旧的现金折扣率 × 享受现金折扣的顾客比率

$=1\ 080\ 000\times 1\%\times 50\%-900\ 000\times 0\times 0=5\ 400$（元）

5. 提供现金折扣后的税前收益

收益增加 − 成本费用增加 $=60\ 000-(4\ 800+1\ 000+4\ 000+5\ 400)=44\ 800$（元）

由于收益的增加大于成本的增加，故应当放宽期限，提供现金折扣。

综上所述，信用政策的诸方面是相互联系、相互影响的。但无论采用怎样的信用政策，分析的思路总是对各种信用政策下的收益和成本（包括机会成本、收账费用、坏账损失和现金折扣损失等）的变化进行分析、权衡。只有当企业增加的收益超过发生的成本费用时，才应当采用该种信用政策。当然，在实际工作中，企业信用政策的制定还需要考虑许多其他方面的因素：（1）市场的变化：经济的振兴与衰退，银根放宽与紧缩等；（2）企业的经营战略及其变化；（3）企业本身的财务实力和筹资能力。

三、收账政策

如果说信用政策是应收账款的事前控制，那么，收账政策则属于应收账款的事后管理。既然赊销是企业普遍采用的营销策略，对应收账款的事后管理就显得十分重要。收账政策是指客户超过信用期限仍未付款时，企业采取的收账策略。

（一）收账策略的运用

对于逾期的应收账款，企业应当区别不同的客户，采取相应的方式予以催收。企业可以选择的收账策略主要有：

（1）定期向客户寄发账单，要求数据准确无误；

（2）由熟悉业务的催款员用电话与客户联系；

（3）寄发催款信（可用电子邮件），信中说明客户拖欠货款的时间与金额，并要求付款；

（4）派催款员上门催款；

（5）对随后的发货采用预收货款或现款现货方式；

（6）停止发货直到客户还清大部分或全部货款为止；

（7）委托中介机构处理；

（8）向恶意拖欠账款的客户提起法律诉讼。

无论采取何种方式进行催收账款，都需要付出一定的代价，即收账费用。一般而言，收账的花费越大，收账措施越有力，可收回的账款数额应越大，坏账损失也就越小。因此，制定收账政策的一个重要准则是：收账费用和坏账损失的总和达到最小。制定有效、得当的收账政策很大程度上靠有关人员的经验，从财务管理的角度讲，主要是通过数量分析的方法，比较各收账方案成本的大小，作出选择。

【例5-6】F公司2012年销售额为2 400 000元（全部赊销），不计收账政策对销售收入的影响，该公司应收账款的机会成本为10%，变动成本率为50%。F公司不同收账政策条件下的有关资料如表5-6所示。

表5-6　F公司收账政策有关资料

项目	现行收账政策	建议收账政策
年收账费用（元）	40 000	60 000
应收账款平均收现期（天）	60	30
坏账损失率（%）	5	3

根据以上资料，我们可以计算两种收账政策（现行收账政策和建议收账政策）的收账费用、机会成本和坏账损失，计算结果见表5-7。

表5-7　F公司收账政策分析表

项目	现行收账政策	建议收账政策
年销售收入（元）	2 400 000	2 400 000
应收账款周转率（次）	6	12
应收账款平均占用额（元）	400 000	200 000
应收账款的机会成本（元）	20 000	10 000
应收账款的坏账损失（元）	120 000	72 000

（续）

项目	现行收账政策	建议收账政策
应收账款的收账费用（元）	40 000	60 000
费用与成本合计（元）	180 000	142 000

可见，建议的收账政策的成本与费用合计低于现行的收账政策的成本与费用合计，所以应采用建议的收账政策。

（二）收账绩效的考核

为了鼓励企业营销人员和财务人员积极催收应收账款，使收账政策取得较好效果，企业需要制定合理的收账绩效考核方法。考核收账绩效主要是确定合适的考核指标，通常企业可以选择的考核指标主要有以下几种。

（1）销货款回收率。销货款回收率反映的是收入中心已售产品的货款在多大程度上已兑现，其计算公式如下：

$$销货款回收率=\frac{本期收回销货款}{本期全部销货款} \tag{5-9}$$

这里，“本期收回销货款”有两种口径：一是本期销售且在本期收回的货款；二是本期收回的全部销货款，包括以前年度销售但在本期收回的销货款。两种口径下计算得到的回收率显然是不同的。在确定考核指标时，应事先明确计算的口径。

（2）销货款回收平均天数。该指标反映了收入中心销货款回收的及时性，它是已收回货款的回收天数按收回金额加权平均计算得到的，其计算公式如下：

$$销货款回收平均天数=\frac{\Sigma（某笔收回的销货款\times该笔销货款收回天数）}{本期收回的全部销货款} \tag{5-10}$$

销货款回收平均天数越短越好，但它只说明已收回货款平均欠款天数，没有反映尚未收回的货款欠款天数。为了更全面地反映收入中心的收账绩效，可用应收账款平均账龄作为补充指标来考核。

（3）应收账款平均账龄。该指标反映收入中心已售产品所形成的应收账款平均欠款天数，其计算公式如下：

$$应收账款平均账龄=\frac{\Sigma（某笔应收账款余额\times该笔应收账款欠款天数）}{全部应收账款余额} \tag{5-11}$$

可以看出，应收账款平均账龄实际上是在某一时日所有应收账款欠款天数的加权平均数。应收账款平均账龄越短，说明企业在某一时日的应收账款平均欠款时间越短，应收账款的质量就越好。

（4）坏账发生率。坏账发生率是某期发生的坏账损失占全部销售收入的比率，它反映了收入中心在控制坏账方面是否达到了预期的目标。其计算公式如下：

$$坏账发生率=\frac{本期坏账损失}{本期全部销售收入} \tag{5-12}$$

式中，“本期坏账损失”有两种理解：一是指本期销货款中已在本期确认为坏账的全额；二是指在本期确认为坏账的全部金额（也包括以前年度出售产品的货款在本期确认为坏账的部分）。因此，在运用该指标时，要合理界定发生坏账的归属期和责任人。

（5）推销费用比率。推销费用比率是在销售产品过程中所发生的推销费用占销售收入的比率，它反映了推销产品所付出代价的程度。其计算公式如下：

$$推销费用比率=\frac{本期发生推销费用}{本期全部销售收入} \tag{5-13}$$

在运用该项指标进行考核时，必须事前明确推销费用的范围，在明确的计算口径下制定推销费用比率的控制目标，再确定对节约或超支的奖惩办法。这里还应注意公式中的“本期全部销售收入”一般要按本期已收回货款的销售额来确定，对已经出售尚未收回货款的销售收入可以不列入销售收入或者按一定的折扣比例（如50%）列入。

企业发生的应收账款，涉及企业内部的许多方面，所以应当按照内部各环节、各部门应负的职责，建立健全岗位责任制和科学的奖惩制度，实行限时管理和限额管理，并定期进行考核。

四、应收账款的日常管理

制定合理的信用政策，优化应收账款的投资决策，是提高应收账款投资效率、降低风险损失的基本保障。为了更加有效地促进应收账款的良性循环，企业还必须进一步强化日常管理工作，健全应收账款管理的责任制度与控制措施，以期顺利地实现应收账款的基本目标。

对于已经发生的应收账款，企业应采取各种措施，尽量争取按期收回款项，否则会因拖欠时间过长而发生坏账，使企业蒙受损失。这些措施主要包括应收账款追踪分析、应收账款账龄分析和应收账款坏账准备金制度。

（一）应收账款追踪分析

应收账款一旦为客户所欠，赊销企业必须考虑能否如期足额收回的问题。要达到这一目的，赊销企业必须在收账之前，对该项应收账款的运行过程进行追踪分析、把握。应收账款是存货变现过程的中间环节，因此，对应收账款实施追踪分析的重点应放在赊销商品的销售与变现方面。如果客户可以实现赊购产品的价值转换，尤其是可以实现该产品的价值增值，那么客户就会愿意及时付款。原因是一方面客户此时有付款的能力，另一方面是客户也希望建立良好的信誉，为以后的双方交易打下基础。然而，市场供求关系的瞬变性，往往使客户所赊购的商品不能顺利地销售与变现，这也就意味着其与应付账款相对应的现金支付能力匮乏。在这种情况下，客户能否严格履行赊销企业的信用条件，取决于两个因素：其一是客户的信用品质；其二是客户现金的持有量与可调剂程度（如现金用途的约束性、其他短期债务偿还对现金的要求等）。如果客户的信用品质良好，持有一定的现金余额，且现金可调剂程度较大，客户大多是不愿以损失市场信誉为代价而拖欠赊销企业账款的。如果客户信用品质不佳，或者现金不足，或者现金的可调剂程度低下，那么，赊销企业的账款遭受拖欠也就在所难免。

可见，通过对应收账款进行追踪分析，有利于赊销企业准确预期应收账款发生呆坏账风险的可能性，研究和制定有效的收账对策，在与客户交涉时做到心中有数、有理有据，从而提高收账效率，降低坏账损失。

（二）应收账款账龄分析

应收账款的账龄是指未收回的应收账款从产生到目前所经历的整个时间。各种应收账款的账龄有长有短，有的尚未超过收款期，有的则超过了收款期。一般来讲，拖欠时间越长，款项收回的可能性越小，形成坏账的可能性越大。对此，企业应实施严密的监督，随时掌握回收情况。对应收账款回收情况的监督，可以通过编制账龄分析表进行。

账龄分析表是反映企业在某一时日应收账款账龄长短的书面文件。账龄分析表可以根据管理者分析的不同需要采用不同的形式。表5-8是一张简单的账龄分析表。

表5-8　账龄分析表

（20××年12月31日）

应收账款账龄	账户数量	金额（万元）	比重（%）
信用期限内	300	600	60
超过信用期限1~30天	150	200	20
超过信用期限31~60天	100	100	10
超过信用期限61~90天	60	50	5
超过信用期限91~120天	40	40	4
超过信用期限120天以上	30	10	1
合计	680	1000	100

利用账龄分析表，管理人员可以清楚地看出企业应收账款的分布情况，进而作出一些有用的分析。

第一，从账龄分析表可以看出有多少欠款尚在信用期限内。如表5-7显示，有价值6 000 000元的应收账款处在信用期限内，占全部应收账款的60%。由于这些款项未到偿付期，欠款是正常的，但到期后能否收回，还要待时再看，故及时的监督仍是必要的。

第二，从账龄分析表可以看出有多少欠款超过了信用期，超过时间长、短的款项各占多少，有多少欠款会因拖欠时间太久而可能成为坏账。表5-8显示，有价值4 000 000元的应收账款已超过了信用期，占全部应收账款的40%。不过，其中拖欠时间较短的（30天内）有2 000 000元，占全部应收账款的20%，这部分欠款收回的可能性很大；拖欠时间较长的（31～120天）有1 900 000元，占全部应收账款的19%，这部分欠款的收回有一定难度；拖欠时间很长的（120天以上）有100 000元，占全部应收账款的1%，这部分欠款有可能成为坏账。对有着不同拖欠时间的欠款，企业应采取不同的收账方法，制定出经济、可行的收账政策；对可能发生的坏账损失，则应提前作出准备，充分估计这一因素对损益的影响。

第三，从账龄分析表可以准确或近似地计算企业在某一时日应收账款的平均账龄，便于考核应收账款的收账绩效。

第四，通过对不同时点账龄分析表的对比，可以反映出企业应收账款账龄的变动趋势，以便及时采取措施，控制应收账款对企业造成的不利影响。

（三）建立应收账款坏账准备金制度

只要有应收账款就有发生坏账的可能性。按照权责发生制和谨慎性的要求，必须对坏账发生的可能性预先进行估计，并计提相应的坏账准备金。坏账准备金的计提比例与应收账款的账龄存在着密切的关系。应收账款坏账准备金的具体计提比例可以由企业根据自己的实际情况和以往的经验加以确定。

通过建立坏账准备金制度，提取应收账款减值准备，不仅可以缓解坏账损失对企业正常经营秩序的冲击，正确反映各期财务成果的真实水平，而且对于加速企业资金周转，降低损失程度也有极其重要的作用。

第三节 存货控制

存货是指企业在正常生产经营过程中持有以备出售的产成品或商品，或者为了出售仍然处在生产过程中的在产品，或者将在生产过程或提供劳务过程中耗用的材料和物料等。存货在流动资产中所占的比重较大，存货管理水平的高低，对企业生产经营的顺利与否具有直接的影响，并且最终会影响到企业的风险、收益的综合水平。因此，存货的管理在整个投资决策中具有重要的地位。

一、存货控制的相关成本

存货具有保证生产或销售的经营需要、增加生产经营弹性和降低进货成本等功能，企业持有存货必不可少，但是并不是说存货持有越多越好，因为持有存货必然会发生一定的成本支出。与存货有关的成本主要包括取得成本、储存成本和缺货成本等。

（一）取得成本

取得成本指为取得某种存货而支出的成本，通常用 TC_a 来表示。它又分为订货成本和购置成本。

1. 订货成本

订货成本是指取得存货订单的成本，如办公费、差旅费、邮资、电报和电话等费用支出。订货成本有一部分与订货次数无关，如常设采购机构的基本开支等，称为订货的固定成本，用 F_1 表示；另一部分与订货次数有关，如差旅费和邮资等，称为订货的变动成本，每次订货的变动成本用 K 表示；订货次数等于存货年需求量 D 与每次进货量 Q 之商。订货成本的计算公式为：

$$订货成本 = F_1 + \frac{D}{Q}K \tag{5-14}$$

2. 购置成本

购置成本是指存货本身的价值，一般用数量与单价的乘积来确定。如果年需求量用 D 表示，单价用 U 表示，则购置成本为 DU。

订货成本加上购置成本，就等于存货的取得成本。其公式可表示为：

$$TC_a = F_1 + \frac{D}{Q}K + DU \tag{5-15}$$

（二）储存成本

储存成本指为保持存货而发生的成本，包括存货占用资金所应计的利息（即机会成本）、仓库费用、保险费用、存货破损和变质损失等，通常用 TC_c 表示。

储存成本也分为固定成本和变动成本。固定成本与存货数量的多少无关，如仓库折旧、仓库职工的固定工资等，用 F_2 表示。变动成本与存货的数量有关，如存货资金的应计利息、存货的破损和变值损失、存货的保险费用等，其单位变动成本用 Kc 表示，平均库存量可表示为$\frac{Q}{2}$。由此，用公式表示的储存成本如下：

$$TC_c = F_2 + K_C\frac{Q}{2} \tag{5-16}$$

（三）缺货成本

缺货成本是指由于存货供应中断而造成的损失，包括材料供应中断造成的停工损失、产成品库存缺货造成的拖欠发货损失和丧失销售机会的损失。如果生产企业以紧急采购代用材料解决库存材料中断之急，那么缺货成本表现为紧急采购代用材料所增加的购入成本。缺货成本用 TC_s 表示。

如果以 TC 表示与存货相关的总成本，我们可以得到：

$$\begin{aligned} TC &= TC_a + TC_c + TC_s \\ &= F_1 + \frac{D}{Q}K + DU + F_2 + K_C\frac{Q}{2} + TC_s \end{aligned} \quad (5\text{-}17)$$

企业存货的最优化，就是使上式中的 TC 值最小。

二、经济订货批量的确定

存货的经济订货批量是指能够使一定时期存货的总成本达到最低的采购数量。存货的总成本由取得成本、储存成本和缺货成本构成。这些成本中有些是固定性的，有些是变动性的。显然，只有变动性成本才是经济订货批量决策时的相关成本。因此，与经济订货批量决策相关的成本主要包括变动性取得成本、变动性储存成本以及允许缺货时的缺货成本。不同的成本项目与进货批量有着不同的变动关系。订购的批量大，储存的存货就多，储存成本就高，同时，采购次数少，进货费用和缺货成本小；订购的批量少，储存的存货就少，储存成本就低，同时，采购次数多，进货费用和缺货成本就大。经济订货批量决策就是要寻找总成本最低的订购批量。

（一）经济订货批量的基本模型

经济订货批量基本模型是建立在一定的假设条件之上的，这些条件包括：

（1）企业能够及时补充存货，即需要订货时便可立即取得所需商品；

（2）能集中到货，而不是陆续入库；

（3）不允许缺货，即 TC_s 为零，这是因为良好的存货管理本来就不应该出现缺货成本；

（4）需求量稳定，并且能预测，即 D 为已知常量；

（5）存货单价不变，不考虑现金折扣，即 U 为已知常量；

（6）企业现金充足，不会因现金短缺而影响进货；

（7）所需存货市场供应充足，不会因买不到需要的存货而影响其他环节。

设立了上述假设后，存货总成本的公式可以简化为：

$$TC = F_1 + \frac{D}{Q}K + DU + F_2 + K_c\frac{Q}{2} \quad (5\text{-}18)$$

其中的 F_1、K、D、U、F_2、Kc 为常量时，TC 的大小取决于 Q。式（5-18）中与 Q 有关的只有两项：$\frac{D}{Q}K$ 和 $K_c\frac{Q}{2}$，显然，当这两项相等时，总成本最小。即

$$\frac{D}{Q} = K_c\frac{Q}{2}$$

移项、整理得出经济订货批量的计算公式如下：

$$Q^* = \sqrt{\frac{2KD}{K_c}} \tag{5-19}$$

这一公式称为经济订货批量的基本模型，用此模型求出的每次订货批量，可使 TC 值达到最小。

这个基本模型还可以演变为其他形式：

（1）每年最佳订货次数公式：

$$N^* = \frac{D}{Q^*} = \frac{D}{\sqrt{\frac{2KD}{K_c}}} = \sqrt{\frac{DK_c}{2K}} \tag{5-20}$$

（2）与批量有关的存货总成本公式：

$$TC_{(Q^*)} = \frac{KD}{\sqrt{\frac{2KD}{K_c}}} + \frac{\sqrt{\frac{2KD}{K_c}}}{2} \times K_c = \sqrt{2KDK_c} \tag{5-21}$$

（3）最佳订货周期公式：

$$t^* = \frac{1}{N^*} = \frac{1}{\sqrt{\frac{DK_c}{2K}}} \tag{5-22}$$

（4）经济订货批量占用资金公式：

$$I^* = \frac{Q^*}{2} \times U = \sqrt{\frac{KD}{2K_c}} \times U \tag{5-23}$$

【例 5-7】飞达公司全年需耗用 A 材料 10 800 千克，该材料的单位采购价格为 20 元，每千克材料年储存成本平均为 5 元，平均每次订货成本为 120 元。则飞达公司的经济订货批量决策如下：

经济订货批量 $Q^* = \sqrt{\frac{2KD}{K_c}} = \sqrt{\frac{2 \times 120 \times 10\,800}{5}} = 720$（千克）

最佳订货次数 $N^* = \frac{D}{Q^*} = \frac{10\,800}{720} = 15$（次）

与批量有关的存货总成本 $TC_{(Q^*)} = \sqrt{2KDK_c} = \sqrt{2 \times 120 \times 10\,800 \times 5} = 3\,600$（元）

经济订货量占用资金 $I^* = \frac{Q^*}{2} \times U = \frac{720}{2} \times 20 = 7\,200$（元）

（二）经济订货批量模型的扩展形式

经济订货量的基本模型是在前述各假设条件下建立的，但现实生活中能够满足这些假设条件的情况十分罕见。为了使模型更接近于实际情况，具有较高的可用性，须逐一放宽假设，同时改进模型。

（1）存在商业折扣情况下的经济订货批量决策。在市场经济条件下，为了鼓励客户多购买自己的产品，销售方常常以提供商业折扣的方式吸引购买方。此时，购买方在进行存货采购的经济订货批量决策时，除了考虑订货成本和储存成本外，还必须考虑采购数量对采购价格的影响。

【例5-8】假设前例中的飞达公司一次订购A材料超过900千克，则可以获得2%的商业折扣，此时应如何作出采购决策？

① 按经济订货批量采购时的总成本（一次采购720千克）

=年需要量×单价+经济订货批量的存货变动总成本

=10 800×20+3 600=219 600（元）

② 按享受商业折扣的最低批量的总成本（一次采购900千克）

=年需要量×单价+年储存成本+年订货成本

$=10\ 800\times20\times(1-2\%)+5\times\frac{900}{2}+120\times\frac{10\ 800}{900}=215\ 370$（元）

比较可知，应享受商业折扣，即应一次采购900千克，这样可以节约4 230元（即219 600－215 370）的采购总成本。

（2）存货陆续供应和使用。建立基本模型时，假设存货一次全部入库，而事实上，各批存货可能陆续入库。在这种情况下，需要对基本模型做一些修改。这时需要增加两个变量：每日耗用量（用d表示）、每日送货量（用P表示）。

设每批订货数为Q，由于每日送货量为P，故该批货全部送达所需日数为Q/P，这称为送货期，送货期内全部耗用量为$(Q/P)\times d$，每批送完时，最高存量为$Q-(Q/P)\times d$，平均存量为$\frac{1}{2}\times\left(Q-\frac{Q}{P}\times d\right)=\frac{Q}{2}\left(1-\frac{d}{P}\right)$，这样，与批量有关的总成本为：

$$TC=\frac{D}{Q}K+\frac{Q}{2}\left(1-\frac{d}{P}\right)\times K_c \tag{5-24}$$

得出存货陆续供应和使用的经济批量公式及总成本公式分别如下：

$$Q^*=\sqrt{\frac{2KD}{K_c}\times\frac{P}{P-d}} \tag{5-25}$$

$$TC_{(Q^*)}=\sqrt{2KDK_c\left(1-\frac{d}{P}\right)} \tag{5-26}$$

【例5-9】在例5-7中，假设该材料每日耗用量为88千克，每日送货量为288千克，其他条件不变，此时的经济批量决策如下：

$$Q^*=\sqrt{\frac{2KD}{K_c}\times\frac{P}{P-d}}=\sqrt{\frac{2\times120\times10\ 800}{5}\times\frac{288}{288-88}}=864\text{（千克）}$$

$$TC_{(Q^*)}=\sqrt{2KDK_c\left(1-\frac{d}{P}\right)}=\sqrt{2\times120\times10\ 800\times5\times\left(1-\frac{88}{288}\right)}=3\ 000\text{（元）}$$

以上讨论是假设存货的供需稳定且确知，即每日需求量不变，交货时间也固定不变。实际上，每日需求量可能变化，交货时间也可能变化。为防止由此造成的损失，就需要保险储备。保险储备的经济批量模型在此不再展开。

【思考与练习】

思考题

1. 企业持有现金的动机主要有哪几个方面？请举例说明。

2. 在现金折扣条件（1/10，*N*/30）中，卖方给予买方的折扣相当于年息18.2%的代价（目前银行一年期定期存款利率为3%），而买方并不想在折扣期内付款。请分析卖方为什么愿意付出如此高的代价，而买方又为何不愿意在折扣期内付款？

3. ABC公司在制定信用政策时，若将信用期限由30天延长到60天（其他条件不变），一般会增加产品销量。但信用期限延长会导致应收账款的增加，从而增加收账费用和坏账损失。公司销售经理认为，只要延长信用期限引起的销量增加带来的收益能补偿相应增加的收账费用和坏账损失，那么，延长信用期限对公司是有利的。

试问：销售经理的观点有何缺陷？

4. 与存货控制有关的成本有哪几类？它们与订货量的高低是怎样的关系？

单项选择题

1. 企业为应付意外紧急情况而需要保持一定的现金支付能力，持有现金的这种动机是（　）。

A. 预防动机　　B. 交易动机　　C. 投机动机　　D. 长期投资动机

2. 应收账款的机会成本可以理解为（　）。

A. 收账费用　　B. 坏账损失

C. 应收账款占用资金的应计利息　　D. 对客户信用进行调查的费用

3. 公司推行现金折扣政策的主要目的是（　）。

A. 吸引客户，扩大赊销　　B. 鼓励客户尽早付款

C. 增加收益　　D. 考验客户的信用状况

4. 企业目前的信用期限为30天，赊销额为3 600万元；预计将信用期限延长为60天以后，赊销额将变为7 200万元。若该企业变动成本率为60%，则该企业由于信用期限延长而维持赊销业务所需资金的平均余额将增加（　）万元。

A. 360　　B. 540　　C. 900　　D. 3 600

5. 已知某企业某年需要耗用零件8 000件，每订购一次的订货成本为500元，每个零件的年储存成本为8元，那么该种零件的经济订购批量为（　）件。

A. 16　　B. 400　　C. 500　　D. 1 000

6. 某企业全年需要A材料4 000千克，单价100元/千克，目前每次的订货量和订货成本分别为800千克和300元，则该企业每年存货的订货成本总额为（　）元。

A. 1 200　　B. 1 500　　C. 3 600　　D. 4 800

多项选择题

1. 从理论上说，确定企业最佳现金持有量的模式有（　）。

A. 成本分析模式　B. 销售百分比模式　C. 随机模式

D. 现金周转模式　E. 库存模式

2. 在确定最佳现金持有量时，成本分析模式需要考虑的因素有（　）。

A. 机会成本　B. 沉没成本　C. 管理成本

D. 短缺成本　E. 重置成本

3. 若其他条件不变，延长信用期限一般会使（　）。

A. 销售额增加　B. 应收账款余额减少

C. 收账费用增加　D. 坏账损失增加

E. 应收账款占用资金增加

4. 下列项目中属于与存货经济批量无关的是（　）。

A. 储存变动成本　B. 储存固定成本　C. 年度计划订货总量

D. 存货单价　E. 订货变动成本

5. 建立存货控制基本模型时，需要有下列哪些假设（　）？

A. 年储存成本总额是固定的　B. 能及时补充存货

C. 存货集中到达，而并非陆续供应　D. 无缺货成本

E. 企业现金充足，不会因现金短缺而影响进货

计算分析题

1. 飞达有限公司现金收支平衡，预计全年（按 360 天计算）现金需要量为 250 000 元，现金与有价证券的转换成本为每次 500 元，有价证券年利率为 10%。运用库存模式计算最佳现金持有量及该持有量下的全年与现金持有量相关的总成本。

2. 三山公司本年的销售额为 4 500 万元。该公司产品销售的变动成本率为 75%，目前的信用期限为 30 天，无现金折扣。由于部分客户经常拖欠货款，实际平均收现期为 48 天，无坏账损失，收账费用约为销售额的 2%。该公司的财务部门和销售部门协商，拟改变信用政策，将信用期限改为 60 天，并给出现金折扣条件（3/10，*N*/60），估计会产生如下影响：销售额将增加 300 万元，全部客户中约有 50% 会在折扣期内付款。另外 50% 客户的货款其平均收账期为 72 天，假设无坏账损失，收账费用占销售额的比重不变。设该公司最低的资金报酬率为 12%。

要求：通过计算，分析改变信用期限和付款条件对企业是否有利？

3. 赛象公司每年需耗用某种存货 64 800 件，每日的耗用量为 180 件（一年按 360

天计算），每次的订货成本为 1 620 元，单件存货的年储存成本为 5 元。要求：

（1）按照经济订货批量的基本模型计算赛象公司该种存货的经济订货量、全年订货次数及该经济订货量下与批量相关的总成本；

（2）假设存货陆续供应和使用，每日送货量为 500 件，其他条件不变，此时的经济订货批量为多少？一年应采购几次？

CHAPTER－6

第六章

筹资管理

2013年3月，南方家具有限公司总经理钟先生正在研究公司的资金筹措方式问题。为了扩大生产规模，公司需要在2013年6月末筹措7 000万元资金，其中1 500万元可以通过公司内部留存收益及提高流动资金利用效率解决，其余5 500万元需要从外部筹措。在此之前，钟先生已经会同公司各主要部门和咨询公司就筹资问题进行了讨论，并准备在2013年4月2日的董事会召开之前拟订几个筹资方案，在董事会上正式提交讨论。

公司财务部门最初倾向于以发行股票的方式筹资5 500万元，理由是：发行普通股筹资，尽管筹资成本较高，手续繁琐，但不须归还本金，财务风险小。但咨询公司的分析师却建议通过借款或发行债券的方式筹措资金，他们认为举债筹资可以降低资本成本，提高公司的净资产收益率。财务部门提出，未来家具行业竞争激烈，公司未来经营的不确定性很大。一旦经营效益不佳，到期无法还本付息，公司很可能会陷入财务危机。公司技术部门还建议可以对公司未来发展所需的一些固定资产采取融资租赁，以减少部分外部筹资，缓解公司的资金压力。

面对这些讨论和建议，钟先生陷入沉思：每一种筹资方案都有其优点，也都有其局限性，不能盲目选择。钟先生最后决定：在召开董事会之前，再召集有关部门人员认真研究分析公司目前的实际状况，并对行业和公司未来的发展前景作出一个相对准确的预测，在此基础上再拟订几个适合公司的筹资方案，提供给董事会进行讨论。

资金是企业生存、发展的基础，筹措资金是财务管理所要研究和解决的重要问题。上述南方家具公司面临的是筹资方式的选择问题。企业筹集资金有多种渠道，可以采用不同的筹资方式，每种筹资方式都独具特色、各有千秋。本章将在简要介绍企业资金需要量预测的基础上，详细阐述各种筹资方式的特点、法律规定及操作程序，分析各种筹资方式的利弊及其对企业财务状况的影响，以帮助企业财务人员进行正确的筹资决策。

第一节 资金需要量的预测

筹资的目标之一是所筹资金满足企业日常经营活动和投资活动的需要。在考虑筹资渠道和筹资方式前，首先必须对企业一定时期的资金需要量作出合理的预测。资金需要量预测，也称融资需求预测，它是根据企业现有生产经营规模、发展趋势和发展目标，运用一定的方法，对企业在一定日期应达到的资金规模和一定时期内应增加或减少的资金数量所作出的测算和估计。

一、资金需要量预测的必要性

资金需要量预测是财务预测的核心内容，它和销售预测、投资预测和成本预测等存在内在的必然联系。这是因为，销售的增长是以投资（主要是直接投资）的增长支撑的，而投资的增长要求融资额的相应增长；同时，产销量是否平衡以及应收账款的增减也会影响资金需求。另外，成本费用是资金耗费或资金形态的转化，所以成本预测水平的高低也必然会影响资金需要量的多少。因此，资金需要量预测对于企业是必不可少的，其必要性表现为以下几点。

第一，资金需要量的预测可以在一定程度上避免企业盲目筹资现象的发生。在任何时候，企业筹资数量都不是越多越好；筹资数量必须符合企业生产经营和财务活动的需要。那么，企业在一定时期内究竟需要多少资金？这不能由决策者凭空猜测，而应当通过专门的方法加以估算确定。否则，盲目筹资或者造成资金短缺，影响正常生产经营过程，或者引起资金的相对闲置，支付不必要的资本成本。因此，正确预测资金需要量对于保证企业生产经营活动的正常进行、降低资本成本、提高资金使用效率是十分必要的。

第二，资金需要量的预测为确定筹资渠道和筹资方式提供依据。筹资决策要分析筹资渠道，选择筹资方式，这些都与资金需要量相关。因为，不同筹资渠道的资金供给量是各不相同的，不同筹资方式所能筹集的资金量也是千差万别，企业应当在合理预测资金需要量的前提下，选择筹资渠道和筹资方式。例如，如果企业的资金需要量很小，那么，通过内部融资或银行借款就可以解决；若资金需要量很大，则需要采用发行股票、发行债券或组合几种筹资方式来筹集资金。

第三，资金需要量的预测为编制财务计划和财务预算提供依据。预测是计划的前提，预算则是计划的数量化、具体化。财务预算包括许多环节，如销售预算、生产预算、采购预算和成本预算等，这些预算会直接或间接地涉及现金预算，而现金预算又必须考虑融资计划，即根据对取得各项资产的时间、数量及其有效分配的预测，制定相应的筹资决策，编制现金收支计划和预算方案，并作为执行和控制财务收支的依据。

因此，正确进行资金需要量的预测，对于编制财务计划，形成完整、合理的财务预算体系，具有重要意义。

第四，资金需要量的预测为把握筹资风险提供手段。资金需要量预测与其他预测一样都不可能很准确，但不能因此认为资金需要量的预测没有必要；相反，通过对资金需要量的预测，事先估计到未来筹资活动各种可能的变化，能促使人们制订出相应的应急计划。预测是超前思考的过程，其结果并非仅仅是一个资金需要量数字，还包括对未来可能前景的认识和思考。因此，资金预测的真正目的在于把握未来筹资活动中的各种可能结果，提高企业对有关筹资活动中的不确定事件的反应能力。

二、资金需要量预测的一般方法

资金需要量预测方法有定性预测法和定量预测法两大类。在实际工作中，定性预测法和定量预测法往往交替使用，互为补充，即以定性分析为基础，结合定量分析方法来预测企业的资金需要量。下面主要介绍常用的定量预测法。

定量预测是根据各项因素之间的数量关系建立数学模型来对资金需要量进行预测的方法。常用的定量预测法主要有因素分析法、线性回归分析法和销售百分比法。

1. 因素分析法

因素分析法是以有关资本项目上年度的实际平均需要量为基础，根据预测年度的生产经营任务和加速资本周转的要求，进行分析调整，以预测资金需要量的一种方法。采用这种方法时，首先应在上年度资本平均占用额的基础上，剔除其中的呆滞、积压及不合理部分，然后根据预测期的生产经营任务和加速资本周转的要求进行测算。因素分析法预测资金需要量的基本公式是：

资金需要量 =（上年资金实际平均占用额 − 不合理平均占用额）×（1 + 预测年度销售变动率）×（1 − 预测年度资金周转速度变动率）　　(6-1)

【例6-1】亚细亚公司上年度资金平均占用额为2 000万元，其中不合理部分为200万元，预计本年度销售增长5%，资金周转速度增长2%。试运用因素分析法预测本年度资金需要量。

解：根据因素分析法的基本公式（6-1），预测本年度资金需要量为：

（2 000 − 200）×（1 + 5%）×（1 − 2%）= 1 852.2（万元）

2. 线性回归分析法

运用线性回归法预测资金需要量是假定资金需要量与企业的业务量之间存在线性关系，在此基础上建立数学模型，然后根据历史有关资料，用回归直线方程确定参数，预测资金需要量。其预测模型为：

$$y = a + bx \qquad (6\text{-}2)$$

式中，y 是资金需要量；a 是不变资金总额；b 是单位业务量所需要的变动资金；x

是业务量即产销量。

【例 6-2】舒佳股份有限公司 2008—2012 年的产销量和资金需要量如表 6-1 所示，假定 2013 年预计产销量为 105 万件，试预测 2013 年的资金需要量。

表 6-1　舒佳公司产销量与资金需要量表

年度	2008	2009	2010	2011	2012
产销量（万件）	75	60	80	70	72
资金需要量（万元）	109	98	114	106	108

解：根据业务量和资金需要量的历史资料，计算回归分析所需要的数据，结果见表 6-2。

表 6-2　线性回归方程各项数据计算表

年度	x 产销量（万件）	y 资金需要量（万元）	xy	x^2
2008	75	109	8 175	5 625
2009	60	98	5 880	3 600
2010	80	114	9 120	6 400
2011	70	106	7 420	4 900
2012	72	108	7 776	5 184
Σ	357	535	38 371	25 709

将表 6-2 中的数据代入下列联立方程组：

$$\begin{cases} \sum y = na + b\sum x \\ \sum xy = a\sum x + b\sum x^2 \end{cases}$$

得到：$\begin{cases} 535 = 5a + 357b \\ 38\ 371 = 357a + 25\ 709b \end{cases}$

求得：$a = 50.974\ 5 \quad b = 0.784\ 7$

于是回归方程为：

$y = 50.974\ 5 + 0.784\ 7x$

若预计 2013 年的产销量为 105 万件，则预计 2013 年资金需要量为：

$y = 50.974\ 5 + 0.784\ 7 \times 105 = 133.368$（万元）

3. 销售百分比法

销售百分比法是以企业过去的销售资金率为基础来测定资金需要量的一种方法。其计算公式如下：

$$资金需要量 = 预测期销售收入 \times 预定销售资金率 \tag{6-3}$$

式中“预定销售资金率”可以按上年实际销售资金率确定，也可按以前年度平均销售资金率确定，或者按预测期规定应达到的销售资金率确定。

【例6-3】五星公司2012年实现销售收入4 500万元，资金平均余额2 700万元。2013年预计销售总额将比2012年增加15%，要求销售资金率比上年下降5个百分点。

我们运用销售百分比法来预测2013年的资金需要量。

解：

（1）2012年的销售资金率为：2 700/4 500 =60%，假如按照该销售资金率来测算，2013年的流动资金需要量应为：

4 500×（1+15%）×60% = 3 105（万元）

（2）现要求2013年的销售资金率比上年降低5个百分点，即降为55%，则2013年资金需要量应为：4 500×（1+15%）×55% = 2 846.25万元。也就是说，2013年的资金需要量应比上年节约258.75万元。

销售百分比法是预测企业追加外部筹资额的简便方法，但需要注意的是，倘若有关销售资金率与实际不符，那么，进行预测就会形成错误的结果。因此，在有关因素发生变动的情况下，必须相应地调整原有的销售资金率。

第二节 吸收直接投资

吸收直接投资是指企业（股份有限公司外）以协议等形式接受投资者的出资，形成资本金的一种筹资方式。它与发行股票、收益留存等都是企业筹集权益资本的方式。吸收直接投资中的出资者就是企业的投资者，他们通常直接拥有企业的经营管理权，享有收益分配权。企业经营状况好、盈利多，各方便可按出资额的比例分享利润；如果企业经营亏损，出现资不抵债，则投资各方应在其出资限额内按出资比例承担损失。

一、吸收直接投资的种类

按照筹资渠道和出资人的不同，企业吸收直接投资一般可分为以下四类。

1. 吸收国家投资

国家投资是指有权代表国家投资的政府部门或者机构以国有资产投入企业，由此形成国家资本金。这里所称的“有权代表国家投资的政府部门或者机构”一般是指国务院国有资产监督管理委员会以及地方各级人民政府国有资产监督管理委员会。吸收国家投资是设立国有企业或国有控股企业的筹资方式，这种筹资方式一般具有以下特点：（1）产权归属于国家；（2）筹资数额较大；（3）资金的运用和处置受国家约束较多。

2. 吸收法人投资

法人投资是指法人单位以其依法可以支配的资产投入企业，形成法人资本金。这里的“法人单位”可以是公司、企业和某些允许对外投资的事业单位。当出资的法人单位为国有企业时，形成的资本金称为国有法人资本金，它是国有资本的一种（但不属于国家直接投资）。

3. 吸收个人投资

个人投资是指自然人（包括本企业内部职工）以个人合法财产投入企业，由此形成个人资本金。吸收个人投资一般来说投资者数量相对较多，每人的出资额相对较少，投资者以参与企业利润分配为主要投资目的。

二、投资者的出资形式

企业在采用吸收直接投资这一方式筹集资金时，投资者可以用现金出资，也可以用实物、知识产权、土地使用权等非现金资产作价出资。非现金资产包括厂房、机器设备、材料物资、无形资产等多种形式。具体而言，主要有以下几种出资形式。

1. 现金出资

现金出资是吸收直接投资中最常见的一种方式。被投资企业有了现金，便可以获取其他物质资源。吸收投资中所投入现金的多少取决于被投资企业的经营需要。我国《公司法》规定，有限责任公司全体股东的货币出资金额不得低于公司注册资本的30%。

2. 实物出资

实物出资是指以房屋、建筑物、设备等固定资产和材料、燃料、商品等流动资产所进行的投资。一般来说，企业吸收的实物投资应符合如下条件：（1）确为企业生产、经营所需；（2）技术性能比较好；（3）作价公平合理，对作为出资的财产应当评估作价，核实财产，不得高估或者低估作价。

3. 工业产权出资

工业产权出资是指以专有技术、商标权、专利权等无形资产所进行的投资。一般来说，企业吸收的工业产权投资应符合以下条件：（1）能帮助企业研究和开发出高新技术产品；（2）能帮助企业生产出适销对路的高科技产品；（3）能帮助企业改进产品质量，提高生产效率；（4）能帮助企业大幅度降低各种消耗；（5）作价公平合理。

4. 土地使用权出资

投资者也可以用土地使用权来进行投资。土地使用权是按有关法规和合同的规定使用土地的权利。企业吸收土地使用权投资应符合以下条件：（1）是企业科研、生产、销售活动所需要的；（2）交通、地理条件比较适宜；（3）作价公平合理。

三、吸收直接投资实例分析

下面我们通过一个实例来说明采用吸收直接投资方式的主要内容。

【例6-4】2013年1月9日，H种业股份有限公司（简称“H种业”）第四届董事会第十五次会议审议通过了《H种业股份有限公司关于成立M种业有限公司的议案》。公司董事会同意H种业股份有限公司（甲方）与北京DJ农业技术推广服务中心（乙方）共同投资设立“M种业有限公司”（简称“M种业”）。

有关事项如下：

（1）公司名称：M种业有限公司。

（2）公司注册资本：人民币3 000万元。其中：H种业股份有限公司出资1 530万元，占M种业注册资本的51%；北京DJ农业技术推广服务中心出资1 470万元，占M种业注册资本的49%。

（3）出资形式：北京DJ农业技术推广服务中心全部以货币出资。H种业股份有限公司以实物出资850万元，货币出资680万元。其中实物资产系H种业平原加工中心的资产，经德州DZ资产评估有限公司出具的资产评估报告确认，截止到2012年12月3日，评估价值为1 565.59万元，其中存货17.97万元、土地使用权500万元、房屋建筑物722.59万元、机器设备325.03万元。经甲、乙双方确认，上述资产总价值为1 565.59万元，超出甲方实物资产出资的部分，甲方按评估价值转让给M种业，由M种业与公司另行签订资产转让协议。

（4）公司经营范围：农作物种子的选育、生产、经营；农业产品的技术开发、技术咨询、技术转让；农资产品销售。

（5）企业类型：有限责任公司。

（6）公司注册地：山东省德州市平原县。

本例中，对拟设立的M种业有限公司来说，筹集资本金的方式就是吸收直接投资，吸收的投资均属于法人投资，出资人分别为H种业股份有限公司和北京DJ农业技术推广服务中心，出资的形式有现金和实物资产。

四、对吸收直接投资方式的评价

1. 吸收直接投资的优点

（1）有利于增强企业信誉。吸收直接投资所筹集的资金属于企业的权益资本，它能增强企业的信誉和举债能力，对扩大企业经营规模、壮大企业实力具有重要作用。

（2）使企业尽快形成生产能力。吸收直接投资不仅可以筹取现金，而且能够直接获得所需的先进设备和先进技术，与仅筹取现金的筹资方式相比较，有利于企业尽快形成生产经营能力，尽快开拓市场。

（3）能降低财务风险。吸收直接投资可以根据企业的经营状况向投资者支付报酬，企业经营状况好，就向投资者多支付一些报酬，企业经营状况不好，就向投资者少支付一些报酬或不支付报酬，形式比较灵活，因此财务风险比较小。

2. 吸收直接投资的缺点

（1）资本成本较高。相对于负债筹资而言，采用吸收直接投资方式筹集资金所需负担的资本成本较高，特别是企业经营状况较好和盈利较强时更是如此。因为向投资者支付的报酬是以其出资的数额和实现利润的多少为依据的。

（2）不利于产权流动。吸收直接投资仅通过投资各方的协议等法律形式加以规范，没有类似股票这种有价证券作为媒介，因此不便于投资方进行产权交易。

（3）企业控制权容易分散。采用吸收直接投资方式筹集资金，投资者一般都要求获得与投资额相适应的经营管理权，这是接受外来投资的代价之一。如果外部投资者的投资额较大，则新的投资者会有相当大的管理权，甚至会对企业实行完全控制，这是吸收直接投资的不利因素。

第三节 发行股票

发行股票是股份有限公司筹措权益资本的基本方式。股票筹资又分为发行普通股筹资和发行优先股筹资两类，本节将简要介绍股票的概念和种类，并结合我国资本市场的实际，详细阐述发行普通股和优先股筹资的操作过程。

一、股票的概念和种类

（一）股票的概念

股票是股份有限公司为筹集权益资本而发行的有价证券，是持股人拥有公司股份的凭证。股票持有人即为公司股东，公司股东作为出资人，按投入公司的资本额享有各种权利，并以其所持有股份为限对公司负有限责任。

（二）股票的种类

股票的种类很多，可以从不同角度按照不同标准对其进行分类。

（1）按股东的权利和义务划分，股票可分为普通股和优先股。普通股是股份有限公司最基本的一种股份，优先股是比普通股在某些方面具有优先权利的股份。关于普通股和优先股将在后面进行详细的阐述。

（2）按股票票面是否标明金额划分，股票可分为有面值股票和无面值股票。有面值股票是在票面上标有一定金额的股票。持有这种股票的股东，对公司享有的权利和承担的义务大小依其所持有的股票票面金额占公司发行在外股票总面值的比例而定。无面值股票是不在票面上标出金额，只载明所占公司股本总额的比例或股份数的股票。无面值股票的价值随公司财产的增减而变动，而股东对公司享有的权利和承担义务的大小，直接依股票标明的比例而定。目前，我国《公司法》不承认无面值股票，规定股票应记载股票的面额，并且其发行价格不得低于面值。

（3）按股票票面是否记名划分，股票可分为记名股票和无记名股票。记名股票是在股票票面上记载股东姓名或名称的股票。这种股票除了股票上所记载的股东外，其他人不得行使其股权，且股份的转让有严格的法律程序与手续，须办理过户。不记名股票是票面上不记载股东姓名或名称的股票。这类股票的持有人即股份的所有人，具有股东资格，股票的转让也比较自由、方便，无须办理过户手续。我国《公司法》规定，公司向发起人、国家授权投资的机构、法人发行的股票，应当为记名股票。

（4）按投资主体的不同划分，股票可分为国家股、法人股、个人股等。国家股是有权代表国家投资的部门或机构以国有资产向公司投资而形成的股份。法人股是企业依法以其可支配的财产向公司投资而形成的股份，或具有法人资格的事业单位和社会团体以国家允许用于经营的资产向公司投资而形成的股份。个人股是社会个人或公司内部职工以个人合法财产投入公司而形成的股份。

除了以上几种基本的分类外，股票还有一些其他的分类方法。如按照股票发行时间的先后划分，可以分为始发股和新股；按照股票发行对象和上市地区的不同，可以分为 A 股、B 股、H 股和 N 股等。

二、发行普通股筹资

普通股是股份有限公司发行的代表着股东享有平等的权利和义务、不加特别限制、股利不固定的股票。普通股是最基本、最标准的股票。通常情况下，股份公司只发行普通股，持有普通股股份者即为普通股股东。依据我国《公司法》的规定，普通股股东享有公司的经营管理权，当公司增发新股时，普通股股东可以优先认购。但是，如果股份公司同时发行了普通股和优先股，那么普通股的股利分配在优先股之后进行，并且股利不固定，随着股份公司盈利情况以及股利政策的松紧而变化。另外，当公司解散清算时，普通股股东对公司剩余财产的请求权也位于优先股之后。

从时间上看，股份有限公司设立时需要发行普通股，这称为始发股；公司设立之后，为了扩大经营规模，需要增资发行普通股，这称为增发股。从发行对象看，股票发行可以向社会公开发行，也可以向特定对象发行（也称非公开发行）。我们这里主要介绍股份有限公司首次公开发行股票（简称 IPO）和上市后增发新股（包括公开增发和非公开增发）的条件、程序及定价等相关规定。

（一）普通股发行的条件

公司发行普通股应符合一定的条件，并接受国务院证券监督管理机构的管理和监督。首次公开发行股票和上市后增发新股的条件有所不同。相关的规定主要在我国《公司法》、《证券法》和中国证监会2006 年 5 月颁布的《首次公开发行股票并上市管理办法》、《上市公司证券发行管理办法》等法律、法规中加以明确。

1. 公司 IPO 的条件

我国法律、法规对股份有限公司首次公开发行股票规定了比较苛刻的条件，这里我们根据《首次公开发行股票并上市管理办法》的有关规定，列出其中部分重要条件。

（1）发行主体的资格。发行人应当是依法设立且合法存续的股份有限公司，持续经营时间应当在三年以上（有限责任公司按原账面净资产值折股整体变更为股份有限公司的，持续经营时间可以从有限责任公司成立之日起计算）。发行人最近三年内主营业务和董事、高级管理人员没有发生重大变化，实际控制人没有发生变更。

（2）发行主体的独立性要求。发行人应当具有完整的业务体系和直接面向市场独立经营的能力。要求发行人的资产完整、人员独立、财务独立、机构独立和业务独立。

（3）规范运行的要求。规定发行人已经依法建立健全股东大会、董事会、监事会、独立董事、董事会秘书制度，相关机构和人员能够依法履行职责。发行人的内部控制制度健全且被有效执行，能够合理保证财务报告的可靠性、生产经营的合法性、营运的效率与效果。

（4）财务会计的要求。发行人会计基础工作规范、财务报表的编制符合企业会计准则和相关会计制度的规定，在所有重大方面公允地反映了发行人的财务状况、经营成果和现金流量，并由注册会计师出具了无保留意见的审计报告。最近三个会计年度净利润均为正数且累计超过人民币 3 000 万元①；最近三个会计年度经营活动产生的现金流量净额累计超过人民币 5 000 万元；或者最近三个会计年度营业收入累计超过人民币三亿元；发行前股本总额不少于人民币 3 000 万元；最近一期末无形资产（扣除土地使用权、水面养殖权和采矿权等后）占净资产的比例不高于 20%；最近一期末不存在未弥补亏损。

（5）募集资金运用的要求。募集资金应当有明确的使用方向，原则上应当用于主营业务。募集资金数额和投资项目应当与发行人现有生产经营规模、财务状况、技术水平和管理能力等相适应。募集资金投资项目应当符合国家产业政策、投资管理、环境保护、土地管理以及其他法律、法规和规章的规定。发行人应当建立募集资金专项存储制度，募集资金应当存放于董事会决定的专项账户。

2. 配股和增发新股的条件

公司股票上市后再发行股票有三种情形：一是向原股东配售股份（简称“配股”）；二是向不特定对象公开募集股份（简称“公开增发”）；三是向特定对象发行股票（也称为“非公开发行”或“定向发行”）。根据《上市公司证券发行管理办法》的规定，配股和增发新股的部分条件如下。

（1）一般规定。上市公司与控股股东或实际控制人的人员、资产、财务分开，机

① 净利润以扣除非经常性损益前后较低者为计算依据。

构、业务独立，能够自主经营管理；最近三个会计年度连续盈利①；最近 24 个月内曾公开发行证券的，不存在发行当年营业利润比上年下降 50% 以上的情形。会计基础工作规范，严格遵循国家统一会计制度的规定；最近三年及一期财务报表未被注册会计师出具保留意见、否定意见或无法表示意见的审计报告；被注册会计师出具带强调事项段的无保留意见审计报告的，所涉及的事项对发行人无重大不利影响或者在发行前重大不利影响已经消除；最近三年以现金方式累计分配的利润不少于最近三年实现的年均可分配利润的 30%。最近 36 个月内财务会计文件无虚假记载，且不存在重大违法行为。

（2）上市公司实施配股的规定。拟配售股份数量不超过本次配售股份前股本总额的 30%；控股股东应当在股东大会召开前公开承诺认配股份的数量；采用证券法规定的代销方式发行。

（3）上市公司实施公开增发的规定。最近三个会计年度加权平均净资产收益率平均不低于 6%。扣除非经常性损益后的净利润与扣除前的净利润相比，以低者作为加权平均净资产收益率的计算依据。

（4）上市公司实施非公开增发的规定。特定对象符合股东大会决议规定的条件；发行对象不超过 10 名。

（二）普通股发行的程序

这里我们只介绍股份有限公司 IPO 的以下主要程序。

（1）董事会作出决议。发行人董事会应当依法就股票发行的具体方案、本次募集资金使用的可行性及其他必须明确的事项作出决议，并提请股东大会批准。

（2）股东大会审议通过。发行人股东大会就发行股票的有关事项作出决议，包括发行股票的种类和数量、发行对象、价格区间或者定价方式、募集资金用途等。

（3）提出申请，报送材料。发行人应当按照中国证监会的有关规定制作申请文件，由保荐人保荐并向中国证监会申报。中国证监会收到申请文件后，在 5 个工作日内作出是否受理的决定。

（4）中国证监会审核。由相关职能部门对发行人的申请文件进行初审，并由发行审核委员会审核。证监会依照法定条件对发行人的发行申请作出予以核准或者不予核准的决定，并出具相关文件。

（5）公开招股说明书。证监会核准发行后，发行人应当按照中国证监会的有关规定编制和披露招股说明书。

自中国证监会核准发行之日起，发行人应在六个月内发行股票；超过六个月未发行的，核准文件失效，须重新经中国证监会核准后方可发行。

（6）发行。目前公司实施 IPO，一般采用网下向询价对象摇号配售和网上向社会

① 扣除非经常性损益后的净利润与扣除前的净利润相比，以低者作为计算依据。

公众投资者定价发行相结合的方式。

至于配股和增发新股，其基本程序与 IPO 相同，相对而言要简单一些。

（三）普通股发行的价格

公司发行股票筹资，应当恰当地确定发行价格，以便及时募足资本。股票的发行价格可以与股票的票面金额一致，但多数情况采用溢价发行。

1. IPO 价格的确定

从理论上说，股票发行价格应当反映发行人的内在价值，确定方法有每股净资产法、市盈率法和未来收益现值法等。在实践中，我国自设立证券交易所以来，随着股票发行制度的不断改革和创新，确定发行价格也有不同的模式。在相当长的一段时期内曾经采用市盈率法确定股票发行价格。其基本公式为：

$$每股发行价格 = 每股收益 \times 发行市盈率 \quad (6\text{-}4)$$

例如，2000 年 9 月山东 HT 纸业股份有限公司首次向社会公开发行人民币普通股 9 000万股，该公司 1999 年的每股收益（按发行后总股本计算）为 0. 60 元，按监管部门规定确定的发行市盈率为 19. 97 倍（按当时规定，发行市盈率一般不超过 20 倍），则其发行价格计算如下：

$P = 0.60 \times 19.97 = 11.98$（元）

我国目前的 IPO 定价方式采用的是初步询价与累计投标询价方式相结合的混合定价方式。其过程如下：（1）初步询价，征求反馈意见确定价格区间；（2）公告价格区间，投资者进行累计投标询价；（3）承销商与发行人确定最终发行价格。

发行价格确定后，采用网下通过询价机构向配售对象询价配售（即“网下发行”）与网上向社会公众投资者定价发行（即“网上发行”）相结合的方式发行股票。

2. 配股与增发新股价格的确定

向原股东配售股份时，所发行的股票价格没有特别的规定，一般低于当时的每股市场价格，并高于公司账面每股净资产。

《上市公司证券发行管理办法》对上市公司增发新股的价格设置了下限。规定公开增发新股的发行价格应不低于公告招股意向书前 20 个交易日公司股票均价或前一个交易日的均价；非公开发行股票，其发行价格不低于定价基准日前 20 个交易日公司股票均价的 90%。

（四）普通股的上市

股票上市，是指股份有限公司公开发行的股票符合规定条件，经申请批准后在证券交易所进行挂牌交易。按照国际通行做法，只有公开募集发行并经批准上市的股票才能进入证券交易所流通转让。我国《公司法》规定，股东转让其股份，必须在依法设立的证券交易所进行。我国对股票的上市以及暂停上市和退市有明确的规定。

1. 股票上市的条件

我国《证券法》规定，股份有限公司申请股票上市，应当符合下列条件：

（1）股票经国务院证券监督管理机构核准已公开发行；

（2）公司股本总额不少于人民币 3 000 万元；

（3）公开发行的股份达到公司股份总数的 25% 以上；公司股本总额超过人民币四亿元的，公开发行股份的比例为 10% 以上；

（4）公司最近三年无重大违法行为，财务会计报告无虚假记载。

证券交易所可以规定高于前款规定的上市条件，并报国务院证券监督管理机构批准。根据上海和深圳证券交易所主板《股票上市规则（2008 年修订）》规定，发行人首次公开发行股票后申请其股票在主板（含中小企业板）上市，公司股本总额不少于人民币 5 000 万元，提升了对总股本的要求。根据深圳证券交易所《创业板股票上市规则》规定，发行人首次公开发行股票后申请其股票在创业板上市，公司股本总额不少于人民币 3 000 万元，且公司股东人数不少于 200 人。

2. 股票上市的利弊

股份公司申请股票上市，基本目的是为了增强本公司股票的吸引力，形成稳定的资本来源，能在大范围内筹措大量资本；同时，股票上市还可以起到资份大众化、分散风险、提高公司知名度、方便确定公司价值的作用。但是，股票上市也有对公司不利的一面，主要包括公司将负担较高的信息披露成本；各种信息公开的要求可能会暴露公司的商业秘密；股价有时会歪曲公司的实际状况，损害公司声誉；可能会分散公司的控制权，造成管理上的困难。

下面我们举例说明普通股发行与上市的过程。

【例 6-5】L 电气 IPO 方案

（1）公司沿革及 IPO 前的股本情况

L 电气股份有限公司是根据 N 电子有限公司截至 2010 年 3 月 31 日经审计的净资产折股整体变更设立的股份有限公司。公司设立时注册资本为 6 000 万元，后经过 2010 年 7 月、8 月两次增资，公司的注册资本（实施 IPO 前）增加至 7 500 万元，各股东的持股数量和比例见表 6-3。

表 6-3 L 电气股份有限公司 IPO 前的股东持股数量和比例

股东名称	持股数（万股）	所占比例（%）
A 公司	5 212.88	69.50
B 公司	949.28	12.66
C 公司	637.84	8.50
D 公司	350	4.67
E 公司	350	4.67
合计	7 500	100%

公司的控股股东为A公司，持有公司5 212.88万股，占本次发行前公司总股本的69.50%。付女士持有公司控股股东A公司45.80%股权，为公司的实际控制人。

截至2011年12月31日，L电气股份有限公司的资产总额为36 961.95万元，归属母公司股东的股东权益总额26 708.67万元，总股本7 500万元，2011年度实现营业收入36 686.59万元，归属母公司股东的净利润8 129.57万元，按照发行前总股本计算，基本每股收益为1.08元。

（2）公司IPO的过程

该公司2012年3月13日首次向社会公开发行人民币普通股2 500万股，每股发行价22.00元，发行总市值55 000万元，筹资费用4 396万元，募集资金净额50 604万元。

IOP的主要过程如下。

（1）中国证监会核准。L公司首次公开发行2 500万股人民币普通股（A股）的申请已获中国证券监督管理委员会证监许可［2012］238号文核准，公司于2012年3月2日发布《首次公开发行股票并在创业板上市招股意向书》。

（2）询价推介。广发证券股份有限公司作为股票发行的保荐机构（主承销商）组织本次发行现场推介和初步询价。初步询价报价时间为2012年3月5日至2012年3月8日（9：30至15：00）。符合要求的询价对象方可自主选择在深圳、上海或北京参加现场推介会。

（3）公开招股说明书。该公司于2012年3月12日刊登其首次公开发行股票招股说明书。

（4）刊登发行公告。该公司于2012年3月12日刊登发行公告，发行公告称：本次发行采用网下向询价对象摇号配售和网上向社会公众投资者定价发行相结合的方式，网下发行数量为500万股，为本次发行数量的20%；网上发行股数为发行总量减去网下最终发行量。发行人本次发行的初步询价工作已于2012年3月8日完成，发行人和主承销商根据配售对象的报价情况，并综合考虑发行人基本面、所处行业、可比公司估值水平、市场情况、有效募集资金需求及承销风险等因素，协商确定本次网下配售和网上发行的发行价格为22.00元/股。

（5）公告中签率和中签结果。2012年3月15日公告网下摇号中签及配售结果，同时公告网上定价发行的中签率结果为0.888 652 507 3%，超额认购倍数为113倍；2012年3月16日公布网上定价发行摇号中签结果。

（6）刊登上市公告书。2012年3月20日公司刊登首次公开发行股票并在创业板上市公告书。公告称：经深圳证券交易所同意，该公司网上公开发行的2 000万股于2012年3月21日在深圳证券交易所创业板上市交易，网下配售的500万股在2012年6月21

日上市。实际控制人付女士及公司股东承诺：自公司股票上市之日起36个月内，不转让或者委托他人管理其直接或间接持有的公司股份，不由公司回购该部分股份。

股票上市后，公司总股本10 000万股，其中实际流通股份2 000万股，占20%，限制性流通股8 000万股（其中网下配售的500万股于2012年6月21日获得流通权），占80%。

（五）对发行普通股筹资的评价

股份公司发行普通股筹集权益资本，与其他筹资方式相比，具有如下优点。

（1）发行普通股筹措资本具有永久性、无到期日、不须归还等特点，这对保证公司资本的最低需要、维持公司长期稳定发展极为有利。

（2）发行普通股筹资没有固定的股利负担，股利的支付与否和支付多少视公司有无盈利和经营需要而定，经营波动给公司带来的财务负担相对较小。由于普通股筹资没有固定的到期还本付息的压力，所以筹资风险较小。

（3）发行普通股筹集的资本是公司最基本的资金来源，它反映了公司的实力，可作为其他方式筹资的基础，尤其可为债权人提供保障，增强公司的举债能力。

（4）由于普通股的预期收益较高并可一定程度地抵销通货膨胀的影响（通货膨胀期间，普通股也会随之升值），因此发行普通股筹资容易吸收资金。

当然，普通股融资也存在一些缺点，主要体现在以下几个方面。

（1）普通股的资本成本较高。这是因为，从投资者的角度讲，投资于普通股风险较高，相应地要求有较高的投资报酬率；其次，对于筹资公司来讲，普通股股利从税后利润中支付，不像债券利息那样作为费用从税前支付，因而股利不具抵税作用；此外，普通股的发行费用一般也高于其他证券。

（2）以普通股筹资会增加新股东，或引起股东在公司享有股份比例的重新调整，这可能会分散公司的控制权，削弱原有股东对公司的控制权。但我国上市公司一般不存在这个问题，因为绝大多数上市公司的限制性流通股占总股份的一半以上，控制权掌握在国家或者法人股东手中。公司配股或增发新股时，即使大股东放弃认购权，也不会动摇其控制地位。

（3）限制条件多。由于监管部门和交易所对公司发行普通股设置了较为苛刻的条件，所以，公司想要获准发行普通股是一件非常困难的事。

三、发行优先股筹资

（一）优先股的特征

优先股是较普通股具有某些优先权利，同时也受到一定限制的股票。优先股的含义主要体现在“优先权利”上，包括优先分配股利和优先分配公司剩余财产。

优先股是一种特别股票，它与普通股有许多相似之处，如优先股也无到期日，公司运用优先股所筹资本亦属权益资本等，但是，它又具有债券的某些特征，因此它是一种混合性证券。与普通股相比，优先股一般具有如下特征。

（1）优先分配固定的股利。优先股股东通常优先于普通股股东分配股利，且其股利一般是固定的，受公司经营状况和盈利水平的影响较小，所以优先股类似于固定利息的债券。

（2）优先分配公司剩余财产。当公司破产进行财产清算时，优先股股东对公司剩余财产优先于普通股股东的要求权。

（3）优先股股东一般无表决权。在公司股东大会上，优先股股东一般无表决权，仅在涉及优先股股东权益问题时享有表决权，因此优先股股东不大可能控制整个公司。

综上所述，优先股与普通股相比较，虽然持股人收益和决策参与权有限，但风险较小。

（二）优先股种类

优先股按不同的标准有以下几种分类。

（1）按股利能否累积，优先股可以分为累积优先股和非累积优先股。累积优先股是指如果公司因故不能按期发放优先股股利，则这些优先股股利将累积到以后年度一并发放，公司在发放完全部积欠的优先股股利之前，不得向普通股股东支付任何股利。非累积优先股则无上述权利，以前年度积欠的股利在以后年度不需补付。

（2）按能否参与额外股利的分配，可以分为参加优先股和非参加优先股。参加优先股股东在获取定额股利后，还有权与普通股股东一起参与剩余利润的分配。非参加优先股则无此权利。

（3）按能否调换为普通股，可分为可转换优先股和不可转换优先股。可转换优先股有权按照发行时的规定，在将来的一定时期内转换为普通股。不可转换优先股则没有上述权利。

（4）按是否有权赎回，可以分为可赎回优先股和不可赎回优先股。可赎回优先股是指发行公司在需要时可以按照约定的价格（通常高于面值）赎回的优先股，不可赎回优先股则不能被公司赎回。

（三）优先股的发行

按照许多国家的《公司法》规定，优先股可以在公司设立时发行，也可以在公司增资发行新股时发行。有些国家的法律则规定，优先股只能在特定情况下，如公司增发新股或清偿债务时方可发行。发行优先股在操作方面与发行普通股无太大差别。在我国，虽然《公司法》规定可以发行优先股，但绝大多数公司没有发行这种股份，目前上市公司中只有极少数公司发行了优先股。

（四）对发行优先股筹资的评价

与其他筹资方式比较，公司发行优先股筹资，有其优点，主要表现在以下几个方面。

（1）股息的支付既固定又有一定的灵活性。一般而言，优先股均采用固定股息，但对固定股息的支付并不构成公司的法定义务，若公司财务状况不佳或无盈利，则可以不支付优先股股息，不像债券那样，须定期、定额地履行支付义务。

（2）保持普通股股东对公司的控制权。由于通常情况下优先股股东没有表决权，公司发行优先股既可以增加权益资本，又不影响原有股东对公司经营决策的控制权。

（3）提高公司的举债能力。优先股股本是公司权益资本的组成部分，发行优先股，可以进一步保障债权人的权益，提高公司的举债能力。

（4）财务灵活性增强。优先股一般没有固定的到期日，不必偿还本金，这与负债筹资相比，减轻了财务压力，增强了灵活性。对于可赎回优先股，公司可以视经营需要决定是否赎回、在何时赎回，以调整公司的资本结构。

发行优先股筹资也存在一些缺陷，主要表现在以下几个方面。

（1）与发行债券筹资比较，优先股筹资资本成本较高。这是因为优先股股息率通常高于债券的利息率，并且优先股的股利从公司税后利润中支付，无法产生所得税抵减的作用。

（2）发行优先股筹资后对公司的限制因素较多，如公司不能连续三年拖欠股利，公司的盈利必须先分配给优先股股东，公司举债额度较大时要先征求优先股股东的意见等。

（3）可能形成较重的财务负担。优先股要求支付固定股利，当公司盈利下降时，优先股股利可能会成为公司一项沉重的财务负担。

第四节　借款

借款是指企业根据借款合同，从银行、非银行金融机构或其他法人单位、个人借入所需资金的一种筹资方式。借款按偿还期限长短的不同可以分为短期借款和长期借款。短期借款属于企业的流动负债，由于其期限较短，资本成本低，财务管理中一般不作为重点考虑。这里主要介绍长期借款，它是指使用期限超过一年的借款。

一、长期借款的种类

长期借款的种类很多，各企业可根据自身的情况和各种借款条件选用。我国目前各金融机构的长期借款主要有以下几种分类：（1）按照用途不同，可分为基本建设借款、更新改造借款、科技开发和新产品试制借款；（2）按照提供贷款的机构不同，可分为政策性贷款、商业银行贷款及其他金融机构贷款等；（3）按照有无抵押品作担保，可分为信用贷款和抵押贷款。信用贷款指不需要提供抵押品，仅凭企业的信用或担保人的信誉而发放的贷款；抵押贷款指要求企业以抵押品担保的贷款。

二、借款的程序

我们以银行借款为例说明企业办理长期借款的基本程序。

（1）提出借款申请。企业申请借款时应当填写包括借款金额、借款用途、偿还能力及还款方式等主要内容的《借款申请书》，并提供有关资料。

（2）银行审查申请。银行受理借款企业申请后，对借款企业的信用等级以及借款企业的合法性、安全性、盈利性等情况进行调查，核实抵押物、保证人情况，测定贷款的风险度。

（3）签订借款合同。银行核准借款申请后，借贷当事人双方进一步协商贷款的具体条件，签订正式的借款合同。

（4）取得借款。借款合同签订后，企业可以在核定的贷款额度内，根据用款计划和实际需要，一次或分次将贷款转入企业的存款结算户，以便企业支用。

（5）归还借款。借款企业应按借款合同约定及时清偿借款本息或续签合同。

三、借款合同的基本内容

借款合同是规定当事人双方权利和义务的契约，必须采用书面形式。借款合同包括基本条款、保护性契约条款等内容。借款申请书、有关借款的凭证、协议书和当事人双方同意修改借款合同的有关书面资料，也是借款合同的组成部分。

（一）借款合同的基本条款

借款合同应当具备下列基本条款：借款种类、借款用途、借款金额、借款利率、借款期限、还款资金来源及还款方式、保证条款和违约责任。其中保证条款规定借款方应具有银行规定比例的自有资金，并有适销适用的物资和财产作为贷款的保证，必要时还可规定保证人，当借款方不履行合同时，由保证人连带承担偿还本息的责任。

（二）借款合同的保护性契约条款

由于长期借款的期限长、风险大，按照国际惯例，银行通常对借款企业提出一些有助于保证贷款按时足额偿还的条件，这些条件写进借款合同中，形成了合同的保护性条款，归纳起来，保护性条款大致有如下三类。

1. 一般性保护条款

一般性保护条款应用于大多数借款合同，但根据具体情况会有不同内容。

（1）规定借款企业流动资金的保持量。其目的在于保持借款企业资产的流动性和偿债能力。

（2）限制支付现金股利和再购入股票。其目的在于限制现金外流。

（3）限制资本支出规模。其目的在于减小企业日后不得不变卖固定资产以偿还贷款的可能性，仍着眼于保持借款企业资产的流动性。

（4）限制其他长期债务。其目的在于防止其他贷款人取得对企业资产的优先受偿权。

2. 例行性保护条款

下列例行性保护条款作为例行常规，在大多数借款合同中都会出现。

（1）借款企业定期向银行提交财务报表，其目的在于及时掌握企业的财务状况。

（2）不准在正常情况下出售较多资产，以保持企业正常的生产经营能力。

（3）如期缴纳税金和清偿其他到期债务，以防被罚款而造成现金流失。

（4）不准以任何资产作为其他承诺的担保或抵押，以避免企业负担过重。

（5）不准贴现应收票据或出售应收账款，以避免或有负债。

（6）限制租赁固定资产的规模，其目的既在于防止企业负担巨额租金，以致削弱其偿债能力，还在于防止企业以租赁固定资产的办法摆脱对其资本支出和负债的约束。

3. 特殊性保护条款

是针对某些特殊情况而出现在部分借款合同中的条款。

（1）贷款专款专用。

（2）不准企业投资于短期内不能收回资金的项目。

（3）限制企业高级职员的薪酬总额。

（4）要求企业主要领导人在合同有效期间担任领导职务。

（5）要求企业主要领导人购买人身保险等。

四、设定利率和有效利率

利率是借款资金的价格，它是影响贷款者收益和借款人资本成本的最重要因素。借款合同中约定的利率是借款的设定利率（名义利率），但它可能不是债务人实际负担的利率水平。借款人实际承担的利率称为有效利率（实际利率），它是借款人在一定时期内实际承担的利息费用与借款获得的可使用资金净额按复利方式计算的年利率。借款合同中的某些条款（如付息方式、补偿性余额等）会使债务人实际承担的利率水平高于或低于其名义利率。下面举例说明设定利率与有效利率产生差异的几种典型情形。

（一）一年内多次付息

如果长期借款需要在一年内多次支付利息，由于时间价值的作用，借款的有效利率高于其设定利率。我们通过举例加以说明。

【例 6-6】高斯达公司向银行借款 500 万元，期限为 3 年，合同上注明的年利率为

10%，按规定每季度付息一次。求该笔借款的实际年利率。

解：合同注明的利率为10%，每季度付息一次，则一年分4次付息，每次按照2.5%的利率支付，这样，此项借款的有效利率就是以2.5%的季度利率按4期复利计算得到的年利率，即实际利率为：

$(1+10\% \div 4)^4-1 \approx 10.38\%$

这个结果比设定利率高出0.38个百分点。显然，一年内付息的时间间隔越短，有效利率会越高。

（二）预扣利息

在某些借贷业务中，债权人要求在出借资金时将利息预先扣除，扣除利息后的金额贷给债务人，到期只要求收回本金。在这种情况下，由于利息预先支付，债务人实际可使用资金减少，导致其有效利率提高。

【例6-7】富豪服装有限公司向银行借款100万元，期限为2年，合同规定年利率8%，银行要求利息在借款时一次预先扣除。要求：计算该公司负担的实际利率。

解：预先扣除的利息 $=100 \times 8\% \times 2=16$（万元）

该公司实际可使用资金为84万元，两年后需要偿还100万元，所以其有效利率为下列方程的解：

$84(1+x)^2=100$

解上述方程，得到：

$x \approx 9.11\%$

有效利率高于设定利率1.11个百分点。

（三）存在补偿性余额条款

补偿性余额是银行要求借款人在银行中保持按贷款限额或实际借用额一定百分比的最低存款余额。对于借款企业来讲，补偿性余额条款会导致借款人可使用的资金减少。因此，补偿性余额提高了借款的有效利率。

【例6-8】SN食品有限公司向银行借款200万元，规定年利率为8%，期限为5年，规定每年支付利息，到期一次还本。同时银行要求借款人维持15%的补偿性余额。要求：计算该企业实际负担的利率。

解：如果不存在补偿性余额，按年分期付息、到期一次还本的借款，其有效利率与设定利率相同。由于存在补偿性余额，该公司此项200万元的借款实际可以使用的资金为借款额的85%，即170万元，但利息仍需按200万元的本金计算支付。因此，其有效利率为：

$(200 \times 8\%) \div 170=9.41\%$

结果明显高于其设定利率。当然，借款人存放在银行的存款也有利息收入，但相对于借款利息来说，可以忽略不计。上述计算中没有考虑存款利息的影响。

五、还款方式及其选择

还款方式是借贷双方要考虑的另外一个问题。从理财角度来看，还款方式实际上是一个现金流量的安排问题。对巨额的长期借款来说，还款方式的选择直接关系到债务人借款期限内的现金流量，对企业的其他理财决策乃至经营活动都会产生一定的影响。还款方式包括两个方面：本金偿还方式和利息支付方式。

（一）本金偿还方式及其选择

1. 本金偿还方式

本金偿还方式简称还本方式。概括地说，借款的还本方式主要有到期一次还本和分期还本两种。

（1）到期一次还本。顾名思义，到期一次还本方式就是债务人只要在借款到期日向贷款人归还本金，平时不需要还本，但可能要支付利息。这是一种传统的还本方式，也是目前银行贷款中最常见的还本方式。采用这种方式，债务人在规定的期限内可以足额使用借款本金，平时没有还款压力，但在到期时要一次支付全部本金，可能会产生较大的压力。

（2）分期还本。分期还本是指借款人自取得款项后的某一日期开始分期归还借款的本金，同时偿付利息。这种方式在具体操作中又可以有多种形式。例如，一笔3 000万元的5年期借款，可以是从借款后的第一年开始还本，也可以是从第三年开始还本；可以是每期等额还本，如每年还本600万元，也可以是每期不等额还本，如前三年每年还400万元，后两年每年还900万元。分期还本方式可以将借款人的还本压力分摊在一定期限内，避免到期还巨额本金的压力。

2. 选择还本方式应考虑的因素

还本方式的选择是借贷双方都要考虑的问题，在这个问题上，债务人有更多的主动权，而银行只是为客户提供可能的还本方式。如果金融机构给出了若干种还本的方式，借款人应当如何选择呢？一般来说，借款人选择还本方式主要应当考虑以下几个基本的因素。

（1）借款本身的期限长短。期限较短的借款一般考虑采用到期一次还本方式（可能定期支付利息，也可能到期一次支付利息），而没有必要采用分期还本方式；而期限较长的借款则可以采用定期支付利息、到期一次性偿还本金的方式，或采用分期还本、分期付息的方式。

（2）借款数额的大小。借款数额的大小对选择还本方式也会产生较大的影响。小额借款对企业现金流量的影响不大，分期还本没有什么优势，借款人一般都会选择一次还本方式。而对巨额借款，由于到期一次性还本对借款人的压力太大，所以采用分期还本方式比较合适。

(3) 投资项目或企业经营活动产生现金流量的分布情况。企业的借款有一定的目的，可能用于补充日常的流动资金，也可能是为了进行某项固定资产投资。选择还本方式要考虑的一个重要因素是“借款人的经营活动或投资项目投产后所产生的现金流量的分布情况”。当企业每期有稳定的现金流入，又无其他合适的投资机会时，企业还是希望采用分期还本的方式；如果企业的借款用于专门的投资项目，而该项目的寿命周期较长，每年产生的现金流量也比较均匀，也应当选择分期等额还本的方式。

(4) 预期利率的变动趋势。对于固定利率借款，由于利率是在借款合同中约定的，在借款期内不可能更改，所以借贷双方对未来市场利率的预期趋势也会影响其还本方式的选择。如果借款人认为未来银行利率会上升，选择到期一次还本对借款人比较有利；反之则选择分期还本比较有利。

(5) 借款人的融资能力。企业的融资方式是多种多样的，借款只是其中的一种方式。借款有多种渠道，企业举新债还旧债的情况也是经常出现的，因此，借款人确定某一笔借款的还本方式时，应当考虑其融资能力及融资的可能性。

(二) 利息支付方式及其选择

从总体上说，支付利息对债务人现金流量的影响并没有偿还本金那样明显。利息支付方式（简称付息方式）主要有以下几种：(1) 到期一次付息（复利和单利两种）；(2) 分期付息；(3) 预扣利息。这些方式在本节前面已经作了介绍，这里不再阐述。那么借款人应当如何选择利息支付方式呢？实际上，借款的付息方式与还本方式是有密切关系的，本金的偿还方式会直接影响利息的支付方式和支付金额。例如，采用到期还本的借款，其利息可以分期支付，也可以到期一次支付，但借款人实际承担的利率是不同的。而采用分期等额还本方式，利息自然是分期支付，而各期支付的利息额必然是逐期减少的。

(三) 具体还款方式的比较

将前面给出的各种还本方式和付息方式进行各种组合，便会形成各种各样的还款方式。归纳起来主要有以下几种：(1) 到期一次还本付息；(2) 定期付息，到期一次还本；(3) 贷款期内分期等额偿还本息；(4) 贷款期内分期付息，分期等额还本；(5) 平时逐期偿还小额本金和利息，期末偿还余额。下面我们通过一个实例来说明各种还款方式的现金流量分布情况。

【例 6-9】海洋渔业股份有限公司从银行获得一笔 1 000 万元的长期借款，借款期限为 5 年，年利率为 6%。银行给出的还款方式有以下几种：

(1) 到期一次还本付息，单利计息；

(2) 分期（每年）付息，到期还本；

（3）分期（每年）付息，分期（每年）等额还本；

（4）分期（每年）等额还本付息；

（5）前四年每年年末归还一笔相等金额的款项，最后一年归还本息共400万元，5年内全部还清本息。

要求：计算各种还款方式下的还款金额，并对最后一种还款方式编制还款计划表。

解：

（1）到期一次还本付息，单利计息：

5年后应付本利和共计为：

1 000×（1+6%×5）=1 300（万元）

（2）每年付息，到期还本：

每年付息60万元，到期还本1 000万元。

（3）每年付息，每年等额还本：

第一年付息60万元，还本200万元，本利合计为260万元；

第二年付息48万元（800×6%），还本200万元，本利合计为248万元；

依此类推，每年的还款额（本金和利息）比上年减少12万元。

（4）分期（每年）等额还本付息：

这是年金现值问题，每年偿还的本金和利息的和是相等的。设每年的还款额为 A，可以得到：

A×年金现值系数（6%，5）=1 000（万元）

从而，A=1 000÷4.212 4=237.39（万元）

利息总额为237.39×5－1 000=186.95（万元）

（5）最后一年还款400万元相当于现在的价值为 $400\div(1+6\%)^5=298.90$（万元）

设前四年每年还款额为 B，则：

1 000－298.90=B×年金现值系数（6%，4）

解得：B=202.33（万元）

对于最后一种还款方式，我们可以编制还款计划表（见表6-4）。

应当注意的是，上述还款方式各有所长，没有严格的优劣之分，更不能以借款期内支付的利息多少来评价各种还款方式的好坏。如果按照承担的利率高低评价，应当说第一种方式的实际利率最低（请读者自己思考）。

表 6-4　借款还款计划表　（单位：万元）

年份	年初尚未归还本金余额	当年利息	年末本利和	计划还款额	当年归还本金数额
1	1 000	60	1 060	202.33	142.33
2	857.67	51.46	909.13	202.33	150.87
3	706.80	42.41	749.21	202.33	159.92
4	546.88	32.81	579.69	202.33	169.52
5	377.36	22.64	400.00	400.00	377.36
合计	—	209.32	—	1 209.32	1 000

六、对借款筹资的评价

与其他筹资方式相比，借款筹资的优点主要表现在以下几个方面。

（1）筹资速度快。借款的手续比发行股票、债券要简单得多，因此得到借款所花费的时间也就比较短。

（2）筹资成本较低。借款利率一般低于债券利率，筹资费用也低。另外与股票等权益资本筹集方式相比，由于借款利息可以在税前列支，存在抵税的作用，因而资本成本较低。

（3）筹资弹性较大。借款时企业与银行等金融机构直接交涉，有关条件可以经过谈判确定，用款期间发生变动，也可以与金融部门协商。因此，借款筹资对借款企业来讲，具有较大的灵活性。

当然，借款筹资也存在一些缺陷，主要表现在以下几个方面。

（1）风险较大。由于借款必须到期还本付息，在企业经营不善时，可能会产生不能偿债的风险。

（2）筹资数量有限。以借款方式筹集资金不像发行股票、债券那样能够一次性筹集到大量资金。在企业资金需要量较大时，借款只能作为辅助性的筹资方式，而不能成为主导的筹资方式。

（3）限制性条款相对较多。与某些筹资方式（如融资租赁）相比，企业从金融部门取得借款，要受许多限制性条款的限制，这可能会影响企业日后的财务活动。

第五节　发行债券

债券是经济主体为筹集资金，依照法定程序发行的，用以记载和反映债权、债务关系的有价证券。本节所介绍的债券，是指公司依照法定程序发行、约定在一定期限还本付息的有价证券。从性质上讲，债券与借款一样是企业的债务，发行债券筹资也是负债筹资的一种重要方式。

一、债券的种类

公司债券有很多形式，大致有如下几种分类。

（1）按债券上是否记有持券人的姓名或名称，分为记名债券和无记名债券。记名债券在券面上记有持有人的姓名，发行企业在企业债券存根簿上载明债券持有人的姓名及支付本息有关的其他事项，这种债券转让时须背书。不记名债券在券面上不载明持券人姓名，还本付息仅以债券为凭，转让时不须背书。

（2）按能否转换为公司股票，分为可转换债券和不可转换债券。若公司债券能转换为本公司股票，为可转换债券；反之为不可转换债券。一般来讲，前种债券的利率要低于后种债券。

（3）按有无特定的财产担保，分为抵押债券和信用债券。发行公司以特定财产作为抵押品的债券为抵押债券；没有特定财产作为抵押，凭信用发行的债券为信用债券。抵押债券又分为：一般抵押债券，即以公司产业的全部作为抵押品而发行的债券；不动产抵押债券，即以公司的不动产为抵押而发行的债券；设备抵押债券，即以公司的机器设备为抵押而发行的债券；证券信托债券，即以公司持有的股票证券以及其他担保证书交付给信托公司作为抵押而发行的债券等。

（4）按利率的不同，分为固定利率债券与浮动利率债券。固定利率债券的利率在发行债券时即已确定并载于债券票面上。浮动利率债券的利率水平在发行债券之初不固定，而是根据有关利率加以确定。

（5）按是否参加公司盈余分配，分为参加公司债券和不参加公司债券。债权人除享有到期向公司请求还本付息的权利外，还有权按规定参加公司盈余分配的债券，为参加公司债券；反之为不参加公司债券。

（6）按能否上市，分为上市债券和非上市债券。可在证券交易所挂牌交易的债券为上市债券；反之为非上市债券。上市债券信用度高、价值高，且变现速度快，故而较容易吸引投资者；但上市条件严格，并要承担上市费用。

除上述基本分类外，债券还有其他的分类标准。如按照所附条件的不同，债券有收益债券、附认股权债券和附属信用债券等。收益债券是只有当公司获得盈利时才向持券人支付利息的债券，这种债券不会给发行公司带来固定的利息费用，对投资者而言收益较高，但风险也较大。附认股权债券是附带允许债券持有人按特定价格认购公司股票权利的债券，我国证券市场中称为可分离债券，这种债券与可转换公司债券一样，票面利率通常低于一般公司债券。附属信用债券是当公司清偿时，受偿权排列顺序低于其他债券的债券；为了补偿其较低受偿顺序可能带来的损失，这种债券的利率高于一般债券。

下面主要介绍发行一般公司债券和可转换公司债券筹资的一些基本问题。

二、一般公司债券

这里所说的一般公司债券是指不可转换公司债券（以下简称“公司债券”）。这类债券的发行主体不限于上市公司，一般的公司只要满足条件均可以发行公司债券。

（一）发行公司债券的条件

按照我国《公司债券发行试点办法》的规定，发行公司债券应当符合下列规定：

（1）公司的生产经营符合法律、行政法规和公司章程的规定，符合国家产业政策；

（2）公司内部控制制度健全，内部控制制度的完整性、合理性、有效性不存在重大缺陷；

（3）经资信评级机构评级，债券信用级别良好；

（4）公司最近一期末经审计的净资产额应符合法律、行政法规和中国证监会的有关规定；

（5）最近三个会计年度实现的年均可分配利润不少于公司债券一年的利息；

（6）本次发行后累计公司债券余额不超过最近一期末净资产额的40%；金融类公司的累计公司债券余额按金融企业的有关规定计算。

如果公司要公开发行债券，要求更为苛刻。按照我国《证券法》规定，公开发行公司债券，还应当符合下列规定：股份有限公司的净资产不低于人民币3 000万元，有限责任公司的净资产不低于人民币6 000万元；债券的利率不超过国务院限定的利率水平。

（二）公司债券的发行程序

（1）董事会制定方案，股东会或股东大会作出决议。

（2）向中国证监会申报。公司发行债券，应当由保荐人保荐，向中国证监会报送募集说明书和发行申请文件。

（3）中国证监会作出核准或者不予核准的决定。

（4）公开债券募集说明书。公司在发行债券前的2~5个工作日内，将经中国证监会核准的债券募集说明书摘要刊登在至少一种中国证监会指定的报刊上，同时将其全文刊登在中国证监会指定的互联网网站上。

（5）发行债券。

（三）公司债券的发行价格

债券的发行价格是债券发行时使用的价格，亦即投资者购买债券时所支付的价格。公司债券的发行价格通常有三种：平价、溢价和折价。平价指以债券的票面金额为发行价格；溢价指以高出债券票面金额的价格为发行价格；折价指以低于债券票面金额的价格为发行价格。债券发行价格的形成受诸多因素的影响，其中主要是票面利率与市场利率的一致程度以及债券的付息方式。债券的票面金额、票面利率在债券发行前即已参照市场利率和发行公司的具体情况确定下来，并载明于债券之上，无法改变，但市场利率经常发生变动。在债券发售时，如果已确定的票面利率与当时的市场利率不一致，为了协调债券购销双方的利益，就要调整发行价格（溢价或折价）。同时发行公司采用的付息方式不同也会对债券的发行价格产生重要影响。

关于公司债券价格的确定方法，本书前文已经作了详细阐述，这里不再介绍。

（四）对发行公司债券的评价

发行债券募集资金，对发行公司既有利也有弊，应加以识别和权衡。债券作为负债筹资的一种方式，它具有以下优点。

（1）能产生财务杠杆作用。与其他负债筹资方式一样，发行债券筹资能产生财务杠杆作用，即当企业资金利润率高于负债利率时，负债筹资能给所有者带来更大的利益。

（2）资本成本较低。与股票的股利相比，债券的利息允许在所得税前支付，发行公司可享受抵税利益，这使公司实际负担的筹资成本常常低于发行股票的筹资成本。

（3）不会影响企业所有者对企业的控制权。债券持有人无权参与发行公司的管理决策，因此公司发行债券不会对公司的控制权构成威胁。

利用债券筹资，虽有上述优点，但也有明显的不足，主要表现在以下方面。

（1）增加财务风险。债券有固定到期日，并须支付利息。在公司经营不景气时，也须向债券持有人支付本息，这会给公司带来更大的财务困难，有时甚至导致公司破产。

（2）限制条件较多。发行债券的限制条件一般要比长期借款、融资租赁的限制条件都要多且严格，从而限制了公司对债券筹资方式的使用。

（3）筹资数量有限。公司利用债券筹资一般受一定额度的限制。我国《公司法》规定，发行公司流通在外的债券累计总额不得超过公司净资产的40%。

三、可转换公司债券

可转换公司债券是指发行人依照法定程序发行，在一定期间内依据约定的条件，债券持有人可将其转换为发行公司股票的债券。发行可转换公司债券具有筹资成本低、易于调整资本结构等优势，已经成为我国上市公司乐于采用的一种筹资方式。

（一）可转换公司债券的特点

可转换公司债券兼具债券和股票的特性，它有以下三个特点。

1. 债权性

与其他债券一样，可转换公司债券也有规定的利率和期限。投资者可以选择持有债券到期，收取本金和利息。

2. 股权性

可转换公司债券在转换成股票之前是纯粹的债券，但在转换成股票之后，原债券持有人就由债权人变成了公司的股东，可参与企业的经营决策和利润分配。

3. 可转换性

可转换性是可转换公司债券的重要标志，债券持有者可以按约定的条件将债券转换成股票。可转换公司债券在发行时就明确约定，债券持有者可按照发行时约定的价格将债券转换成公司的普通股股票。如果债券持有者不想转换，则可继续持有债券，直到偿还期满时收取本金和利息，或者在流通市场出售变现。

（二）可转换公司债券的转换条款

可转换公司债券在发行时，预先规定三个基本转换条款：转换价格、转换比率和转换期。

1. 转换价格

可转换公司债券发行之时，明确了以怎样的价格转换为普通股，这一规定的价格，就是可转换公司债券的转换价格（也称转股价格）。按照我国《可转换公司债券管理暂行办法》的规定，上市公司发行可转换公司债券的，以发行可转换公司债券前一个月股票的平均价格为基准，上浮一定幅度作为转换价格；重点国有企业发行可转换公司债券的，以拟发行股票的价格为基准，折扣一定比例作为转换价格。

2. 转换比率

转换比率是指每张可转换公司债券能够转换的普通股份股数。可转换公司债券的面值、转换价格和转换比率之间存在下列关系：

$$转换比率=\frac{可转换公司债券面值}{转换价格} \tag{6-5}$$

显然，转换价格越高，转换比率就越低；反之亦然。

例如，R公司于2004年10月19日发行8.83亿元可转换公司债券，每张面值人民币100元；可转换公司债券期限为5年；票面年利率第一年为1.5%、第二年为1.8%、第三年为2.1%、第四年为2.4%、第五年为2.7%。确定的初始转股价格为7.37元/股，按照该转换价格计算，转换比率为每张13.568 5股。

3. 转换期

转换期是指可转换公司债券转换为普通股份的起始日至结束日的期间。可转换公司债券的转换期可以与债券的期限相同，也可以短于债券的期限。但大多数情况下，发行人都规定某一具体期限，例如，S公司于2000年3月14日发行可转换公司债券，到期日为2005年3月13日，《可转换债券募集说明书》规定转换期为2000年9月14日~2005年3月13日，在有效期内允许可转换公司债券持有者按转换比例或转换价格转换成发行公司的股票，超过转换期后的可转换公司债券，不再具有转换权，自动成为不可转换公司债券。在很多情况下，公司还规定在有效期内转换比例逐渐递减或是附有赎回条款。公司规定的赎回价格一般略高于股票面值，当股票市场价格高于赎回价格时，公司往往行使赎回的权力，这时，投资者若不愿按赎回价格将可转换公司债券卖给公司，就只能将其转换成普通股。

（三）可转换公司债券的发行条件和程序

根据我国《上市公司证券发行管理办法》的规定，目前我国只有上市公司具有发行可转换公司债券的资格。公开发行可转换公司债券的公司，除应当符合证券发行的一般规定外，还应当符合下列规定：

（1）三个会计年度加权平均净资产收益率平均不低于6%；

（2）本次发行后累计公司债券余额不超过一期末净资产额的40%；

（3）三个会计年度实现的年均可分配利润不少于公司债券一年的利息。

上市公司发行可转换公司债券的程序与增发新股的程序类似，这里不再复述。

（四）可转换公司债券的发行价格

确定可转换公司债券的价值比较复杂，这是因为，可转换公司债券是指其持有人可以在一定时期内按一定比例将债券转换成为本公司股票的债券，它实际上是一种长期的股票看涨期权。鉴于可转换公司债券既有债券的特征又有转为股票的可能，其价值则由债券价值和买入期权的价值构成。由于期权定价涉及一些较深的理论，我们在此不作展开。目前，我国可转换公司债券一般是以面值发行的。

（五）可转换公司债券筹资的优缺点

发行可转换公司债券是一种特殊的筹资方式，它除了具有一般公司债券的优点之外，还存在明显的优势。

（1）有利于降低资本成本。可转换公司债券的利率通常低于普通债券，故在转换前可转换公司债券的资本成本低于普通债券；转换为股票后，又可节省股票的发行成本，从而降低股票的资本成本。

（2）有利于筹集更多资本。可转换公司债券的转换价格通常高于发行时的股票价格，因此，可转换公司债券转股后，其筹资额大于当时发行股票的筹资额，另外也有稳定股价的作用。

（3）有利于调整资本结构。可转换公司债券是一种具有债权筹资和股权筹资双重性质的筹资方式。在转换前属于公司的一种债务，若发行公司希望可转换公司债券持有人转股，还可以借助诱导，促其转换，进而借以调整资本结构。

利用可转换公司债券筹资，虽有上述优点，但缺点也很明显，主要表现在以下几个方面。

（1）转股后可转换公司债券筹资将失去利率较低的优势。

（2）若确需股票筹资，但股价并未上升，在可转换公司债券的持有人不愿转股时，发行公司将承受偿债压力。

（3）若可转换公司债券转股时公司股价高于转换价格，则发行可转换公司债券会遭受筹资损失。

第六节　融资租赁

租赁，是出租人以收取租金为条件，在契约或合同规定的期限内，将资产租借给承租人使用的经济行为。租赁行为在实质上具有借贷属性，不过它直接涉及的是物而不是钱，在租赁业发达的国家，它为企业所普遍采用，是企业筹资的一种特殊方式。租赁按资产所有权有关的风险和报酬的归属分类，分为经营租赁和融资租赁。

一、经营租赁和融资租赁

（一）经营租赁

经营租赁又称营业租赁、服务租赁，是由出租人向承租企业提供租赁设备，并提供设备维修保养和人员培训等服务性业务。经营租赁通常为短期租赁。承租企业采用经营租赁的目的，并不在于融通资本，而是为了获得设备的短期使用以及出租人提供的专门技术服务。经营租赁具有以下特征。

（1）与所有权有关的风险和报酬实质上并未转移。租赁资产的所有权最终仍然归出租方所有，出租方保留了租赁资产的大部分风险和报酬，其租赁资产的折旧、修理费等均由出租方承担。

（2）出租人一般需要经过多次出租，才能收回对租赁资产的投资。

（3）承租人只是为了经营上的临时所需，或由于季节性的需要进行资产租赁，因此，租赁期限相对较短，一般不延至租赁资产的全部耐用期限。

（4）租赁期满后，承租人将设备退还给出租人，也可以根据一方的要求，提前解除租约。经营租赁一般没有续租或优先购买选择权。

（二）融资租赁

融资租赁又称资本租赁、财务租赁，是由租赁公司按照承租企业的要求，融资购买设备，并在契约或合同规定的较长期限内，提供给承租企业使用的信用性业务。融资租赁实质上是转移一项与资产所有权有关的全部风险和报酬的一种租赁。承租企业采用融资租赁的主要目的是为了融通资金。融资租赁集“融物”与“融资”于一身，具有借贷性质，是承租企业筹集长期借入资金的一种特殊方式。融资租赁一般具有以下特征。

（1）出租方仍然保留租赁资产的所有权，但与租赁资产有关的全部风险和报酬实质上已经转移。承租方需要承担租赁资产的折旧、修理以及其他费用。

（2）租约通常是不能取消的，或者只有在某些特殊情况下才能取消。

（3）租赁期限较长，几乎包含了租赁资产全部的有效使用期限。

（4）融资租赁保证出资人回收其资本支出，并加收一笔投资收益。在一般情况下，融资租赁只须通过一次租赁，就可以回收资产的全部投资，并取得合理的利润。

（5）租赁期满时，承租人有优先选择廉价购买租赁资产的权利，或采取续租或将租赁资产退还给出租方。

二、融资租赁的种类

融资租赁按其租赁的方式不同，主要分为直接租赁、售后回租和杠杆租赁三种。

1. 直接租赁

直接租赁是融资租赁的典型形式，是指“购进租出”的做法。即出租人根据承租人的申请，以自有或筹措的资金向国内外厂商购进用户所需设备，然后租给承租人使用。直接租赁一般由两个合同构成：一是出租人与承租人签订的租赁合同；二是出租人按承租人的订货要求，与厂商签订的购货合同。西方发达国家绝大多数租赁公司都采取直接租赁做法。

2. 售后回租

企业因缺乏资金，将自有资产中较新的固定资产先售让给能够办理融资租赁业务的机构，再以承租人的身份，向这些机构租回使用，这就是售后回租的租赁方式。采用这种融资租赁方式，租金支付的方式类似于抵押贷款，即承租人因出售资产而获得一笔相当于市价的资金，同时将其租回，而保留了资产的使用权。在租赁期内，承租人在享受筹得资金好处的同时，丧失了资产的所有权，还需要支付租金；承租人在享受租赁费用抵销所得税好处的同时，还继续享受设备折旧免税的优惠。

3. 杠杆租赁

这是近 20 年出现的租赁形式，它一般要涉及承租人、出租人和贷款人三方。从承租人角度来看，它与其他融资租赁形式并无区别，同样是按合同的规定，在租期内获得资产的使用权，按期支付租金。但对出租人不同，出租人只垫付购买资产所需现金的一部分（一般为价款的 20% ~ 40%），其余部分则以该资产为担保向贷款人借资支付。在这种情况下租赁公司既是出租人又是借款人，既要收取租金又要支付债务。这种融资租赁形式，由于租赁收益一般大于借款成本，出租人通过“借款→购物→出租”

可获得财务杠杆利益，故被称为杠杆租赁。

下面举例说明融资租赁的主要内容。

【例6-10】T钢铁股份有限公司（简称“本公司”）2012年6月29日发布公告：2012年6月27日，本公司第六届董事会第三次书面议案通过了《关于本公司与MS金融租赁股份有限公司开展融资租赁的议案》。根据融资租赁协议，MS租赁已同意以代价人民币140 000 000元购买有关本公司产品结构调整技改工程项目建设的若干零件和设备，随后以总租赁代价人民币156 527 911.44元将MS融资租赁协议项下的设备租给本公司，为期3年。本公司须支付的金额包括按照中国人民银行3年期贷款基准利率上移10%之基准计算的应付利息（订立MS融资租赁协议时该利率为6.40%，而当时MS融资租赁协议项下的应付利率为7.04%），共计人民币156 527 911.44元。MS融资租赁协议项下的租金须自2012年7月15日起分12次按季度支付。租赁期间，倘中国人民银行调整贷款基准利率，MS租赁将对利率作出相应调整。根据订立MS租赁协议时的利率，各次分期付款金额均为人民币13 043 992.62元。租赁期间，MS融资租赁协议项下设备的所有权归MS租赁所有。租赁期满后，本公司可以代价人民币10 000元购买所租用的MS融资租赁协议项下设备。

本例中的租赁属于典型的售后租回行为。该项租赁涉及的当事人有两方，分别是T钢铁股份有限公司和MS金融租赁股份有限公司，其中T钢铁股份有限公司为资产转让人，同时也是承租人，MS金融租赁股份有限公司为出租人。租赁期限为3年。租赁利率按照中国人民银行3年期贷款基准利率上浮10%计算，首期按照年利率7.04%计算。租金及支付方式为：租金支付期间共计12期，每季度支付租金13 043 992.62元。租赁期满后，承租方可以10 000元购买被租赁资产。

三、对融资租赁的评价

对承租企业而言，融资租赁是一种特殊的筹资方式。通过租赁，企业可不必预先筹措一笔相当于设备价款的现金，即可获得所需设备。因此，与其他筹资方式相比，融资租赁颇具特点。

（1）可以迅速获得所需资产。融资租赁集融资与融物于一身，通常要比筹措现金后再购置设备来得更快，可尽快形成企业的生产能力。

（2）筹资限制较少。利用股票、债券、长期借款等筹资方式，都会受到相当多的资格条件限制，相比之下，融资租赁筹资的限制较少。

（3）免遭设备淘汰的风险。科技的不断进步使功能更全、效率更高的设备大量出现。对设备陈旧过时可能导致使用不经济的风险，在多数租赁协议中都规定由出租人承担，承租企业可以避免这种风险损失。

（4）减轻财务支付压力。按照规定，全部租金在整个租期内分期支付，并且租金可在税前扣除。

尽管与其他筹资方式相比，融资租赁具有其优越性，但也存在缺点，主要体现在以下几个方面。

（1）租赁成本高。长期租赁利率一般高于举债筹资的利率。另外，当市场利率下降时，企业可在借款到期之前提前偿还本息，而租赁则受合同制约，企业不能因市场利率下降而降低租金。

（2）在物价上涨时，企业会失去资产增值的好处。当市场商品价格普遍上涨时，设备资产也随之增值，像土地、建筑物等残值较大的资产增值更快。租赁期满后，如果租赁合同中未签署交付转让费后留购的条款，企业就享受不到资产增值所带来的好处。

（3）配套技改不易实施。通常合约明文规定，承租企业不得对设备进行拆卸、改装，不得中途解约，这使设备技改难以实施。

第七节　商业信用

商业信用是指在商品交易中由于延期付款或预收货款所形成的企业间的借贷关系。商业信用产生于商品交换之中，是所谓的“自发性筹资”。它运用广泛，在短期负债筹资中占有相当大的比重。商业信用的具体形式有应付账款、应付票据和预收账款等。

一、应付账款

应付账款是企业采用赊购方式而形成的债务，它是卖方允许买方在购货后一定时期内支付货款的一种形式。卖方利用这种方式促销，而对买方来说延期付款则等于向卖方借用资金购进商品，可以满足短期的资金需要。

（一）应付账款的成本

以应付账款形式提供的短期资金不须付息，但通常附有现金折扣的信用条件。所谓现金折扣是卖方给予买方提前支付货款的一种报酬。这种信用条件是按“2/10，*n*/30”方式在购货发票上注明的，意指购货方在10天内付款，可享受2%的折扣；10天之后付款不能享受折扣，在30天之内应全数付清。在此条件下，10天为折扣期，30天为信用期。

假定某企业按2/10、*n*/30的条件购入10万元货物。如果该企业在10天内付款，便享受了10天的免费信用期，并获得折扣0.2万元，免费信用额为9.8万元。

倘若买方企业放弃折扣，在10天后（不超过30天）付款，该企业便要承受因放弃折扣而造成的隐含利息成本。一般而言，放弃现金折扣的成本（按年计算）可由下式求得：

$$\text{放弃现金折扣成本}=\frac{\text{折扣百分比}}{1-\text{折扣百分比}}\times\frac{360}{\text{信用期}-\text{折扣期}} \tag{6-6}$$

上例中，该企业放弃现金折扣成本为：

$$\frac{2\%}{1-2\%}\times\frac{360}{30-10}=36.7\%$$

公式表明，放弃现金折扣的成本与折扣百分比的大小、折扣期的长短呈同方向变化，与信用期的长短呈反方向变化。可见，如果买方放弃折扣而获得信用，其代价是较高的。然而，企业在放弃折扣的情况下，推迟付款的时间越长，其成本越小。例如，如果企业延至50天付款，其成本则为：

$$\frac{2\%}{1-2\%}\times\frac{360}{50-10}=18.4\%$$

（二）利用现金折扣的决策

在附有信用条件的情况下，因为获得不同信用要负担不同的代价，买方企业便要在利用哪种信用之间作出决策。一般说来，如果能以低于放弃折扣的隐含利息成本（实质是一种机会成本）借入资金，便应在现金折扣期内用借入的资金支付货款，享受现金折扣；反之，企业应放弃折扣。如果在折扣期内将应付账款用于短期投资，所得的投资收益率高于放弃折扣的隐含利息成本，则应放弃折扣而去追求更高的收益。当然，假使企业放弃折扣优惠，也应将付款日推迟至信用期内的最后一天，以降低放弃折扣的成本。

二、应付票据

应付票据是企业进行延期付款商品交易时开具的反映债权、债务关系的票据。根据承兑人的不同，应付票据分为商业承兑汇票和银行承兑汇票两种，支付期最长不超过6个月。应付票据可以带息，也可以不带息。应付票据的利率一般比银行借款的利率低，且不用保持相应的补偿余额和支付协议费，所以应付票据的筹资成本低于银行借款成本。但是应付票据到期必须归还，如若延期便要交付罚金，因而风险较大。

三、预收账款

预收账款是卖方企业在交付货物之前向买方预先收取部分或全部货款的信用形式。对于卖方来讲，预收账款相当于向买方借用资金后用货物抵偿。预收账款一般用于生产周期长、资金需要量大的货物销售。

四、利用应收账款融资

向银行等金融机构借款时，一般均须由借款人提供担保。在商业信贷盛行的国家，有将应收账款作为借款的抵押、应收账款贴现和出让应收账款等筹资方式。

（一）应收账款抵借

应收账款抵借就是以应收账款这一债权作为抵押担保，向银行等金融机构借款的方式。通常，借款企业同贷款人签订合同，在合同有效期内，借款企业定期将它的客户的订货单送交贷款人审核，贷款人对某些信用不佳或不符合要求的客户订单予以剔除，借款人之后根据贷款人审核通过的订单供货，将发票存根集中定期向贷款人申请抵押借款，借款额一般折合应收账款的 75% 左右。如果客户到期不还款，银行保留向借款人即供货人追索的权利。所以在应收账款抵借业务中，坏账风险仍由借款企业承担。

（二）应收账款贴现

企业将应收账款向银行等金融机构贴现，一般可贴得相当于其总额 75% 的现款。贷款人在支付贴现值的同时，出具贴现人承兑的汇票。贴现后，借款企业照常收取应收账款，在汇票到期日将汇票兑现还款。

（三）应收账款让售

应收账款让售是将应收账款出让给银行等金融机构以筹措资金的一种筹资方式。通常，让售应收账款的企业，事先与银行等金融机构签订合同，商品运出，应收账款就让售给贷款机构，借款额一般为应收账款额扣减：（1）允许客户在付款时扣取的现金折扣；（2）贷款机构的手续费；（3）在应收账款中因可能发生的销货退回和折让而保留的扣存款的余额。

让售应收账款与抵押应收账款不一样，前者转移了应收账款所有权，款项由让售企业通知客户后由客户直接付货款给银行，并负责催收。如果遇到应收账款坏账，由贷款人承担。因此，在办理应收账款让售业务时，银行会对每一现有和未来的欠款人（应收账款对象）的信用状况与偿债能力严加审查，不符合条件的，不接受其让售。换个角度说，在企业让售应收账款过程中，借款企业无疑得到了客户信誉及偿债能力方面的咨询，节约了借款企业的咨询成本。

【思考与练习】

思考题

1. 试说明运用销售百分比法预测企业资金需要量的基本原理。

2. 请在网页上搜索“浙江富春江水电设备股份有限公司关于投资设立控股子公司的公告”并阅读公告内容。

3. 林云股份有限公司是一家上市公司，现在经批准实施增资配股方案，由于配股资金并非一次全部投入使用项目，公司准备先以配股募集的一部分资金来偿还部分银行借款。公司证券部的职员认为：以配股募集的资金来偿还借款，降低了公司债务资本的比例，这样可以达到控制风险、减少利息支出、降低资本成本的目的，从而增加公司以后年度的利润总额和每股收益。

你认为他们这样理解存在哪些错误？

4. 请在网页上搜索“深圳市机场股份有限公司公开发行可转换公司债券募集说明书”并阅读说明书内容。

5. 融资租赁主要有哪几种形式？售后租回是一种怎样的租赁方式？

6. 试说明应收账款抵借和应收账款让售两种筹资方式的主要区别。

单项选择题

1. 股票按股东的权利不同、义务不同可以分为（　）两种。

A. 国家股、法人股、个人股和外资股　B. 普通股和优先股

C. 流通股和非流通股　D. A 股、B 股和 H 股

2. 下列权利中，属于普通股股东但不属于优先股股东的是（　）。

A. 利润分配权　B. 优先转让股份

C. 剩余财产分配权　D. 参与公司重大经营决策

3. 相对于普通股筹资而言，银行借款筹资的优点是（　）。

A. 可以筹集到巨额资金　B. 没有固定费用负担

C. 可获得财务杠杆利益　D. 财务风险较小

4. 某企业按年利率5%向银行借款300万元，银行规定按年支付利息，并要求保留20%的补偿性余额。则该项借款的实际利率（存款利息忽略不计）为（　）。

A. 5%　B. 6.25%　C. 10%　D. 25%

5. 可转换公司债券是指在一定时期内，可按事先商定的价格或一定比例，由持券人自由地选择转换为（　）的一种债券。

A. 发行该债券公司的普通股　B. 发行该债券公司的业务往来公司的普通股

C. 发行该债券公司的优先股　　D. 发行该债券公司的任何一种有价证券

6. 下列各项中，属于融资租赁特点的是（　）。

A. 租赁期限长

B. 在租赁期内出租人一般都提供维修服务

C. 在合理限制条件范围内，可以解除租赁契约

D. 租赁期满，租赁资产一般要归还给出租人

7. 某企业按“2/10，*n*/60”的条件购进商品一批，若该企业放弃现金折扣优惠，而在信用期限满时按发票全额付款，则（按照一年计算）放弃现金折扣的机会成本约为（　）。

A. 10.50%　　B. 12.24%　　C. 14.40%　　D. 14.69%

8. 企业短期资金通常采用（　）、短期银行借款等方式来筹集。

A. 发行债券　　B. 吸收直接投资　　C. 商业信用　　D. 融资租赁

多项选择题

1. 下列条件属于目前我国股份公司股票上市条件的有（　）。

A. 公司股本总额 3 000 万元以上

B. 净资产收益率达到 10% 以上

C. 持有股票面值人民币 1 000 元以上的股东不少于 1 000 人

D. 流通股的持股比例至少达到 25%

E. 公司在最近三年内无重大违法行为，财务会计报告无虚假记载

2. 优先股股东的优先权利主要体现在（　）。

A. 优先认股权　　B. 优先分配股利权

C. 优先分配剩余财产权　　D. 优先查账权

E. 优先投票权

3. 公司股票上市后再发行股票有（　）。

A. 实施 IPO　　B. 公开增发　　C. 定向增发

D. 配股　　E. 发行可转换公司债券

4. 下列属于负债筹资方式的有（　）。

A. 发行股票　　B. 发行债券　　C. 融资租赁

D. 商业信用　　E. 收益留存

5. 融资租赁是一种筹资方式。融资租赁的主要形式有（　）。

A. 直接租赁　　B. 售后租回　　C. 杠杆租赁

D. 经营租赁　　E. 财务租赁

6. 与借款筹资方式相比，融资租赁筹资的优点有（　）。

A. 无须还本　　B. 筹资限制少　　C. 财务风险小

D. 筹资速度快　　E. 资本成本低

7. 企业在持续经营过程中，会自发地、直接地产生一些资金来源，部分地满足企业经营的需要，如（　）。

A. 预收账款　　B. 应付职工薪酬　　C. 应付票据

D. 短期借款　　E. 应付账款

8. 放弃现金折扣的成本大小与（　）。

A. 折扣百分比的大小呈反方向变化　　B. 信用期限的长短呈反方向变化

C. 折扣百分比的大小呈同方向变化　　D. 信用期限的长短呈同方向变化

E. （在超过信用期限付款的情况下）推迟付款的时间长短呈反方向变化

计算分析题

1. W纸业股份有限公司原先是一家非上市公司，2003年年末总股本为9 986.67万股（均为普通股，每股人民币1元），该公司2003年实现净利润4 764.88万元。2004年5月10日经中国证监会批准，向社会公开发行人民币普通股8 000万股，最终确定的发行价格为每股6.69元。要求计算并回答下列问题。

（1）该公司2003年的每股收益（结果精确到0.01元）。

（2）按照2003年年末总股本计算，该公司发行新股的市盈率为多少倍？（结果精确到0.01倍，下同。）

（3）按照2003年实现的净利润和2004年发行新股后的总股本计算，该公司发行新股的市盈率又是多少倍？

2. 潮鸣服装有限公司从银行获得一笔750万元的长期借款，借款期限为5年，年复利率为9%。银行规定的还款方式为：前四年每年年末归还一笔相等金额的款项，最后一年归还本息共400万元，5年内全部还清。要求：

（1）计算该公司前四年每年年末应归还的金额（结果精确到0.01万元）；

（2）请你编制该公司对上述借款的本息偿付计划表（计算结果直接填入下表）。

借款偿付计划表　　（单位：万元）

年份	年初尚未归还本金	当年利息总额	年末本利和	本年计划还款额	本年归还本金数额
1					
2					
3					
4					
5					
合计					

3. RSD 股份有限公司经批准拟发行面值为 100 元的债券 500 000 份，初步确定债券期限为 6 年，经财务人员分析，金融市场中风险相当的融资项目的平均利率（即市场利率）约为 8%，公司财务部就债券发行设计了两种方案：

A 方案：规定每年付息一次，到期一次还本，票面利率确定为 8.25%；

B 方案：规定到期一次还本付息，票面利率确定为 9.00%。

公司董事会正在讨论债券发行有关事宜，需要合理确定债券的发行价格，以确保债券的顺利发行。假如你是该公司的财务顾问，公司董事会请你就上述两种方案计算债券的发行价格（按理论价格计算，结果精确到 0.01 元）。

4. 欧亚商场从供应商处购进一批家电产品，总价款为 450 万元，供应商给出的付款条件为：2/20，*n*/45。商场采购部经理正在考虑是否在折扣期内付款的问题，他想知道放弃折扣的代价有多大，于是找到财务人员请教。假如你是商场财务人员，请你帮助采购部经理做下列计算工作。

（1）如果商场在折扣期内付款，应当支付的总金额是多少？

（2）如果商场放弃在折扣期内付款，而承诺在信用期限的最后一天付款，则商场放弃折扣的代价是多少？计算结果以百分比表示，精确到 0.01%，下同。

（3）如果商场放弃在折扣期内付款，而且不准备在信用期限内付款，估计在信用期限过后 30 天付款，则商场放弃折扣的代价又是多少？

CHAPTER－7

第七章

利润分配与股利决策

YT 客车股份有限公司（以下简称“YT 公司”）是一家股份制公司，主要经营客车及其配件制造、机械加工、配件销售等。1997 年 5 月，YT 客车股份有限公司股票在上海证券交易所挂牌上市。

该公司自上市以来，盈利能力在同行业名列前茅，经营业绩增长稳定。2012 年 YT 公司主要经济指标迭创历史最好水平，年营业收入达到 197.63 亿元，实现净利润 15.50 亿元，年末资产规模达到 142.79 亿元。

公司在经营业绩与现金流稳定增长的同时，给股东的回报历来都非常大方。自 1997 年上市至 2012 年，除 1999 年和 2002 年实施“不分配”外，公司每年给予投资者每股 0.30～1.00 元的现金分红（税前），同时推出资本公积金转增股本方案。表 7-1 列示了 YT 公司上市后历年实现的每股收益和权益分派方案（包括利润分配及资本公积金转增股本方案）。

据初步统计，截至 2013 年 5 月底，YT 公司累计发放现金股利达 28.52 亿元，平均每年分配现金股利约 17 825 万元。截至 2013 年 5 月底，公司发行在外普通股 126 952.59万股，为上市初的 17.39 倍。在股本迅速扩张的同时，公司仍能持续实施高额现金分红方案，这在目前 2 500 多家上市公司中极为少见。良好的基本面吸引了众多基金、机构重仓持有该公司股票，股票前景十分看好，这也为其二级市场股价的上扬奠定了坚实的基础。

表 7-1 所示的资料涉及企业财务管理中的一个重要问题——利润分配决策，或者说股利决策问题。YT 客车股份有限公司在其盈利水平大幅提升的同时，十分注重给股东丰厚的投资回报。那么，公司推行的是何种股利政策？公司管理当局是出于何种考虑推行这种股利政策？这种股利政策会对公司今后的发展产生怎样的影响呢？

表 7-1　YT 客车股份有限公司 1997—2012 年度权益分派方案

年度	实现每股收益（元）	权益分派方案	方案实施日期
1997 年度	0.561 0	10 派 6.000 元	1998 年 6 月 5 日
1998 年中期	0.279 0	10 转 3.000 元	1998 年 10 月 12 日
1998 年度	0.463 4	10 派 5.000 元	1999 年 7 月 6 日
1999 年度	0.621 0	不分配	—
2000 年度	0.636 8	10 派 6.000 元	2001 年 7 月 10 日
2001 年度	0.719 9	10 派 6.000 元	2002 年 4 月 12 日
2002 年度	0.761 1	不分配	—
2003 年度	0.940 0	10 转 5.000 派 4.000 元	2004 年 4 月 15 日
2004 年度	0.700 0	10 转 3.000 派 5.000 元	2005 年 4 月 19 日
2005 年度	0.719 9	10 转 5.000 派 10.000 元	2006 年 4 月 20 日
2006 年度	0.761 1	10 派 5.000 元	2007 年 4 月 5 日
2007 年度	0.940 0	10 转 3.000 派 7.000 元	2008 年 5 月 15 日
2008 年度	0.700 0	10 派 6.000 元	2009 年 5 月 15 日
2009 年度	0.719 9	10 派 10.000 元	2010 年 5 月 18 日
2010 年度	0.761 1	10 派 3.000 元	2011 年 5 月 16 日
2011 年度	0.940 0	10 派 3.000 元	2012 年 5 月 9 日
2012 年度	0.700 0	10 转 8.000 派 7.000 元	2013 年 5 月 15 日

利润分配和股利决策是企业财务决策的重要内容之一。股利政策和股利分配形式的选取是否得当，对一个公司的发展有着至关重要的影响。通过对本章的学习，我们将了解企业利润分配的主要内容和基本程序，明确股利决策在企业财务管理中的重要地位，熟悉各种股利政策的特点及影响股利政策的因素，从而在理论上进一步理解诸如 YT 客车股份有限公司的股利分配问题。

第一节　利润的构成内容

利润是企业在一定时期内从事各项经营活动所获取的财务成果。它是企业生产经营的最终成果，是衡量企业经济活动效益好坏的综合性指标。财务管理尽管强调现金流量的重要性，在投融资决策中注重现金流量的作用，但利润仍然是投资者最为关心的会计信息，利润分配也成为股东最为关心的财务信息。要研究企业的利润分配，必须首先说明利润的含义、构成内容及其计算方法。利润分配的对象是净利润，而净利润是利润总额扣除所得税费用的结果。因此，本节首先说明两种不同口径的利润概念：利润总额和净利润。

一、利润总额

利润总额是指企业在一定时期内实现的税前利润总额。从目前利润表的结构看，企业的利润总额由营业利润和营业外收支净额组成。其计算公式如下：

$$税前利润=营业利润+营业外收入-营业外支出 \tag{7-1}$$

营业利润是企业在一定时期内从事经营活动所取得的成果，它也是衡量企业管理当局生产经营业绩的主要考核指标，是企业利润的最主要来源。营业利润由营业收入减去营业成本、营业税金及附加、期间费用、资产减值损失，加上公允价值变动收益和投资收益后计算得到。用公式表示为：

$$\begin{aligned}营业利润=&营业收入-营业成本-营业税金及附加-期间费用\\&-资产减值损失+公允价值变动收益+投资收益\end{aligned} \tag{7-2}$$

营业收入是企业由于销售产品、商品和提供劳务等业务活动所实现的收入，包括主营业务收入和其他业务收入等。主营业务收入是指企业在其主要的或主体的业务活动中取得的营业收入。在工业企业中，主营业务收入主要指产品销售收入。其他业务收入是指主营业务以外的其他业务活动所取得的收入。

营业成本是企业为销售产品、商品和提供劳务等经营业务而发生的成本，包括主营业务成本和其他业务成本等。

营业税金及附加是指按国家税法规定计算缴纳并由本企业负担的税金，以及按所缴纳的税金的一定比例缴纳的有关附加费，主要包括消费税、营业税、城建税和教育附加费等。

期间费用是指直接计入当期损益的各项费用，包括销售费用、管理费用和财务费用。

资产减值损失是指资产的账面价值低于其可收回金额的金额，包括固定资产减值损失、坏账损失、存货跌价损失等。值得注意的是，在计算当期利润总额时需要扣除的资产减值损失数额是本期计提的各种资产减值准备。

公允价值变动收益是指公允价值变动收益与公允价值变动损失的差额，如交易性金融资产公允价值变动损益等。

投资收益是指企业对外投资所产生的投资收益与投资损失的差额，主要包括企业对外投资所分得的利润、股利、债券利息、投资到期收回或中途转让取得的款项高于或低于原投资账面价值的差额，以及股权投资按照权益法核算时在被投资企业净利润中所拥有的份额，或者在净亏损中应负担的份额。

营业外收入是指与企业经营活动没有直接联系的收入及各种偶然所得，主要包括非流动资产处置利得、非货币性资产交换利得、债券重组利得、政府补贴、盘盈利得、捐赠利得等。

营业外支出是指与企业经营活动没有直接关系的各项支出，主要包括非流动资产处置损失、非货币性资产交换损失、债多重组损失、公益性捐赠支出、非常损失、盘亏损失等。

二、净利润

净利润是指税前利润扣除所得税费用后的差额，也称税后利润。其表达式如下：

$$净利润 = 税前利润 - 所得税费用 \tag{7-3}$$

所得税费用应根据所得税法和所得税会计的有关规定计算确定，它不一定是利润总额与所得税税率的乘积，也不一定等于本期应交所得税额，具体计算比较复杂，这里不再展开。

第二节　利润分配的程序和内容

利润分配是对企业所实现的利润在各利益主体之间的分配，这种分配必须按照一定的顺序进行。利润分配不仅影响企业的筹资和投资决策，而且涉及国家、企业、投资者等多方面的利益关系，涉及企业的长远利益和近期利益、整体利益与局部利益等关系的协调和处理，必须慎重对待。这里以股份有限公司为例说明利润分配的程序和内容。

一、股份有限公司利润分配的程序和内容

股份有限公司是股份制企业的一种主要组织形式，也是我国建立现代企业制度的主要模式之一。股份有限公司的利润分配方式代表了公司利润分配的一般模式，其他类型企业与股份有限公司的利润分配大同小异。根据我国《公司法》的规定，股份有限公司实现的净利润应按以下顺序分配。

（一）弥补亏损

弥补亏损是利润的“逆向分配”，它也属于利润分配的内容。经营性亏损的弥补方式一般有两种：税前利润弥补和税后利润弥补。税前利润弥补亏损是指企业发生的亏损用以后年度实现的利润在其缴纳所得税前加以弥补；税后利润弥补是指企业发生的亏损用以后年度实现的利润在其缴纳所得税后再加以弥补。税后利润弥补亏损又有两种不同的形式，一种是用以前年度的盈余公积弥补，另一种是用企业累计实现的未分配利润弥补。按我国企业所得税法第十八条规定：企业纳税年度发生的亏损，准予向

以后年度结转，用以后年度的所得弥补，但结转年限最长不得超过五年。这就是说，企业某年度发生的经营性亏损，可以在五年内用所得税前利润弥补，延续五年内未弥补的亏损，用缴纳所得税后的利润弥补。

允许以税前利润弥补亏损时，企业实现的利润首先要弥补以前年度的亏损，弥补亏损后有剩余利润的，才需要缴纳所得税。因此，从企业的利益出发，税前弥补亏损对企业有利；而用税后利润弥补亏损，企业实现的利润首先应当缴纳所得税，然后再弥补亏损，它并不能减少企业的所得税。

（二）提取法定公积金

按照我国《公司法》的规定，公司实现的税后利润在弥补亏损后，应当首先计提法定公积金。计提法定公积金的基数，不是公司累计实现的盈利，而是本年实现的税后利润扣除弥补亏损的利润后的差额。法定公积金按照10%的比例计提；当累计法定公积金达到注册资本的50%时，可以不再提取。

公司在税后利润中计提的法定公积金是公司留存收益的一部分，这属于内部融资行为。法定公积金主要有三项用途：一是弥补以后年度亏损，即前面所述的“以前年度盈余公积弥补亏损”；二是转增资本，即法定公积金可以按照法定程序转为实收资本或股本；三是分配股利，即经股东大会决议，留存的法定公积金可以在以后年度分配股利。

（三）分配优先股股利

优先股是比普通股在某些方面享有优先权利的股份，在股利分配上，优先股股东可以在普通股股利分配前，按照设定的股利率或金额优先分配股利。因此，发行了优先股的股份有限公司，公司的利润在提取法定公积金后，应先分配优先股股利，以确保优先股股东的收益和优先分配权。

（四）提取任意公积金

提取任意公积金是股份有限公司税后利润分配的一个显著特点，其目的主要是为了让更多的利润留在公司，用于满足公司发展的需要，另外它也能起到限制普通股股利的分配，调整各年股利分配波动的作用。任意公积金的计提比例由公司自行决定，其用途与法定公积金相同。

（五）分配普通股股利

股份有限公司在弥补亏损、提取法定公积金、分配优先股股利及提取任意公积金后剩余的利润，可按照普通股股东所持股份的比例按同股同利原则进行分配。普通股股利的多少事先并没有规定，公司是否分配普通股股利，分配多少，以何种形式分配，这些都是利润分配需要解决的核心问题，本章的第四节将重点阐述这一问题。

公司利润分配是有序的，在弥补亏损之前，不能提取法定公积金；在提取法定公积金之前不能向股东分配股利。如果公司股东会或董事会违背上述利润分配顺序，必须将违反规定发放的利润退还给公司。

【例 7-1】联谊公司开始经营的前八年中实现的税前利润（发生亏损以“－”表示）如表 7-2 所示。

表 7-2　联谊公司前八年的税前利润表　（单位：万元）

年份	1	2	3	4	5	6	7	8
利润	－100	－40	30	10	10	10	60	40

假设除弥补亏损以外无其他纳税调整事项，该公司的所得税税率一直为 25%，并按规定享受连续五年税前利润弥补亏损的政策，税后利润（弥补亏损后）按 10% 的比例提取法定公积金，请你分析后回答下列问题。

（1）该公司第七年是否需缴纳所得税？是否有利润用于提取法定公积金？

（2）该公司第八年是否有利润用于提取法定公积金？是否有利润可分配给股东？

解：

（1）公司第一年的亏损 100 万元可以由第 3～6 年的利润弥补，但尚有 40 万元不足弥补，须用以后年度的税后利润加以弥补。公司第七年的利润 60 万元应弥补第二年发生的亏损 40 万元，弥补亏损后的利润 20 万元应缴纳所得税 5 万元，税后利润 15 万元还要弥补第一年的亏损，尚有 25 万元的亏损未弥补，故第七年应缴纳所得税，但不应提取法定公积金。

（2）公司第八年的利润 40 万元应首先缴纳所得税 10 万元，税后利润 30 万元弥补第一年的亏损 25 万元后还剩余 5 万元，故第八年应提取法定公积金 5 000 元，剩下的利润 45 000 元可分配给股东。

二、利润分配的原则

利润分配是根据企业所有权的归属及各投资者的出资比例，对企业利润进行的划分，是一种利用财务手段确保利润的合理归属和正确分配的财务活动。利润分配是一项十分重要而又敏感的工作，它关系到企业和与企业有经济利益关系的各种当事人的切身利益，影响企业的筹资和投资决策，涉及企业的长远利益和近期利益、整体利益与局部利益等关系的协调与处理。为此，企业利润分配应遵循以下原则。

（一）依法分配原则

为规范企业的收益分配行为，国家制定和颁发了若干法规，这些法规规定了企业收益分配的基本要求、一般程序和分配比例，主要体现在以下两个方面：一方面，企业实现的利润应按照税法的规定先计算缴纳所得税，这是企业应尽的社会责任；另一方面，企业税后利润的分配要按照《公司法》的有关规定进行，包括合理确定税后利润分配的项目、顺序和比例等。

（二）兼顾各方利益的原则

一般而言，参与企业利润分配的主体主要是政府和投资者。政府是以行政管理者的身份无偿参与企业的税前利润分配，其主要形式是征收所得税；投资者作为企业的所有者，对企业利润拥有所有权，因而企业须按照所有者出资的比例对其分配税后净利润。投资者按其所持股份的多少分为大股东和中小投资者，中小投资者在利润分配决策中处于弱势地位，通常没有话语权。因此，企业在制定利润分配政策时，应当兼顾各方利益，尤其要维护中小投资者的利益。

（三）分配与积累并重原则

分配与积累并重原则体现了利润分配中投资者的眼前利益与企业长远发展的协调问题。税后利润属于企业所有者权益，可以按投资比例等在企业各投资者之间进行分配，但不意味着企业必须将利润全部支付给投资者。为了实现企业的可持续发展，增强企业抵御风险的能力，企业除按规定提取法定公积金以外，可适当留存一部分利润作为积累。事实上，理性投资者通常选择发展潜力和发展机会较好的公司，并把自己的眼前利益和长远利益结合起来；他们愿意将企业的大部分现金留在企业内部，以期获得更高的投资回报。一些高成长的公司尤其如此，如微软公司，自从1986年6月上市以来，在相当长的一个时期内未发放现金股利，直到2003年1月16日才宣布每股8美分的分红。但是，由于微软的业务增长机会一直很好，对各种投资项目管理得非常成功，即使公司不发放股利，股东的财富也因股价的持续上升得以快速增长。

（四）同股同利原则

同股同利原则是指股份公司对于相同性质的股票，无论投资主体是谁，也不管这些股票是何时发行和按何种价格发行的，在分配股利时，都必须按照股权登记日在册的股东名单，对每股给予相同形式与相同金额的股利。因而，无论是国家股、法人股、个人股还是外资股，无论是流通股还是非流通股，都应该按照投资者各自的出资比例进行分配（每股享有相等的股利），这样，才能从根本上保护投资者的利益，鼓励投资者投资。

第三节 股利的形式及其分配程序

一、股利的形式

股利是公司依据法定条件及程序，根据股东的持股份额从其可供分配利润中向股东支付的一种投资利益。股份有限公司常见的股利形式为现金股利和股票股利，偶尔也会采用财产股利和负债股利的形式。下面我们只介绍现金股利和股票股利这两种股利形式。

1. 现金股利

现金股利是公司直接以现金向股东分配的股利，它是股份公司最常见也是最主要的股利形式。以现金分配股利能满足投资者直接获得投资回报的欲望，易受广大股东的欢迎，但支付现金会加大公司的现金流出，增加公司的财务压力。因此，只有在公司拥有充足的现金时才适合采用现金股利支付方式。在本章一开始引入的例子中，我们可以发现 YT 公司由于近年来公司业绩增长稳定，获利能力强，有能力推出高派现分配方案。

2. 股票股利

股票股利俗称送股，它是指公司以增加股东所持股票的形式作为股利的分配方式。对股东来讲，公司发放股票股利没有增加其现金及非现金资产，并不直接增加其财富，仅仅是其手中持股数量的增加，但持股比例仍保持不变；对公司来说，分配股票股利既无须流出现金及其他非现金资产，也不会增加公司的负债，资产及负债都没有发生任何变化，可谓是一举两得。但是，分配股票股利会引起所有者权益各项目的结构发生变化，即一部分未分配利润转为股本，使公司的股本总数增大，公司股票的价格会因此而下降（除权调整）。同时，股本的增加对公司今后的发展及盈利的增长构成较大的压力。如果公司的盈利能力不能赶上股本的扩张速度，每股盈余就会随着股本的增加而稀释（摊薄），这对树立良好的公司形象和支持股价的上涨是十分不利的。例如，WLY 酒厂股份有限公司自 1998 年 3 月向社会公开发行股票，上市之初的股本总额为 3.2 亿元，其中流通股为 8 000 万股，到 2013 年（共 15 年）经过七次股票股利的分配和资本公积金转增股本方案的实施，其股本总额已经达到近 38 亿元（其中也包括因 2001 年 3 月的一次配股而增加的股份）。

值得一提的是，公司以资本公积金转增股本具有与股票股利相同的效果，但它不属于股利分配形式。因为资本公积金并不是公司的收益留存，而是公司资本的一种积累，因此，资本公积金转增股本不属于利润分配方案，它只是公司所有者权益内部项目的一种转换。当然，公司的法定公积金也可以转增股本（目前上市公司很少采用），由于法定公积金是公司以前年度收益留存的一种形式，因此以法定公积转增资本可以认为是一种与股票股利相同的股利分配方式。

为了加深对股票股利的理解，我们通过一个简单的例子来加以说明。

【例 7-2】布莱股份有限公司 2012 年年末的股东权益情况如表 7-3 所示。

表 7-3　布莱股份有限公司 2012 年年末股东权益情况表　　（单位：元）

项目	金额
普通股（面额 1 元，已发行 100 000 000 股）	100 000 000
资本公积	16 400 000
盈余公积	8 500 000
未分配利润	71 100 000
股东权益合计	196 000 000

假定该公司在 2013 年 3 月召开的公司 2010 年年度股东大会通过了如下的利润分配方案：以 2012 年年末的总股本为基数，向全体股东分配 20% 的股票股利。即需从"未分配利润"项目转出 2 000 万元，增加公司股本 2 000 万股（每股 1 元）。假设该公司在实施上述利润分配方案前的股票市价为每股 15 元，随着股票股利的发放，该公司的总股本增加到 12 000 万股，未分配利润项目减少到 5 110 万元，而公司股东权益总额保持不变，正常情况下每股市价也因此下降为 12. 50 元。分配股票股利对公司股东权益各项目的影响见表 7-4。

表 7-4　股票股利分配后对公司股东权益的影响　　（单位：元）

项目	金额
普通股（面额 1 元，已发行 120 000 000 股）	120 000 000
资本公积	16 400 000
盈余公积	8 500 000
未分配利润	51 100 000
股东权益合计	196 000 000

可见，发放股利股票，不会对公司股东权益总额产生影响（不考虑个人投资者因此而缴纳的个人所得税），但会导致股东权益有关项目发生增减变化，致使每股盈余被稀释。需要指出的是，上例中按面值计算股票股利的做法，在我国是相当常见的。而在很多西方国家，股票股利的价格既有按股票面值计算的，也有按市价计算的。通行的做法是：当股票股利的分配比例较小时（小于 20%），一般按股票市价确定；当公司实施较高比例的股票股利方案时，一般按股票面值确定。

进一步分析，如果公司的净利润保持不变，发放股票股利后，普通股股数增加会引起每股盈余和每股市价的相应下降；但由于股东所持有股份的比例不变，每位股东所持股票的市场价值总额仍保持不变。

【例 7-3】续前例，假定布莱公司 2013 年实现净利润 4 500 万元，某股东在 2013 年年末持有该公司普通股 300 万股。发放股票股利对该股东的影响如表 7-5 所示。

表 7-5　发放股票股利后投资者持有股票价值的变化　（单位：元）

项目	发放前	发放后
每股盈余	45 000 000/100 000 000 = 0. 45	45 000 000/120 000 000 = 0. 375
每股市价	15	15/（1 + 20%）= 12. 5
持股比例	3 000 000/100 000 000 = 3%	3 600 000/120 000 000 = 3%
所持股份总价值	15 × 3 000 000 = 45 000 000	12. 5 × 3 600 000 = 45 000 000

发放股票股利对公司每股盈余和每股市价的影响，可以通过对每股盈余、每股市价的调整直接算出：

发放股票股利后的每股盈余 = 0. 45/（1 + 20%）= 0. 375（元）

发放股票股利后的每股市价 = 15/（1 + 20%）= 12. 5（元）

上例中，该股东在股票股利发放前后，所持股票的比例 3% 没有变，所分配的利润 4 500 万元没有变，因此，随着股票总数从 300 万股增加到 360 万股，股票的市场价格也就从 15 元跌到 12. 5 元。该股东股利分配前所持股的价值为 4 500 万元（= 15 × 3 00 万元），股利分配后所持股的价值仍为 4 500 万元（= 12. 5 × 3 60 万元）。

由此可知，股票股利对股东而言，除了多几张证明其所有权的股票外，没有任何价值。但是，如果公司在发放股票之后还能维持每股现金股利不变，则股东因所持股数的增加能得到更多的现金股利；如果公司在发放股票股利后其股价并不成比例下降，这也可使股东得到股票价值相对上升的好处。

二、股利分配的程序

股份有限公司向股东分配股利，应先由董事会提出分配预案，然后提交股东大会审议，只有经股东大会审议通过的方案才能实施。由于股票市场各种股票的交易相当频繁，公司股东不断变更，因此为了明确哪些股东可以获得股利，必须确定领取股利的最后交易时间，以确定有权领取股利的股东名单。通常与股利分配事项有关的日期包括股利宣告日、股权登记日、除权除息日和股利支付日。

1. 股利宣告日

股利宣告日是指董事会将股利分配方案予以公告的日期，一般是在股东大会通过利润分配方案后，由公司董事会以书面公告的形式公布。利润分配公告一般应当宣布股利分配的方式、支付金额、股权登记日期和股利支付日期等事项。应当注意的是，公司在公布年度报告时提出的利润分配方案，属于董事会提出的利润分配预案，并不是可以实施的分配方案；该方案必须经过股东大会审议通过后才能实施。

2. 股权登记日

股权登记日也称最后交易日，它是公司规定的有权领取本期股利的股东资格登记的截止日期。只有在股权登记日交易结束后持有公司股份的股东，才有权分享股利；而在这一天之后才买进股票的股东，则无权分享本次股利。证券交易所的中央清算系统为股权登记提供了很大的方便，一般在股权登记日结束的当天即可提供股东名单，以确定有权分配本次股利的股东。

3. 除权除息日

除权除息日是指领取股利的权利与股票相分离的日期。在除权除息日当天或之后购买股票的股东将不能领取这次分配的股利。在无纸化证券交易系统下，股票买卖的交割、过户手续能迅速完成，股权登记日的下一个交易日就是除权除息日。应当注意的是，除权除息日公司股票价格会有明显的“除权效应”，通常在除权除息日之前股票的交易价格高于在除权除息日之后的交易价格，其原因主要在于除权除息日前股票的交易价格中包含应得的股利收入，从除息日开始，股利与股票相分离，新购入股票的股东不能分享股利，其购入价格自然就低一点。

4. 股利支付日

股利支付日简称付息日，也称股利到账日，是指公司将股利发放给股东的日期。由于目前上海和深圳两个证券交易所都已经实行指定交易，因此在付息日公司会通过交易系统将股利转入有权分配股利的各个股东的账户中，同时公司应冲销其负债（对现金股利而言）记录。

对于上述与股利分配有关的重要日期，我们通过 SJ 股份有限公司 2012 年度利润分配方案的实施过程加以说明。

【例 7-4】SJ 股份有限公司（以下简称“公司”）2013 年 2 月 28 日公布 2012 年年度报告，并提出了 2012 年度的利润分配及资本公积金转增股本预案：以 2012 年年末的总股本 160 000 000 股为基数，面向全体股东每 10 股送红股 2 股，派 2. 00 元人民币现金（含税）；同时，以资本公积金向全体股东每 10 股转增 8 股。2013 年 3 月 21 日公司召开 2012 年度股东大会，审议通过了公司 2012 年度利润分配及资本公积金转增股本方案。2013 年 4 月 9 日公司公布 2012 年度权益分派实施公告。公司 2012 年度权益分派方案为：以公司现有总股本 160 000 000 股为基数，面向全体股东每 10 股送红股 2 股，派 2. 00 元人民币现金（含税；扣税后，合格的境外机构投资者（QFII）、人民币合格境外投资者（RQFII）以及持有股改限售股、新股限售股的个人和证券投资基金每 10 股派 1. 60 元；持有非股改限售股、非新股限售股及无限售流通股的个人、证券投资基金股息红利税实行差别化税率征收，先按每 10 股派 1. 80 元，权益登记日后根据投资者减持股票情况，再按实际持股期限补缴税款；对于其他非居民企业，本公司未代扣代缴所得税，由纳税人在所得发生地缴纳）；同时，以资本公积金向全体股东每 10 股转增8股。权益分派方案实施前本公司总股本为160 000 000股，权益分派方案实施后总股本增至320 000 000股。权益分派股权登记日为2013年4月15日，除权除息日为2013年4月16日，股利到账日与新增流通股份上市日均为2013年4月16日。权益分派对象为2013年4月15日下午深圳证券交易所收市后，在中国证券登记结算有限责任公司深圳分公司登记在册的本公司全体股东。

本例中，2013年4月9日为股利宣告日；2013年4月15日为股权登记日，该日交易结束后持有SJ股份有限公司股票的股东有权参加本次权益分派；股权登记日的下一个交易日（即2013年4月16日）为除权除息日，从这一天和这一天以后买进公司股票的投资者无权享受本次权益分派，这一天也是股利支付日和送股与转增股份的上市交易日。

第四节　股利决策

股利决策是现代公司财务决策的三大核心内容之一，是公司筹资活动和投资活动的逻辑延续。恰当的股利分配决策，不仅可以树立起良好的公司形象，而且能激发广大投资者对公司持续投资的热情，从而能使公司获得长期、稳定的发展条件和机会。

一、股利决策的重要性

股利决策是指公司最高管理当局或投资者对股利政策的分析和抉择。支付给股东的股利与留在企业的保留盈余，存在此消彼长的关系，所以，股利分配既决定给股东分配多少红利，也决定有多少净利润留存在企业。减少股利分配，会增加保留盈余，从而减少外部筹资需求，因而，股利决策也是内部筹资决策。

对股份有限公司而言，股利决策是利润分配决策的核心。股利决策不仅会影响公司的财务状况、对外再筹资能力，还会影响公司市场价值的大小。

（一）股利决策影响公司的财务状况

财务状况包括很多内容，主要有资产的结构、负债的结构以及由资产构成和负债构成决定的偿债能力（尤其是短期偿债能力）。股利决策对公司财务状况的影响主要表现在以下几个方面。

（1）股利支付比率的高低会改变公司的资产结构和负债比率。股利是从税后利润中支付的，股利的分配意味着一部分股东权益向负债（通常为流动负债）的转变，这种转变直接引起负债比率的上升；而股利的支付则导致负债和资产的同时减少，从而又影响资产结构。

（2）股利分配形式会影响公司的财务状况。分配现金股利会导致资产和股东权益的同时减少；而股票股利则既不会改变公司的资产、负债总额及其结构，也不会减少股东权益总额，而只是把税后利润的一部分转为股东对公司投入的股本，即只改变股东权益各项目的结构。

（3）股利支付的时间会影响公司财务状况的动态变化。现金股利需要以现金直接支付，公司在确定股利支付日时，必须考虑到公司的支付能力，不应将股利支付日安排在公司的偿债高峰期或者筹资困难期，以避免因股利支付日安排不当而引起的公司短期财务压力的增加。

（二）股利决策影响公司的对外再筹资能力

股利决策的关键是公司留存与分红的比例，即多少盈余为公司所留用，用多少盈余发放股利。而投资者是以公司的经营状况和盈利水平等为基础进行投资决策的，良好的公司形象和较高的投资回报是促使投资者进行投资的重要依据。股利决策对公司的对外再筹资能力有如下影响：一方面，较高的股利支付可能被认为是公司给投资者丰厚回报的体现，从而增加投资者对公司投资的信心，对公司进一步筹资会产生积极的作用；另一方面，高额的股利支付在某些投资者看来可能不利于公司的未来发展，从而对公司的再筹资产生消极的影响。因此，恰当的股利决策会吸引更多的投资者，为公司的再筹资提供坚实的物质基础。

（三）股利决策影响公司市场价值

公司的股票价格是衡量公司市场价值大小的一个简单且直观的指标，而股票的价格不仅受公司投资、筹资行为的影响，还会受股利分配的影响。例如，发放现金股利和股票股利需要对股票市价实行除权、除息，这本身就会导致公司股票价格的下跌。而且某种股利分配方案的推出是公司基本面变化的一种信号，投资者会因此调整其交易行为，进而影响公司股票价格的波动。因此，如果公司选择合适的股利分配方案，对于树立公司的良好形象，提升公司的股票价格和市场价值是十分有利的。

本章开头提到的 YT 客车股份有限公司，既坚持发放高额的现金股利，又实行资本公积金转增股本方案，而且公司的每股盈利水平并没有因为股本的扩张而明显稀释，公司股票在二级市场的表现相当不错。

二、股利政策的类型

股利政策是公司就股利分配有关事项所采取的一系列方针和策略的总称。股利政策包含的内容很多，如是否分配股利、分配多少股利、何时分配股利和以何种方式分配股利等。其中核心问题是分配多少股利，即确定股利支付比率。这个问题实际上涉及股东的眼前利益和公司长远发展的问题。围绕这一核心问题，股利政策主要有以下四种。

（一）剩余股利政策

剩余股利政策，是指公司有着良好的投资机会时，会较多地考虑将净利润用于增加投资，满足公司发展的需要，只有当增加的资本额达到预定的最佳资本结构（即目标资本结构），才将剩余的利润分配给投资者。这种政策主要是考虑公司未来的投资机会，即当公司面临良好的投资机会时，在目标资本结构的约束下，最大限度地使用留存收益来满足投资方案所需的权益资本。在这种分配政策下，公司只要存在有利的投资机会，就会首先考虑其投资的资金需要，然后再考虑剩余收益的分配需要。当公司投资项目所实现的报酬率大于投资者自行利用股利再投资所获的报酬率时，则大多数投资者宁愿公司将利润留存予以再投资而不用于发放股利。

运用剩余股利政策时，应遵循以下四个基本步骤：

（1）确定目标资本结构，即确定权益资本与债务资本的比例，在此资本结构下，加权平均资本成本最低；

（2）确定为达到目标资本结构所需的权益资本数额；

（3）最大限度地使用税后利润来满足投资方案所需的权益资本数额；

（4）投资方案所需的权益资本已经满足后，若有剩余利润，再将其作为股利发放给股东。

剩余股利政策意味着股利发放额每年随投资机会和盈利水平波动。在盈利水平一定的情况下，投资机会越多，分配的股利越少；而投资机会越少，股利发放则越多。同样，当投资机会一定时，公司盈利越多，股利分配越多；反之亦然。当然，采用剩余股利政策时，还需要考虑一个很重要的因素，那就是公司现存的资本结构与目标资本结构的差异程度。如果公司目前的资本结构相对于目标资本结构而言，债务资本比例明显偏高，那么应当将较多的利润留存于公司；否则可以将更多的利润分配给股东。

实行剩余股利政策，最明显的优点是能使公司保持较为理想的资本结构。但这种股利政策的缺点也是十分明显的，主要是不利于投资者安排收入和支出，也不利于公司树立良好的形象。因此，这种股利政策一般适用于高速成长中的公司。

在我国，选择剩余股利政策的上市公司比比皆是。许多公司正处于快速成长期，需要大量的资金，公司实现的利润首先要满足经营活动和投资活动的需要。有些公司由于盈利水平低，即使将所有利润留存公司，也不能满足其资金需求，当然不可能再发放现金股利。当然，剩余股利政策有时也为公司“不分配”提供借口；确实有一些公司是借“公司发展需要资金”之名，限制分配现金股利，这实际上是对剩余股利政策的曲解和误用！

（二）固定股利或稳定增长股利政策

固定股利或稳定增长股利政策，是指公司将每年支付的每股股利额维持在某一固定水平上，并在较长的时期内保持不变，只有在公司利润有较大增长或下降，且这种变动被认为是不可逆转时，才可能调整每股股利额。在采纳这一股利政策时，公司坚持一个原则，即绝对不降低每年的股利发放额。不过，在通货膨胀的情况下，大多数公司的盈余会随之提高，且大多数投资者也希望公司能提供足以抵销通货膨胀不利影响的股利，因此在长期通货膨胀较为明显的时期，公司应提高股利发放额。

在我国的上市公司中，确实有一些公司在奉行固定股利政策，最典型的是大秦铁路股份有限公司，该公司自 2006 年 8 月 1 日上市以来，连续四年每年分配的现金股利均为每股 0. 30 元，2010—2012 年度的利润分配方案每股分配现金股利依次为 0. 35 元、0. 39 元和 0. 39 元。

采用固定股利或稳定增长股利政策的优点是显而易见的。一方面，稳定的股利向市场传递着公司正常发展的信息，有利于稳定股票的价格和树立公司良好的形象，增强投资者对公司的信心。另一方面，稳定的股利额有利于投资者安排股利收入和支出，特别是那些对股利有着很高依赖性的股东更是如此。若考虑到股票市场会受到其他因素（如股东的心理状态）的影响，为了使股利维持在稳定的水平上，即使推迟某些投资方案或者暂时偏离目标资本结构，也可能要比降低股利或降低股利增长率更为有利。

当然，固定股利或稳定增长股利政策也存在明显的缺点，一方面，股利的支付与公司的盈余能力相脱节，当盈余较低时仍要支付固定的股利，这可能导致公司资金短缺、财务状况恶化；另一方面，不能像剩余股利政策那样能够保持较低的资本成本和较为理想的资本结构，对公司未来的发展可能造成不良的影响。

因此，采用这种政策的大多数属于收益较稳定或正处于成长期的公司。

（三）固定股利支付率政策

固定股利支付率政策是指公司每一年度按固定的股利支付比率从税后利润中支付股利。在这种股利政策下，公司每年的股利额随着公司盈利的变动而变动，股利与利润保持一定的比率关系，体现了风险投资与风险收益的对等关系。

固定股利支付率政策是一种常见的股利政策，为许多公司采用。申能股份有限公司就是奉行固定支付率政策的典型代表。该公司自 1999 年以来，每年分配的现金股利基本上保持在当年实现净利润的一半左右。据初步统计，该公司 1999—2008 年每年的股利支付率依次为 49. 21%、48. 23%、49. 44%、51. 99%、47. 39%、46. 40%、49. 70%、52. 37%、51. 40%、48. 78%。固定股利支付率的优点主要表现在：可使股利与公司的盈余紧密地结合，体现多盈多分、少盈少分、不盈不分的原则；对公司的财务压力较小，可避免公司在盈利大幅度下降的年份，因支付较多的固定股利而陷入财务困境；对于内部职工持股比例较高的公司，如果采用这种股利政策，可将职工利益与公司利益紧密地结合起来，充分调动广大职工的积极性和创造性。

采用固定股利支付率政策的主要缺点表现在：由于各年股利的支付额不稳定，这在一定程度上增加了股东回报的风险性，也容易使投资者产生公司经营不稳定的印象，对稳定股票价格也很不利；同时，固定股利支付率政策不像剩余股利政策那样能够保持相对较低的资本成本。

在这一股利政策下，由于公司历年支付的股利具有波动性，股利通常被认为是公司未来前途的信息来源，投资者可能会认为股利的波动意味着风险的增加，而要求提高其投资报酬率，从而引起公司股价下跌。因此，从理论上说，这种股利政策不可能使公司股价最大化。

（四）低正常股利加额外股利政策

所谓低正常股利加额外股利政策，是指公司一般情况下每年向股东支付固定的、数额较低的股利，在盈余多的年份，再根据实际情况向股东发放额外股利。但额外股利并不固定化，不意味着公司永久地提高了规定的股利水平，这是介于固定股利政策和固定股利支付率政策之间的一种折中的股利政策。

低正常股利加额外股利政策是一种弹性很强的股利政策，它使公司在确定股利分配方案时具有较大的灵活性。当公司盈余较少或投资需用较多资金时，可维持固定的、数额较低的股利，股东就不会有太大的失落感；而当盈余有较大幅度增加时，可追加股利，增强股东对公司的信心，这也有利于稳定股票价格。另一方面，这种股利政策可使那些依靠股利度日的股东每年至少可以得到虽然较低但稳定的股利收入，从而吸引这部分股东长期持有公司股票。正因为低正常股利加额外股利具有这样的优点，因而那些盈利水平波动较大、对现金流量难以把握的公司喜欢采用这种政策。

采用低正常股利加额外股利政策也存在一些不足，倘若公司连续几年内由于经营状况较好而发放较多的额外股利，这容易提高股东对股利发放的期望值，将额外股利视为公司的正常股利。一旦公司因盈利下降而发放较少的额外股利时，便会导致部分股东的不满。

上述各种股利分配政策各有所长，也各有不足。在利润分配的实际工作中，我们很难说某一公司的股利分配一直在奉行哪种股利政策。公司的股利政策不是一成不变的，往往随着公司实际情况的不同会有所改变。透视我国上市公司的利润分配方案，采用剩余股利政策的公司似乎占大多数，这些公司从自身发展出发，首先考虑收益满足内部筹资的需要，对股东的眼前利益考虑较少。当然，政府监管部门的政策引导对上市公司的股利决策会产生很大影响，例如，在2001年年底，中国证监会提出把现金分红派息作为上市公司再融资的必要条件，这在很大程度上影响着上市公司的股利决策，近年来派发现金股利的上市公司明显增多。

下面举例说明各种股利政策的运用。

【例7-5】A公司是一家汽车制造业上市公司。2006年以来公司一直保持较好的发展势头和较高的盈利水平，2006—2011年的净利润基本上每年以15%的速度持续增长。公司总股本一直为86 321.40万股（每股面值1元，下同），近10年每年均分配现金股利，没有分配股票股利，也没有实施公积金转增股本的方案。2011年公司实现净利润187 092万元，分配现金股利每股0.86元。2012年公司实现净利润151 690万元，尚未分配。公司2012年年末的资产总额为1 311 135万元（含2012年尚未分配的利润），其中货币资金550 335万元，年末的资本结构为权益资本占62.5%，债务资本占37.5%。假设该公司2013年准备扩大生产能力，需要增加投资120 000万元。2013年年初公司董事会正在讨论2012年度的股利分配方案。财务部门设计了下面几种利润分配方案。

（1）采用稳定增长的股利政策，每年分配的现金股利按照15%的速度稳定增长。

（2）采用固定股利支付率政策，在2012年保持上年的股利支付比率。

（3）采用剩余股利政策，如果公司管理当局认为目前的债务资本比例过低，应当适当提高，2013年投资所需资金的一部分通过长期借款满足，另一部分通过2012年的收益留存满足，多余利润分配现金股利，要求借款和分配股利后公司的债务资本比例提高到40%。

（4）采用低正常股利加额外股利政策，公司确定的低正常股利为每股0.50元；由于2012年盈利状况较为理想，考虑再额外增加每股0.20元的股利。

要求：针对上述各种利润分配方案，分别计算该公司2012年度应分配的现金股利。

解：

（1）采用稳定增长的股利政策，因为公司2011年分配现金股利约为74 236万元（86 321.40×0.86），每年分配的现金股利按照15%的速度稳定增长，所以公司2012年度应分配的现金股利为74 236×（1+15%）=85 371万元。

（2）采用固定股利支付率政策，公司2011年的股利支付率为74 236/187 092=39.679%。2012年公司实现净利润151 690万元，所以公司2012年度应分配的现金股利为151 690×39.679%=60 189万元。

（3）采用剩余股利政策，设2012年应分配的现金股利为X，则留存收益的数额为（151 690－X），从而长期借款的数额为120 000－（151 690－X）=（X－31 690）。分配股利和借款后，公司的资产总额将达到1 311 135+（X－31 690）－X=1 279 445，而债务资本总额将达到1 311 135×37.5%+（X－31 690）=459 986+X，从而得到下列方程：

1 279 445×40%=459 986+X

解得：X=51 792（万元）

即公司2012年度应分配的现金股利为51 792万元，留存收益为99 898万元，借款数额为20 102万元。

（4）采用正常股利加额外股利政策

公司确定的低正常股利为每股0.50元，另外再额外增加每股0.20元的股利，则2012年公司每股股利为0.70元，按照86 321.40万股的总股本计算，采用这种政策应分配的现金股利总额约为60 425万元（=86 321.40×0.70）。

三、影响股利决策的基本因素

股利决策的形成受企业内外各种因素的影响，如法律因素、股东因素、企业内部的各种因素等。

（一）法律因素

为保护债权人和股东的利益，国家法律、法规对企业的利润分配予以一定的硬性规定，这些限制主要体现在以下两个方面。

一是资本保全的约束。它要求企业所发放的股利和投资分红不得来自于资本（股本和资本公积），只能来自于企业的各种当期利润或保留盈余。特别是当企业出现年度亏损时，除非以前年度留有足够的保留盈余，否则当年不得分配利润。利润分配中的资本保全约束是为了保证企业有完整的产权基础，保护债权人和投资者的利益。

二是资本积累的约束。按规定，公司的税后利润应按一定的比例提取法定公积金，以用于企业今后发展的需要。同时，适当的收益留存，也可以避免由于虚增利润而导致的过度利润分配的不良后果。当然，相反的情况也是存在的。在西方国家，由于股东接受股利缴纳的所得税高于其进行股票交易的资本利得税，因而，许多公司往往通过积累利润推动股价上涨而帮助股东避税。为了制止这种行为，有些国家的法律明确规定公司不得超额累积利润，否则将被加征额外税额。我国目前尚未作出此种规定。

（二）股东因素

1. 稳定收益和规避风险的考虑

一些收入较低而依靠股利维持生活的股东，往往要求公司支付稳定的股利，反对公司留存较多的利润。另外，在某些股东看来，通过增加留存收益引起股价上涨而获得的资本利得是有风险的，而目前的股利是确定的，即便是现在较少的股利，也强于未来较多的资本利得，因而他们往往要求较多的股利支付。

2. 避税考虑

由于股利收入的所得税高于股票交易的资本利得税，因而一些高收入的股东为了避税，往往要求限制股利的支付，赞成将更多的利润留存于公司，以期获得更大的资本利得。

3. 控制权考虑

如果公司实行高股利支付率，那么留存收益就会减少，未来经营资金紧缺的可能性就会增大，这也意味着将来发行新股的可能性增大。发行新股（通常指普通股），意味着公司控制权有旁落他人的可能。因此为了保持控制权，股东要求限制股利支付。

4. 所持股票流动性考虑

股权分置改革前，我国上市公司的股份分为流通股和非流通股两种。股权分置改革后，上市公司的股份实现了全流通。上市公司的股东基本上可以分为两大类：法人股东和非法人股东，非法人股东包括自然人股东、证券投资基金、QFII、RQFII 等。这两类股东对待股利分配的偏好是不同的。非法人股东分得的现金股利会因股票价格的除权而使股价下落，股东实际并没有增加财富，相反因股利缴纳所得税而受到损失，所以他们宁愿将利润留存于公司，以享受未来丰厚的资本利得。而法人股东由于其股票不能随意交易，不能直接享受股价上涨带来的好处，因此他们希望公司能分配现金股利；而且对法人股东来说，现金股利一般不需缴纳企业所得税。

（三）企业因素

公司股利的发放与企业的生产经营状况是密切相关的，公司生产经营对现金的需求是影响公司股利政策的最重要的因素。

1. 资产流动情况

持有一定数量的现金，保持其资产较好的流动性，是企业生产经营顺利进行的基础和必要条件。资产流动性越强，则支付现金股利的可能性越大；反之亦然。因此如果企业的资产流动性差，即使收益可观，暂时也不宜分配过多的现金股利。尤其是那些高成长的、盈利性强的企业，愿意将大部分资金投资在固定资产和永久性流动资产上，为了保持一定的流动性，它们不愿意因支付大额股利而危及企业安全。

2. 举债能力

举债能力是指企业从债权人处获得资金的能力。对于股份有限公司，其举债能力越强，就越能够筹措到所需的资金，就可以采取比较宽松的股利政策；而举债能力较弱的公司，则应采取比较紧缩的股利政策，少发放现金股利，多留存利润。

3. 投资机会

投资机会是影响公司股利决策的一个重要因素。当公司预计有良好的投资机会时，需要有强大的资金支持，此时公司就会考虑少发股利而增加留存利润，用于再投资；当公司缺乏良好的投资机会时，保留大量的现金就会造成资金的闲置，因此公司应增加股利支付。

4. 资本成本

资本成本是公司选择筹资方式的基本依据。若公司现正为一项目筹措资金，如果资本市场利率较高，即公司获得外部资金的成本较高，那么公司应采取低股利政策，让更多的利润留存公司；反之亦然。

5. 盈余稳定状况

由于盈余相对稳定的公司能够更好地把握自己，因而其股利支付率通常较高；反之，若公司盈余不稳定，对未来的把握程度小，往往会害怕因盈余下降而带来的股利无法支付、股价下降的危险，因而其股利支付率就会较低。

（四）其他因素

1. 合同条款限制

合同条款限制主要是指企业发行债券的协议、借贷合同、租赁合同以及优先股协议中所包含的对企业股利支付方面的限制。它对企业股利政策的作用比所得和税收方面的限制要大得多。第一，这类限制限定了企业所能支付股利的总额，有时可能规定只有当企业的盈利达到某个水平时，才能支付股利；第二，借款协议中要求企业必须从偿债基金中拿出一部分用于支付债务，从而减少股息支付；第三，当企业的流动比率低于某个预定的水平时，债权人可能会禁止股息支付。特别是公司的长期债务合同中，往往有限制公司现金支付程度的条款，致使公司不得不采取低股利政策。

2. 通货膨胀

在通货膨胀的情况下，企业的折旧经常可能不足以补偿固定资产的更新，因此，企业不得不保留较高的留存收益以满足固定资产更新时资金不足的需要。另外，通货膨胀还影响企业营运资本的需求。在物价上升较快时，为了支持大批量的产品生产，投资于存货的资金数量将相应增加。同时，由于应收款项数额增加，企业的现金数量相应增加；应付款项数额增加，企业的现金支出将随之上升，现金投资也必须相应增加。因此，在通货膨胀时期，公司往往采取偏紧的股利政策。

【思考与练习】

思考题

1. 简述构成企业利润总额的各部分内容。

2. 试述股份有限公司利润分配的内容和基本程序。

3. 试述现金股利和股票股利的区别，以及股票股利和资本公积金转增股本的区别。

4. 在网页上搜索“文峰大世界连锁发展股份有限公司2012年度利润分配及公积金转增股本实施公告”并阅读。

5. 从股东方面分析，影响股利决策的主要因素有哪些？

单项选择题

1. 按规定，当公司累计的法定公积金达到注册资本的（ ）时，可以不再提取。

A. 5%　　B. 10%　　C. 25%　　D. 50%

2. 按照我国新的《公司法》规定，股份有限公司实现的利润在计提法定公积金后，应当（ ）。

A. 计提任意盈余公积金　　B. 弥补以前年度的亏损

C. 分配优先股股利　　D. 分配普通股股利

3. 我国新的《公司法》规定，公司经营性亏损不能用（ ）弥补。

A. 以前年度的法定公积金　　B. 以后年度的税前利润

C. 以后年度的税后利润　　D. 资本公积金

4. 在股利支付方式中，最常见也是最易被股东接受的是（ ）。

A. 现金股利　　B. 股票股利　　C. 财产股利　　D. 负债股利

5. 若股东甲持有某公司的股票10 000股，该公司宣布发放10%的股票股利，假定其他条件不变，则该股东所持公司股票的市场价值（ ）。

A. 增加10%　　B. 减少10%　　C. 保持不变　　D. 可能增加也可能减少

6. 本年度公司实现净利润3 000万元，已发行普通股5 000万股，现分配20%的股票股利，则发放股票股利后的每股盈余为（ ）元。

A. 0. 20　　B. 0. 50　　C. 0. 60　　D. 3. 00

7. 公司采取固定股利支付率政策，（ ）。

A. 是为了保持理想的资本结构

B. 有利于树立公司良好的形象，稳定股票价格

C. 能使股利与公司盈余紧密结合

D. 能使公司股利分配具有较大的灵活性

8. 某企业因投资需要筹措资金 1 000 万元，目标资本结构（权益资本: 负债资本）是3∶2，现有净利润 1 300 万元，如果采用剩余股利政策，则需要支付股利（　）万元。

A. 400　　B. 520　　C. 600　　D. 700

多项选择题

1. 下列项目影响企业营业利润的有（　）。

A. 管理费用　　B. 投资收益　　C. 资产减值损失

D. 公允价值变动收益　　E. 营业外收入

2. 按现行制度规定，公司从税后利润中留存的法定公积金，可用于（　）。

A. 弥补以后年度经营性亏损　　B. 作为职工奖励基金

C. 按法定程序转增资本　　D. 集体福利设施支出

E. 以后年度分配股利

3. 目前，我国上市公司的股利分派形式是（　）。

A. 现金股利　　B. 财产股利　　C. 负债股利

D. 股票股利　　E. 债券股利

4. 在其他条件不变的前提下，分配股票股利会引起公司（　）。

A. 所有者权益增加　　B. 股本总额增加

C. 现金流量增加　　D. 每股市价下落

E. 每股盈余减少

5. 下列关于股利宣告日、股权登记日、除权除息日和股利支付日的说法正确的有（　）。

A. 股利宣告日是公司公布年度报告时同时公布分配预案的日期

B. 只有除权除息日和除权除息日之前买进股票的投资者有权分配股利

C. 一般来说除权除息日为股权登记日的下一个交易日

D. 除权除息日股票价格会因除权而下降

E. 股利宣告日就是股利到账日

6. 公司内部的下列因素对股利决策产生影响的有（　）。

A. 资产变现能力　　B. 举债能力　　C. 盈余稳定状况

D. 投资机会　　E. 资本成本

计算分析题

1. 思惠有限责任公司开始经营的前七年中实现税前利润（发生亏损以“－”表示）如下表所示（单位：万元）:

年份	1	2	3	4	5	6	7
利润	-200	50	-50	30	50	50	150

假设除弥补亏损以外无其他纳税调整事项，该公司的所得税税率一直为25%，该公司按规定享受连续五年税前利润弥补亏损的政策，税后利润（弥补亏损后）按10%的比例提取法定公积金。要求：

（1）计算该公司第七年应缴所得税额和税后利润；

（2）计算该公司第七年应当提取法定公积金的数额；

（3）通过计算后回答该公司第七年可以分配给投资者的利润最多能达到多少。

2. 胜利股份有限公司2012年度实现净利润为6 600万元，已经按照规定计提法定公积金，2012年年末的股东权益结构如下表所示（单位：万元）：

项目	金额
普通股（面额1元，已发行8 000万股）	8 000
资本公积	5 000
盈余公积	2 500
未分配利润	10 250
股东权益合计	25 750

因公司现金不足，2013年年初董事会决定发放10%的股票股利，已知当时公司股票的市价为4.00元，股票股利按照市价计算，要求计算并回答以下问题。

（1）发放股票股利前后股东权益各项目有何变化?

（2）发放股票股利前后公司每股盈余各为多少?

3. 正大股份有限公司发行在外普通股为6 000万股，去年实现净利润4 500万元，分配现金股利每股0.45元，而今年公司的净利润只有3 750万元。该公司对未来发展仍有信心，决定投资3 600万元引进新生产线，所需要资金的60%来自举债，40%来自权益资本。要求：

（1）如果公司采用剩余股利政策，计算该公司今年可以分配的每股现金股利；

（2）如果公司遵循固定股利支付率政策，维持上年的股利支付比率，计算今年应分配的每股现金股利。

CHAPTER－8

第八章

资本成本和资本结构

摩根公司是一家涉及多个经营产业的综合性集团股份有限公司。按董事会决议，该公司决定在纽约开设一个作为独立法人来运营的子公司，估计需要2 000万美元的投资。摩根公司的财务分析人员预计新公司每年的息税前利润大致都在600万美元这一水平。目前，公司管理层对于2 000万美元的融资问题有以下两种方案：

方案Ⅰ：普通股融资，即以每股10美元的价格发行200万股普通股（忽略发行费用，下同）；

方案Ⅱ：债务－普通股兼融，即发行利率为12%的长期债券1 000万美元，同时，以每股10美元的价格发行100万股普通股。

已知摩根公司的所得税税率为40%，预计第一年的股息率为12%，以后每年比上年增长5%。

公司董事会讨论融资计划引发了如下争论。

投资部经理哈伦认为应该采用方案Ⅰ，他的理由是负债比例的扩大会增加企业的财务风险，使普通股的股价变动剧烈。

财务部经理马克认为应该采用方案Ⅱ，他的理由是债务－普通股兼融，一方面可以利用财务杠杆作用获得财务杠杆利益，另一方面可以降低企业的财务风险。

那么，针对以上两种融资方案和各方提出的建议，摩根公司应该如何进行融资方案的决策，以实现企业的加权平均资本成本最低、企业价值的最大化，并使财务风险得到有效控制？

摩根公司的上述问题属于如何确定筹资方式、优化企业资本结构的问题，它是企业筹资决策的核心问题，其中涉及资本成本、财务杠杆和资本结构等重要概念。本章主要介绍资本成本的概念及其计量方法，以及财务杠杆的基本原理，在此基础上研究企业最优资本结构问题，以期解决类似于摩根公司的筹资决策问题。

第一节　资本成本

一、资本成本的意义

（一）资本成本的概念和内容

在市场经济条件下，没有免费使用的资金。企业无论通过何种渠道，采用何种方式筹集和使用资金都需要付出代价，这是市场经济条件下的必然结果。企业为筹集和使用资金而付出的代价称为资本成本，也称资金成本。这里的资本是指各种长期资金[①]，包括长期负债和所有者权益；财务管理中将长期负债称为债务资本，将所有者权益称为权益资本。

企业的资本成本包括筹资费用和用资费用两部分内容。

（1）筹资费用，是指企业在资金筹集过程中支付的各项费用，主要包括借款的手续费，发行股票、债券而支付的各项代理费，如印刷费、广告费、担保费和公证费等。筹资费用通常是筹集资金过程中一次性支付的，它与筹资数量的多少有关，而与资金使用的时间长短无关，因此，筹资费用实际上是资金筹集总额的减少，因而在计算资本成本时通常将其作为所筹资金的一项扣除。

（2）用资费用，又称资金占用费，是指企业在生产经营、投资过程中因使用资金而支付给资金提供者的报酬，主要包括支付给股东的股利、向债权人支付的利息等。用资费用一般与筹集金额的大小和使用时间的长短有关，具有经常性和定期性支付的特点，是资本成本的主要内容。

资本成本按其用途不同，可以区分为个别资本成本、加权平均资本成本和边际资本成本三种。个别资本成本是指各单一资本来源的筹资成本，用于比较各种筹资方式的优劣；加权平均资本成本是指各种来源的个别资本成本的加权平均数，又称综合资本成本，主要用于资本结构决策；边际资本成本是指新筹措资金的成本，用于追加筹资决策。

（二）资本成本的性质

资本成本是一个经济范畴，从资金运动的过程来看，资本成本实际上是资金退出企业。其性质可概括为以下几点。

（1）资本成本是商品经济条件下资本所有权和使用权相分离的产物。对于融资企业来说，资本成本是其取得和占有资本使用权的代价；对于债权人和股东来说，资本成本表现为让渡资本使用权所要求的借款利息或投资报酬。

① 大多数流动负债通常没有直接的资本成本，但“短期借款”类金融负债也会产生资本成本。

（2）资本成本不同于一般的经营支出。虽然资本成本也是企业的一种支出，但它与企业制造的产品没有直接的关系，故资本成本一般不计入产品生产成本，而应当将其作为企业的期间费用处理（如利息费用），或在企业的税后利润中列支（如股利支出）。

（3）资本成本包含资金时间价值但不等于资金时间价值。资金时间价值是指资金在没有风险、没有通货膨胀的条件下，随时间的推移而发生的增值。资金时间价值是资本成本的下限，资本成本除包括资金时间价值外，还包括对投资风险和通货膨胀的补偿价值。

（三）资本成本的作用

资本成本是企业财务管理中的重要概念，在企业财务活动中具有十分重要的地位。尤其在企业进行筹资决策过程中，资本成本是决策者必须考虑的重要因素。

（1）从企业融资角度讲，资本成本是选择筹资方式、进行资本结构决策的重要依据。企业筹集资金的方式多种多样，不同的筹资方式，其资本成本各不相同。企业一般通过计算和比较不同筹资方式的资本成本，选择资本成本尽可能低的筹资方式。资本结构是由债务资金和权益资金组合而成，这种组合有多种方案，企业一般通过计算和比较不同方案的加权平均资本成本，并选择加权平均资本成本最小的筹资方案，达到最优的资本结构。

（2）从企业投资角度讲，资本成本是评价投资项目、制定投资方案的主要经济标准。任何投资项目，只有它的预期投资收益率高于资本成本，企业才有利可图；反之，如果预期投资收益率低于资本成本，则是不可行的。因此，投资决策中通常将资本成本视为是否采用投资项目的“取舍率”。

（3）从企业经营管理的角度讲，资本成本是衡量企业经营业绩的重要标准。资本成本是企业从事生产经营必须实现的最低收益率，将企业的加权平均资本成本总额与相应的息税前利润进行比较，则可以评价企业的经营业绩。若息税前利润率高于资本成本总额，可以认为经营良好；反之则表明企业经营不利，应加强改善经营管理，进一步提高经济效益。

二、资本成本的计量

资本成本的大小可以用绝对数表示，也可以用相对数表示，但在财务管理中，一般用相对数表示资本成本的高低，将资本成本表示为用资费用与实际筹集资金（即筹资总额扣除筹资费用后的差额）的比率。其计算公式为：

$$K=\frac{D}{P-F} \tag{8-1}$$

或

$$K=\frac{D}{P(1-f)} \tag{8-2}$$

式中，K 是资本成本，以百分率表示；D 是年用资费用；P 是筹资数额；F 是筹资费用；f 是筹资费用率，即筹资费用与筹资数额的比率。

式（8-1）和式（8-2）作为资本成本的计量公式是对筹资行为的一般情况而言的。企业采用不同的筹资方式，由于影响资本成本的具体因素不同，其资本成本的计算方法也有所区别。下面我们分别介绍个别资本成本、加权平均资本成本和边际资本成本的计量方法。

（一）个别资本成本

个别资本成本是指各种不同筹资方式的资本成本，主要包括长期借款资本成本、债券资本成本、优先股资本成本、普通股资本成本以及留存收益资本成本，前两者属于债务资本的资本成本，后三者属于权益资本的资本成本。

1. 长期借款资本成本

长期借款资本成本是指企业从债权人处获得长期借款所支付的利息和筹资费用。由于借款利息一般可以在所得税前列支，盈利企业实际负担的利息应为：利息×（1－所得税税率）。因此，长期借款的资本成本可按下列公式计算：

$$K_l=\frac{I_l\ (1-T)}{L\ (1-f_l)}=\frac{i\times L\ (1-T)}{L\ (1-f_l)}=\frac{i\ (1-T)}{1-f_l} \tag{8-3}$$

式中，K_l 是长期借款成本；I_l 是长期借款年利息；T 是所得税税率；L 是长期借款筹资额，即借款本金；f_l 是长期借款筹资费用率；i 是借款年利率。

【例 8-1】飞达股份有限公司从银行取得 4 000 万元的长期借款，期限为 5 年，年利率为 9.60%，每年付息一次，到期一次还本。筹措这笔借款的费用率为 0.25%，所得税税率为 25%，则该笔长期借款的成本为：

$$K_l=\frac{4\ 000\times 9.60\%\times\ (1-25\%)}{4\ 000\times\ (1-0.25\%)}=7.22\%$$

长期借款的筹资费用主要是借款手续费，一般数额相对很小，为了简化计算，也可对其忽略不计。这样，长期借款成本可按下列公式计算：

$$K_l=i\ (1-T) \tag{8-4}$$

上例中，若不考虑筹资费用率，长期借款成本为：

$$K_l=9.60\%\times\ (1-25\%)\ =7.20\%$$

应当指出的是，上述长期借款资本成本的计算公式是在一定的假设前提下得出的。实际上，借款的期限长短、利息的支付方式、企业的所得税政策以及借款合同中的相关条款的规定都会影响借款的资本成本。例如，如果长期借款有附加的补偿性余额要求，长期借款筹资额应扣除补偿性余额，从而其资本成本将会提高。

2. 债券资本成本

债券资本成本主要是指债券利息和筹资费用。由于债券利息的处理与长期借款相同，一般也可以在税前列支，具有减税效应。所以计量债券资本成本时，应当将其利息费用对所得税的影响予以抵减。而发行债券的筹资费用一般较高，主要包括申请发行债券的手续费、债券注册费、印刷费、上市费以及推销费用等，一般不能忽略不计。因此，债券资本成本的计算公式为：

$$K_b=\frac{I_b\ (1-T)}{B_0\ (1-f_b)}=\frac{B\times i\ (1-T)}{B_0\ (1-f_b)} \tag{8-5}$$

式中，K_b是债券成本；I_b是债券年利息；T是所得税税率；B是债券筹资面值；f_b是债券筹资费用率；B_0是债券筹资额，按发行价格确定；i是债券票面利率。

需要强调的是，债券的发行价格有平价、溢价和折价三种。债券利息应按面值和债券的票面利率计算，而债券的筹资额则应按发行价格计算。

【例8-2】飞达股份有限公司发行面值100元的债券500 000份，期限为5年，规定票面利率为12%，利息按年支付。债券票面总金额为5 000万元。由于其票面利率较高，该债券按溢价发行，发行价每份110元，发行费用占发行价格的2%，公司所得税税率为25%，则公司发行的该种债券的资本成本（按一份计算）为：

$$K_b=\frac{100\times 12\%\times\ (1-25\%)}{110\times\ (1-2\%)}=8.35\%$$

由于债券的利率水平通常高于长期借款，同时债券的筹资费用较高，所以，一般而言债券的资本成本高于长期借款的资本成本。

3. 优先股资本成本

优先股资本成本包括优先股股利和优先股筹资费用两部分。优先股股利通常按照固定的比率定期支付，且为所得税后支付，没有抵税效应。因此优先股成本的计算公式为：

$$K_p=\frac{D_p}{P_p\ (1-f_p)} \tag{8-6}$$

式中，K_p是优先股成本；D_p是优先股每年的股利；P_p是优先股筹资额，应按优先股的发行价格确定；f_p是优先股筹资费用率。

【例8-3】飞达股份有限公司发行优先股2 000万股，每股面值1元，发行价为每股1.50元，总价款3 000万元，筹资费用率为5%，预定年股利率为13%。则优先股成本计算如下：

$$K_p=\frac{2\ 000\times 13\%}{3\ 000\times\ (1-5\%)}=9.12\%$$

由于优先股股利在税后支付，不减少企业所得税，而且在企业破产时，优先股的求偿权位于债券持有人之后，优先股股东的风险比债券持有人的风险要大，因此，优先股的资本成本明显高于债券的资本成本。

4. 普通股资本成本

普通股资本成本包括股利和发行费用两部分。普通股股利为税后支付，且分配数额不固定，具体视公司的盈利水平和股利政策而定，这增加了其资本成本的估算难度。

要明确计量普通股的资本成本，必须对普通股的股利支付模式作出某种假设。本书第四章曾对股票的股利方式作出各种不同的假设，并在此基础上导出股票的估价模型，其中最常见的是固定股利增长率模型，具体形式如下：

$$P_c = \frac{D_c}{K_c - G} \tag{8-7}$$

式（8-7）是从投资决策的角度来计量股票的价值，如果从筹资的角度看，式（8-7）中的 P_c 可以理解为发行普通股的筹资额，D_c 是发行公司分配给股东的股利，G 表示股利的年增长率，而 K_c 实际上就是普通股筹资的资本成本，另外再考虑筹资费用率 f_c 的因素。因此，我们将式（8-7）改写成计算 K_c 的等式，就得到如下计量固定股利增长率普通股的资本成本公式：

$$K_c = \frac{D_c}{P_c\ (1 - f_c)} + G \tag{8-8}$$

式中，K_c 是普通股成本；D_c 是第一年的普通股股利；P_c 是普通股筹资额；f_c 是普通股筹资费用率；G 是股利增长率。

【例 8-4】飞达股份有限公司发行普通股 2 000 万股，每股面值 1 元，发行价为每股 4 元，筹资费用率为 5%，预计第一年每股发放现金股利 0.40 元，以后每年比上年增长 5%。则可计算普通股成本如下：

$$K_c = \frac{2\ 000 \times 0.4}{2\ 000 \times 4 \times\ (1 - 5\%)} + 5\% = 15.53\%$$

由于普通股股利具有不确定性，而且企业破产后，股东的求偿权位于债权人和优先股股东之后，因此，普通股股东所承担的风险最大，相应的报酬也应最高。所以，普通股的资本成本明显高于借款、债券和优先股的资本成本。

5. 留存收益资本成本

留存收益是公司尚未分配的累计利润，它的所有权归全体股东。将实现的利润留存公司，满足公司发展的需要，这是内部融资的一种方式。从表面上看，公司使用留存收益不需要花费任何成本；但实际上，股东愿意将其留用于公司而不作为股利取出投资于别处，总是要求得到与普通股相同的投资报酬。因此，留存收益的资本成本是一种机会成本。留存收益的确定方法与普通股成本基本相同，但不须考虑筹资费用，其计算公式为：

$$K_r = \frac{D_c}{P_c} + G \tag{8-9}$$

式中，K_r 是留存收益成本，其他符号含义与普通股资本成本计算公式相同。由于其计算相对比较简单，这里不再举例说明。

（二）加权平均资本成本

1. 加权平均资本成本的概念和计算

前面介绍的个别资本成本的计量方法是针对某一种特定的筹资方式而言的，而实际上企业的资金不可能来源于单一的渠道和单一的方式。企业可能同时从多种渠道、用多种方式筹集资金，而各种方式的筹资成本是不同的。为了正确进行筹资和投资决策，就必须计算企业的加权平均资本成本。加权平均资本成本就是企业各种资本的平均成本，它是以每种资金占全部资金的比重为权数，对个别资本进行加权平均计算而来的。其计算公式为：

$$K_W = \sum_{i=1}^{n} K_i W_i \qquad \left\{ \sum_{i=1}^{n} W_i = 1 \right\} \tag{8-10}$$

式中，K_W 是加权平均资本成本；K_i 是第 i 种资本的成本；W_i 是第 i 种资本占全部资本的比重，即权数；n 是筹资方式的种类。

从式（8-10）可以看出，加权平均资本成本受个别资本成本和权数两个因素的影响。在企业资本总规模一定的前提下，资本来源的不同组合会产生不同的加权平均资本成本，这便是本章后面资本结构决策中要研究的问题之一。

【例 8-5】飞达股份有限公司目前的资本总规模为 20 000 万元，其中通过借款筹资 4 000 万元，发行债券筹资 5 000 万元，发行优先股筹资 3 000 万元，发行普通股筹资 8 000万元。根据前面例 8-1 至例 8-4 的计算结果，上述各种筹资方式的资本成本依次为 7.22%、8.35%、9.12% 和 15.53%。

则其加权平均资本成本计算如下。

（1）先确定各种资本占总资本总额的比重。长期借款为 20%，债券为 25%，优先股为 15%，普通股为 40%。

（2）再计算加权平均资本成本。算式如下：

$$K_W = \sum_{i=1}^{n} K_i W_i$$

$$= 7.22\% \times 20\% + 8.35\% \times 25\% + 9.12\% \times 15\% + 15.53\% \times 40\% = 11.11\%$$

2. 加权平均资本成本计算中权数的选择

在加权平均资本成本计算中，个别资本成本相对容易确定，而权数主要有三种选择：账面价值、市场价值和目标价值。

账面价值权数是指以账面价值为依据确定各种长期资金的权数。使用账面价值权数，资料可直接从资产负债表上取得，数据真实。例 8-5 中加权平均资本成本的计算就是按照各种筹资方式所筹集资本的账面价值计算的。但是当债券、股票的市场价格与账面价值差别较大时，计算得出的加权平均资本成本就会偏离实际，不利于筹资决策。

市场价值权数是指债券、股票及留存收益以现行的市场价格确定的金额为权数。由于证券市场价格波动频繁，因此可选用平均的市场价格。使用市场价值权数计算的加权平均资本成本能够反映企业目前的实际情况。

【例 8-6】假设在例 8-5 中，飞达股份有限公司的加权平均资本成本以市场价值作为权数来计算，又假设该公司目前债券的市场总价值为 6 000 万元，优先股的市场总价值为3 600万元，普通股的市场总价值为12 000万元，而借款的市场总价值与账面价值相同，为4 000万元，各种方式的个别资本成本不变。则按照市场价值为权数计算的加权平均资本成本计算过程如下：

飞达公司的资本总额为25 600万元，各种资本占总资本总额的比重分别为：

长期借款：4 000/25 600 = 15.62%

债券：6 000/25 600 = 23.44%

优先股：3 600/25 600 = 14.06%

普通股：12 000/25 600 = 46.88%

加权平均资本成本为：

$$K_W = 7.22\% \times 15.62\% + 8.35\% \times 23.44\% + 9.12\% \times 14.06\% + 15.53\% \times 46.88\% = 11.65\%$$

目标价值权数是指债券、股票等以未来预计的目标市场价值确定的资本权数。这种权数能够体现企业目标资本结构，而不是像账面价值权数和市场价值权数那样只反映过去和现在的资本结构，所以按目标价值权数计算的加权平均资本成本更适用于企业筹措新的资金。

计算加权平均资本成本时，确定权数的三种思路各有利弊，但由于资本的账面价值容易确定，因而在实际工作中，企业一般使用账面价值权数。

（三）边际资本成本

当企业筹集的资金不足以满足投资需要时，企业往往要采用适当的方式再筹集资金，这就会引出边际资本成本的概念。边际资本成本是指资金每增加一个单位而增加的资本成本，也就是企业筹资额每增加一个单位所引起的资本成本的变动。边际资本成本是企业追加筹资决策的主要依据。若企业同时以多种不同的方式追加筹资，新增的几种不同资本的加权平均成本，称为加权平均边际资本成本。

一般来讲，随着企业筹资规模的不断扩大，企业资本成本也会相应增大，追加筹资的加权平均资本成本也会增加。但是，在追加投资中，并非每增加一定量的资金都会引起资本成本的变动，而通常是追加筹资在某一数量范围内，其资本成本仍保持原有的资本成本；当某种新增资金突破某一限度时，边际资本成本才会提高。

以边际资本成本进行追加筹资决策的基本步骤如下：

第一步，确定目标资本结构；

第二步，确定各种筹资方式的资本成本分界点；

第三步，计算筹资总额分界点：

筹资总额分界点就是指各种筹资方式下成本发生变动的最大筹资总额，计算筹资总额分界点的公式为：

$$\text{筹资总额分界点} = \frac{\text{可用某一特定成本筹集到的最大资本额}}{\text{该种资本在资本结构中所占的比重}} \tag{8-11}$$

第四步，计算边际资本成本；

第五步，比较各筹资范围组新增筹资总额的边际资本成本，进行筹资方案的选择。

下面仅对筹资总额分界点和各筹资范围的边际资本成本的计算举例说明，不涉及筹资决策问题。

【例8-7】金光有限公司目前的资本结构为：长期借款1 000万元，普通股3 000万元。公司拟筹集新投资项目所需资金2 000万元，并维持目前的资本结构。公司财务人员对金融市场进行分析后认为，随着筹资额增加，借款和普通股的资本成本会相应地提高，具体资料见表8-1。

表8-1　金光有限公司追加筹资资本成本资料

资本来源	筹资额	资本成本
长期借款	400万元及以下	6%
	400万元以上	8%
普通股	750万元及以下	10%
	750万元以上	12%

要求：计算各筹资突破点及各筹资范围的边际资金成本

（1）确定各种筹资方式的筹资比重：

长期借款在目前资本结构中所占比例：$\frac{1\ 000}{1\ 000+3\ 000}\times 100\%=25\%$

普通股在目前资本结构中所占比例：$\frac{3\ 000}{1\ 000+3\ 000}\times 100\%=75\%$

（2）计算筹资突破点：

长期借款的筹资突破点为：$\frac{400}{25\%}=1\ 600$（万元）

普通股的筹资突破点为：$\frac{750}{75\%}=1\ 000$（万元）

（3）计算各个筹资总额区间的边际资金成本：

筹资总额在1 000万元以下的边际资金成本 $=25\%\times 6\%+75\%\times 10\%=9\%$

筹资总额在1 000万～1 600万元的边际资金成本 $=25\%\times 6\%+75\%\times 12\%=10.5\%$

筹资总额在1 600万元以上的边际资金成本 $=25\%\times 8\%+75\%\times 12\%=11\%$

第二节 财务杠杆

“杠杆”一词最初产生于物理学，自然科学中的杠杆作用是指通过一定的工具（杠杆），用较小的力使受力物体产生较大的作用力。财务管理上也存在着类似的杠杆作用，表现为：由于固定费用（如固定的生产经营成本或固定的利息费用）的存在和运用，产品销售量（或业务量）的变化会使企业的盈利水平产生更大幅度的变化。杠杆作用可给企业带来一定的杠杆利益，同时也会给企业带来相应的风险。企业在进行资本结构决策时就需要在杠杆利益与其相关的风险之间进行合理的权衡。

由于固定生产经营成本而产生的杠杆作用称为经营杠杆，而由于债务的固定利息支出和优先股的固定股利而产生的杠杆作用称为财务杠杆。经营杠杆和财务杠杆的复合称为总杠杆。

一、基础知识

在系统阐述杠杆作用前，必须先介绍一些计量杠杆作用必要的基础知识。

（一）成本习性分析

所谓成本习性，是指成本与业务量之间的依存关系。在这里，业务量是指企业的生产经营活动水平的标志量。它可以是产出量也可以是投入量；可以使用实物度量、时间度量，也可以使用货币度量。例如，产品产量、工人工时、销售额、生产工人工资和机器运转时数等，都可以作为业务量大小的标志，本章后面一般以产销量或销售量表示业务量。当业务量变化后，各项成本有不同的习性，大体上可以分为三种类型的成本：固定成本、变动成本和混合成本。

固定成本是指在一定时期和一定业务量范围内，其成本总额不受业务量增减变动影响而固定不变的成本。折旧费、保险费、管理人员工资和办公费等通常是固定成本。

变动成本是指在一定条件下，其总额同业务量的总量成同比例增减变动的成本，如直接材料成本和直接人工成本等可以认为是变动成本。

混合成本是指其总额随业务量的变动而变动，但不成正比例变动的成本。混合成本介于固定成本和变动成本之间，管理会计中可以采用专门的方法将其分解成固定成本和变动成本两部分。在此基础上，就可以建立总成本习性模型：

$$Y = F + vQ \tag{8-12}$$

式中，Y 是总成本；F 是固定成本总额；v 是单位变动成本；Q 是业务量（销售量）。

财务会计提供的成本核算资料并没有分解后的固定成本和变动成本数据，需要运用一定的方法，将混合成本进行分解，也就是求出 F 和 v 的值，得到反映成本与业务量之间依存关系的直线方程。具体分解方法请读者参见管理会计中的相关内容，这里不再介绍。

式（8-12）是一个非常重要的成本模型，它在成本预测和成本决策中十分有用。

（二）边际贡献和边际贡献率

将成本分解成固定成本和变动成本后，引出一个新的概念——边际贡献。边际贡献是指销售收入减去变动成本以后的差额，又称贡献毛益。从边际贡献的构成内容上来看，它包括固定成本总额和税前净利，因此，边际贡献是补偿固定成本、创造利润的来源，是考核企业获利能力的重要指标。

边际贡献的表现形式有绝对额、相对额和相对数三种形式，即边际贡献总额、单位边际贡献和边际贡献率，其计算公式分别为：

$$M = S - VC = pQ - vQ = (p - v)\ Q \tag{8-13}$$

$$m = p - v \tag{8-14}$$

$$MR = \frac{M}{S} \times 100\% = \frac{m \times Q}{P \times Q} \times 100\% = \frac{M}{p} \times 100\% \tag{8-15}$$

式中，M 是边际贡献总额；S 是销售收入总额；VC 是变动成本总额；p 是销售单价；m 是单位边际贡献；MR 是边际贡献率，其他符号的含义同前。

应当指出，边际贡献并不是企业的经营利润，它必须补偿固定成本（不包括利息费用）后，才形成企业的息税前利润，即

$$EBIT = M - F = (p - v)\ Q - F \tag{8-16}$$

式中，$EBIT$ 是息税前利润；M 是边际贡献总额；F 是固定成本总额。

【例 8-8】林海股份有限公司生产经营甲产品，其单位售价为 125 元/件，单位变动成本为 100 元/件，2012 年度该产品销量为 4 000 件，固定成本总额为 60 000 元。

我们可以根据上述资料计算该产品的边际贡献和息税前利润。

边际贡献总额 $= 125 \times 4\ 000 - 100 \times 4\ 000 = 100\ 000$（元）

单位边际贡献 $= 125 - 100 = 25$（元）

边际贡献率 $= \frac{25 \times 4\ 000}{125 \times 4\ 000} \times 100\% = \frac{25}{125} \times 100\% = 20\%$

息税前利润 $= 100\ 000 - 60\ 000 = 40\ 000$（元）

与边际贡献率相对应的概念是变动成本率，它是指变动成本在销售收入中所占的百分比。其计算公式为：

$$VR = \frac{VC}{S} \times 100\% = \frac{v \times Q}{p \times Q} \times 100\% = \frac{v}{p} \times 100\% \tag{8-17}$$

式中，VR 是变动成本率，其他符号的含义同前。

在例 8-8 中，林海公司甲产品的变动成本率为：

变动成本率 $= \frac{100 \times 4\ 000}{125 \times 4\ 000} \times 100\% = \frac{100}{125} \times 100\% = 80\%$

由于销售收入被分为变动成本和边际贡献两部分，前者是产品自身的耗费，后者是给企业的贡献，两者的百分率之和应当为 1。

$$VR+MR=\frac{v}{p}+\frac{m}{p}=\frac{v+(p-v)}{p}=1 \tag{8-18}$$

式中，VR 是变动成本率；MR 是边际成本率，其他符号的含义同前。

（三）保本点及其确定

保本是指企业收入和成本相等的经营状态，即边际贡献等于固定成本时企业所处的既不盈利也不亏损的状态。企业在保本状态的销售量或销售额称为保本点，亦称盈亏临界点。保本点是企业经营决策中的一个重要概念，其意义在于：企业在既定的售价和成本水平下，业务量必须超过保本点才能盈利，反之则会发生亏损。

就生产单一产品的企业来说，保本点的计算并不困难。根据保本点的定义，我们令息税前利润等于零，此时的销售量（或销售额）就是所求的保本点。

令 $EBIT=0$，得到保本点销售量（用字母 A 表示）的计算公式为：

$$A=\frac{F}{p-v}=\frac{F}{m} \tag{8-19}$$

式（8-19）表明，保本点销售量等于固定成本总额和单位边际贡献的比值。

根据式（8-19）我们不难得到计算保本点销售额（用字母 B 表示）的公式为：

$$B=A\times p=\frac{F}{p-v}\times p=\frac{F}{MR} \tag{8-20}$$

式（8-20）表明，保本点销售额等于固定成本总额和边际贡献率的比值。

根据例 8-8 所给的资料，林海股份有限公司甲产品的保本点销售量和保本点销售额分别为：

$$保本点销售量=\frac{60\ 000}{125-100}=2\ 400（件）$$

$$保本点销售额=\frac{60\ 000}{20\%}=300\ 000（元）$$

从保本点我们可以引出一个概念——保本点作业率。它是指保本点销售量占正常销售量的百分比。所谓正常销售量，是指在正常市场和正常开工情况下，企业的销售数量或销售额。其计算公式为：

$$保本点作业率=\frac{保本点销售量（额）}{正常销售量（额）}\times 100\% \tag{8-21}$$

（四）安全边际和安全边际率

安全边际，是指正常销售量或销售额超过保本点销售量或销售额的差额，它表明当企业的经营处于不利状态时，多大范围内的销售量（或销售额）的下降仍不至于使企业发生亏损，借以说明企业经营该产品的安全程度。安全边际的计算公式如下：

$$安全边际=正常销售量（额）-保本销售量（额） \tag{8-22}$$

反映企业生产经营的安全性，还可以用安全边际率来表示，即安全边际量（额）与正常销售量（或销售额）的比值。其计算公式为：

$$安全边际率 = \frac{安全边际量（额）}{正常销售量（额）} \times 100\% \tag{8-23}$$

安全边际和安全边际率的数值越大，表明企业亏损的可能性就越小，企业经营就越安全；反之，说明企业的经营处于亏损的边缘，稍有不慎就可能会导致经营亏损。

显然，安全边际率与保本点作业率具有以下关系：

$$安全边际率 + 保本点作业率 = 1 \tag{8-24}$$

例如，假设例 8-8 中林海公司当年实际销售量 4 000 件就是企业正常销售量，则正常销售额为 500 000 元。保本点销售量为 2 400 件，而保本点销售额为 300 000 元，则该产品的保本点作业率与安全边际率分别为：

$$保本点作业率 = \frac{2\,400}{4\,000} \times 100\% = 60\%$$

或

$$保本点作业率 = \frac{300\,000}{500\,000} \times 100\% = 60\%$$

$$安全边际率 = \frac{4\,000 - 2\,400}{4\,000} \times 100\% = 40\%$$

或

$$安全边际率 = \frac{500\,000 - 300\,000}{500\,000} \times 100\% = 40\%$$

显然，安全边际率 + 保本点作业率 = 40% + 60% = 1

计算结果表明，该产品的作业率必须达到正常作业的 60% 以上才能取得盈利，或者说，该产品如果未能达到正常销售量，那么实际销售量比正常销售量下降的幅度在 40% 以内仍不至于发生亏损。

二、经营杠杆

为了说明经营杠杆的作用，我们先看下面一家啤酒公司的资料。

满灌啤酒股份有限公司主要经济指标 2012 年实际完成情况及 2013 年计划数如表 8-2所示。

从表 8-2 的资料可以看出，该公司 2013 年计划啤酒销售量比上年增加了 20%，在价格、单位变动成本和固定成本总额保持不变的前提下，最后的息税前利润却比上年增加了 40%。这是什么现象？是什么原因引起这样的结果呢？

这是一种经营杠杆作用，它是由于存在固定成本而引起的。下面我们就一般情形对经营杠杆的概念和计量方法进行阐述。

表 8-2 满灌啤酒股份有限公司 2012 年与 2013 年有关经营资料

财务指标名称	2012 年实际	2013 年计划	2013 年计划比 2012 年增减幅度
产销量（*Q*，万吨）	15	18	20%
价格（*p*，元）	2 500	2 500	—
单位变动成本（*v*，元）	1 500	1 500	—
边际贡献总额（*M*，万元）	15 000	18 000	20%
固定成本总额（*F*，万元）	7 500	7 500	—
息税前利润（*EBIT*，万元）	7 500	10 500	40%

（一）经营杠杆的概念

经营杠杆也称营业杠杆或营运杠杆，它是指由于企业经营成本中存在固定成本而对企业收益带来的影响。准确地说，它是指由于存在固定成本而引起的企业息税前利润的变动率大于业务量变动率的现象。

由于存在固定成本，当产销量发生变化时，单位产品分摊的固定成本会随之变动，最后导致利润更大幅度的变动。具体地说，在其他条件不变的情况下，产销量的增加虽然一般不会改变固定成本总额，但却会降低单位固定成本，从而提高单位产品利润额，这就使利润的增长率大于产销量的增长率。例如，表 8-2 中满灌啤酒公司 2013 年计划啤酒产销量由上年的15 万吨增长到18 万吨，增幅为20%，而固定成本 7 500 万元保持不变，在这个条件下，随着销售量的增长，息税前利润以两倍的速度，即以 40%的增幅增长。反之，产销量的减少会提高单位固定成本，降低单位利润，使利润下降率也大于产销量下降率。假如不存在固定成本，所有成本都是变动的，那么边际贡献就是利润，这时利润变动率就会等于产销量变动率。但是，由于固定成本的存在，产销量的变动率与利润变动率不相等，利润变动率总是大于产销量变动率。

（二）经营杠杆的计量

只要存在固定成本，就存在经营杠杆的作用，但是不同企业或不同经营业务量的经营杠杆作用程度是不完全一致的，为此，需要对经营杠杆的程度加以计量。计量经营杠杆最常用的指标是经营杠杆系数，也称经营杠杆度。所谓经营杠杆系数，是指息税前利润变动率相当于销售量变动率的倍数。其计算公式为：

$$DOL=\frac{\Delta EBIT/EBIT}{\Delta Q/Q}=\frac{\Delta EBIT/EBIT}{\Delta S/S} \tag{8-25}$$

式中，*DOL* 是经营杠杆系数；*EBIT* 是息税前利润；*Q* 是销售量；*S* 是销售额；*D* 是变动符号。

显然，经营杠杆系数实际上是经济学中的弹性系数。上述公式表示的是经营杠杆系数的定义，但利用该公式，必须以已知变动前后的相关资料为前提，计算时显得比较麻烦。为方便计算，需要将上式进行变换，以便简化计算。

我们知道，产品的息税前利润可以表示成式（8-16）的形式，即

$$EBIT = Q(p-v) - F$$

在 p、v 和 F 不变的前提下，$EBIT$ 的增量可以表示为：

$$\triangle EBIT = \triangle Q(p-v) \tag{8-26}$$

将式（8-16）和式（8-26）代入式（8-25），化简后可以得到：

$$DOL = \frac{Q(p-v)}{Q(p-v) - F} \tag{8-27}$$

或者写成下面的形式：

$$DOL = \frac{S - vQ}{S - vQ - F} \tag{8-28}$$

式（8-27）和式（8-28）表明，经营杠杆系数等于基期边际贡献总额与基期息税前利润之比。由于公式中的分子必然大于分母，故其数值一定大于1。进一步分析可以看出，经营杠杆系数与固定成本呈同方向变化，即企业的固定成本越大，其经营杠杆系数越大；反之亦然。同时，在固定成本不变的情况下，经营杠杆系数会随着产销量的增加而呈下降趋势；反之亦然。

【例 8-9】利用前面所给的满灌啤酒股份有限公司的有关资料，我们可以计算该公司的经营杠杆系数为：

$$DOL = \frac{15 \times (2\,500 - 1\,500)}{15 \times (2\,500 - 1\,500) - 7\,500} = 2$$

计算结果表明：当企业销售量增长1%时，其息税前利润将增长2%；反之，当企业销售量下降1%时，其息税前利润将下降2%。

（三）经营杠杆与经营风险

经营风险也称营业风险，是指企业由于生产经营方面的不确定因素给企业的收益带来的不确定性。影响经营风险的主要因素有产品需求的变化、产品销售价格的变动、固定成本比重和单位产品变动成本的变化等。其中最重要的是产品销售量所引起的不确定性。随着产销业务量的变动，息税前利润将以 DOL 倍数的幅度变动，可见，经营杠杆扩大了产品销量变动对息税前利润的影响。一般来说，在其他因素不变的情况下，经营杠杆系数越高，息税前利润变动越剧烈，企业的经营风险就越大。当然，经营杠杆本身并不是产生风险的原因，但它会加剧利润的不稳定性。

三、财务杠杆

在介绍财务杠杆的概念时，我们来继续观察满灌啤酒股份有限公司资本结构的有关情况。已知该公司2012年年末资产总额50 000万元，总股本5 000万股，资产负债

率为40%，平均年利率为12.5%，这些财务指标2013年不会有明显改变。该公司有关财务指标如表8-3所示。

表8-3　满灌啤酒股份有限公司2012年与2013年有关财务资料

财务指标名称	2012年实际	2013年计划	2013年计划比2012年增减幅度
息税前利润（*EBIT*，万元）	7 500	10 500	40%
利息支出（*I*，万元）	2 500	2 500	—
税前利润（*EBT*，万元）	5 000	8 000	60%
所得税（*T*，万元）	1 650	2 640	60%
净利润（*EAIT*，万元）	3 350	5 360	60%
每股盈余（*EPS*，元）	0.67	1.072	60%

从表8-3的资料可以看出，该公司2013年的息税前利润比2012年增加了40%，但每股盈余却比2012年增长了60%。为什么每股盈余的增长幅度会超过息税前利润的增长幅度？是什么原因引起这样的结果呢？

这是一种财务杠杆作用，它是由企业存在债务资本而支付固定利息费用所引起的结果。下面我们就一般情况阐述财务杠杆的概念及其计量方法。

（一）财务杠杆的概念

财务杠杆又称融资杠杆，简单地说，它是由于负债经营而引起的企业每股盈余的变动率大于息税前利润变动率的现象。在一定的负债水平下，由于企业支付的利息费用是固定不变的，随着息税前利润的增加，单位息税前利润所负担的利息费用相对减少；反之，当息税前利润减少时，单位息税前利润负担的利息费用就会相对增加。这样，息税前利润的变动就会在更大程度上影响普通股每股盈余的变动。从表8-3可以看出，满灌啤酒股份有限公司2013年计划的息税前利润由上年的7 500万元增长到10 500万元，增幅为40%，而利息支出2 500万元保持不变，在这个条件下，随着息税前利润的增长，每股盈余以1.5倍的速度，即以60%的增幅增长。

由于优先股的股利是按照固定的数额或固定的比率计算的，企业盈利时必须支付。从资本成本的习性看，优先股股利与债务利息有相似之处。因此，当公司的筹资形式中存在优先股时，普通股每股盈余的变动率大于息税前利润变动率的现象也会出现。从这个意义上说，财务杠杆作用不仅产生于负债筹资，而且产生于优先股筹资；不过，通常所说的财务杠杆往往是指由于负债筹资所引起的这种现象。

（二）财务杠杆的计量

只要在企业的筹资方式中有固定财务支出（利息或优先股股利）的债务和优先股，

就会存在财务杠杆作用，但是不同企业财务杠杆的作用程度是不完全一致的。为此，需要对财务杠杆作用程度进行计量。计量财务杠杆最常用的指标是财务杠杆系数，也称财务杠杆度。它是指普通股每股盈余变动率相当于息税前利润变动率的倍数。其计算公式为：

$$DFL=\frac{\triangle EPS/EPS}{\triangle EBIT/EBIT} \tag{8-29}$$

式中，*DFL* 是财务杠杆系数；*EPS* 是普通股每股盈余；*EBIT* 是息税前利润；*D* 是变动符号。

上述公式是计算财务杠杆系数的理论公式，但利用该公式，必须以已知变动前后的相关资料为前提，计算比较麻烦。我们可以将式（8-29）进行变换，以简化计算公式。设利息为 *I*，所得税税率为 *T*，流通在外普通股股数为 *N*，于是：

$$EPS=\frac{(EBIT-I)\ (1-T)}{N} \tag{8-30}$$

$$\triangle EPS=\frac{\triangle EBIT\ (1-T)}{N} \tag{8-31}$$

将式（8-30）和式（8-31）代入式（8-29），经过演算后便可得到：

$$DFL=\frac{\triangle EPS/EPS}{\triangle EBIT/EBIT}=\frac{EBIT}{EBIT-I} \tag{8-32}$$

式（8-32）表明，财务杠杆系数等于基期的息税前利润与基期的（息后）税前利润之比。

在有优先股的条件下，由于优先股股息应当在税后利润支付，此时，财务杠杆系数的计算公式应改写成以下形式：

$$DFL=\frac{EBIT}{EBIT-I-D_P/\ (1-T)} \tag{8-33}$$

式中，D_p 是优先股股息；其余符号含义同前。

从式（8-32）和式（8-33）可以看出，在一定的经营条件下，财务杠杆系数的数值必定大于1，它与利息额呈同方向变化。即资产负债率越大，利率越高，其财务杠杆系数越大；反之亦然。特别是在零负债或零利率的资本结构中，财务杠杆系数等于1，没有财务杠杆效应，这时普通股每股盈余随息税前利润的变动而发生同比例、同方向变化。同时，在其他条件不变的情况下，企业在微利状态的财务杠杆系数大于在高盈利状态的财务杠杆系数。

【例8-10】利用前面所给的满灌啤酒股份有限公司的有关资料，我们可以计算该公司的财务杠杆系数为：

$$DFL=\frac{7\ 500}{7\ 500-2\ 500}=1.5$$

计算结果表明：当企业息税前利润增长1%时，普通股每股盈余将增长1.5%；反之，当息税前利润下降1%时，普通股每股盈余将下降1.5%。

（三）财务杠杆与财务风险

财务风险，也称融资风险或筹资风险，是指企业由于举债采取负债经营而给企业财务成果带来的不确定性。企业为取得财务杠杆利益，就要增加负债，由于财务杠杆的作用，一旦息税前利润下降时，企业的每股盈余就会下降得更快。财务杠杆系数越大，对财务杠杆利益的影响越强，财务风险也就越大。因此，在企业资本结构中，长期负债的比例越大，企业的财务风险也越大；相反，当债务比例较低时，财务风险相对较小。所以，企业应该合理地安排资本结构，适度负债，使财务杠杆利益抵销风险增大所带来的不利影响。

四、总杠杆

（一）总杠杆的概念

如前所述，由于存在固定的生产经营成本，产生经营杠杆作用，使息税前利润的变动率大于产销业务量的变动率；同样，由于存在固定的财务费用（如固定利息和优先股股息），产生财务杠杆作用，使企业每股盈余的变动率大于息税前利润的变动率。从企业利润的产生到利润分配整个过程来看，既存在固定的生产经营成本，又存在固定的财务费用。两种杠杆会共同产生作用，那么销售量稍有变动就会使每股盈余产生更大的变动。这种由于固定生产经营成本和固定财务费用的共同存在而导致每股盈余变动大于销售量变动的杠杆效应，称为总杠杆，也称为复合杠杆。

（二）总杠杆的计量

与经营杠杆和财务杠杆的度量相似，衡量总杠杆程度大小最常用的指标是总杠杆系数，记为 DTL，它是每股盈余变动率相当于业务量变动率的倍数。其计算公式为：

$$DTL=\frac{\triangle EPS/EPS}{\triangle Q/Q}=\frac{\triangle EPS/EPS}{\triangle S/S} \tag{8-34}$$

上式显示，总杠杆系数是每股盈余变动率相当于产销业务量变动率的倍数。为便于计算，式（8-34）可进一步变换为下面的形式：

$$DTL=\frac{Q\ (p-v)}{Q\ (p-v)\ -F-I} \tag{8-35}$$

如果企业发行了优先股，则应在分母中扣除税前的优先股股息。

显然，总杠杆系数与经营杠杆系数、财务杠杆系数之间存在这样的关系：总杠杆系数等于经营杠杆系数与财务杠杆系数的乘积。用公式表示为：

$$DTL = DOL\times DFL \tag{8-36}$$

【例8-11】利用前面所给的满灌啤酒股份有限公司的有关资料，我们可以计算该公司的总杠杆系数为：

$$DTL=\frac{15\times\ (2\ 500-1\ 500)}{15\times\ (2\ 500-1\ 500)\ -7\ 500-2\ 500}=3$$

或

$$DTL=2\times1.5=3$$

以上计算结果表明：当企业销售额增长1%时，普通股每股盈余将增长3%；反之，当企业销售额下降1%时，普通股每股盈余将下降3%。

（三）总杠杆与总风险

总风险，是指由于总杠杆的作用使每股盈余大幅度波动而造成的风险。在总杠杆的作用下，当企业销售量增加时，每股盈余会大幅度上升；而当企业销售量减少时，每股盈余就会大幅度下降。企业总杠杆系数越大，每股盈余的波动幅度越大。在其他因素不变的情况下，总杠杆系数越大，企业承受的总风险越大；总杆杠系数越小，企业承受的总风险越小。

企业利用总杠杆能够估计出销售收入变动对每股盈余的影响，同时还可通过对经营杠杆和财务杠杆的不同组合，达到某一总杠杆系数。例如，经营杠杆系数较低的企业可以在较大程度上利用财务杠杆；而经营杠杆系数较高的企业则需要谨慎负债，在较低的程度上利用财务杠杆。

第三节　资本结构及其优化

一、资本结构概述

资本结构是企业筹资决策中一个非常重要的概念，而最优资本结构的确定是财务决策的一个重要研究课题。所谓资本结构，是指企业资金来源中各种长期资金的构成及比例关系。因为短期资金的需要量经常变化，且在整个资金总量中所占的比例不稳定，因此，一般通常不将其列入资本结构考虑的范围。

企业资本结构是由于企业采用不同筹资方式筹措资金而形成的，各种筹资方式的不同组合决定着企业的资本结构及其变化。从总体上说，企业筹集的资金可以分为负债资金和权益资金两类。在资本结构中，合理利用负债融资、安排负债比例对企业具有重要的影响。它不仅可以降低加权平均资本成本，而且可以使企业利用财务杠杆的作用提高每股盈余，但是负债融资将会增大企业的财务风险。

企业利用负债融资，其重要原因就是负债融资可降低加权平均资本成本，并具有财务杠杆效应。资本结构理论就是通过研究财务杠杆、资本成本和企业价值之间的关系，以阐述财务杠杆或负债融资对企业的加权平均资本成本和总价值的影响。西方财务管理理论中关于企业能否通过资本结构的变化（或负债比例的变化）来影响企业的加权平均资本成本和企业价值问题存在许多争议，由此形成了资本结构理论。具有代表性的是美国学者大卫·杜兰特（David Durand）提出的净收入理论、净营运收入理论和传统理论三种早期资本结构理论，以及美国学者莫迪格利尼和米勒提出的 MM 理论等现代资本结构理论。由于篇幅的原因，此处不作详细展开。

随着现代企业资本结构理论的发展，许多学者又先后提出了权衡理论、代理理论、信号传递理论等。各种资本的理论为企业融资提供了有价值的参考，成为企业筹资决策行为的指导。但是我们应该看到，由于融资活动本身和外部环境的复杂性，目前仍难以准确地描述出存在于财务杠杆、资本成本及企业价值之间的关系，财务学家将对此作进一步的探索和研究。

二、最优资本结构的确定

（一）影响资本结构的因素

在企业的实践中，决定资本结构的因素有很多，归纳起来，主要有以下几个方面。

1. 各种筹资方式的资本成本

筹资方式不同，其资本成本也不一样。通常债务资本的成本低于权益资本的成本，但过度负债会增加企业的财务压力，导致不能还本付息的风险，对企业的经营产生不利影响。因此，不能绝对地说企业的负债程度越高，其资本成本越低，其筹资方式就越好；应权衡利弊，选择合适的筹资方式。

2. 企业自身的风险程度

企业的风险对融资方式有很大影响。因此，风险大的企业不宜再冒更大的财务风险。如果企业本身的经营风险很大，或者已经具有较高的负债水平，再举债筹资就不如发行股票等股权融资方式明智（因为股票不需要定期支付利息，也不需要按时偿还本金）。

3. 企业的经营状况

企业经营状况良好，预期收益稳定或成长性较好，就可以增加债务资本的比重，以获得财务杠杆利益；相反，经营状况不好、资金紧张的企业，则应增加权益资本的比重，以降低财务风险。

4. 管理人员的态度

由于普通股股东拥有表决权，为了不分散企业的控制权，企业一般不愿意通过增发新股来筹措资金，而尽可能用债务筹资的方式来增加资本。如果管理人员愿意冒风险，就会增加债务资本的比重；如果管理人员倾向于稳健保守，不愿承担过大的风险，则会减少债务资本的比重。

5. 金融机构的态度

虽然企业对如何恰当地使用财务杠杆进行资本结构决策有自己的见解，但在涉及大规模的债务筹资时，金融机构与信用评定机构的态度实际上会成为决定企业资本结构的关键因素。当金融机构与信用评定机构认为企业的负债过高，潜在的风险过大，信用等级下降时，贷款人将会认为企业过高地运用了财务杠杆作用，不愿意接受大额贷款的要求，除非附有抵押物、第三方担保或相当高的利率，才会同意增加贷款。因此，企业的资本结构受金融机构和信用评定机构的制约。

6. 企业的行业差别

在确定资本结构时，行业的差异是十分明显的。在实际工作中，不同行业以及同一行业的不同企业，在运用债务筹资的策略和方法上并非千篇一律。企业在资本结构的决策中，应以行业资本结构的一般水准为参照，具体分析差别，以确定企业合理的资本结构，并根据实际情况进行及时的调整。

7. 税收因素

税收是影响资本结构的重要因素，由于企业的债务利息在税前列支，具有抵税作用，而股票股利在税后列支，没有抵税作用，因此，利用债务资本可以得到减税的好处。而且，企业的所得税税率越高，债务资本的这种减税效应就越明显，企业就会越倾向于举债筹资。相反，对于一个低税负或免税的企业，债务资本所带来的税收好处不甚明显，企业就会更倾向于股权融资。由此可见，税收政策尤其是所得税政策对企业资本结构的影响是相当明显的。

（二）最优资本结构的确定

最优资本结构的含义实际上是相当模糊的。一般地说，最优资本结构是指企业在一定时期内使其综合成本最低、同时企业价值最大的资本结构。根据现代资本结构理论，一个企业的最优资本结构是存在的，即在资本结构的最优点上，企业的加权平均资本成本达到最低，同时价值达到最大。

根据上述最优资本结构的含义，可以认为衡量企业资本结构是否达到最优的标准主要有两个：一是企业的加权平均资本成本最低，即筹资所花费的代价最小；二是有利于最大限度地增加股东的财富，能使企业价值最大化。除此之外，有时人们将控制财务风险、确保企业健康发展也作为确定最优资本结构的标准。

目前，确定最优资本结构常用的定量分析法包括比较资本成本法、每股盈余分析法和比较公司价值法等。这些方法可以帮助企业的财务管理人员对资本结构的合理性进行评价，但不能将它们作为确定资本结构的绝对标准，实践中还应考虑影响资本结构的其他因素，加之财务管理人员的经验加以确定，力争使企业的资本结构趋于最优。下面分别以股份有限公司为例介绍比较资本成本法和每股盈余分析法。

1. 比较资本成本法

比较资本成本法以资本成本的高低作为确定最优资本结构的标准，它是指通过计算不同资本组合的加权平均资本成本，并以其中加权平均资本成本最低的组合为最优资本结构的一种方法。其具体决策过程如下：第一步，确定不同筹资方案的资本结构；第二步，计算不同方案的加权平均资本成本；第三步，选择资本成本最低的资本组合，即最优资本结构。

【例8-12】宏源股份有限公司拟融资1 000万元，准备采用发行债券、普通股和优先股方式筹集，现有三种方案可供选择。有关资料如表8-4所示。试运用比较资本成本法确定该公司三种筹资方案中的最优资本结构。

表8-4 筹资方案资本成本资料

项目	债券		普通股		优先股	
	所占比例	资本成本	所占比例	资本成本	所占比例	资本成本
甲方案	50%	9%	40%	14%	10%	12%
乙方案	40%	8%	30%	13%	30%	12%
丙方案	30%	7%	50%	15%	20%	11%

根据上述资料，三种方案的加权平均资本成本分别计算如下：

甲方案：$K_w = 50\% \times 9\% + 40\% \times 14\% + 10\% \times 12\% = 11.3\%$

乙方案：$K_w = 40\% \times 8\% + 30\% \times 13\% + 30\% \times 12\% = 10.7\%$

丙方案：$K_w = 30\% \times 7\% + 50\% \times 15\% + 20\% \times 11\% = 11.8\%$

通过比较计算结果，乙方案的加权平均资本成本最低，可认为乙方案为最优融资组合，它所确定的资本结构为最优资本结构。

比较资本成本法通俗易懂，计算过程也不十分复杂，是确定资本结构的一种常用的方法。但由于所拟订的融资方案数量有限，决策者不可能将所有可能的融资组合全部设计出来，有时可能会将真正最优的融资方案遗漏，而只是选择了一个相对较好的方案。

2. 每股盈余分析法

在西方财务管理理论和公司财务管理实践中，人们一致认为公司财务管理的目标是实现股东财富最大化，而对股份有限公司来讲，财务管理的目标之一就是要不断提高普通股股东的每股盈余，因此，资本结构合理性的评价也离不开对每股盈余的测定。每股盈余分析法就是将息税前利润和每股盈余这两大要素结合起来，利用每股盈余无差别点来进行资本结构决策的方法。每股盈余无差别点是指两种筹资方式下普通股每股盈余相等时的息税前利润点，也称息税前利润平衡点或筹资无差别点。

该方法测算每股盈余无差别点的计算公式为：

$$\frac{(EBIT - I_1)(1 - T) - D_1}{N_1} = \frac{(EBIT - I_2)(1 - T) - D_2}{N_2} \tag{8-37}$$

式中，$EBIT$是每股盈余无差别点处的息税前利润；I_1、I_2是两种筹资方式下的年利息；D_1、D_2是两种筹资方式下的优先股利；N_1、N_2是两种筹资方式下的流通在外普通股股数。

每股盈余无差别点的息税前利润计算出来以后，可与预期的息税前利润进行比较，据以选择筹资方式。当预期的息税前利润大于无差别点息税前利润时，应采用负债筹资方式；当预期的息税前利润小于无差别点息税前利润时，应采用普通股筹资方式。

每股盈余分析法的具体决策程序如下：第一步，计算每股盈余无差别点；第二步，绘制每股盈余无差别点图；第三步，选择最优筹资方式。现举例说明这种分析方法的运用。

【例8-13】盛龙股份有限公司现有资产总额20 000万元，现行的资本结构为：债务资本占40%，年利率为8%，普通股权益资本占60%，共1 500万股。现公司欲筹集新的资金5 000万元以扩大生产。筹集新资金的方式有增发普通股和长期借款两种方式。如果采用增发普通股的方式筹款，则计划以每股10元的价格增发500万股；如果采用长期借款的方式筹款，则以10%的年利率借入5 000万元。有关资料归纳如表8-5所示。

表8-5　现行和增资后资本结构表　（单位：万元）

资金种类	现行资本结构		增资后的资本结构			
			增发普通股方案		增加长期借款方案	
	金额	比例	金额	比例	金额	比例
长期借款	8 000	0.40	8 000	0.32	13 000	0.52
普通股权益	12 000	0.60	17 000	0.68	12 000	0.48
资本总额	20 000	1.00	25 000	1.00	25 000	1.00
年利息额	8 000×8% =640	—	8 000×8% =640	—	8 000×8% +5 000×10% =1 140	—
普通股股份数（万股）	1 500	—	2 000	—	1 500	—

假定增加资金后预期息税前利润为6 000万元，所得税税率为25%，试采用每股盈余分析法计算分析应选择何种筹资方式。

（1）计算每股盈余无差异点。根据资料计算如下：

$$\frac{(EBIT-640)\times(1-25\%)}{1\,500+500}=\frac{(EBIT-1\,140)\times(1-25\%)}{1\,500}$$

求得 $EBIT=2\,640$ 万元。将该结果代入上式可得无差异点的每股盈余为0.75元。

（2）计算两种增资方案的每股盈余（见表8-6），并选择最佳筹资方式。

表 8-6　预计增资后资本结构下的每股盈余表

项目	增发股票方案	增加长期借款方案
预计息税前利润（万元）	6 000	6 000
减：利息（万元）	640	640 + 500
税前利润（万元）	5 360	4 860
减：所得税（万元）	1 340	1 215
税后利润（万元）	4 020	3 645
普通股股数（万股）	2 000	1 500
每股盈余（元）	2.01	2.43

由表 8-6 计算得知，预期息税前利润为 6 000 万元时，增加长期借款方案能产生更高的每股盈余，故应采用增加长期借款的方式筹集资金。

事实上，根据每股盈余无差别点的意义，我们可以得到该公司两种筹资方案下每股盈余更一般的结论：当息税前利润等于 2 640 万元时，采用负债或发行股票两种方式的每股盈余是相等的（为 0.75 元）；当息税前利润大于 2 640 万元时，采用负债筹资方式能产生更高的每股盈余；当息税前利润小于 2 640 万元时，则采用发行股票方式筹资能产生更高的每股盈余。由于该公司预计息税前利润为 6 000 万元，大于无差别点的息税前利润，故采用长期借款的方式筹资较为有利。

（3）绘制每股盈余无差别点分析图。

上述关于资本结构的每股盈余无差别点的分析也可通过每股盈余无差别点分析图加以说明（见图 8-1）。

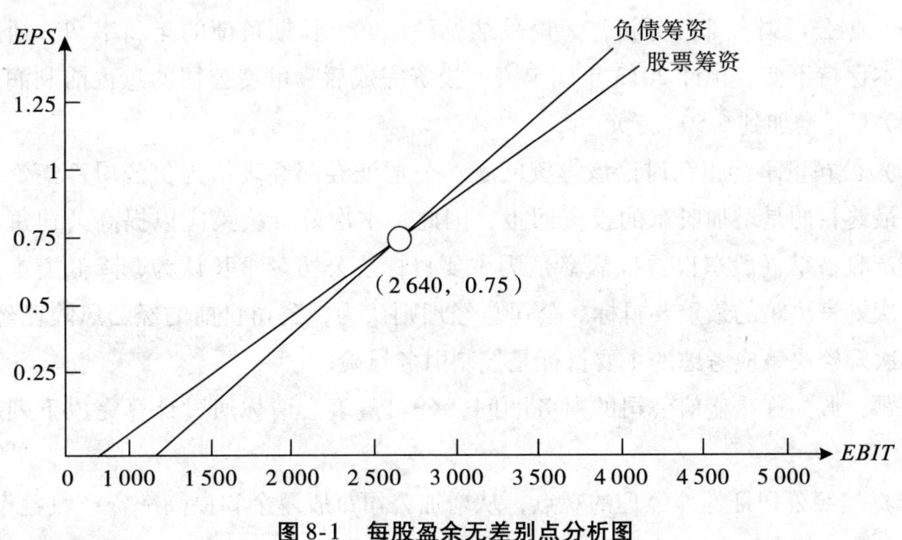

图 8-1　每股盈余无差别点分析图

由图 8-1 可以看出，当息税前利润为 2 640 万元时，两种筹资方式的每股盈余直线相交；当息税前利润大于 2 640 万元时，采用增加借款筹资方式的每股盈余直线在普通股筹资方式的每股盈余线上方，这时应采用负债筹资方式；当息税前利润小于 2 640 万元时，采用普通股筹资方式的每股盈余直线在借款筹资方式的每股盈余线上方，这时应采用普通股筹资方式。

每股盈余分析法直接将资本结构与企业财务目标、企业市场价值等相关因素结合起来，简单明了，在企业筹资决策中得到广泛运用。但本方法的缺点也很明显，主要是没有考虑企业债务比例变化引起的风险增加，从而可能削减企业价值。

下面我们通过一个实例来进一步说明企业应当综合考虑各方面的因素，确定最优资本结构。

【例 8-14】盛信股份有限公司 2012 年有关财务资料如下。

（1）年末股东权益总额为 35 000 万元；年末发行在外的普通股股数为 7 500 万股（每股面值 1 元）；普通股的资本成本为 12%，公司股票目前每股市价 12.50 元。

（2）年末负债总额 25 000 万元，其中长期负债 15 000 万元，长期负债的平均年利息率为 6%（假设短期负债没有利息支出）。

（3）2012 年息税前利润 4 500 万元，该公司享受所得税优惠政策，所得税税率为 15%。

（4）2013 年公司进行固定资产投资需要筹集 20 000 万元资金。公司财务部对金融市场的现状和公司的理财环境进行分析后设计了如下两种筹资方案：

A 方案：长期借款 8 000 万元，同时配股 1 500 万股，每股价格 8 元，筹集 12 000 万元资金；

B 方案：全部资金通过增发 2 000 万股新股来筹集，每股发行价 10 元。

（5）据公司财务部门分析，无论采纳哪种方案，长期负债的年利率和普通股边际成本基本保持不变。预计 2013 年固定资产投资完成后，可使公司的息税前利润由原来的 4 500 万元增加到 6 500 万元。

（6）公司董事会正在讨论该筹资问题。公司证券部经理认为，公司筹集资金谋求发展，最终目的是增加股东的投资回报，因此，本次筹资决策应以提高公司每股盈余和净资产收益率（股东权益报酬率）为主要目标。公司董事长认为，降低资本成本应该是本次筹资决策的最重要目标。公司总经理则认为，公司目前的经营风险已经较大，所以本次筹资决策应考虑的主要目标是控制财务风险。

问题：假如你是盛信公司的财务顾问，公司董事会请你通过计算完成下列决策分析事项。

（1）按照公司证券部经理的观点，从增加公司每股盈余和提高净资产收益率考虑，A 方案和 B 方案是否都能达到要求？

（2）按照公司董事长的观点，从降低加权平均资本成本来考虑，应该选择 A 方案还是 B 方案？

（3）按照公司总经理的观点，以控制财务风险为主要目标，应该选择 A 方案还是 B 方案？

（4）如果公司董事会最终达成的意见是：从提高净资产收益率同时降低加权平均资本成本来进行筹资决策，你认为该公司应采纳哪种筹资方案？

解：（1）公司 2012 年的每股盈余、净资产收益率、加权平均资本成本和财务杠杆系数分别为：

每股盈余 =（4 500 - 15 000 ×6%）×（1 - 15%）÷7 500
= 3 060 ÷7 500 = 0.408（元）

净资产收益率 = 3 060/35 000 = 8.74%

加权平均资本成本 =［35 000 ×12% + 15 000 ×6% ×（1 - 15%）］
/（35 000 + 15 000）= 4 965/50 000 = 9.93%

财务杠杆系数 = 4 500/（4 500 - 15 000 ×6%）= 1.25（倍）

（2）2013 年采纳 A 方案的每股盈余、净资产收益率、加权平均资本成本和财务杠杆系数分别为：

每股盈余 =［6 500 -（15 000 + 8 000）×6%］×（1 - 15%）/（7 500 + 1 500）
= 4 352/9 000 = 0.484（元）

净资产收益率 = 4 352/（35 000 + 12 000）= 9.26%

加权平均资本成本 =［47 000 ×12% + 23 000 ×6% ×（1 - 15%）］
/（47 000 + 23 000）= 6 813/70 000 = 9.73%

财务杠杆系数 = 6 500/（6 500 - 23 000 ×6%）= 1.27（倍）

（3）2013 年采纳 B 方案的每股盈余、净资产收益率、加权平均资本成本和财务杠杆系数分别为：

每股盈余 =（6 500 - 15 000 ×6%）×（1 - 15%）/（7 500 + 2 000）
= 4 760/9 500 = 0.501（元）

净资产收益率 = 4 760/（35 000 + 20 000）= 8.65%

加权平均资本成本 =［55 000 ×12% + 15 000 ×6% ×（1 - 15%）］/70 000
= 7 365/70 000 = 10.52%

财务杠杆系数 = 6 500/（6 500 - 15 000 ×6%）= 1.16（倍）

将上述计算结果汇总于表 8-7 中。

表 8-7 盛信公司 2013 年财务指标计算结果

财务指标名称	2012 年	2013 年（A 方案）	2013 年（B 方案）
每股盈余（元）	0.408	0.484	0.501
净资产收益率	8.74%	9.26%	8.65%
加权平均资本成本	9.93%	9.73%	10.52%
财务杠杆系数（倍）	1.25	1.27	1.16

根据表中数据，我们可以得出以下结论。

（1）按照公司证券部经理的观点，从增加公司每股盈余和提高净资产收益率考虑，只有 A 方案能达到要求。

（2）按照公司董事长的观点，从降低加权平均资本成本来考虑，应该选择 A 方案。

（3）按照公司总经理的观点，以控制财务风险为主要目标，应该选择 B 方案。

（4）按照公司董事会最终达成的意见，从提高净资产收益率同时降低加权平均资本成本来进行筹资决策，该公司应采纳 A 方案。

最后，我们将综合运用本章的知识来解决本章开头提出的摩根公司的筹资决策问题。根据企业筹资目标来看，我们必须从降低加权平均资本成本、提高公司每股盈余和控制财务风险诸方面进行具体分析，以确定最优筹资方案。

下面我们分别计算各种方案的相关财务指标。

（1）采纳方案Ⅰ的加权平均资本成本（即普通股融资成本）、每股盈余和财务杠杆系数分别为：

加权平均资本成本 =12% +5% =17%

每股盈余 = 600 ×（1 −40%）/200 =1.8（美元）

财务杠杆系数 = 600/600 =1（倍）

（2）采纳方案Ⅱ的加权平均资本成本、每股盈余和财务杠杆系数分别为：

加权平均资本成本 =12% ×（1 −40%）×0.5 +（12% +5%）×0.5 =12.1%

每股盈余 =（600 −1 000 ×12%）×（1 −40%）/100 =2.88（美元）

财务杠杆系数 =600/（600 −1 000 ×12%）=1.25（倍）

计算结果如表 8-8 所示。

表 8-8　摩根公司筹资各方案财务指标计算结果

财务指标名称	方案Ⅰ	方案Ⅱ
加权平均资本成本	17%	12.1%
每股盈余（元）	1.8	2.88
财务杠杆系数（倍）	1	1.25

根据以上计算结果，我们可以得出以下结论。

（1）如果摩根公司以降低加权平均资本成本为公司的主要目标，显然方案Ⅱ优于方案Ⅰ。

（2）如果摩根公司着重考虑股东的利益，以实现企业价值的最大化为根本目标，那么企业每股盈余高的方案Ⅱ是最优方案。

（3）如果摩根公司认为控制风险才是企业的首要目标，那么应该选择财务杠杆系数低的方案Ⅰ。

（4）如果从综合的角度来看，摩根公司应该比较分析两种方案的各项指标，以选择相对较好的方案。从表中可以得知，方案Ⅱ的加权平均资本成本和每股盈余两项指标都明显优于方案Ⅰ，其财务杠杆系数也只是稍高于方案Ⅰ，这是方案Ⅰ没有采用负债融资所导致的。因此方案Ⅱ是相对较优的方案。

【思考与练习】

思考题

1. 债务资本的资本成本和权益资本的资本成本相比较，为何前者一般低于后者？这是否意味着企业应当尽可能提高债务资本的比例，而降低权益资本的比例？为什么？

2. 经营杠杆系数的大小与哪些因素有关？财务杠杆系数的大小又与哪些因素有关？

3. 一般来说，服装加工企业和软件开发公司哪个经营风险更大？为什么？

4. 从经营杠杆和财务杠杆的组合分析，盈利水平高的企业为何可以提高负债比率，而微利企业为何不宜采用高负债的资本结构？

5. 什么叫每股盈余无差别点？它在资本结构决策时具有什么意义？

6. 结合企业实际谈谈在确定资本结构时主要应考虑哪些因素。

单项选择题

1. 不存在筹资费用的筹资方式是（　）。

A. 长期借款　B. 融资租赁　C. 发行债券　D. 利用留存收益

2. 某企业发行债券500万元，按面值发行，筹资费用率为4%，债券的年利率为12%，该企业的所得税税率为25%，则企业发行债券的资本成本为（　）。

A. 8.640%　B. 9.375%　C. 12.000%　D. 12.500%

3. 与边际贡献总额大小无关的因素是（　）。

A. 销售量　B. 销售价格　C. 单位变动成本　D. 固定成本总额

4. 下列诸因素中，（　）的变动不会影响产品的保本点。

A. 产销量　B. 单位产品售价　C. 单位产品变动成本　D. 固定成本总额

5. 如果经营杠杆系数为1.5倍，财务杠杆系数为2倍，则当息税前利润增加10%时（其他条件不变），普通股每股盈余将增加（　）。

A. 15%　B. 20%　C. 25%　D. 30%

6. 当代资本结构理论是财务管理的重要研究成果，简单地说，财务管理中所称的资本结构是指（　）。

A. 权益资本和债务资本的比例关系　B. 注册资本和实收资本的比例关系

C. 短期资金和长期资本的关系　D. 所有者权益和负债的比例关系

7. 调整企业的资本结构并不能（　）。

A. 降低财务风险　B. 降低资本成本　C. 降低经营风险　D. 提高每股盈余

8. 每股盈余无差异点是指两种筹资方式方案下，普通股每股盈余相等时的（　）。

A. 成本总额　B. 筹资总额　C. 息税前利润　D. 资本结构

多项选择题

1. 在计量个别资本成本中，须考虑企业所得税因素的是（　）。

A. 债券成本　B. 长期借款成本　C. 优先股成本

D. 普通股成本　E. 留存收益

2. 计算加权平均资本成本时，所采用的权数可以是各种资本的（　）。

A. 账面价值　B. 市场价值　C. 目标价值

D. 估计价值　E. 重置价值

3. 盈利企业要想降低经营杠杆系数，可以采取的措施有（　）。

A. 增加销售量　B. 增加权益资本　C. 提高产品售价

D. 增加固定成本比例　E. 降低变动成本

4. 息税前利润指标的大小与下列（　）无关。

A. 企业的资本结构　B. 企业的盈利状况　C. 企业的所得税税率

D. 企业承担的利息费用　E. 固定成本总额

5. 在企业盈利的情况下，财务杠杆系数的大小与（　）呈同方向变化（假设某一因素变动时其他因素不变）。

A. 债务资本比例　B. 负债的利率水平　C. 销售量

D. 固定成本总额　E. 息税前利润总额

6. 企业债务资本比例过高时，调整其资本结构的方式有（　）。

A. 利用税后留存收益归还长期债务　B. 鼓励投资者将可转换债券转换为普通股

C. 折价发行债券　D. 以资本公积金转增资本

E. 发行普通股筹集资金，用于提前偿还长期债务

7. 企业目前的普通股股本总额为 5 000 万股，权益资本和债务资本的结构为 3∶2。公司欲增加投资须追加筹资 3 000 万元，现有两种筹资方式：一是发行普通股，二是增加长期债务，假设追加筹资后，公司的债务资本和权益资本的资金成本保持不变。经分析两种筹资方式的每股利润无差别点为 3 500 万元，则下列关于息税前利润（EBIT）和每股盈余（EPS）的分析正确的是（　）。

A. 当 EBIT 等于 3 500 万元时，两种筹资方式的 EPS 相等

B. 当 EBIT 大于 3 500 万元时，增加长期负债筹资方式的 EPS 较大

C. 当 EBIT 小于 3 500 万元时，增加长期负债筹资方式的 EPS 较大

D. 当 EBIT 小于 3 500 万元时，发行普通股筹资方式的 EPS 较大

E. 当 EBIT 大于 3 500 万元时，发行普通股筹资方式的 EPS 较大

计算分析题

1. 凌云股份有限公司拟筹资 2 000 万元，以新建一条生产线。计划发行债券 700 万

元，票面利率为9%，筹资费用率为1%，所得税税率为25%；发行优先股筹资300万元，股息率为12%，筹资费用率为3%；发行普通股筹资1 000万元，筹资费用率为4%，预计该公司普通股第一年的股利为筹资总额的12%，以后每年能按6%递增。试根据以上资料计算：

（1）发行债券资本成本；

（2）发行优先股资本成本；

（3）发行普通股资本成本；

（4）该公司筹资2 000万元资本的加权平均资本成本。

2. 荣达公司上年年末的资本总额为6 250万元，其中权益资本3 750万元，全部为普通股，总股本2 500万股；债务资本2 500万元，其平均年利率为12%。该公司上年度实现销售额3 500万元，固定成本总额为600万元，变动成本率为60%。

（1）试分别计算该公司上年的经营杠杆系数和财务杠杆系数；

（2）如果该公司今年计划销售额比上年增加15%，而其他条件（包括经营杠杆率和财务杠杆率）不变，试根据（1）的计算结果测算明年的每股盈余将比今年增长百分之几？

3. 信奉股份有限公司目前发行在外普通股2 000万股（每股面值为1元），已发行年利率为10%的债券4 000万元。该公司打算为一个新的投资项目融资5 000万元，公司财务人员对新项目投产后的获利状况有两种估计：较保守的估计是全年的息税前利润将增加到3 000万元；较乐观的估计是全年的息税前利润将增加到4 000万元。现在财务部关于5 000万元资金的筹集方式有两个方案可供选择：

方案A：按12%的利率发行债券；

方案B：按每股10元的价格发行新股500万股。

设公司适用所得税税率为25%。要求根据以上资料回答下列问题。

（1）在对投资项目获利能力保守估计的前提下（即全年的息税前利润3 000万元），请你通过计算后判断上述两种方案中哪个方案的每股收益更高。

（2）在对投资项目获利能力乐观估计的情况下，你对两个方案每股收益高低的判断是否发生改变？

（3）计算上述两种筹资方案的每股盈余无差别点，并验证上述结果。

CHAPTER-9

第九章

财务报表分析

富丽服装有限责任公司是一家集服装开发、设计、生产、销售为一体的中型企业。由于市场上同类产品竞争激烈，企业获利甚微，再加上公司原有一些产品进入更新换代调整时期，产品竞争能力整体较弱，从而影响了公司的市场开拓和经营业绩。2013年年初董事会决定引进职业经理人来更换目前年事已高的公司总经理。新任总经理张伟首先要了解公司的财务状况和经营业绩，他要求公司财务部门提供2012年度的财务报表（见本章后面“思考与练习”中的“计算分析题”第2题的资产负债表、利润表和现金流量表）。张伟查阅了2012年同类服装企业主要财务指标的平均值（见表9-1），然后仔细阅读了富丽公司的财务报表，觉得公司的财务状况和经营业绩似乎不太理想。但对于究竟在哪些方面优于行业平均水平，在哪些方面与同行业存在差距，差距又有多大，他心中仍没有把握。于是他要求财务人员对公司2012年的财务报表进行系统的分析，并提供一份财务分析报告。

表9-1　同类服装企业2012年有关财务指标平均值

流动比率	1.8	存货周转率	9.2次
速动比率	1.2	应收账款周转天数	34天
现金比率	22%	销售毛利率	32%
现金流量比率	35%	成本费用利润率	15%
资产负债率	57%	总资产报酬率	23%
利息保障倍数	13倍	摊薄净资产收益率	28%
长期资产适合率	147%	营业收入增长率	18%
总资产周转率	2.54次	净利润增长率	23%

财务人员如何根据这些财务报表和相关的经济资料进行财务报表分析呢？这是本章要介绍的内容。

财务报表是企业对外提供会计信息的主要形式，是会计信息使用者尤其是企业外部使用者进行决策的重要依据。然而，财务报表具有较强的专业性，单纯从财务报表数据还不能直接或全面揭示企业的财务状况，必须运用专门的方法，对企业财务报表进行解读和分析，以正确评价企业的财务状况、经营成果和现金流量情况，帮助会计信息使用者作出正确的决策。本章介绍财务报表分析的基本理论和方法，重点介绍常用财务比率的计算与评价。

第一节 财务报表分析概述

财务报表分析（或称财务报告分析、会计报表分析）是财务分析的重要内容。财务分析是以经济主体的财务信息和其他有关经济信息为主要依据，对该主体的财务状况和经营成果进行剖析、解释和评价的一种管理活动。财务分析是企业财务管理的重要内容和基本手段之一，作为现代企业财务管理人员，应当认识财务分析的重要性，掌握财务分析的基本方法。

一、财务分析与财务报表分析

在阐述财务报表分析的含义时，必须首先明确财务分析与财务报表分析的区别。财务分析首先是一种经济活动分析，之所以称之为财务分析，是因为它分析的内容涉及财务活动及其结果（即企业经济活动中以价值反映的活动），同时分析所依据的资料或基础主要是财务会计信息。

一般地说，企业财务分析分为相互联系的两个方面：一是内部财务分析，二是外部财务分析。前者是指企业内部管理者为判断其财务状况、经营成果而进行的分析，通常也称为财务诊断分析；后者是指企业外部的利益关系人（如投资者、债权人等）所作的分析。由于外部财务分析主要以财务会计报表为依据，因此通常被称为财务报表分析。财务报表分析是以财务报表和其他相关资料为依据，采用专门方法，系统分析和评价企业过去的经营成果、财务状况及其变动情况，以帮助相关利益主体作出合理的判断和决策。

二、财务报表分析的目标

财务报表分析产生于19世纪末期20世纪初，当时主要是为银行服务的信用分析。资本市场形成以后，财务分析的重点转向盈利分析，以满足投资者决策的需要。近半个多世纪以来，由于企业规模的扩大、竞争的日益激烈、经营的复杂化，财务报表分析逐渐转向内部财务分析，内部财务分析和外部财务分析开始融为一体。

概括地说，财务报表分析的目标是将大量的会计数据和经济资料转换为对特定决策有用的信息，以减少决策的不确定性。从这一点说，财务报表分析的目标是财务会计目标的延续。财务会计的目标是为会计信息使用者作出决策提供依据，而财务报表分析旨在评价财务报表所反映的企业财务活动的真实性、有效性，揭示财务指标的内在联系，更好地满足决策者的需要。从财务报表分析的行为过程来看，财务分析的目的主要包括三个方面：一是评价过去的经营业绩；二是衡量目前的财务状况；三是预测未来的发展前景。

然而，决策者获取了财务报表，为何还要进行财务报表分析呢？主要原因有两个：一是会计信息使用者专业知识的限制；二是财务报表本身的局限性。

首先，会计信息使用者专业知识的限制是财务报表分析的直接动因。会计信息使用者相当广泛，主要有以下几类：投资人、债权人、经理人员、供应商、政府、雇员和工会、中介机构和政府有关部门等。这中间不乏擅长企业管理的职业经理人，精通财务管理和会计核算的人才也大有人在，但对经济、管理、财务、会计一窍不通的也比比皆是。对于这些连会计报表都读不懂的“外行人”来说，如何凭借财务报表作出正确的决策？他们需要专业人士为其分析财务报表，以满足决策的需要。

其次，会计报表本身存在某种局限性是开展财务报表分析的另一个原因。即使会计信息使用者具有一定的专业知识，能够理解财务报表的主要内容，但仍不能简单地按照自己对财务报表的理解而直接作出合理的决策。这是因为财务报表本身存在缺陷。表现为：（1）财务报表提供的信息呈现“名称 + 数字”的固定格式，没有文字说明，有时使人很难理解；（2）财务报表提供的信息具有静态的特征，不能动态地反映各项目之间的相互联系；（3）财务报表是企业执行一定的会计政策的结果，会计政策本身又是可以选择的，不同的会计政策会导致不同的会计信息，而财务报表本身并不能说明这种会计政策的变更。

鉴于上述原因，财务报表分析无论对于外部会计信息使用者，还是企业内部管理当局，都是十分必要的。对于企业财务管理人员以及专门从事投资咨询的专业人士来说，财务报表分析则是他们必须掌握的一种基本工具。

三、财务报表分析的基本方法

财务报表分析运用的方法很多，但最基本的方法有四种，即比较分析法、比率分析法、因素分析法和趋势分析法，这些方法各有所长，在实际分析时应当相互结合使用。

（一）比较分析法

人们常说“分析比较”，就是说“分析”总是与“比较”联系在一起的。或者说，最简单的分析就是比较，所以比较是财务分析最基本的方法。财务报表分析中的比较分析法是指通过对财务报表相关数据和指标的对比，从数量上确定差异，从而揭示和评价企业财务状况和经营成果的一种分析方法。

运用比较分析法应当明确两个问题：一是比较的对象，即对什么进行比较分析。通常财务报表分析的对象是财务报表本身的数据和依据这些数据计算的财务指标。二是比较形式或标准，即和什么进行比较，也就是比较的参照物。在实际工作中，比较的参照物是多种多样的，其中最主要的有以下三种。

1. 历史水平

这是同一企业不同时期相同报表项目或相同财务指标数值之间的对比，如可以将企业本期实际完成数与上年实际数对比，也可以与企业历史最好水平相比较，还可以与过去某一时期的平均水平相比较。通过这种纵向比较，可以了解财务指标的发展、变化情况，有助于吸取历史经验和教训，合理评价现状。

与上年数据相比较时，通常要计算增减额和增长幅度。其计算公式如下：

$$\text{增减额}=\text{本期实际值}-\text{上期实际值} \qquad (9\text{-}1)$$

$$\text{增长率}=(\text{增减额}\div\text{上期实际值})\times 100\% \qquad (9\text{-}2)$$

2. 计划数

比较分析另一种最基本的形式是将本期某一财务指标的实际完成数与该指标的计划数相比较，进而说明该指标的计划完成情况。这种比较通常需要计算某项财务指标的计划完成程度相对指标，其计算公式如下：

$$\text{计划完成程度相对指标}=(\text{实际完成数}\div\text{计划完成数})\times 100\% \qquad (9\text{-}3)$$

3. 行业平均水平

前面两种比较形式都局限于本企业的范围，为了客观地评价一个企业的财务状况和经营业绩，需要将本企业的主要财务指标与该企业所在行业的平均水平进行比较，特别地，可以与主要竞争者的相同财务指标进行比较。通过这种横向比较，可以发现本企业与同类企业之间存在的差异，找出产生差异的原因，有利于有针对性地提出改进措施。

在运用比较分析法时，分析者还可以根据需要采用其他的比较形式，例如，将本企业本期的实际数与国内企业的先进水平相比较等。

（二）比率分析法

比率分析法是指对财务报表中具有内在联系的几个项目进行对比，用比率反映它们的相互关系，据此分析和评价企业财务状况和经营成果的一种分析方法。

简单地说，比率分析是“选择、计算、评价”的过程。“选择”就是将财务报表中相互联系的项目选择出来，例如利润表中的“营业收入”和“营业利润”两个项目具有因果关系，将它们选择出来作对比；“计算”就是将所选择的项目数据进行运算，计算出财务比率，例如，根据“营业收入”和“营业利润”两个项目可以计算出“营业利润率”这个财务比率；“评价”就是运用一定的标准对财务比率作出优劣的评判。

比率分析法具有一定的优势，它运用的是一个相对数，可以排除企业不同规模对报表项目的片面影响，使不同比较对象之间建立起可比性，适合不同企业之间及同一企业不同时期的比较。比率分析法是财务报表分析重点运用的方法，同时它必须和比较分析法结合使用，因为对各种财务比率的评价必须借助于比较的手段。例如，资产负债率是一个财务比率，在财务分析时，我们不仅要计算该指标值，而且要将该指标年末的数值与年初的数值进行对比，观察其增减变化的情况，进而分析其变动的原因。

（三）因素分析法

一般而言，比较分析法和比率分析法通常只能反映财务活动的现象，即某一报表项目或财务指标的高低与优劣，这往往不是分析者的最终目的。人们要揭示产生这些现象的原因，就需要采用因素分析法进行深层次的剖析。因素分析法是依据分析指标与其影响因素之间的关系，从数量上确定各因素对分析指标影响程度的一种分析方法。因素分析法的理论依据是现象之间的相关性，即经济变量之间存在着某种因果关系。应该说，因素分析法是一种深层次的分析方法，运用这种方法可以揭示产生差异的原因及各因素的影响程度。

因素分析法有不同的形式，最常见的因素分析法是连环替代法，它是利用连环替代原理来识别影响某一财务指标的各个因素的变化对该指标的影响程度。连环替代法的一般步骤如下：（1）确定分析指标，比较该指标的实际数与基期数，计算其差异；（2）分解指标，确定影响指标的各项因素；（3）进行连环替代，计算替代结果；（4）比较各因素的替代结果，确定各因素对分析指标差异的影响程度；（5）加计影响数值，验算分析结果。

采用因素分析法计算某指标的各因素影响程度时，须假定其他因素不变，并且各因素的排列是有序的。这种方法的基本原理读者可以参看统计学教材中“指数分析法”的有关内容，本章第四节介绍“杜邦财务分析体系”时给出的例 9-1 介绍了连环替代法的运用。

（四）趋势分析法

趋势分析法是通过比较企业持续几期的报表项目或财务指标来了解财务指标的变化情况，并以此来预测该指标未来发展趋势的一种分析方法。应当指出，趋势分析法与比较分析法是有区别的。比较分析可以与历史数据进行比较，也可以与计划数相比较，或者与行业平均水平相比较；而趋势分析必然是将本期实际完成数与本企业以前各期的实际完成数相对比。另外，趋势分析是通过观察某项财务指标连续若干期（至少三期以上）数值的变化情况，来认识过去的变化规律，预测未来的发展趋势。

趋势分析法有两种基本形式：定基趋势分析和环比趋势分析。定基趋势分析是指在连续几期的报表数据中，以某期为固定基期（一般为第一期），分别计算其他各期对固定基期的变动情况，以判断其发展趋势。环比趋势分析法是指在连续几期的报表数据中，每一期数值分别与上期数值进行比较，分别计算各期的变动情况，以判断其发展趋势。

在运用趋势分析法时，应注意以下几点。（1）选择合适的基期。基期必须具有代表性、正常性和可比性。（2）进行趋势分析所需要的期数一般应在三期以上。一般而言，选择的期数越多，分析结果的准确性越高。（3）分析过程应排除不可比因素，在计算口径上力求一致，当会计政策、会计制度等发生变化时，应对相关因素作适当调整，并注意偶然事件的影响。

除了上述四种主要分析方法外，财务报表分析的方法还有平衡分析法、本量利分析法等。由于篇幅的限制，在此不作介绍。

第二节　财务报表信息

任何分析都不是分析者的随意判断，而必须以充分、有用的信息作为基础。从总体上讲，财务分析所依赖的信息是会计资料和其他有关经济资料，而会计资料包括仅供企业内部决策者使用的内部会计资料和对外公布的财务会计报告。作为外部财务分析，财务报表分析主要是根据财务会计报告所提供的资料而进行的分析。因此，财务会计报告是财务报表分析的主要信息来源。

财务会计报告简称财务报告，它是综合反映企业在一定时期的财务状况、经营成果和现金流量情况的书面文件，它包括财务会计报表（简称财务报表）和表外信息；其中财务会计报表是财务会计报告的重要组成部分，它包括资产负债表、利润表、现金流量表、所有者权益变动表及相关附表等。下面我们对资产负债表、利润表和现金流量表的基本结构和主要内容作简单介绍。

一、资产负债表

如果你要分析一个企业的财务状况，而你对这个企业并没有太多的了解，那么你首先需要阅读的会计资料是资产负债表，因为资产负债表能让你获得企业财务状况方面的最基本信息。

资产负债表是总括反映企业一定日期的全部资产、负债和所有者权益情况的会计报表，它是以“资产 = 负债 + 所有者权益”这一会计等式为依据，把企业一定日期的资产、负债和所有者权益各项目按照一定的分类标准和一定的顺序排列而形成的。

资产负债表是最早出现的会计报表，它表明企业在某一特定日期所拥有或控制的经济资源、所承担的现有义务和所有者对净资产的要求权。通过阅读和分析资产负债表，可以看出企业至某一日期止拥有多少资产，资产的结构如何；企业未来需要用多少资产或劳务偿清债务，负债的构成情况怎样；企业的所有者在企业资产中享有多少经济利益。同时，根据资产负债表的要素构成，可以计算企业的资产负债率、流动比率、速动比率等财务指标，分析企业的偿债能力，判断企业的财务状况，为会计信息使用者（尤其是债权人）进行决策提供重要的依据。

资产负债表的结构分为左方和右方，左方列示资产各项目，右方列示负债和所有者权益各项目，资产各项目的合计数等于负债和所有者权益各项目的合计数。同时，资产负债表提供“年初数”和“期末数”的比较资料，便于使用者分析比较。表9-2列示的是HS电器股份有限公司2012年12月31日的资产负债表（系合并报表，下同）。

表9-2　资产负债表

编制单位：HS电器股份有限公司　　　2012年12月31日　　　（单位：万元）

资产	2012年年末	2011年年末	负债及所有者权益	2012年年末	2011年年末
流动资产：			流动负债：		
货币资金	155 256	276 622	短期借款	0	0
交易性金融资产	0	0	应付票据	84 505	74 639
应收票据	868 006	822 568	应付账款	511 271	484 223
应收账款	124 353	104 173	预收款项	77 761	71 427
预付款项	2 527	2 768	应付职工薪酬	14 428	14 502
应收利息	657	0	应交税费	18 852	34 624
应收股利	0	0	应付利息	96	96
其他应收款	1 791	1 362	应付股利	0	0
存货	359 956	228 016	其他应付款	215 369	201 099
一年内到期的非流动资产	0	0	一年内到期的非流动负债	0	0
流动资产合计	1 512 546	1 435 509	流动负债合计	922 282	880 610
非流动资产：			非流动负债：		
可供出售金融资产	0	0	长期借款	650	650
持有至到期投资	98 200	0	应付债券	0	0
长期应收款	0	0	长期应付款	0	0

（续）

资产	2012 年年末	2011 年年末	负债及所有者权益	2012 年年末	2011 年年末
长期股权投资	20 950	18 922	专项应付款	0	0
投资性房地产	4 674	5 114	预计负债	0	0
固定资产	128 549	100 554	递延所得税负债	0	0
在建工程	7 421	3 851	其他非流动负债	4 039	1 207
工程物资	0	0	非流动负债合计	4 689	1 857
固定资产清理	33	37	负债合计	926 971	882 467
无形资产	17 471	18 064	所有者权益（或股东权益）:		
开发支出	0	0	实收资本（或股本）	130 665	86 887
商誉	1 990	0	资本公积	224 624	267 191
长期待摊费用	3 721	3 027	盈余公积	118 823	87 601
递延所得税资产	29 581	29 383	未分配利润	407 285	277 735
其他非流动资产	0	0	外币报表折算差额	－2 954	－2 669
非流动资产合计	312 590	178 952	归属于母公司所有者权益合计	878 443	716 745
			少数股东权益	19 722	15 249
			所有者权益合计	898 165	731 994
资产总计	1 825 136	1 614 461	负债和所有者权益总计	1 825 136	1 614 461

二、利润表

如果你是企业的投资者，你最为关注的会计信息是什么？毫无疑问，是企业的盈利能力，即经营成果。反映企业经营成果的会计报表是利润表。

利润表是反映企业在一定期间内利润（亏损）的实现情况的会计报表。企业在持续不断的生产经营过程中，会取得各种收入，同时发生各种成本、费用和损失。利润表把企业一定时期的收入与同一会计期间相关的费用进行配比，计算出一定时期的经营成果。

通过阅读和分析利润表，可以看出企业在某一会计期间实现了多少收入，发生了多少费用，进而了解其生产经营的收益或损失情况。同时，通过利润表提供的不同时期的比较数字（本月数、本年累计数和上年数），可以揭示企业实现收益的变动趋势，分析企业的获利能力。投资者可以通过利润表提供的信息，了解投资者投入资本的完整性，分析企业的投资价值；企业的经营者可以据此分析企业经营计划的实现情况，并在分析的基础上，抓住影响企业经营成果的主要因素，采取有效措施，提升企业的经营业绩。

不同国家和地区对会计报表的具体要求不完全相同，利润表的结构也不完全相同。但目前各国普遍使用的利润表有多步式利润表和单步式利润表两种格式。我国会计制度规定采用多步式利润表。表 9-3 列示的是 HS 电器股份有限公司 2012 年度利润表。

表 9-3　利润表

编制单位：HS 电器股份有限公司　　　　2012 年度　　　　（单位：万元）

项目	2012 年度	2011 年度
一、营业收入	2 525 198	2 352 372
减：营业成本	2 070 208	1 861 449
营业税金及附加	6 691	10 643
销售费用	212 262	248 479
管理费用	56 460	47 141
财务费用	−5 435	−4 369
资产减值损失	6 957	3 647
加：公允价值变动收益（损失以“−”号填列）	0	0
投资收益（损失以“−”号填列）	3 076	1 673
其中：对联营企业和合营企业的投资收益	2 028	1 673
二、营业利润（亏损以“−”号填列）	181 131	187 055
加：营业外收入	12 473	9 916
减：营业外支出	2 451	490
其中：非流动资产处置损失	61	212
三、利润总额（亏损总额以“−”号填列）	191 153	196 481
减：所得税费用	28 078	25 301
四、净利润（净亏损以“−”号填列）	163 075	171 180
归属于母公司所有者的净利润	160 316	168 907
少数股东损益	2 759	2 273
五、每股收益		
（一）基本每股收益（元）	1.229	1.947

（续）

项目	2012 年度	2011 年度
（二）稀释每股收益（元）	1. 225	1. 937
六、其他综合收益	-305	-1 127
七、综合收益总额	162 770	170 053
归属于母公司所有者的综合收益总额	160 031	167 857
归属于少数股东的综合收益总额	2 739	2 196

三、现金流量表

现金流量表是以现金为基础编制的财务状况变动表，它是反映企业一定会计期间内有关现金和现金等价物的流入和流出情况的会计报表。编制现金流量表的主要目的是为会计信息使用者提供企业在一定会计期间有关现金的流入量、流出量和净流量的信息。通过对现金流量表的阅读和分析，可以掌握企业现金流量的分布情况，揭示现金流量增减变动的原因，使会计信息使用者了解企业从何处取得现金流量，如何使用现金，进而更准确地分析企业的偿债能力和盈利的质量等。

我国有关现金流量表的会计准则规定，现金流量表是以现金为基础编制的，这里的现金是指企业的库存现金、可以随时用于支付的存款以及现金等价物。现金等价物是指企业持有的期限短、流动性高、易于转换为已知金额的现金、价值变动风险很小的短期投资。由于现金等价物的变现能力很强，其支付能力与现金的差别不大，现金流量表中将其视为现金处理。

企业一定时期内现金的流入和流出是由各种因素产生的，有些是与企业日常的经营活动相关的，有些则是在企业的理财活动中产生的。因此，要反映现金流量的信息，首先要对各种经营业务产生或运用的现金流量进行合理的分类，在现金流量表中分类地加以披露。通常按照企业经营业务发生的性质不同，将现金流量分为三类：经营活动产生的现金流量；投资活动产生的现金流量；筹资活动产生的现金流量。表 9-4 列示的是 HS 电器股份有限公司 2012 年度的现金流量表。

资产负债表、利润表和现金流量表分别从不同角度反映企业的财务状况、经营成果和现金流量情况。这些会计报表为财务报表分析提供了丰富的数据资料，是财务报表分析的信息基础。

表 9-4　现金流量表

编制单位：HS 电器股份有限公司　　2012 年度　　（单位：万元）

项目	2012 年度	2011 年度
一、经营活动产生的现金流量：		
销售商品、提供劳务收到的现金	2 464 130	1 975 198
收到的税费返还	758	649
收到其他与经营活动有关的现金	42 853	34 870
经营活动现金流入小计	2 507 741	2 010 717
购买商品、接受劳务支付的现金	2 069 542	1 574 433
支付给职工以及为职工支付的现金	132 511	108 307
支付的各项税费	107 304	112 016
支付其他与经营活动有关的现金	175 008	136 414
经营活动现金流出小计	2 484 365	1 931 170
经营活动产生的现金流量净额	23 376	79 547
二、投资活动产生的现金流量：		
收回投资所收到的现金	41 000	0
取得投资收益收到的现金	850	353
处置固定资产、无形资产和其他长期资产收回的现金净额	63	756
处置子公司及其他营业单位收到的现金净额	34	0
收到其他与投资活动有关的现金	0	0
投资活动现金流入小计	41 947	1 109
购建固定资产、无形资产和其他长期资产支付的现金	46 472	31 648
投资支付的现金	139 200	0
取得子公司及其他营业单位支付的现金净额	996	0
支付其他与投资活动有关的现金	0	10
投资活动现金流出小计	186 668	31 658
投资活动产生的现金流量净额	−144 721	−30 549
三、筹资活动产生的现金流量：		
吸收投资收到的现金	1 490	2 250
其中：子公司吸收少数股东投资收到的现金	730	1 490
借款收到的现金	0	0
发行债券收到的现金	0	0
收到其他与筹资活动有关的现金	0	0

（续）

项目	2012 年度	2011 年度
筹资活动现金流入小计	1 490	2 250
偿还债务支付的现金	0	0
分配股利、利润或偿付利息支付的现金	1 024	17 578
其中：子公司支付给少数股东的股利、利润	1 024	
支付其他与筹资活动有关的现金	0	0
筹资活动现金流出小计	1 024	17 578
筹资活动产生的现金流量净额	466	－15 328
四、汇率变动对现金及现金等价物的影响额	－487	－739
五、现金及现金等价物净增加额	－121 366	32 931
加：期初现金及现金等价物余额	276 622	243 691
六、期末现金及现金等价物余额	155 256	276 622

第三节　基本财务比率

比率分析是财务分析最重要的内容，而计算财务比率是运用比率分析法的前提。简单地说，财务比率是几个相互联系的基本财务数据相对比的结果。财务比率按照分析的目的不同可以分为偿债能力比率、财务结构比率、资产营运比率、盈利能力比率和成长性比率等。本节将重点介绍这些财务比率的意义及其计算公式，并结合 HS 电器股份有限公司（以下简称“HS 公司”或“本公司”、“公司”）2012 年度的财务会计报告及相关资料，对这些财务指标进行简单的分析和评价。

一、偿债能力比率

偿债能力是指企业偿还各种债务的能力，包括短期偿债能力和长期偿债能力。偿债能力的强弱是企业财务状况优劣的重要标志。一个企业的偿债能力主要体现在企业负债比例的高低及其结构、资产的流动性等方面。从财务报表分析的角度看，分析企业偿债能力主要是评价衡量偿债能力的各项财务比率，而计算这些财务比率所运用的资料主要来自资产负债表。

（一）短期偿债能力比率

短期偿债能力是指企业偿还流动负债的能力。反映企业短期偿债能力的财务比率主要有流动比率、速动比率、现金比率和现金流量比率等。

1. 流动比率

流动比率指流动资产相当于流动负债的倍数，它是衡量一个企业以流动资产偿还短期债务的能力，即每 1 元流动负债有多少流动资产作为支付的保障。其计算公式如下：

$$流动比率 = 流动资产 \div 流动负债 \tag{9-4}$$

流动比率是一个时点指标，也就是说，该指标值只能反映企业在某一特定日期的状况。该比值越大，说明从该特定时点看，企业的短期偿债能力越强。过低的流动比率通常说明企业难以偿付短期债务；但过高的流动比率则说明企业可能存在过高的流动资产或过低的流动负债，而过高的流动资产意味着不合理的货币资金、债权性资产或存货，过低的流动负债则意味着企业筹资成本的提高。[①] 一般认为流动比率较合理的标准为 2∶1。当然，不同的行业或同一企业在不同时期，流动比率的评价标准也不尽相同。从我国企业的现状看，大多数企业的流动比率在 2∶1 以下。

根据前面第二节所给出的 HS 公司的资产负债表，我们可以计算出该公司 2012 年年末的流动比率为：

流动比率 = 1 512 546 ÷ 922 282 = 1.64

而该公司 2011 年年末的流动比率为 1.63（计算过程略，下同）。2012 年年末流动比率比上年年末略有上升，表明 2012 年流动资产的增长速度略高于流动负债的增长速度；而流动资产增加的主要原因是应收票据、应收账款和存货的大幅度增加。

2. 速动比率

速动比率是流动资产中可以迅速用于偿还短期债务的速动资产与流动负债的比率，它能够更合理地反映企业的短期偿债能力。其计算公式如下：

$$速动比率 = 速动资产 \div 流动负债 \tag{9-5}$$

速动资产通常按照流动资产扣除存货后的差额来表示。之所以把存货从流动资产中剔除，主要原因是：（1）在流动资产中存货的变现速度最慢；（2）由于某种原因，部分存货可能已损失报废还未作处理；（3）部分存货已抵押给债权人；（4）存货估价还存在着成本与合理市价相差悬殊的问题。因此，把存货从流动资产总额中扣除而计算出的速动比率，会更加可信、更加令人信服。

速动比率越高，说明企业短期偿债能力越强。一般认为该比率较合理的标准为 1∶1，即速动资产刚好抵付短期债务，但评价时应当注意行业的特殊性。

HS 公司 2012 年年末的速动比率为：

速动比率 =（1 512 546 − 359 956）÷ 922 282 = 1.25

而该公司 2011 年年末的速动比率为 1.37。2012 年年末速动比率比上年年末明显下

---

① 这是因为，流动负债过低意味着非流动负债或所有者权益过高，而非流动负债和所有者权益的筹资成本通常高于流动负债的筹资成本。

降，主要原因是存货比上年年末大幅增加，速动资产的增长速度低于流动负债的增长速度，反映出公司的短期偿债能力有所下降，但总体说短期偿债能力还比较理想。

需要指出的是，以速动比率来评价企业的短期偿债能力，还应注意以下问题。

（1）速动资产只是从流动资产中扣除了存货，其中还包含变现能力较差的预付账款，这使速动比率所反映的短期偿债能力仍被质疑，因此有人建议在流动资产中扣除存货的基础上，再减去预付账款，然后再与流动负债相比，这一比率称为保守速动比率。保守速动比率能更谨慎地体现企业流动资产中可以快速变现用于偿付流动负债的能力。

（2）速动资产中仍含有应收账款和其他应收款，如果这些应收款项的金额过大或质量较差，事实上也会高估速动比率。在评价速动比率指标时，应结合应收账款周转率等指标分析应收账款的质量。

（3）速动比率同流动比率一样，它反映的是会计期末的情况，并不代表企业长期的财务状况。企业为筹借资金可能会人为地粉饰速动比率，作为债权人应进一步对企业整个会计期间的不同时点的速动资产、流动资产和流动负债情况进行分析。

3. 现金比率

现金比率是反映企业以现金资产偿付短期债务能力的财务比率，它反映的是一种直接的偿债能力。其计算公式如下：

现金比率＝现金类资产÷流动负债 (9-6)

其中，现金类资产包括货币资产（现金、银行存款、其他货币资金）和现金等价物。该比值越大，说明短期偿债能力越强。在企业将应收账款和存货抵押出去或已有迹象表明其变现能力存在较大问题的情况下，计算现金比率反映短期偿债能力更有现实意义。对现金比率的评价很难说有绝对合理的标准，一般认为该比率应在20%左右，现金资产在这个水平，直接偿付流动负债的能力不会有太大问题。

HS 公司 2012 年年末的现金比率为：

现金比率＝155 256÷922 282 ＝ 16.83%

而该公司 2011 年年末的现金比率为 31.41%。该公司 2012 年年末现金比率比上年年末大幅度下降，在流动负债明显增加的情况下，现金资产大幅度下降，说明企业以现金资产立即偿还短期债务的能力出现明显减弱。

4. 现金流量比率

现金流量比率是从现金流入和流出的动态角度，对衡量企业短期偿债能力财务比率的再次修正。其计算公式如下：

现金流量比率＝经营现金净流量÷流动负债 (9-7)

其中，经营现金净流量是指企业在该年度来自于经营活动而产生的现金流量净额，该数据取自现金流量表。该比率越高，表明经营活动产生的现金流量在更大程度上能保证短期债务的偿付。

HS 公司 2012 年度的现金流量比率为：

现金流量比率 = 23 376 ÷ 922 282 = 2.53%

而该公司 2011 年度的现金流量比率为 9.03%。计算结果表明，HS 公司的现金流量比率处于较低的水平，且 2012 年该比率出现大幅下降，主要原因是 2012 年经营活动产生现金流量的能力大大减弱。

（二）长期偿债能力比率

长期偿债能力是指企业偿还全部负债本金和支付利息的能力。反映企业长期偿债能力的主要财务比率主要有资产负债率、产权比率、有形净值债务率和利息保障倍数四项。

1. 资产负债率

资产负债率简称负债比率，它是衡量企业负债程度的财务指标。该比率越高，说明企业负债经营的程度越高，同时表明企业承担的财务风险越大，偿债能力越差。资产负债率的计算公式如下：

$$资产负债率 = 负债总额 \div 资产总额 \tag{9-8}$$

由于资产恒等于负债与所有者权益的和，所以资产负债率也可以写成下面的表达式：

$$资产负债率 = 负债总额 \div（负债 + 所有者权益） \tag{9-9}$$

从式（9-9）看，资产负债率也是一个反映企业权益构成情况的财务比率，它表示企业的资金来源有多大比例由债权人提供。

应当注意：不能将资产负债率理解为负债与净资产之比。如果一个企业拥有 2 000 万元的资产规模，而负债与所有者权益各占一半，那么其资产负债率是 50%，而不是 100%。

HS 公司 2012 年年末的资产负债率为：

资产负债率 = 926 971 ÷ 1 825 136 = 50.79%

该数值比上年年末的 54.66% 下降了 3.87 个百分点，说明该公司 2012 年资产增长幅度明显高于负债增长幅度，但资产负债率仍处于一个相对合理的水平。

应当指出，对资产负债率的评价没有一个绝对合理的标准，因为每个企业的规模不同，经营业务的性质不同，盈利状况也不同，其筹资能力也存在很大差异。总之，经营环境和理财环境不同，资产负债率的评价标准也不可能相同。但是有一点是肯定的，即企业的资产负债率既不是越高越好，也不是越低越好。而且不同的外部决策者对该比率的评价也不同。

从债权人的角度看，资产负债率越低说明企业的还债能力越强，其出借资金越安全；较高的资产负债率意味着企业具有较大的财务风险，债权人出借资金的风险也会增大。因此，债权人总希望企业保持较低的资产负债率水平。从股东和经营者的角度看，在企业盈利水平较高的情况下，提高资产负债率能使企业更大程度地利用财务杠杆作用，为股东带来更高的投资收益率。

另外，对资产负债率的评价不能用静止的观点。资产负债率是一项时点指标，即是企业某一日期（通常是期末）的资产负债率，而这一日期的资产、负债又受到许多人为因素和偶然因素的影响。其实，在一定时期内的不同时点上，企业的资产负债率是在经常发生变化的，而分析人士和会计信息使用者所见到的资产负债率只有“一瞬间”的状态，因此，不能过分轻信企业年末的资产负债率。例如，在期末企业实施突击还债，实行债务重组等，都有可能降低企业的资产负债率。另外，资产、负债的不同结构可能会使相同的资产负债率产生不同的偿债能力和财务状况。例如，在一定的资产负债率水平下，资产的流动性强弱、负债的到期日远近都会影响企业实际的偿债能力。

2. 产权比率

产权比率，又称负债与所有者权益比率，它反映债权人权益与所有者权益的比例关系，衡量企业净资产对债权人利益的保障程度。其计算公式如下：

产权比率＝负债总额÷所有者权益总额　　(9-10)

显然，产权比率是资产负债率的变换形式，它们之间存在以下的数量关系：

产权比率＝资产负债率÷（1－资产负债率）　　(9-11)

因此，对产权比率高低的评价与资产负债率的评价是相同的，只是表示方式不同而已。较高的产权比率意味着债权人利益的保障程度较低。

HS 公司 2012 年年末的产权比率为：

产权比率＝926 971÷898 165 ＝103.21%

而该指标 2011 年年末为 120.56%，说明由于负债比率的下降，该公司净资产对负债的保障程度有所提高。

3. 有形净值债务率

有形净值债务率是对产权比率的修正，它能更保守、谨慎地反映债务的保障程度。其计算公式如下：

有形净值债务率＝负债总额÷（股东权益－无形资产）　　(9-12)

有形净值债务率中的“有形净值”是指扣除无形资产以后的净资产，之所以将无形资产扣除，是因为某些企业（尤其是高科技企业）中无形资产所占的比重较高，而无形资产给企业带来的经济利益具有很大的不确定性，一旦企业的财务状况恶化，无形资产将会大大贬值，所以将净资产中扣除无形资产后的差额（有形净值）与负债相对比，更能反映债权人利益的受保障程度。该比率越低，债务保障程度越高，说明企业有效偿还债务的能力越强；反之亦然。

HS 公司 2012 年年末的有形净值债务率为：

有形净值债务率 = 926 971 ÷（898 165 − 17 471）= 105.25%

由于该公司无形资产在总资产中所占的比重很低，扣除无形资产后的净资产对债务的保障程度并没有明显变化。

4. 利息保障倍数

利息保障倍数，也称已获利息倍数，它是息税前利润与利息费用的比率，反映企业支付债务（主要是长期债务）利息的能力，其计算公式如下：

$$\text{利息保障倍数} = (\text{利润总额} + \text{利息费用}) \div \text{利息费用} \tag{9-13}$$

式（9-13）中分子是企业可以用来支付利息的总收益，即息税前利润。而利息费用应当使用本期发生的利息费用，包括应当由本期负担且在本期支付的利息费用和应由本期负担但本期尚未支付的应计利息费用，还应当包括本期已经资本化的利息费用。作为企业外部人员，很难获得上述口径的利息费用，往往以利润表中“财务费用”项目的数额来替代，但这样计算会产生一定的误差，因为财务费用项目的数额通常不能代表利息费用。

显然，利息保障倍数至少要达到一倍以上，这是肯定的；其数值越大，说明该企业实现的经营收益对利息的保障程度越高。但是，评价该指标时应当结合企业的实际情况作出判断。例如，负债比率高的企业其利息费用较大，在较高的盈利水平下，其利息保障倍数可能仍然较小（但必然大于1）；相反，一个负债比率相当低的企业，微薄的利润数额可能会产生很高的利息保障倍数。因此，我们不能简单地以利息保障倍数的高低得出结论，而应当考虑诸如负债经营程度、债务资本的成本高低等因素进行综合分析。

HS 公司 2012 年的财务费用为负值，查阅其年度报告，发现 2012 年该公司发生承兑汇票利息费用 992 万元，无其他利息费用。按此利息费用计算，该公司 2012 年的利息保障倍数为：

利息保障倍数 =（191 153 − 5 435）÷ 992 = 187.22

应当说，这个倍数相当高，这一方面说明企业的盈利能力较强，另一方面也反映了该公司需要支付利息的债务比例很低（事实上该公司基本不存在需要支付利息的债务）。

为了更合理地作出评价，我们将 HS 公司的偿债能力比率和另外几家在国内证券交易所上市的家电类公司的相关财务比率进行横向比较。表 9-5 列示了反映“HS 电器”与“HE 电器”、“GL 电器”、“MD 电器”和“CH 电器”五家上市公司 2012 年有关偿债能力比率的对比数据。通过该表格所列的指标数值，可以对 HS 公司的偿债能力作出更为合理的评价，相关的比较分析请读者自己思考。

表 9-5　部分家电类上市公司 2012 年部分偿债能力比率对比表①

财务指标	HS 电器	HE 电器	GL 电器	MD 电器	CH 电器
流动比率	1.64	1.27	1.08	1.27	1.32
速动比率	1.25	1.04	0.86	0.96	0.91
现金比率	16.83%	51.96%	36.71%	36.91%	35.35%
现金流量比率	2.53%	17.61%	23.35%	13.50%	2.34%
资产负债率	50.79%	68.95%	74.36%	55.02%	66.80%

二、财务结构比率

财务结构是指企业在一定时日资产的分布结构、资金来源的构成情况以及资产和资金来源的对比关系，主要反映资产负债表中的资产、权益项目构成的合理性及其平衡关系。从评价的财务比率看，反映财务结构的比率可以分为资产构成比率、权益构成比率和资产－权益对比关系比率三类。

（一）资产构成比率

资产构成比率是反映企业各类资产构成情况的结构相对数，主要是通过资产负债表左边提供的各项资产数额加以计算。从大的类别看，这类比率主要有流动资产比率和非流动资产比率（长期资产比率）两项。

1. 流动资产比率

流动资产比率是衡量企业资产流动性的财务比率，它反映企业总资产中有多大比例属于流动资产。该比率的高低在一定程度上说明企业偿还债务的能力。其计算公式如下：

流动资产比率＝流动资产总额÷资产总额　(9-14)

该比率越高说明企业拥有较大比例的流动资产，但该比率并不是越高越好，因为流动性强的资产其盈利能力通常较差，过高的流动资产比率可能会影响企业的盈利能力。而且该指标值的行业差异也很大，例如，交通运输企业的流动资产比率通常很低，而商品流通企业的流动资产比率往往比较高。

进一步分析，可以计算流动资产各主要项目的构成比率，如货币资金比率、债权性资产比率和存货比率等，它们的计算公式分别如下：

货币资金比率＝货币资金总额÷资产总额　(9-15)

债权性资产比率＝债权性资产总额÷资产总额　(9-16)

① 由于一些财务指标之间存在明显的数量关系，为避免重复，有些财务指标不在表中列出；另外，个别财务指标某一年度的数值有很大的偶然性，不同公司之间没有可比性，也没有列出。后面涉及家电类上市公司财务指标的比较也同样处理，不再一一说明。

存货比率 = 存货总额 ÷ 资产总额 (9-17)

式（9-16）中的“债权性资产”是指全部应收款和预付款，包括“应收票据”、“应收账款”、“预付账款”、“应收利息”、“应收股利”和“其他应收款”等项目。

根据 HS 公司 2012 年 12 月 31 日的资产负债表，可以计算（计算过程省略，下同）该公司 2012 年年末和 2011 年年末上述各项流动资产结构比率的数值（见表 9-6）。

表 9-6　HS 公司 2012/2011 年年末流动资产结构比率

	流动资产比率	货币资金比率	债权性资产比率	存货比率
2012 年年末	82.87%	8.51%	54.64%	19.72%
2011 年年末	88.92%	17.13%	57.66%	14.12%

从总体上说，该公司 2012 年年末的流动资产比率较 2011 年年末有所下降，货币资金比率大幅下降，存货比率大幅提高，而债权性资产比率略有下降，但仍处于较高水平（占总资产一半以上）。

2. 非流动资产比率

非流动资产比率反映企业总资产中有多大比例属于非流动资产，它与流动资产比率正好相反。其计算公式为：

非流动资产比率 = 非流动资产总额 ÷ 资产总额 (9-18)

该比率越高说明企业的资产中非流动资产的比例越高，说明企业的资产流动性较差。

显然，非流动资产比率与流动资产比率此消彼长，二者之和等于 1。即

非流动资产比率 + 流动资产比率 = 100% (9-19)

为进一步分析需要，可以计算非流动资产中各主要项目在总资产中所占的比率，如长期投资类资产比率、固定资产比率、无形资产比率等，它们的计算公式分别为：

长期投资类资产比率 = 长期投资类资产总额 ÷ 资产总额 (9-20)

固定资产比率 = 固定资产总额 ÷ 资产总额 (9-21)

无形资产比率 = 无形资产总额 ÷ 资产总额 (9-22)

式（9-20）中的“长期投资类资产”包括“可供出售金融资产”、“持有至到期投资”、“长期应收款”、“长期股权投资”和“投资性房地产”等项目。式（9-21）中的“固定资产”包括“固定资产”、“在建工程”、“工程物资”和“固定资产清理”等项目。式（9-22）中的“无形资产”包括“无形资产”、“开发支出”和“商誉”等项目。

根据 HS 公司 2012 年 12 月 31 日的资产负债表，可以计算该公司 2012 年年末和 2011 年年末上述各项非流动资产结构比率的数值（见表 9-7）。

表 9-7　HS 公司 2012/2011 年年末非流动资产结构比率

	非流动资产比率	长期投资类资产比率	固定资产比率	无形资产比率
2012 年年末	11.13%	6.78%	7.45%	1.07%
2011 年年末	11.08%	1.49%	6.47%	1.12%

显然，HS 公司 2012 年年末的非流动资产比率与 2011 年年末基本持平，但从构成情况看，固定资产比率略有提高，无形资产比率变动甚微，而长期投资类资产比率有较大幅度的提高，主要是因为 2012 年以货币资金购买了 98 200 万元的持有至到期投资（系信托产品）。

（二）权益构成比率

资产负债表右端反映的是企业的利益主体对企业资产享有的权益，权益分为债权人权益（即负债）和所有者权益。权益构成比率是反映企业债权人权益和所有者权益构成情况的结构相对数，这类比率主要有资产负债率、短期资金比率和长期资金比率。由于资产负债率在前面已经有详细的介绍，这里我们着重说明短期资金比率和长期资金比率。

1. 短期资金比率

短期资金是指企业通过短期债务（即流动负债）获得的资金。短期资金比率反映企业的资金来源有多大比例来源于企业的短期债务，它反映企业短期财务风险的大小，也说明短期偿债能力的强弱。其计算公式如下：

$$短期资金比率 = 流动负债总额 \div 负债与所有者权益总额 \tag{9-23}$$

该比率越高说明企业短期的债务越多，相比之下长期资金来源较少，企业出现财务危机的可能性较大。当然该比率越高，通常也说明企业总体的资本成本较低，因为短期资金的成本通常低于长期资金的成本。

HS 公司 2012 年短期资金比率为：

短期资金比率 = 922 282 ÷ 1 825 136 = 50.53%

而该比率 2011 年年末为 54.55%，说明该公司 2012 年的短期资金比率有所下降，一定程度上降低了企业的短期财务风险，也说明了短期偿债能力有所提高。

2. 长期资金比率

长期资金比率反映企业所有资金来源中有多大比例属于长期资金，这里的长期资金是指企业可以长期使用，或者在较长时期内（通常一年以上）可以由企业支配的资金，包括非流动负债和所有者权益。其计算公式如下：

$$长期资金比率 = (非流动负债总额 + 所有者权益总额) \div 负债与所有者权益总额 \tag{9-24}$$

长期资金比率的高低说明了企业资金来源的稳定程度，该比率越高，说明企业较长时期内可支配的资金比例较高，企业资金来源比较稳定。

显然，长期资金比率与短期资金比率正好相反，二者之和等于1。即

长期资金比率+短期资金比率=100%　　(9-25)

HS公司2012年年末和2011年年末的长期资金比率分别为49.47%和45.45%，说明该公司长期资金只能满足全部资金来源的一半以下，一半以上的资金来源需要由短期债务满足。因此，仅从该指标的高低看，HS公司的资金稳定性较差。当然在评价该指标的优劣时还需要考虑企业的资产结构，如HS公司的流动资产比率高达80%以上，资产的流动性较好，较低的长期资金比率也不会给公司造成短期财务压力。

（三）资产－权益对比关系比率

众所周知，资产负债表两边反映的资金来源（负债及所有者权益）和资金运用（资产）在总量上是平衡的，但其中的各个部分并没有固定的对应关系。尽管如此，我们仍然可以这样认为：企业的非流动资产应当由相对比较稳定的资金来源（即长期资金）来满足，而流动资产应当由短期资金来满足。资产和权益的这种对比关系可以通过长期资产适合率来反映，该指标说明长期资金对非流动资产的保证程度。其计算公式如下：

长期资产适合率=长期资金总额÷非流动资产总额　　(9-26)

该比率一般要求在100%以上，如果指标值低于100%，说明一部分非流动资产需要由短期资金来保证，这说明资产和权益在内部结构上存在某种失衡的状态。

HS公司2012年年末的长期资产适合率为：

长期资产适合率=（4 689+898 165）÷312 590=288.83%

而该指标2011年年末为410.08%，该比率2012年年末比上年有较大幅度降低，主要是该公司2012年非流动资产大幅度增加所致。该比率远远高于100%，说明该公司长期资金对非流动资产的保障程度很高。

表9-8列示了HS公司与部分家电类上市公司2012年有关财务结构比率的对比数值。

表9-8　部分家电类上市公司2012年财务结构比率对比表

财务指标	HS电器	HE电器	GL电器	MD电器	CH电器
流动资产比率	82.87%	79.90%	79.10%	66.69%	74.20%
货币资金比率	8.51%	32.77%	26.91%	19.33%	19.94%
债权性资产比率	54.64%	32.70%	35.80%	27.93%	31.17%
存货比率	19.72%	14.29%	16.02%	16.28%	23.02%
长期投资类资产比率	6.78%	4.56%	0.74%	2.38%	2.18%
固定资产比率	7.45%	12.77%	13.95%	21.90%	16.11%
无形资产比率	1.07%	1.14%	1.52%	3.08%	6.18%
短期资金率	50.53%	63.08%	73.28%	52.36%	56.41%
长期资产适合率	288.83%	183.68%	127.84%	143.00%	168.92%

三、资产营运能力比率

资产营运能力是指企业运用现有资源从事生产经营活动的能力，实际上就是资产的使用效率。反映企业资产营运能力的指标是各种资产周转率。资产周转率有两种计算方法：周转次数和周转天数，二者成反比关系。资产周转次数越高，说明企业资产的营运能力越强；而资产周转天数越长，则说明资产的使用效率越低。资产周转率各种指标的计算，既要运用资产负债表的数据，还要运用利润表的资料。而且，计算时各种资产应按全年平均余额计算。由于一般外部人员无法获得各项资产的各时点资料，因此，通常以年初余额和年末余额的平均值来估计其平均余额。

反映资产营运能力的财务比率主要有以下几项。

1. 总资产周转率

总资产周转率是反映企业全部资产的周转速度的财务比率。它有两种形式：周转次数和周转天数，计算公式分别如下：

总资产周转次数＝营业收入总额÷平均资产总额 (9-27)

总资产周转天数＝360/总资产周转次数 (9-28)

＝（360×平均资产余额）÷营业收入总额

总资产周转次数越大（即总资产周转天数越少），说明在一定资产规模下企业能实现更多的销售额，全部资产总体使用效率越高。

HS 公司 2012 年度的总资产周转率计算如下：

总资产周转次数＝2 525 198÷［（1 825 136＋1 614 461）÷2］＝1.47（次）

总资产周转天数＝360÷1.47＝245（天）

总资产周转次数为 1.47 次可以简单地理解为：该公司 2012 年全部资产平均周转 1.47 次，每 1 元资产在一年中可以当作 1.47 元来使用。同样总资产周转天数为 245 天可以理解为：该公司 2012 年全部资产从投入使用到收回平均需要 245 天。

应当指出，不同行业不同类型的企业，其总资产周转率存在很大差异。因此在评价该指标时，应以企业以前年度的实际水平、同行业平均水平作为参照物进行分析，从中找出差距，挖掘企业潜力，提高资产利用效率。

2. 流动资产周转率

前面介绍的总资产周转率反映的是企业全部资产的使用效率，而资产周转速度的快慢主要受流动资产周转速度的影响。因此，为进一步分析资产营运效率，需要计算和分析流动资产周转率。流动资产周转率反映企业流动资产的周转速度，可以用周转次数和周转天数两种形式表示。其计算公式分别为：

流动资产周转次数＝营业收入÷平均流动资产余额 (9-29)

流动资产周转天数＝360/流动资产周转次数 (9-30)

=（360×平均流动资产余额）÷营业收入

该比率越高，说明流动资产的周转速度越快，流动资金的使用效率高；相反，说明流动资产周转速度慢，实现同样数额的营业收入需要更多的流动资产，表明企业资产管理效率低，可能存在资产闲置的现象。

HS 公司 2012 年度的流动资产周转率计算如下：

流动资产周转次数 =2 525 198 ÷［（1 512 546 +1 435 509）÷2］= 1.71（次）

流动资产周转天数 =360 ÷ 1.71 = 210（天）

与总资产周转率一样，评价流动资产周转率也应注意行业之间的差异。造船企业、酿酒企业的生产周期较长，流动资产周转次数通常较低，流动资产周转天数通常较长；相反，食品制造业、超市等企业的经营周期较短，流动资产周转次数通常较高，流动资产周转天数通常较短。

流动资产周转率说明企业流动资产总体周转情况，而流动资产又包括货币资金、应收账款、存货等项目。因此，我们可以进一步计算反映构成流动资产各项目周转情况的财务比率，下面主要介绍应收账款周转率和存货周转率。

3. 应收账款周转率

应收账款周转率是反映企业应收账款周转情况的财务比率。应收账款周转率也可以用周转次数和周转天数两种形式来表示，它们的计算公式分别如下：

应收账款周转次数 = 赊销净额 ÷ 应收账款平均余额 （9-31）

应收账款周转天数 =360 ÷ 应收账款周转次数 （9-32）

=（360×应收账款平均余额）÷赊销净额

式中，赊销净额是指全部销售收入中扣除销售退回、销售折扣、折让以及现销部分后的销售额。由于企业外部人员无法直接获得赊销净额的资料，分析时往往以利润表中的“营业收入”来替代“赊销净额”计算应收账款周转率。

根据 HS 公司 2012 年度的利润表和资产负债表提供的数据，可以计算该公司应收账款周转次数和应收账款周转天数分别为：

应收账款周转次数 =2 525 198 ÷［（124 353 +104 173）÷2］=22.10（次）

应收账款周转天数 =360 ÷22.10 =16（天）

应当指出，以营业收入替代赊销净额计算应收账款周转率，可能会严重歪曲应收账款周转率的实际值。这是因为，第一，营业收入是企业在一定时期的全部销售额，而赊销净额仅仅是销售额中不属于现销的那部分销售额。因此，以营业收入替代赊销净额来计算应收账款周转率，其假设前提是企业的销售全部为赊销，否则会严重夸大应收账款周转率的计算结果。第二，营业收入是按照不含增值税的销售额计算的，而赊销净额应当是按照含税销售额计算的，二者的计算口径不一致。因此，在财务分析时，应收账款周转率不能简单地以营业收入来替代赊销净额。而本期赊销净额最准确的数据应当是企业“应收账款”账户借方本期发生额的合计数。

应收账款周转次数越高（即应收账款周转天数越短），说明企业应收账款周转越快，企业收回应收账款的时间越短。但在财务评价时，不能一味认为应收账款周转次数越高越好。因为有时严格的信用政策会使企业应收账款余额很小，这种情况下计算的应收账款周转次数会很高，但实际上企业的销售却由于严格的信用政策而受到严重影响。因此，对应收账款周转率的评价应当结合企业所采用的信用政策的实际，通过该指标不同时期数值的比较，作出合理的判断。另外，有些企业赊销商品更多采用商业汇票结算方式，形成大量的应收票据，导致资产负债表中应收账款项目数额减少，而应收票据数额很大。这时不能简单地通过计算应收账款周转率来评价企业的货款回收情况，而应将应收账款与应收票据结合起来进行分析。

4. 存货周转率

存货周转率是反映存货周转情况的财务比率，它也有周转次数和周转天数两种表示形式。存货周转次数是销货成本与存货平均余额之比值，而周转天数则是计算期天数与周转次数的比值。即

存货周转次数＝销货成本÷存货平均余额 (9-33)

存货周转天数＝360÷存货周转次数 (9-34)

＝（360×存货平均余额）÷销货成本

其中，“销货成本”一般以利润表中的“营业成本”来估计。

一般地，存货周转次数越高，存货周转天数越短，说明存货周转速度越快，存货的占用水平低，其流动性越强，偿债能力也就越强；反之则表明存货周转速度越慢，其流动性越差，有存货积压现象。

HS 公司 2012 年度的存货周转次数和存货周转天数分别为：

存货周转次数＝2 070 208÷［（359 956＋228 016）÷2］＝7.04（次）

存货周转天数＝360÷7.04＝51（天）

对存货周转率作出评价时也应注意行业之间的差异。不同类型的企业，其采购政策、生产周期和产品的销售模式存在很大的差异，其存货周转率也会有很大的差异。

表 9-9 列示了 HS 公司与部分家电类上市公司 2012 年有关资产营运能力比率的对比数值。

表 9-9 部分家电类上市公司 2012 年资产营运能力比率对比表

财务指标	HS 电器	HE 电器	GL 电器	MD 电器	CH 电器
总资产周转次数	1.47	1.79	1.03	1.11	0.99
流动资产周转次数	1.71	2.25	1.27	1.69	1.33
应收账款周转次数	22.10	21.92	73.52	11.56	8.40
存货周转次数	7.04	9.13	4.22	4.72	3.89

四、盈利能力比率

盈利能力也称获利能力，是指企业赚取利润的能力。根据盈利产生的动因不同，可以将反映盈利能力的财务比率分为两类：一是反映经营业务盈利能力的财务比率，二是反映资源使用效益的财务比率。

（一）经营业务盈利能力比率

经营业务盈利能力是指企业从事的生产经营活动为企业创造利润的能力，它与企业经营的产品有关，而与企业的资本结构无关。反映企业经营业务盈利能力的财务比率主要有销售毛利率、营业利润率和成本费用利润率等，而这些财务比率的计算主要利用利润表的数据。

1. 销售毛利率

销售毛利率（简称毛利率）反映企业经营的产品或业务的直接盈利水平，即每1元销售收入能带来多少毛利。其计算公式如下：

$$销售毛利率=毛利额\div销售收入 \tag{9-35}$$

式中，毛利额是指销售收入扣除销售成本后的差额。销售毛利率在商业企业使用甚广，毛利率的高低说明产品的盈利能力强弱。当然，分析时应结合产品的销售规模和营销策略等因素，不能视毛利率的高低随意下结论。例如，采用薄利多销策略的企业其毛利率必然低于实行精品化营销策略的企业，不能以此否认薄利多销的优势。

销售毛利率可以根据全部经营业务计算，也可以根据主营业务计算。根据HS公司2012年度的利润表数据，计算其全部经营业务的销售毛利率如下：

销售毛利率＝（2 525 198－2 070 208）÷2 525 198 ＝18.02%

查阅该公司2012年年度报告得知，该公司2012年实现主营业务收入2 321 366万元，主营业务成本1 876 041万元，由此计算出主营业务的毛利率为19.18%。

该公司2011年度全部经营业务的销售毛利率为20.87%，主营业务的销售毛利率为22.20%，表明该公司2012年的销售毛利率较上年有一定程度的下降，其中的原因可能是销售价格的下调，也可能是销售成本的提高，或者产品结构的调整。

2. 营业利润率

营业利润率是反映营业收入产生利润能力的财务比率，它是利润额与营业收入的比值，其计算公式如下：

$$营业利润率=利润额\div营业收入 \tag{9-36}$$

这里的“利润额”可以根据需要按照“营业利润”、“利润总额”或“净利润”分别计算，得到不同口径的营业利润率，使用“净利润”计算的指标通常称为“营业净利率”。

根据HS公司2012年度的利润表数据，我们得到三种营业利润率的计算结果如下：

（1）营业利润率 = 营业利润总额 ÷ 营业收入 = 181 131 ÷ 2 525 198 = 7.17%

（2）营业利润率 = 利润总额 ÷ 营业收入 = 191 153 ÷ 2 525 198 = 7.57%

（3）营业利润率 = 净利润总额 ÷ 营业收入 = 163 075 ÷ 2 525 198 = 6.46%

该公司 2011 年度上述三种口径的营业利润率分别为 7.95%、8.35% 和 7.28%。计算结果表明，HS 公司 2012 年的营业利润率低于上年水平，从利润表中可以看出的直接原因是销售毛利率下降，深层次的原因需要根据内部会计资料才能作出分析。

与销售毛利率一样，营业利润率也具有很明显的行业特征，不同的行业、不同的经营业务，其营业利润率可能千差万别，例如经营钻石、珠宝的企业其营业利润率必然高于经营家电产品的企业，但家电企业的销售额却远远高于钻石、珠宝企业。因此，对营业利润率的评价要考虑行业的平均水平，还要考虑销售额绝对数及其增减变化情况。

3. 成本费用利润率

成本费用利润率是指企业在经营过程中发生的全部成本费用所创造的盈利能力，表示企业每 1 元成本费用能赚取的利润额。其计算公式如下：

成本费用利润率 = 利润总额 ÷ 成本费用总额 (9-37)

上式中的“成本费用总额”包括营业成本、营业税金及附加和期间费用（销售费用、管理费用和财务费用）。成本费用利润率实际上反映了企业获取的利润与消耗资源的关系，即投入产出的对比关系；该比率的提高有赖于扩大销售和成本、费用的节约。

HS 公司 2012 年度的成本费用利润率为：

成本费用利润率 = 191 153 ÷（2 070 208 + 6 691 + 212 262 + 56 460 − 5 435）

= 8.17%

该公司上年度的成本费用利润率为 9.08%，可见这一比率 2012 年比上年下降了 0.91 个百分点。从利润表数据可知，2012 年公司销售毛利率下降虽然对成本费用利润率产生负面影响，但销售费用、营业税金及附加的节约在一定程度上缓解了成本费用利润率的下降程度。

（二）资源使用效益比率

资源使用效益是指企业使用其拥有的经济资源而产生的财务成果。企业的经济资源就是企业拥有或控制的各种资产，它有两种口径：一是总资产，二是净资产。因此，反映资源使用效益的财务比率主要有总资产报酬率和净资产收益率两项。

1. 总资产报酬率

总资产报酬率反映企业全部资产获取收益的能力，它是从经营层面反映企业盈利能力的综合性指标。其计算公式如下：

总资产报酬率 = 息税前利润 ÷ 平均资产总额 (9-38)

HS 公司 2012 年度的总资产报酬率计算如下：

总资产报酬率 =（191 153 - 5 435）÷［（1 825 136 + 1 614 461）÷2］= 10.80%

该公司上年度该指标为13.42%，该比率2012年出现较大幅度的下降，表明该公司在资产总额增加13%的情况下，其盈利总额并没有同步增加，公司资源使用效益在下降。

由于总资产报酬率是企业赚取的总收益与全部资产的比值，与企业的负债程度无关，因此便于不同资本结构的（同类）企业之间进行比较。在财务分析实务中，通常将某一企业的总资产报酬率与该企业所在行业该项指标的平均水平加以比较。也可以将总资产报酬率与企业债务的平均利率作对比，如果资产报酬率大于平均利率，表明举债经营对企业是有利的，企业可以充分利用财务杠杆进行负债经营，获取尽可能多的收益，否则增加负债对企业增加盈利是不利的。

2. 净资产收益率

净资产收益率是反映股东投入企业的权益资本获取盈利能力的财务比率，这是投资者最为关注的财务指标之一，该比率越高，说明股东投入资本的收益率越高。计算净资产收益率的一般公式如下：

$$净资产收益率 = 净利润总额 \div 净资产总额 \tag{9-39}$$

需要指出的是，式中的“净资产”有两种不同的口径：加权平均净资产和年末净资产，计算得到的比率分别称为“加权平均净资产收益率”和“摊薄净资产收益率”。同时，计算该指标一般按照合并利润表中的“归属于母公司所有者的净利润”和合并资产负债表中的“归属于母公司所有者权益合计”计算，必要时也可以按合并报表中的全部净利润和全部所有者权益总额计算。

下面我们按照“归属于母公司所有者的净利润”和“归属于母公司所有者权益合计”计算HS公司2012年的加权平均净资产收益率和摊薄净资产收益率，计算过程如下：

（1）加权平均净资产收益率 = 160 316 ÷［（878 443 + 716 745）÷2］
= 20.10%①

（2）摊薄净资产收益率 = 160 316 ÷ 878 443 = 18.25%

计算结果表明，该公司股东每100元的权益资本经过公司一年的经营能够赚取20元左右的净收益。这一收益水平与股东期望收益率的高低，是股东决定是否继续持有公司股份的重要依据。

表9-10列示了HS公司与部分家电类上市公司2012年有关盈利能力比率的对比数值。

① 当公司在年度内实施股权融资方案或可转换债券转股时，加权平均净资产收益率的计算是比较复杂的；不存在股权融资等行为时，可以按照年初、年末净资产之和的一半计算。

表 9-10　部分家电类上市公司 2012 年盈利能力比率对比表

财务指标	HS 电器	HE 电器	GL 电器	MD 电器	CH 电器
销售毛利率	18.02%	25.24%	26.29%	22.81%	15.94%
营业利润率	7.17%	6.60%	8.08%	6.97%	-0.11%
总资产报酬率	10.80%	12.09%	8.61%	8.96%	1.48%
加权平均净资产收益率	20.10%	33.78%	31.38%	16.73%	2.43%

注：表中销售毛利率按全部经营业务计算，营业利润率按营业利润计算。

五、成长性比率

企业成长性是指企业生产能力、经营规模的扩展能力和经营成果增长能力。企业成长性比率主要有总资产增长率、营业收入增长率、利润增长率、资本扩张倍数和资本保值增值率等。它们的计算公式分别如下：

$$总资产增长率=本期总资产增长额\div期初资产总额 \tag{9-40}$$

$$营业收入增长率=本期营业收入增长额\div上期营业收入总额 \tag{9-41}$$

$$利润增长率=本期利润总额增长额\div上期利润总额 \tag{9-42}$$

$$资本扩张倍数=期末资本总额\div期初资本总额 \tag{9-43}$$

$$资本保值增值率=扣除客观因素后的期末所有者权益\div期初所有者权益 \tag{9-44}$$

下面对上述各指标的意义及计算口径作出说明。

（1）总资产增长率反映了企业资产总量的增长能力，在一定程度上表明了企业生产经营能力的扩张能力。该指标越高，表明企业资产经营规模扩张的速度越快。当然，该指标的大小应当与企业资产的使用效率和使用效果结合起来；如果企业的资产规模快速扩大，而销售收入和资产的使用效益没有同步增长，这说明企业可能存在盲目扩大经营规模的现象。

HS 公司 2012 年年末的资产总额为 1 825 136 万元，比年初的 1 614 461 万元增加 210 675 万元，增长率为 13.05%，而 2011 年的资产增长率为 29.22%，2012 年资产增长率较上年有所降低。

（2）营业收入增长率表示企业营业收入的增减变动情况，是衡量企业经营状况和市场占有能力、预测企业经营业务拓展趋势的重要指标。该指标越高，表明企业营业收入增长速度越快，市场前景越好。分析时要结合原来的基数大小，不能简单地以增长率大小作出评价。

可以根据利润表的资料，计算得到 HS 公司 2012 年和 2011 年营业收入增长率分别为 7.35% 和 10.63%，2012 年的增长幅度也较上年有所降低。分析该指标时还可以将其与资产增长率进行比较，观察营业收入增长率与资产增长率是否协调，以说明资产的增长是否带来营业收入的同步增长。显然，HS 公司这两年营业收入增长率均低于资产增长率，说明资产的增长对营业收入的影响有一定的滞后效应。

（3）利润增长率反映企业盈利的增长情况，利润增长率越高，表明企业的盈利增长越快，可持续发展能力越强，发展潜力越大。但由于利润指标受会计政策的影响较大，人为因素较多，企业的利润有时会出现大起大落的情况。因此，分析时要观察该指标连续几期的数值，看其是否稳定，再作出判断。

HS 公司 2011 年净利润较上年大幅增加，增长率为 103.93%，而 2012 年的净利润却比上年减少了 4.73%。显然，由于 2011 年的净利润超常增长后，利润基数提高，2012 年利润增长率出现滞涨，说明利润的超常增长是不可持续的。

（4）资本扩张倍数反映企业资本规模的扩张速度，这里的“资本”是指企业的实收资本（股份有限公司为“股本”）。一般情况下企业的实收资本（股本）不会轻易发生变化，资本扩张倍数等于 100%。如果资本扩张倍数大于 100%，说明企业在报告年度内实现了资本扩张。资本扩张有两种情形：实扩张和虚扩张。实扩张是指投资者增加对企业的资本投入，如股份有限公司实施配股、增发股份都会导致公司净资产和资本同时增加；虚扩张是不增加企业净资产而仅仅是所有者权益内部项目转作资本导致资本增加的行为，如我国上市公司热衷的“送股”和“资本公积金转增股本”等方式都属于此类资本扩张。对资本扩张倍数指标的评价要区别对待，有些公司在某一报告期内资本成倍扩张，但没有实质性增加公司的净资产，这种资本规模快速扩张其实是不可取的，它只会使法律形式上的资本规模膨胀，而单位资本收益和单位资本净资产含量下降。

根据资产负债表的资料，可以计算得到 HS 公司 2012 年的资本扩张倍数为 150.38%，而 2011 年该指标仅为 100.26%。查阅其年度报告，发现该公司 2011 年年末总股本为 868 874 265 股，2012 年实施了资本公积金转增股本的方案，转增比例为 10∶5，转增股本数额为 434 437 132 万元；同时公司股权激励方案 2012 年实施第二期行权，行权数量为 3 333 825 股，公司 2012 年年末股本增加至 1 306 645 222 股。这里资本公积金转增股本属于资本虚扩张，而股权激励方案行权则属于实扩张。

（5）资本保值增值率反映企业当期所有者权益在企业自身努力下的增减变动情况，它是我国国有资本金效绩评价体系中的重要指标之一。简单地说，该指标是期末所有者权益与期初所有者权益的比值。但是，企业期末所有者权益较期初变动的原因较为复杂，通常有如下情况：（1）企业报告期内实现了盈利或发生了亏损；（2）企业在报告期内向投资者分配了现金股利；（3）企业在报告期内由于吸收权益资本而增加了所有者权益，或者由于减资而减少了所有者权益。因此该指标的“分子”应当扣除由于客观原因而增加或减少的所有者权益，如应当扣除报告期内由于吸收权益资本而增加的所有者权益，或者由于减资而减少的所有者权益，作为“扣除客观因素后的期末所有者权益”。资本保值增值率越高，表明企业的资本保全状况越好，投资者权益增长越快，企业发展更有后劲。

根据 HS 公司 2012 年母公司股东权益变动表可知，该公司 2012 年年初股东权益总额为 707 921 万元，年末 865 242 万元，增加的原因是：2012 年实现净利润 156 107 万元，实施行权增加 1 213 万元，未向股东分配现金股利。其中 1 213 万元属于客观原因引起，应加以扣除，那么其资本保值增值率为：

资本保值增值率 =（865 242 − 1 213）÷707 921 =122.05%

表 9-11 列示了 HS 公司与部分家电类上市公司 2012 年有关成长性比率的对比数值。

表 9-11　部分家电类上市公司 2012 年成长性比率对比表

财务指标	HS 电器	HE 电器	GL 电器	MD 电器	CH 电器
总资产增长率	13.05%	25.09%	26.23%	2.27%	5.60%
营业收入增长率	7.35%	8.41%	19.43%	−26.89%	0.64%
净利润增长率	−4.73%	21.54%	40.57%	−9.08%	−15.37%

六、上市公司特殊财务比率

上市公司是股份有限公司的典型代表，由于其股票在证券交易所挂牌交易，其会计信息倍受投资者的关注。在分析上市公司的财务报表时，除了计算分析前文的财务比率外，分析者还应当计算上市公司特有的财务比率。这些比率主要包括每股收益、每股净资产、每股经营现金净流量、股利保障倍数等。

1. 每股收益

每股收益，又称每股利润或每股盈余，是指普通股每股所获得的净收益额。其计算公式如下：

每股收益 =（净利润 − 优先股股利）÷ 发行在外的普通股平均股数　　(9-45)

按上述公式计算的每股收益称为“基本每股收益”，“发行在外的普通股平均股数”的计算比较复杂。有时分析者直接按照“年末发行在外的普通股股数”计算该指标，称为“摊薄每股收益”。另外还有一种计算口径叫作“稀释每股收益”。关于基本每股收益和稀释每股收益的计算读者可以阅读我国《企业会计准则第 34 号——每股收益》，下面为了简单起见，我们只计算分析摊薄每股收益。

HS 公司 2012 年的摊薄每股收益计算如下：

摊薄每股收益 = 归属于母公司所有者的净利润/年末普通股股数

= 160 316 ÷ 130 665 = 1.227（元）

2011 年年末该指标为 1.944 元。由于 2012 年公司实施了资本公积金转增股本的方案，年末股本总数比年初增加了50%以上，2012年的每股收益明显被稀释。

一般来说，每股收益越高，说明公司按单位股本计算的获利能力越强，该公司的股票投资价值越高。但在分析中应该注意，每股收益本身不能反映股票所含有的风险大小，而且每股收益多，并不意味着股利分配就丰厚。

每股收益的高低不仅与公司的净利润多少有关，而且与公司设计的股本规模相关。有些公司由于上市后不断地分配股票股利和资本公积金转增股本方案，股本规模出现快速扩张，而利润增长又赶不上股本的扩张，就导致每股收益的不断降低。为了更合理地衡量股票的投资价值，通常将公司股票的每股市价与其每股收益作对比，计算股票的市盈率，以衡量股票的市价相对于盈利的倍数。市盈率的计算公式如下：

市盈率＝每股市价÷每股收益 (9-46)

显然，股票的市盈率会随着估价的变化而变动。我们根据HS公司2012年12月31日股票的收盘价（每股10.11元）和2012年的每股收益计算，其市盈率为8.24倍。如果按照2013年5月17日该公司股票收盘价（13.34元）计算，其市盈率为10.87倍。

2. 每股净资产

每股净资产表示股东每股股票所拥有的净资产份额，它反映了公司股票的账面价值。其计算公式如下：

每股净资产＝股东权益总额÷年末普通股股数 (9-47)

HS公司2012年的每股净资产计算如下：

每股净资产＝归属于母公司所有者权益合计÷年末普通股股数

＝878 443÷130 665＝6.723（元）

分析时可用连续几期的该指标数值进行对比，来分析公司净资产的积累速度及成长性。与每股收益一样，每股净资产与公司股本的扩张有关，股本的快速扩张往往导致每股净资产的降低。同时分析时可以将该指标的数值与股票的市价进行对比，计算股票的市净率，以确定该股票的投资价值。市净率的计算公式如下：

市净率＝每股市价÷每股净资产 (9-48)

同样。我们根据HS公司2012年12月31日股票的收盘价（每股10.11元）和2012年年末的每股净资产计算，其市净率为1.504倍。

3. 每股经营现金净流量

每股经营现金净流量反映公司某一年度实现的经营现金净流量按普通股股数计算的份额。其计算公式如下：

每股经营现金净流量＝经营现金净流量÷发行在外的普通股平均股数 (9-49)

该指标也可以按“年末发行在外的普通股股数”计算。根据HS公司2012年度的现金流量表得知，该公司2012年实现经营活动现金净流量23 376万元，按年末股本130 665万股计算，其每股经营现金净流量为0.179元，2011年该指标为0.916元。

该指标越高，说明公司经营成果的兑现能力越强，盈利质量越高，同时也说明公司支付现金股利的能力越强。在分析该指标时，通常将它与每股收益作对比。正常情况下，公司在一定年度内实现的经营活动现金净流量应当大于净利润，每股经营现金净流量应当高于每股收益。从 HS 公司 2011 年和 2012 年的情况看，每股经营现金净流量远低于每股收益，说明公司经营成果的兑现能力较差。究其原因，主要是公司这两年为扩大销售，放宽信用政策，大量采用商业汇票结算货款，导致应收票据和应收账款大幅度增加，货款回收不力，经营现金净流量相对于净利润存在很大差异。

4. 股利保障倍数

股利保障倍数反映经营现金净流量为所需支付现金股利的倍数。其计算公式如下：

股利保障倍数＝每股经营现金净流量÷每股现金股利 (9-50)

该指标用来衡量现金股利的支付能力，该倍数越大，说明公司支付现金股利的能力越强。一般来说，股利保障倍数应当高于 100%。某一年股利的支付超出所实现的经营现金净流量，意味着当年股利分配动用了经营活动以外的现金流量，或者动用了以前年度留存的现金。HS 公司 2012 年度实现经营活动现金净流量 23 376 万元，该年度向股东分配现金股利 48 346 万元，其股利保障倍数仅为 48. 35%，说明该公司 2012 年分配的现金股利有一半以上不能由当年经营现金净流量来保证，这种现象不可能长期持续。

表 9-12 列示了 HS 公司与部分家电类上市公司 2012 年部分财务比率的对比数值。

表 9-12　部分家电类上市公司 2012 年部分财务比率对比表　（单位：元）

财务指标	HS 电器	HE 电器	GL 电器	MD 电器	CH 电器
每股收益（摊薄）	1. 227	1. 218	2. 454	1. 028	0. 071
每股净资产	6. 723	4. 145	8. 890	6. 520	2. 936
每股经营现金净流量	0. 179	2. 055	6. 120	1. 270	0. 156

第四节　财务比率的综合分析

单项财务比率的计算与分析，只是对经济主体的偿债能力、资产营运能力、获利能力或成长性等各方面所进行的单方面分析，但对于企业经营者、投资者和其他利益主体，财务报表分析的最终目的在于全面、客观地揭示企业的财务状况和经营情况。要达到这样的目的，仅仅分析某些财务指标，或者将一些孤立的财务指标堆垒在一起观察，显然是不够的，有时可能会得出片面甚至错误的结论。

因此，我们要对一个企业进行全面、综合的分析和评价，只有将企业的偿债能力、盈利能力和资产营运能力等各项财务比率有机地结合起来，作出系统、深入、综合的评价，才能从总体意义上把握企业财务状况和经营状况的优劣。这样，无论是经营者、投资者或国家有关监管部门都能够从自身利益出发对一个企业进行多角度、多层次的综合分析和评价。

财务比率的综合分析在实际应用中有许多方法，这里我们主要介绍杜邦财务分析体系和沃尔综合评分法。

一、杜邦财务分析体系

杜邦财务分析体系，又称杜邦分析法，它是以净资产收益率为核心指标，利用影响该指标的各财务指标之间的内在联系，对企业净资产收益率及其影响因素进行系统分析和评价。这种方法由美国杜邦公司创立并最先采用，故称为杜邦分析法。

（一）杜邦财务分析指标体系

杜邦财务分析是通过一组指标体系来构建的，指标体系的核心是净资产收益率。围绕该指标可以建立一个完整的杜邦财务分析系统图（见图9-1）。

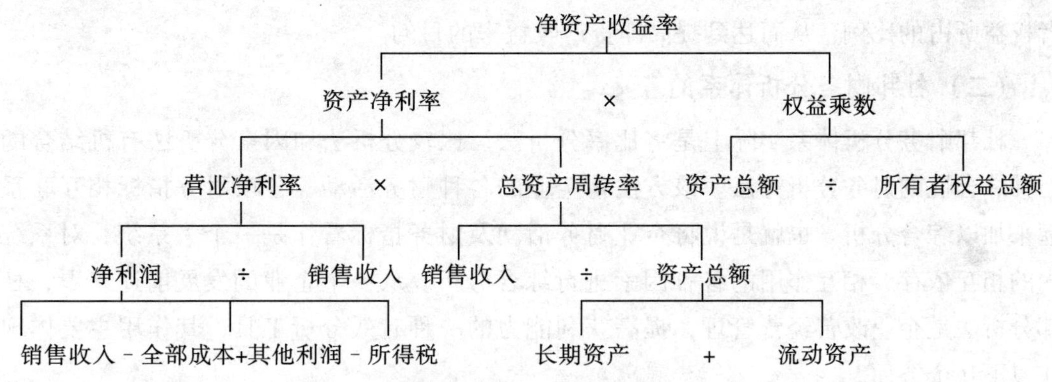

图9-1　杜邦财务分析系统图

从以上杜邦财务分析系统图中我们可以知道各种主要财务指标的关系如下：

（1）净资产收益率＝资产净利率×权益乘数

（2）资产净利率＝营业净利率×总资产周转率

（3）权益乘数＝资产总额÷所有者权益总额

将上述公式联系起来，可以得到各种财务指标的相互关系为：

$$\begin{aligned}\text{净资产收益率} &= \frac{\text{净利润}}{\text{所有者权益}} \\ &= \frac{\text{净利润}}{\text{销售收入}} \times \frac{\text{销售收入}}{\text{资产总额}} \times \frac{\text{资产总额}}{\text{所有者权益}} \\ &= \text{营业净利率} \times \text{总资产周转率} \times \text{权益乘数} \qquad (9\text{-}51)\end{aligned}$$

注意：上述公式中的净资产收益率为摊薄净资产收益率，总资产周转率按照年末总资产计算，权益乘数按照年末数计算。

从图 9-1 可以看出，杜邦财务分析体系把有关财务指标以系统分析图的形式连结在一起，从中我们可以得到以下启示：

首先，作为该系统核心指标的净资产收益率，是一个综合性很强、与企业财务管理目标相关性最大的指标，它由企业的营业净利率、总资产周转率和权益乘数所决定。

其次，资产净利率是影响净资产收益率的重要指标之一，具有较强的综合性，它集中反映了销售、利润及资产周转之间的数量关系。

再次，从营业净利率和资产周转率来看，要提高这两项财务比率，销售收入和净利润是关键。而净利润的增加，其根本又在于销售的数量和质量。可见，扩大销售收入，降低成本费用开支，是提高企业营业净利率的根本途径。而扩大销售同时也会提高资产周转速度。另一方面，降低成本、费用也是提高营业净利率的一个重要措施，我们可以从成本费用的构成中看出其结构是否合理，从而找出降低成本、费用的途径和加强成本费用控制的方法。

最后，杜邦分析图的右半部分，主要是分析资本结构对净资产收益率的影响。在一定的盈利水平下，如果资产总额保持不变，适当的负债经营，可以相应地减少所有者权益所占的比例，从而达到提高净资产收益率的目的。

（二）杜邦财务分析体系的意义

杜邦财务分析体系实际上是将比率分析法、比较分析法和因素分析法有机结合的一种综合性的财务分析方法。该方法将企业的各种财务活动、各项财务指标相互联系起来加以综合分析。也就是说将企业财务活动及财务指标看作是一个大系统，对系统内的相互依存、相互作用的各种因素进行综合分析。从一个企业的发展前途来看，杜邦分析法是企业改善经营管理，提高获利能力的一种有效分析工具，其作用主要体现在以下几个方面。

第一，从杜邦财务分析图中能够直接地解释有关重要财务指标的变动原因，揭示有关财务指标的内在联系，从而能够把各项指标进行相互比较分析，引导管理者进行正确的决策分析。从杜邦财务分析体系可以看出，净资产收益率的大小受到三个指标值的影响：营业净利率、总资产周转率和权益乘数。营业净利率反映了企业所经营产品（或服务）的盈利能力；总资产周转率反映了企业资产使用效率的高低，即在相同的产品盈利能力下，企业的盈利水平与资产使用效率成正比关系；权益乘数反映了企业负债经营的程度，也就是企业利用财务杠杆的程度。即在相同的盈利水平下，权益乘数越大（这时资产负债率越高），净资产收益率越高。因此，要提高企业的净资产收益率，不但要有盈利能力强的产品，而且要加速资金周转，同时要充分利用财务杠杆作用，尽可能负债经营。

第二，能帮助企业成本管理部门研究和寻求降低产品成本的途径，使管理人员能依据成本变化的趋势来下达企业在计划年度的定额成本控制和目标成本控制。

第三，有助于决策部门合理配置企业的经济资源，优化企业资本结构，充分运用企业资产，提高所有者的投资报酬率。

（三）杜邦财务分析体系的运用

从以上杜邦财务分析体系中我们可以知道，杜邦分析法突破了企业财务分析各项指标间的孤立性，从而使各项指标间的相互关系、相互作用简明、直接地表现出来。通过逐层分析，不仅可以了解企业财务状况的全貌以及各项财务分析指标间的结构关系，查明各项主要财务指标增减变动的影响因素及存在问题，而且还可以帮助决策者优化经营结构和财务结构，为企业提高偿债能力和经营效益提供基本思路。

采用杜邦财务分析体系进行综合分析时，可以结合因素分析加以运用。如可以运用连环替代法将净资产收益率的差异进行分解，分析营业净利率、总资产周转率和权益乘数等因素对净资产收益率的影响方向和影响程度。

下面我们根据 HS 电器股份有限公司 2011—2012 年的财务数据来说明杜邦分析法的应用。

【例 9-1】根据 HS 电器股份有限公司 2012 年度的（合并）财务报表，计算得到该公司 2011 年和 2012 年的摊薄净资产收益率（以下简称“净资产收益率”，按合并报表全部净利润计算）及相关财务指标如表 9-13 所示。

表 9-13　HS 公司有关财务指标一览表

财务比率	2012 年度	2011 年度
净资产收益率	18.156%	23.385%
营业净利率	6.458%	7.277%
总资产周转率	1.384	1.457
权益乘数	2.032	2.206

要求：运用杜邦分析法，计算该公司 2012 年度的净资产收益率与 2011 年度的差异，并运用连环替代法分析营业净利率、总资产周转率和权益乘数对该指标变化的影响程度。

解：

（1）计算 2012 年度与 2011 年度净资产收益率的差异。

净资产收益率差异 = 18.156% − 23.385% = −5.229%

（2）将两个年度的净资产收益率写成杜邦财务分析体系的形式。

净资产收益率 = 营业净利率 × 总资产周转率 × 权益乘数

2012 年度：18. 156% =6. 458% ×1. 384 ×2. 032

2011 年度：23. 385% =7. 277% ×1. 457 ×2. 206

（3）进行连环替代，分解净资产收益率的差异。

18. 156% −23. 385% =（6. 458% −7. 277%）×1. 457 ×2. 206

+7. 277% ×（1. 384 −1. 457）×2. 206

+7. 277% ×1. 384 ×（2. 032 −2. 206）

=（−2. 632%）+（−1. 040%）+（−1. 555%）

（4）对分解结果作出说明

计算结果表明，该公司 2012 年度的净资产收益率较 2011 年度下降 5. 229 个百分点。其中由于营业净利率下降使净资产收益率下降了 2. 632 个百分点，由于总资产周转率下降使净资产收益率下降了 1. 040 个百分点，由于权益乘数下降使净资产收益率下降了 1. 555 个百分点（注：计算结果略有差异系近似计算引起）。

二、沃尔评分法

沃尔评分法是由亚历山大 · 沃尔提出的一种评价企业信用状况的综合财务评价方法。其基本思路是：将若干个财务比率用线性关系结合起来，计算信用能力指数，以评价企业的信用水平。沃尔评分法选择了如下七个财务比率：流动比率、净资产与负债比率、资产与固定资产比率、销售成本与存货比率、销售额与应收账款比率、销售额与固定资产比率、销售额与净资产比率，并分别给定了它们在综合评价中的比重（权重），总和为 100 分；同时，确定了各财务比率的评价标准，将实际值与标准比率相对比，得到每项指标的得分，最后计算出总得分。

下面我们运用沃尔评分法对威利股份有限公司的财务状况作出综合评价，计算过程和计算结果见表 9-14。最后综合得分为 107. 25 分。

表 9-14　威利公司财务比率的沃尔评分法

考核指标	比重 ①	标准比率 ②	实际比率 ③	相对比率 ④ = ③ ÷ ②	评分 ⑤ = ① × ④
流动比率	25	2. 00	1. 86	0. 93	23. 25
净资产与负债比率	25	1. 50	1. 35	0. 90	22. 50
资产与固定资产比率	15	2. 50	3. 15	1. 26	18. 90
销售成本与存货比率	10	8. 00	7. 60	0. 95	9. 50
销售额与应收账款比率	10	6. 00	8. 64	1. 44	14. 40
销售额与固定资产比率	10	4. 00	5. 20	1. 30	13. 00
销售额与净资产比率	5	3. 00	3. 42	1. 14	5. 70
合计	100	—	—	—	107. 25

从理论上说，沃尔评分法存在某些缺陷，主要是：为什么财务评价要选择这七个指标，而不是更多或更少；为什么不选择别的财务比率；凭借什么依据确定各项指标在综合评价中所占的比重；也许这只是沃尔的经验总结，不可能有什么严格的理论证明。尽管如此，沃尔评分法在财务综合分析中的地位是不可替代的，它的基本思想一直影响着人们去构造各种综合财务分析的模式。

第五节　财务报表分析的局限性

在充分肯定财务分析的重要作用的同时，我们必须看到，财务分析也存在明显的缺陷。导致这些缺陷的原因是多方面的，有财务分析方法（财务比率）本身的缺陷，也有作为财务分析主要依据的财务报表存在的问题。归纳起来主要有以下几个方面的原因。

1. 财务报表本身的真实性

财务报表是进行财务分析最主要和最直接的依据，报表的真实性直接影响财务分析结构的真实性和有用性。只有根据真实的财务报表，才有可能得出正确的分析结论。前面我们对各项财务比率的计算和分析都是假定财务报表是真实的，但事实上由于各种原因企业的财务报表可能是不真实的，这就使分析结论的可靠性大打折扣。因此，在进行财务分析时，财务分析人员通常应注意以下问题：（1）要注意财务报告是否规范，不规范的报告，其真实性应受到怀疑；（2）要注意财务报告是否有遗漏，遗漏很可能故意隐瞒什么重要的信息；（3）要注意分析数据的反常现象，如报表数据出现明显的反常现象，且这种反常又无合理的理由，则要考虑报表数据的真实性和会计处理的一贯性是否存在问题。

当然，作为分析者和决策者，我们应当相信企业管理当局和报表编制者的诚信。而且，企业对外公布的财务报表是经过注册会计师审计的，注册会计师的信誉以及他们对财务报表发表的审计意见是我们对财务报表是否予以信赖或在多大程度上予以信赖的重要依据。

2. 会计核算的局限性

财务报表是会计核算的产物，会计核算有特定的假设前提，并要执行统一的规范。这些假设前提和核算原则不见得绝对合理。例如，以历史成本反映企业的资产，并不代表其现行成本或变现价值；假设币值不变，不按通货膨胀或物价水平调整；稳健原则要求预计损失而不预计收益，有可能夸大费用，少计收益和资产；按年度分期报告财务信息，只报告过去已经发生的经营业绩，不能提供反映企业长期发展潜力的信息，等等。因此，我们只能在一般会计假设和一般会计原则的意义上使用报表数据，不能认为报表揭示了企业的全部实际情况。

3. 企业之间会计政策的不同选择影响可比性

众所周知，对同一会计事项的账务处理，会计准则和会计制度允许采用不同的处理方法，企业可以自行选择。例如，存货计价方法、折旧方法等。会计处理的这种灵活性对财务报表的影响是非常明显的。虽然财务报表附注对会计政策的选择有一定的表述，但报表使用者未必能完成可比性的调整工作。

4. 比较的基础问题

在比较分析时，必须要选择合适的基础作为参照系，企业的历史数据、同行业数据和计划预算数据都可以作为评价本企业当期实际数据的参照标准，但这些标准未必合理。例如，横向比较时使用行业标准，这只能起一般性的指导作用，不一定有代表性。即使以竞争对手的数据作为比较基础，也存在不同规模、不同经营环境的问题。而且有的企业实行多元化经营，没有明确的行业归属，与行业数据对比就更困难。

又例如，趋势分析以本企业历史数据作为比较基础。历史数据代表过去，并不代表未来发展的合理水平。同一企业在不同的时期，其经营环境是不断变化的，本期的利润比去年利润提高了，不一定说明已经达到应该达到的水平，也不一定说明企业的经营管理有了改进。

再例如，以计划预算作为比较基础，将实际数与计划数相比较，以此进行差异分析，这必须建立在计划预算数是切实可行的。但如果企业在制订计划时，对计划年度经营活动和财务活动的预测发生较大的偏差，必然产生实际和预算的差异，这种差异是预算不合理造成的，而不能认为预算执行中一定存在什么问题。

总而言之，对财务分析及其分析的结果，我们也要一分为二地看待，既不能盲目崇拜，也不能一概否认，而应当在承认财务分析基本合理的前提下，结合企业的实际，作出实事求是的判断，使财务分析真正成为决策的有益工具。

【思考与练习】

思考题

1. 比较分析法和趋势分析法是财务报表分析的两种方法，试简单说明这两种方法的区别。

2. 资产负债率和产权比率存在怎样的数量关系？请证明你的结论。

3. 企业的资产负债率既不是越高越好，也不是越低越好。请你说明：债权人和投资者对资产负债率的评价有何不同的看法？

4. 联谊公司根据2012年11月30日财务会计报表计算的流动比率为120%，公司总经理认为该比率偏低，希望在年末将流动比率适当提升。请你指出：该公司可以采取哪些（可能的）临时措施来提高流动比率？

5. 在计算财务比率时，我们发现有些企业的应收账款周转率（次数）竟然高达50次，请你说明导致应收账款周转率如此之高的可能原因有哪些？

6. 杜邦财务分析体系是综合财务分析的重要工具。请你回答：

（1）杜邦财务分析体系将净资产收益率作怎样的分解？请写出表达式并简述这种分解的意义何在。

（2）有人认为，根据杜邦财务体系可知，企业的负债比率越高，则权益乘数越大，那么其净资产收益率也就越高。这样理解存在什么缺陷？

单项选择题

1. 运用比较分析法时，必须合理确定比较的参照系，下列各项属于横向比较时使用的参照系是（　）。

A. 企业上年的实际数　　B. 企业历史最好水平

C. 行业平均数　　D. 企业制订的计划数

2. 计算盈利能力比率时，主要利用的财务报表是（　）。

A. 资产负债表　　B. 利润表

C. 现金流量表　　D. 利润分配表

3. 如果某企业年末流动比率远高于行业平均值，而速动比率却低于行业平均值，这通常说明该企业（　）。

A. 流动资产比率高于行业平均水平

B. 存货比率高于行业平均水平

C. 应收账款比率高于行业平均水平

D. 短期资金（流动负债）比率高于行业平均水平

4. 在其他条件不变的前提下，企业按照与账面成本相同的价格出售商品，会引起企业存货周转次数（　）。

A. 提高　　B. 下降　　C. 不变　　D. 不一定

5. 若某企业本期所有的利息费用均计入财务费用核算，其利息保障倍数等于2，说明该企业（　）。

A. 负债比率很高　　B. 利润总额等于利息费用

C. 利润总额等于利息费用的两倍　　D. 处于盈亏平衡状态

6. 反映企业资产、权益构成项目之间对应关系的财务比率是（　）。

A. 资产负债率　　B. 长期资金率

C. 流动资产比率　　D. 长期资产适合率

7. 下列反映资产负债率、产权比率和有形净值债务率三项财务比率数值大小的关系式中，正确的是（　）。

A. 资产负债率<产权比率≤有形净值债务率

B. 产权比率<资产负债率<有形净值债务率

C. 资产负债率<有形净值债务率≤产权比率

D. 有形净值债务率<资产负债率<产权比率

8. 杜邦财务分析体系的核心指标是（　）。

A. 权益乘数　　B. 总资产报酬率　　C. 净资产收益率　　D. 营业净利率

多项选择题

1. 能否按期偿还债务是许多与企业有直接利益关系的利益主体所关注的一个方面，下列对偿债能力最关注的两个利益主体是（　）。

A. 投资者　　B. 债权人　　C. 客户

D. 供应商　　E. 经营者

2. 一般来说，反映企业短期偿债能力的财务比率主要有（　）。

A. 流动比率　　B. 速动比率　　C. 产权比率

D. 现金比率　　E. 现金流量比率

3. 某公司原来的流动比率为2∶1，速动比率为1∶1，若该公司实施突击性偿债，即用货币资金偿还短期借款，会引起（　）。

A. 流动比率上升　　B. 速动比率上升　　C. 流动比率不变

D. 速动比率不变　　E. 流动比率下降

4. 下列财务比率属于反映企业盈利能力的有（　）。

A. 总资产报酬率　　B. 权益乘数　　C. 主营业务利润率

D. 成本费用利润率　　E. 市盈率

5. 其他条件不变时，公司可转换债券转换成股票时，会引起公司（　）。

A. 资产负债率降低　　B. 净资产增加　　C. 每股收益降低

D. 流动比率上升　　E. 降低资本成本

计算分析题

1. 思密达公司本年度产品销售收入净额为 1 680 万元，销售毛利率为 25%，销售收入中现销收入占 30%，其余 70% 为赊销。本年年初的流动资产为 720 万元，其中应收账款为 187 万元，存货为 420 万元；本年年末流动资产为 840 万元，其中应收账款为 205 万元，存货为 480 万元，年末流动资产中预付账款、其他应收款项目的金额可以忽略不计。流动负债年初为 480 万元，年末为 500 万元。

要求：计算该公司本年度应收账款周转率、存货周转率以及年末的流动比率和速动比率。

2. 已知富丽莱服装有限责任公司是一家服装制造企业，2012 年 12 月 31 日的资产负债表、2012 年度的利润表和现金流量表分别如下。请你根据报表提供的数据，计算有关的财务比率，并将其与同类服装企业 2012 年相同财务比率平均值（详见本章开头表 9-1）进行比较，对该公司的财务状况和经营业绩作出分析评价。

资产负债表

编制单位：富丽莱服装有限责任公司　　2012 年 12 月 31 日　　（单位：万元）

资产	年末数	年初数	负债及所有者权益	年末数	年初数
流动资产：			流动负债：		
货币资金	1 420	1 576	短期借款	1 800	2 000
交易性金融资产	144	291	应付票据	350	420
应收票据	3 046	2 027	应付账款	6 641	6 207
应收账款	10 080	8 259	预收账款	547	323
预付账款	332	124	应付职工薪酬	746	654
应收利息	0	0	应交税费	1 003	966
应收股利	0	0	应付利息	125	69
其他应收款	2 281	411	应付股利	0	0
存货	5 425	6 560	其他应付款	353	391
一年内到期的长期债权投资	0	0	一年内到期的长期负债	300	0

（续）

资产	年末数	年初数	负债及所有者权益	年末数	年初数
其他流动资产	0	0	流动负债合计	11 865	11 030
流动资产合计	22 728	19 248	非流动负债：		
非流动资产：			长期借款	1 900	2 200
可供出售金融资产	0	0	应付债券	0	0
持有至到期投资	0	0	长期应付款	160	240
长期应收款	0	0	专项应付款		
长期股权投资	465	328	预计负债	0	0
投资性房地产	0	0	递延所得税负债	0	0
固定资产	7 438	6 652	其他非流动负债	0	0
在建工程	1 775	2 286	非流动负债合计	2 060	2 440
工程物资	54	54	负债合计	13 925	13 470
固定资产清理	0	0	所有者权益：		
无形资产	240	282	实收资本	10 000	10 000
开发支出	0	0	资本公积	388	388
商誉	0	0	盈余公积	2 570	1 950
长期待摊费用	0	0	未分配利润	5 817	3 042
递延所得税资产	0	0	所有者权益合计	18 775	15 380
其他非流动资产	0	0			
非流动资产合计	9 972	9 602			
资产总计	32 700	28 850	负债及所有者权益总计	32 700	28 850

利润表

编制单位：富丽莱服装有限责任公司　　　2012 年度　　　（单位：万元）

项目	本年数	上年数
一、营业收入	55 669	48 989
减：营业成本	40 254	34 485
营业税金及附加	280	235
销售费用	3 406	3 613
管理费用	5 061	5 158
财务费用	286	224
资产减值损失	130	177
加：公允价值变动收益	0	0
投资收益	48	33
二、营业利润（亏损以“－”号填列）	6 300	5 150
加：营业外收入	47	20
减：营业外支出	107	290
三、利润总额（亏损以“－”号填列）	6 240	4 880
减：所得税费用	1 560	1 220
四、净利润（亏损以“－”号填列）	4 680	3 660

注：假设财务费用均为利息费用，全部营业收入均为赊销。

现金流量表

编制单位：富丽莱服装有限责任公司　　2012 年度　　（单位：万元）

项目	本年数	上年数
一、经营活动产生的现金流量：		
销售商品、提供劳务收到的现金	58 382	55 752
收到的税费返还		
收到其他与经营活动有关的现金	21	
经营活动现金流入小计	58 403	55 752
购买商品、接受劳务支付的现金	49 389	47 223
支付给职工以及为职工支付的现金	1 127	1 003
支付的各项税费	560	486
支付其他与经营活动有关的现金	4 083	3 857
经营活动现金流出小计	55 159	52 569
经营活动产生的现金流量净额	3 244	3 183
二、投资活动产生的现金流量：		
收回投资所收到的现金	168	131
取得投资收益收到的现金	27	48
处置固定资产、无形资产和其他长期资产收回的现金净额	216	75
收到其他与投资活动有关的现金		
投资活动现金流入小计	411	254
购建固定资产、无形资产和其他长期资产所支付的现金	2 119	1 964
投资支付的现金	137	128
支付其他与投资活动有关的现金		
投资活动现金流出小计	2 256	2 092
投资活动产生的现金流量净额	－1 845	－1 838

（续）

项目	本年数	上年数
三、筹资活动产生的现金流量：		
吸收投资收到的现金	0	
取得借款收到的现金	350	750
发行债券收到的现金		
收到其他与筹资活动有关的现金		
筹资活动现金流入小计	350	750
偿还债务支付的现金	850	500
分配股利、利润或偿付利息支付的现金	1 055	970
支付其他与筹资活动有关的现金		
筹资活动现金流出小计	1 905	1 470
筹资活动产生的现金流量净额	－1 555	－720
四、汇率变动对现金的影响	0	0
五、现金及现金等价物净增加额	－156	625

附表一

一元复利终值系数表

期数	1%	2%	3%	4%	5%	6%	7%	8%	9%	10%
1	1. 0100	1. 0200	1. 0300	1. 0400	1. 0500	1. 0600	1. 0700	1. 0800	1. 0900	1. 1000
2	1. 0201	1. 0404	1. 0609	1. 0816	1. 1025	1. 1236	1. 1449	1. 1664	1. 1881	1. 2100
3	1. 0303	1. 0612	1. 0927	1. 1249	1. 1576	1. 1910	1. 2250	1. 2597	1. 2950	1. 3310
4	1. 0406	1. 0824	1. 1255	1. 1699	1. 2155	1. 2625	1. 3108	1. 3605	1. 4116	1. 4641
5	1. 0510	1. 1041	1. 1593	1. 2167	1. 2763	1. 3382	1. 4026	1. 4693	1. 5386	1. 6105
6	1. 0615	1. 1262	1. 1941	1. 2653	1. 3401	1. 4185	1. 5007	1. 5809	1. 6771	1. 7716
7	1. 0721	1. 1487	1. 2299	1. 3159	1. 4071	1. 5036	1. 6058	1. 7738	1. 8280	1. 9487
8	1. 0829	1. 1717	1. 2668	1. 3686	1. 4775	1. 5938	1. 7182	1. 8509	1. 9926	2. 1436
9	1. 0937	1. 1951	1. 3048	1. 4233	1. 5513	1. 6895	1. 8385	1. 9990	2. 1719	2. 3579
10	1. 1046	1. 2190	1. 3439	1. 4802	1. 6289	1. 7908	1. 9672	2. 1589	2. 3674	2. 5937
11	1. 1157	1. 2434	1. 3842	1. 5395	1. 7103	1. 8983	2. 1049	2. 3316	2. 5804	2. 8531
12	1. 1268	1. 2682	1. 4258	1. 6010	1. 7959	2. 0122	2. 2522	2. 5182	2. 8127	3. 1384
13	1. 1381	1. 2936	1. 4685	1. 6651	1. 8856	2. 1329	2. 4098	2. 7196	3. 0658	3. 4523
14	1. 1495	1. 3195	1. 5126	1. 7317	1. 9799	2. 2609	2. 5785	2. 9372	3. 3417	3. 7975
15	1. 1610	1. 3459	1. 5580	1. 8009	2. 0789	2. 3966	2. 7590	3. 1722	3. 6425	4. 1772
16	1. 1726	1. 3728	1. 6047	1. 8730	2. 1829	2. 5404	2. 9522	3. 4259	3. 9703	4. 5950
17	1. 1843	1. 4002	1. 6528	1. 9479	2. 2920	2. 6928	3. 1588	3. 7000	4. 3276	5. 0545
18	1. 1961	1. 4282	1. 7024	2. 0258	2. 4066	2. 8543	3. 3799	3. 9960	4. 7171	5. 5599
19	1. 2081	1. 4568	1. 7535	2. 1068	2. 5270	3. 0256	3. 6165	4. 3157	5. 1417	6. 1159
20	1. 2202	1. 4859	1. 8061	2. 1911	2. 6533	3. 2071	3. 8697	4. 6610	5. 6044	6. 7275
21	1. 2324	1. 5157	1. 8603	2. 2788	2. 7860	3. 3996	4. 1406	5. 0338	6. 1088	7. 4002
22	1. 2447	1. 5460	1. 9161	2. 3699	2. 9253	3. 6035	4. 4304	5. 4365	6. 6586	8. 1403
23	1. 2572	1. 5769	1. 9736	2. 4647	3. 0715	3. 8197	4. 7405	5. 8715	7. 2579	8. 2543
24	1. 2697	1. 6084	2. 0328	2. 5633	3. 2251	4. 0489	5. 0724	6. 3412	7. 9111	9. 8497
25	1. 2824	1. 6406	2. 0938	2. 6658	3. 3864	4. 2919	5. 4274	6. 8485	8. 6231	10. 835
26	1. 2953	1. 6734	2. 1566	2. 7725	3. 5557	4. 5494	5. 8076	7. 3964	9. 3992	11. 918
27	1. 3082	1. 7069	2. 2213	2. 8834	3. 7335	4. 8823	6. 2139	7. 9881	10. 245	13. 110
28	1. 3213	1. 7410	2. 2879	2. 9987	3. 9201	5. 1117	6. 6488	8. 6271	11. 167	14. 421
29	1. 3345	1. 7758	2. 3566	3. 1187	4. 1161	5. 4184	7. 1143	9. 3173	12. 172	15. 863
30	1. 3478	1. 8114	2. 4273	3. 2434	4. 3219	5. 7435	7. 6123	10. 063	13. 268	17. 449
40	1. 4889	2. 2080	3. 2620	4. 8010	7. 0400	10. 286	14. 794	21. 725	31. 408	45. 259
50	1. 6446	2. 6916	4. 3839	7. 1067	11. 467	18. 420	29. 457	46. 902	74. 358	117. 39
60	1. 8167	3. 2810	5. 8916	10. 520	18. 679	32. 988	57. 946	101. 26	176. 03	304. 48

（续）

期数	12%	14%	15%	16%	18%	20%	24%	28%	32%	36%
1	1. 1200	1. 1400	1. 1500	1. 1600	1. 1800	1. 2000	1. 2400	1. 2800	1. 3200	1. 3600
2	1. 2544	1. 2996	1. 3225	1. 3456	1. 3924	1. 4400	1. 5376	1. 6384	1. 7424	1. 8496
3	1. 4049	1. 4815	1. 5209	1. 5609	1. 6430	1. 7280	1. 9066	2. 0872	2. 3000	2. 5155
4	1. 5735	1. 6890	1. 7490	1. 8106	1. 9388	2. 0736	2. 3642	2. 6844	3. 0360	3. 4210
5	1. 7623	1. 9254	2. 0114	2. 1003	2. 2878	2. 4883	2. 9316	3. 4360	4. 0075	4. 6526
6	1. 9738	2. 1950	2. 3131	2. 4364	2. 6996	2. 9860	3. 6352	4. 3980	5. 2899	6. 3275
7	2. 2107	2. 5023	2. 6600	2. 8262	3. 1855	3. 5832	4. 5077	5. 6295	6. 9826	8. 6054
8	2. 4760	2. 8526	3. 0590	3. 2784	3. 7589	4. 2998	5. 5895	7. 2508	9. 2170	11. 703
9	2. 7731	3. 2519	3. 5179	3. 8030	4. 4355	5. 1598	6. 9310	9. 2234	12. 166	15. 917
10	3. 1058	3. 7072	4. 0456	4. 4114	5. 2338	6. 1917	8. 5944	11. 806	16. 060	21. 647
11	3. 4785	4. 2262	4. 6524	5. 1173	6. 1759	7. 4301	10. 657	15. 112	21. 119	29. 439
12	3. 8960	4. 8179	5. 3503	5. 9360	7. 2876	8. 9161	13. 215	19. 343	27. 983	40. 037
13	4. 3635	5. 4924	6. 1528	6. 8858	8. 5994	10. 699	16. 386	24. 759	36. 937	54. 451
14	4. 8871	6. 2613	7. 0757	7. 9875	10. 147	12. 839	20. 319	31. 691	48. 757	74. 053
15	5. 4736	7. 1379	8. 1371	9. 2655	11. 974	15. 407	25. 196	40. 565	64. 359	100. 71
16	6. 1304	8. 1372	9. 3576	10. 748	14. 129	18. 488	31. 243	51. 923	84. 954	136. 97
17	6. 8660	9. 2765	10. 761	12. 468	16. 672	22. 186	38. 741	66. 461	112. 14	186. 28
18	7. 6900	10. 575	12. 375	14. 463	19. 673	26. 623	48. 039	86. 071	148. 02	253. 34
19	8. 6128	12. 056	14. 232	16. 777	23. 214	31. 948	59. 568	108. 89	195. 39	344. 54
20	9. 6463	13. 743	16. 367	19. 461	27. 393	38. 338	73. 864	139. 38	257. 92	468. 57
21	10. 804	15. 668	18. 822	22. 574	32. 324	46. 005	91. 592	178. 41	340. 45	637. 26
22	12. 100	17. 861	21. 645	26. 186	38. 142	55. 206	113. 57	228. 36	449. 39	866. 67
23	13. 552	20. 362	24. 891	30. 376	45. 008	66. 247	140. 83	292. 30	593. 20	1 178. 7
24	15. 179	23. 212	28. 625	35. 236	53. 109	79. 497	174. 63	374. 14	783. 02	1 603. 0
25	17. 000	26. 462	32. 919	40. 874	62. 669	95. 396	216. 54	478. 90	1 033. 6	2 180. 1
26	19. 040	30. 167	37. 857	47. 414	73. 949	114. 48	268. 51	613. 00	1 364. 3	2 964. 9
27	21. 325	34. 390	43. 535	55. 000	87. 260	137. 37	332. 95	784. 64	1 800. 9	4 032. 3
28	23. 884	39. 204	50. 066	63. 800	102. 97	164. 84	412. 86	1 004. 3	2 377. 2	5 483. 9
29	26. 750	44. 693	57. 575	74. 009	121. 50	197. 81	511. 95	1 285. 6	3 137. 9	7 458. 1
30	29. 960	50. 950	66. 212	85. 850	143. 37	237. 38	634. 82	1 645. 5	4 142. 1	10 143.
40	93. 051	188. 83	267. 86	378. 72	750. 38	1 469. 8	5 455. 9	19 427.	66 521.	*
50	289. 00	700. 23	1 083. 7	1 670. 7	3 927. 4	9 100. 4	46 890.	*	*	*
60	897. 60	2 595. 9	4 384. 0	7 370. 2	20 555	56 348.	*	*	*	**

附表二

一元复利现值系数表

期数	1%	2%	3%	4%	5%	6%	7%	8%	9%	10%
1	.9901	.9804	.9709	.9615	.9524	.9434	.9346	.9259	.9174	.9091
2	.9803	.9712	.9426	.9246	.9070	.8900	.8734	.8573	.8417	.8264
3	.9706	.9423	.9151	.8890	.8638	.8396	.8163	.7938	.7722	.7513
4	.9610	.9238	.8885	.8548	.8227	.7921	.7629	.7350	.7084	.6830
5	.9515	.9057	.8626	.8219	.7835	.7473	.7130	.6806	.6499	.6209
6	.9420	.8880	.8375	.7903	.7462	.7050	.6663	.6302	.5963	.5645
7	.9327	.8606	.8131	.7599	.7107	.6651	.6227	.5835	.5470	.5132
8	.9235	.8535	.7874	.7307	.6768	.6274	.5820	.5403	.5019	.4665
9	.9143	.8368	.7664	.7026	.6446	.5919	.5439	.5002	.4604	.4241
10	.9053	.8203	.7441	.6756	.6139	.5584	.5083	.4632	.4224	.3855
11	.8963	.8043	.7224	.6496	.5847	.5268	.4751	.4289	.3875	.3505
12	.8874	.7885	.7014	.6246	.5568	.4970	.4440	.3971	.3555	.3186
13	.8787	.7730	.6810	.6006	.5303	.4688	.4150	.3677	.3262	.2897
14	.8700	.7579	.6611	.5775	.5051	.4423	.3878	.3405	.2992	.2633
15	.8613	.7430	.6419	.5553	.4810	.4173	.3624	.3152	.2745	.2394
16	.8528	.7284	.6232	.5339	.4581	.3936	.3387	.2919	.2519	.2176
17	.8444	.7142	.6050	.5134	.4363	.3714	.3166	.2703	.2311	.1978
18	.8360	.7002	.5874	.4936	.4155	.3503	.2959	.2502	.2120	.1799
19	.8277	.6864	.5703	.4746	.3957	.3305	.2765	.2317	.1945	.1635
20	.8195	.6730	.5537	.4564	.3769	.3118	.2584	.2145	.1784	.1486
21	.8114	.6598	.5375	.4388	.3589	.2942	.2415	.1987	.1637	.1351
22	.8034	.6468	.5219	.4220	.3418	.2775	.2257	.1839	.1502	.1228
23	.7954	.6342	.5067	.4057	.3256	.2618	.2109	.1703	.1378	.1117
24	.7876	.6217	.4919	.3901	.3101	.2470	.1971	.1577	.1264	.1015
25	.7798	.6095	.4776	.3751	.2953	.2330	.1842	.1460	.1160	.0923
26	.7720	.5976	.4637	.3604	.2812	.2198	.1722	.1352	.1064	.0839
27	.7644	.5859	.4502	.3468	.2678	.2074	.1609	.1252	.0976	.0763
28	.7568	.5744	.4371	.3335	.2551	.1956	.1504	.1159	.0895	.0693
29	.7493	.5631	.4243	.3207	.2429	.1846	.1406	.1073	.0822	.0630
30	.7419	.5521	.4120	.3083	.2314	.1741	.1314	.0994	.0754	.0573
35	.7059	.5000	.3554	.2534	.1813	.1301	.0937	.0676	.0490	.0356
40	.6717	.4529	.3066	.2083	.1420	.0972	.0668	.0460	.0318	.0221
45	.6391	.4102	.2644	.1712	.1113	.0727	.0476	.0313	.0207	.0137
50	.6080	.3715	.2281	.1407	.0872	.0543	.0339	.0213	.0134	.0085
55	.5785	.3365	.1968	.1157	.0683	.0406	.0242	.0145	.0087	.0053

（续）

期数	12%	14%	15%	16%	18%	20%	24%	28%	32%	36%
1	.8929	.8772	.8696	.8621	.8475	.8333	.8065	.7813	.7576	.7353
2	.7972	.7695	.7561	.7432	.7182	.6944	.6504	.6104	.5739	.5407
3	.7118	.6750	.6575	.6407	.6086	.5787	.5245	.4768	.4348	.3975
4	.6355	.5921	.5718	.5523	.5158	.4823	.4230	.3725	.3294	.2923
5	.5674	.5194	.4972	.4762	.4371	.4019	.3411	.2910	.2495	.2149
6	.5066	.4556	.4323	.4104	.3704	.3349	.2751	.2274	.1890	.1580
7	.4523	.3996	.3759	.3538	.3139	.2791	.2218	.1776	.1432	.1162
8	.4039	.3506	.3269	.3050	.2660	.2326	.1789	.1388	.1085	.0854
9	.3606	.3075	.2843	.2630	.2255	.1938	.1443	.1084	.0822	.0628
10	.3220	.2697	.2472	.2267	.1911	.1615	.1164	.0847	.0623	.0462
11	.2875	.2366	.2149	.1954	.1619	.1346	.0938	.0662	.0472	.0340
12	.2567	.2076	.1869	.1685	.1373	.1122	.0757	.0517	.0357	.0250
13	.2292	.1821	.1625	.1452	.1163	.0935	.0610	.0404	.0271	.0184
14	.2046	.1597	.1413	.1252	.0985	.0779	.0492	.0316	.0205	.0135
15	.1827	.1401	.1229	.1079	.0835	.0649	.0397	.0247	.0155	.0099
16	.1631	.1229	.1069	.0980	.0709	.0541	.0320	.0193	.0118	.0073
17	.1456	.1078	.0929	.0802	.0600	.0451	.0259	.0150	.0089	.0054
18	.1300	.0946	.0808	.0691	.0508	.0376	.0208	.0118	.0068	.0039
19	.1161	.0829	.0703	.0596	.0431	.0313	.0168	.0092	.0051	.0029
20	.1037	.0728	.0611	.0514	.0365	.0261	.0135	.0072	.0039	.0021
21	.0926	.0638	.0531	.0443	.0309	.0217	.0109	.0056	.0029	.0016
22	.0826	.0560	.0462	.0382	.0262	.0181	.0088	.0044	.0022	.0012
23	.0738	.0491	.0402	.0329	.0222	.0151	.0071	.0034	.0017	.0008
24	.0659	.0431	.0349	.0284	.0188	.0126	.0057	.0027	.0013	.0006
25	.0588	.0378	.0304	.0245	.0160	.0105	.0046	.0021	.0010	.0005
26	.0525	.0331	.0264	.0211	.0135	.0087	.0037	.0016	.0007	.0003
27	.0469	.0291	.0230	.0182	.0115	.0073	.0030	.0013	.0006	.0002
28	.0419	.0255	.0200	.0157	.0097	.0061	.0024	.0010	.0004	.0002
29	.0374	.0224	.0174	.0135	.0082	.0051	.0020	.0008	.0003	.0001
30	.0334	.0196	.0151	.0116	.0070	.0042	.0016	.0006	.0002	.0001
35	.0189	.0102	.0075	.0055	.0030	.0017	.0005	.0002	.0001	*
40	.0107	.0053	.0037	.0026	.0013	.0007	.0002	.0001	*	*
45	.0061	.0027	.0019	.0013	.0006	.0003	.0001	*	*	*
50	.0035	.0014	.0009	.0006	.0003	.0001	*	*	*	*
55	.0020	.0007	.0005	.0003	.0001	*	*	*	*	*

附表三

年金终值系数表

期数	1%	2%	3%	4%	5%	6%	7%	8%	9%	10%
1	1. 0000	1. 0000	1. 0000	1. 0000	1. 0000	1. 0000	1. 0000	1. 0000	1. 0000	1. 0000
2	2. 0100	2. 0200	2. 0300	2. 0400	2. 0500	2. 0600	2. 0700	2. 0800	2. 0900	2. 1000
3	3. 0301	3. 0604	3. 0909	3. 1216	3. 1525	3. 1836	2. 2149	3. 2464	3. 2781	3. 3100
4	4. 0604	4. 1216	4. 1836	4. 2465	4. 3101	4. 3746	4. 4399	4. 5061	4. 5731	4. 6410
5	5. 1010	5. 2040	5. 3091	5. 4163	5. 5256	5. 6371	5. 7507	5. 8666	5. 9847	6. 1051
6	6. 1520	6. 3081	6. 4684	6. 6330	6. 8019	6. 9753	7. 1533	7. 3359	7. 5233	7. 7156
7	7. 2135	7. 4343	7. 6625	7. 8983	8. 1420	8. 3938	8. 6540	8. 9228	9. 2004	9. 4872
8	8. 2857	8. 5830	8. 8923	9. 2142	9. 5491	9. 8975	10. 260	10. 637	11. 028	11. 436
9	9. 3685	9. 7546	10. 159	10. 583	11. 027	11. 491	11. 978	12. 488	13. 021	13. 579
10	10. 462	10. 950	11. 464	12. 006	12. 578	13. 181	13. 816	14. 487	15. 193	15. 937
11	11. 567	12. 169	12. 808	13. 486	14. 207	14. 972	15. 784	16. 645	17. 560	18. 531
12	12. 683	13. 412	14. 192	15. 026	15. 917	16. 870	17. 888	18. 977	20. 141	21. 384
13	13. 809	14. 680	15. 618	16. 627	17. 713	18. 882	20. 141	21. 495	22. 953	24. 523
14	14. 947	15. 974	17. 086	18. 292	19. 599	21. 015	22. 550	24. 214	26. 019	27. 975
15	16. 097	17. 293	18. 599	20. 024	21. 579	23. 276	25. 129	27. 152	29. 361	31. 772
16	17. 258	18. 639	20. 157	21. 825	23. 657	25. 673	27. 888	30. 324	33. 003	35. 950
17	18. 430	20. 012	21. 762	23. 698	25. 840	28. 213	30. 840	33. 750	36. 974	40. 545
18	19. 615	21. 412	23. 414	25. 645	28. 132	30. 906	33. 999	37. 450	41. 301	45. 599
19	20. 811	22. 841	25. 117	27. 671	30. 539	33. 760	37. 379	41. 446	46. 018	51. 159
20	22. 019	24. 297	26. 870	29. 778	33. 066	36. 786	40. 995	45. 752	51. 160	57. 275
21	23. 239	25. 783	28. 676	31. 969	35. 719	39. 993	44. 865	50. 423	56. 765	64. 002
22	24. 472	27. 299	30. 537	34. 248	38. 505	43. 392	49. 006	55. 457	62. 873	71. 403
23	25. 716	28. 845	32. 453	36. 618	41. 430	46. 996	53. 436	60. 883	69. 532	79. 543
24	26. 973	30. 422	34. 426	39. 083	44. 502	50. 816	58. 17	766. 76	576. 790	88. 497
25	28. 243	32. 030	36. 459	41. 646	47. 727	54. 863	63. 294	73. 106	84. 701	98. 347
26	29. 526	33. 671	38. 553	44. 312	51. 113	59. 156	68. 676	79. 954	93. 324	109. 18
27	30. 821	35. 344	40. 710	47. 084	54. 669	63. 706	74. 484	87. 351	102. 72	121. 10
28	32. 129	37. 051	42. 931	49. 968	58. 403	68. 528	80. 698	95. 339	112. 97	134. 21
29	33. 450	38. 792	45. 219	52. 966	62. 323	73. 640	87. 347	103. 97	124. 14	148. 63
30	34. 785	40. 568	47. 575	56. 085	66. 439	79. 058	94. 461	113. 28	136. 31	164. 49
40	48. 886	60. 402	75. 401	95. 026	120. 80	154. 76	199. 64	259. 06	337. 88	442. 59
50	64. 463	84. 579	112. 80	152. 67	209. 35	290. 34	406. 53	573. 77	815. 08	1 163. 9
60	81. 670	114. 05	163. 05	237. 99	353. 58	533. 13	813. 52	1 253. 2	1 944. 8	3 034. 8

（续）

期数	12%	14%	15%	16%	18%	20%	24%	28%	32%	36%
1	1.0000	1.0000	1.0000	1.0000	1.0000	1.0000	1.0000	1.0000	1.0000	1.0000
2	2.1200	2.1400	2.1500	2.1600	2.1800	2.2000	2.2400	2.2800	2.3200	2.3600
3	3.3744	3.4396	3.4725	3.5056	3.5724	3.6400	3.7776	3.9184	3.0624	3.2096
4	4.7793	4.9211	4.9934	5.0665	5.2154	5.3680	5.6842	6.0156	6.3624	6.7251
5	6.3528	6.6101	6.7424	6.8771	7.1542	7.4416	8.0484	8.6999	9.3983	10.146
6	8.1152	8.5355	8.7537	8.9775	9.4420	9.9299	10.980	12.136	13.406	14.799
7	10.089	10.730	11.067	11.414	12.142	12.916	14.615	16.534	18.696	21.126
8	12.300	13.233	13.727	14.240	15.327	16.499	19.123	22.163	25.678	29.732
9	14.776	16.085	16.786	17.519	19.086	20.799	24.712	29.369	34.895	41.435
10	17.549	19.337	20.304	21.321	23.521	25.959	31.643	38.593	47.062	57.352
11	20.655	23.045	24.349	25.733	28.755	32.150	40.238	50.398	63.122	78.998
12	24.133	27.271	29.002	30.850	34.931	39.581	50.895	65.510	84.320	108.44
13	28.029	32.089	34.352	36.786	42.219	48.497	64.110	84.853	112.30	148.47
14	32.393	37.581	40.505	43.672	50.818	59.196	80.496	109.61	149.24	202.93
15	37.280	43.842	47.580	51.660	60.965	72.035	100.82	141.30	198.00	276.98
16	42.753	50.980	55.717	60.925	72.939	87.442	126.01	181.87	262.36	377.69
17	48.884	59.118	65.075	71.673	87.068	105.93	157.25	233.79	347.31	514.66
18	55.750	68.394	75.836	84.141	103.74	128.12	195.99	300.25	459.45	770.94
19	63.440	78.969	88.212	98.603	123.41	154.74	244.03	385.32	607.47	954.28
20	72.052	91.025	102.44	115.38	146.63	186.69	303.60	494.21	802.86	1 298.8
21	81.699	104.77	118.81	134.84	174.02	225.03	377.46	633.59	1 060.8	1 767.4
22	92.503	120.44	137.63	157.41	206.34	271.03	469.06	812.00	1 401.2	2 404.7
23	104.60	138.30	159.28	183.60	244.49	326.24	582.63	1 040.4	1 850.6	3 271.3
24	118.16	185.66	184.17	213.98	289.49	392.48	723.46	1 332.7	2 443.8	4 450.0
25	133.33	181.87	212.79	249.21	342.60	471.98	898.09	1 706.8	3 226.8	6 053.0
26	150.33	208.33	245.71	290.09	405.27	567.38	1 114.6	2 185.7	4 260.4	8 233.1
27	169.37	238.50	283.57	337.50	479.22	681.85	1 383.1	2 798.7	5 624.8	11 198.0
28	190.70	272.89	327.10	392.50	566.48	819.22	1 716.1	3 583.3	7 425.7	15 230.3
29	214.58	312.09	377.17	456.30	669.45	984.07	2 129.0	4 587.7	9 802.9	20 714.2
30	241.33	356.79	434.75	530.31	790.95	1 181.9	2 640.9	5 873.2	12 941.	28 172.3
40	767.09	1 342.0	1 779.1	2 360.8	4 163.2	7 343.9	22 729.	69 377.	*	*
50	2 400.0	4 994.5	7 217.7	10 436.	21 813.	45 497.	*	*	*	*
60	7 471.6	18 535.	29 220.	46 058	*	*	*	*	*	*

附表四

年金现值系数表

期数	1%	2%	3%	4%	5%	6%	7%	8%	9%
1	0. 9901	0. 9804	0. 9709	0. 9615	0. 9524	0. 9434	0. 9346	0. 9259	0. 9174
2	1. 9704	1. 9416	1. 9135	1. 8861	1. 8594	1. 8334	1. 8080	1. 7833	1. 7591
3	2. 9410	2. 8839	2. 8286	2. 7751	2. 7232	2. 6730	2. 6243	2. 5771	2. 5313
4	3. 9020	3. 8077	3. 7171	3. 6299	3. 5460	3. 4651	3. 3872	3. 3121	3. 2397
5	4. 8534	4. 7135	4. 5797	4. 4518	4. 3295	4. 2124	4. 1002	3. 9927	3. 8897
6	5. 7955	5. 6014	5. 4172	5. 2421	5. 0757	4. 9173	4. 7665	4. 6229	4. 4859
7	6. 7282	6. 4720	6. 2303	6. 0021	5. 7864	5. 5824	5. 3893	5. 2064	5. 0330
8	7. 6517	7. 3255	7. 0197	6. 7327	6. 4632	6. 2098	5. 9713	5. 7466	5. 5348
9	8. 5660	8. 1622	7. 7861	7. 4353	7. 1078	6. 8017	6. 5152	6. 2469	5. 9952
10	9. 4713	8. 9826	8. 5302	8. 1109	7. 7217	7. 3601	7. 0236	6. 7101	6. 4177
11	10. 3676	9. 7868	9. 2526	8. 7605	8. 3064	7. 8869	7. 4987	7. 1390	6. 8052
12	11. 2551	10. 5753	9. 9540	9. 3851	8. 8633	8. 3838	7. 9427	7. 5361	7. 1607
13	12. 1337	11. 3484	10. 6350	9. 9856	9. 3936	8. 8527	8. 3577	7. 9038	7. 4869
14	13. 0037	12. 1062	11. 2961	10. 5631	9. 8986	9. 2950	8. 7455	8. 2442	7. 7862
15	13. 8651	12. 8493	11. 9379	11. 1184	10. 3797	9. 7122	9. 1079	8. 5595	8. 0607
16	14. 7179	13. 5777	12. 5611	11. 6523	10. 8378	10. 1059	9. 4466	8. 8514	8. 3126
17	15. 5623	14. 2919	13. 1661	12. 1657	11. 2741	10. 4773	9. 7632	9. 1216	8. 5436
18	16. 3983	14. 9920	13. 7535	12. 6896	11. 6896	10. 8276	10. 0591	9. 3719	8. 7556
19	17. 2260	15. 6785	14. 3238	13. 1339	12. 0853	11. 1581	10. 3356	9. 6036	8. 9601
20	18. 0456	16. 3514	14. 8775	13. 5903	12. 4622	11. 4699	10. 5940	9. 8181	9. 1285
21	18. 8570	17. 0112	15. 4150	14. 0292	12. 8212	11. 7641	10. 8355	10. 0168	9. 2922
22	19. 6604	17. 6580	15. 9369	14. 4511	13. 4886	12. 3034	11. 0612	10. 2007	9. 4424
23	20. 4558	18. 2922	16. 4436	14. 8568	13. 4886	12. 3034	11. 2722	10. 3711	9. 5802
24	21. 2434	18. 9139	16. 9355	15. 2470	13. 7986	12. 5504	11. 4693	10. 5288	9. 7066
25	22. 0232	19. 5235	17. 4131	15. 6221	14. 0939	12. 7834	11. 6536	10. 6748	9. 8226
26	22. 7952	20. 1210	17. 8768	15. 9828	14. 3752	13. 0032	11. 8258	10. 8100	9. 9290
27	23. 5596	20. 7059	18. 3270	16. 3296	14. 6430	13. 2105	11. 9867	10. 9352	10. 0266
28	24. 3164	21. 2813	18. 7641	16. 6631	14. 8981	13. 4062	12. 1371	11. 0511	10. 1161
29	25. 0658	21. 8444	19. 1885	16. 9837	15. 1411	13. 5907	12. 2777	11. 1584	10. 1983
30	25. 8077	22. 3965	19. 6004	17. 2920	15. 3725	13. 7648	12. 4090	11. 2578	10. 2737
35	29. 4086	24. 9986	21. 4872	18. 6646	16. 3742	14. 4982	12. 9477	11. 6546	10. 5668
40	32. 8347	27. 3555	23. 1148	19. 7928	17. 1591	15. 0463	13. 3317	11. 9246	10. 7574
45	36. 0945	29. 4902	24. 5187	20. 7200	17. 7741	15. 4558	13. 6055	12. 1084	10. 8812
50	39. 1961	31. 4236	25. 7298	21. 4822	18. 2559	15. 7619	13. 8007	12. 2335	10. 9617
55	42. 1472	33. 1748	26. 7744	22. 1086	18. 6335	15. 9905	13. 9399	12. 3186	11. 0140

（续）

期数	10%	12%	14%	15%	16%	18%	20%	24%	28%	32%
1	0.9091	0.8929	0.8772	0.8696	0.8621	0.8475	0.8333	0.8065	0.7813	0.7576
2	1.7355	1.6901	1.6467	1.6257	1.6052	1.5656	1.5278	1.4568	1.3916	1.3315
3	2.4869	2.4018	2.3216	2.2832	2.2459	2.1743	2.1065	1.9813	1.8684	1.7663
4	3.1699	3.0373	2.9173	2.8550	2.7982	2.6901	2.5887	2.4043	2.2410	2.0957
5	3.7908	3.6048	3.4331	3.3522	3.2743	3.1272	2.9906	2.7454	2.5320	2.3452
6	4.3553	4.1114	3.8887	3.7845	3.6847	3.4976	3.3255	3.0205	2.7594	2.5342
7	4.8684	4.5638	4.2882	4.1604	4.0386	3.8115	3.6046	3.2423	2.9370	2.6775
8	5.3349	4.9676	4.6389	4.4873	4.3436	4.0776	3.8372	3.4212	3.0758	2.7860
9	5.7590	5.3282	4.9164	4.7716	4.6065	4.3030	4.0310	3.5655	3.1842	2.8681
10	6.1446	5.6502	5.2161	5.0188	4.8332	4.4941	4.1925	3.6819	3.2689	2.9304
11	6.4951	5.9377	5.4527	5.2337	5.0286	4.6560	4.3271	3.7757	3.3351	2.9776
12	6.8137	6.1944	5.6603	5.4206	5.1971	4.7932	4.4392	3.8514	3.3868	3.0133
13	7.1034	6.4235	5.8424	5.5831	5.3423	4.9095	4.5327	3.9124	3.4272	3.0404
14	7.3667	6.6282	6.0021	5.7245	5.4675	5.0081	4.6106	3.9616	3.4587	3.0609
15	7.6061	6.8109	6.1422	5.8474	5.5755	5.0916	4.6755	4.0013	3.4834	3.0764
16	7.8237	6.9740	6.2651	5.9542	5.6685	5.1624	4.7296	4.0333	3.5026	3.0882
17	8.0216	7.1196	6.3729	6.0472	5.7487	5.2223	4.7746	4.0591	3.5177	3.0971
18	8.2014	7.2497	6.4674	6.1280	5.8178	5.2732	4.8122	4.0799	3.5294	3.1039
19	8.3649	7.3658	6.5504	6.1982	5.8775	5.3162	4.8435	4.0967	3.5386	3.1090
20	8.5136	7.4694	6.6231	6.2593	5.9288	5.3527	4.8696	4.1103	3.5458	3.1129
21	8.6487	7.5620	6.6870	6.3125	5.9731	5.3837	4.8913	4.1212	3.5514	3.1158
22	8.7715	7.6446	6.7429	6.3587	6.0113	5.4099	4.9094	4.1300	3.5558	3.1180
23	8.8832	7.7184	6.7921	6.3988	6.0442	5.4321	4.9245	4.1371	3.5592	3.1197
24	8.9847	7.7843	6.8351	6.4338	6.0726	5.4509	4.9371	4.1428	3.5619	3.1210
25	9.0770	7.8431	6.8729	6.4641	6.0971	5.4669	4.9476	4.1474	3.5640	3.1220
26	9.1609	7.8957	6.9061	6.4906	6.1182	5.4804	4.9563	4.1511	3.5656	3.1227
27	9.2372	7.9426	6.9352	6.5135	6.1364	5.4919	4.9636	4.1542	3.5669	3.1233
28	9.3066	7.9844	6.9607	6.5335	6.1520	5.5016	4.9697	4.1566	3.5679	3.1237
29	9.3696	8.0218	6.9830	6.5509	6.1656	5.5098	4.9747	4.1585	3.5687	3.1240
30	9.4269	8.0552	7.0027	6.5660	6.1772	5.5168	4.9789	4.1601	3.5693	3.1242
35	9.6442	8.1755	7.0700	6.6166	6.2153	5.5386	4.9915	4.1644	3.5708	3.1248
40	9.7791	8.2438	7.1050	6.6418	6.2335	5.5482	4.9966	4.1659	3.5712	3.1250
45	9.8628	8.2825	7.1232	6.6543	6.2421	5.5523	4.9986	4.1664	3.5714	3.1250
50	9.9148	8.3045	7.1327	6.6605	6.2463	5.5541	4.9995	4.1666	3.5714	3.1250
55	9.9471	8.3170	7.1376	6.6636	6.2482	5.5549	4.9998	4.1666	3.5714	3.1250

附录

企业财务通则

第一章　总则

第一条　为了加强企业财务管理，规范企业财务行为，保护企业及其相关方的合法权益，推进现代企业制度建设，根据有关法律、行政法规的规定，特制定本通则。

第二条　在中华人民共和国境内依法设立的具备法人资格的国有及国有控股企业适用本通则。金融企业除外。

其他企业参照执行。

第三条　国有及国有控股企业（以下简称企业）应当确定内部财务管理体制，建立健全财务管理制度，控制财务风险。

企业财务管理应当按照制定的财务战略，合理筹集资金，有效营运资产，控制成本费用，规范收益分配及重组清算财务行为，加强财务监督和财务信息管理。

第四条　财政部负责制定企业财务规章制度。

各级财政部门（以下通称主管财政机关）应当加强对企业财务的指导、管理、监督，其主要职责包括：

（一）监督执行企业财务规章制度，按照财务关系指导企业建立健全内部财务制度；

（二）制定促进企业改革发展的财政财务政策，建立健全支持企业发展的财政资金管理制度；

（三）建立健全企业年度财务会计报告审计制度，检查企业财务会计报告质量；

（四）实施企业财务评价，监测企业财务运行状况；

（五）研究、拟订企业国有资本收益分配和国有资本经营预算的制度；

（六）参与审核属于本级人民政府及其有关部门、机构出资的企业重要改革、改制方案；

（七）根据企业财务管理的需要提供必要的帮助、服务。

第五条　各级人民政府及其部门、机构，企业法人、其他组织或者自然人等企业投资者（以下通称投资者），企业经理、厂长或者实际负责经营管理的其他领导成员（以下通称经营者），依照法律、法规、本通则和企业章程的规定，履行企业内部财务管理职责。

第六条　企业应当依法纳税。企业财务处理与税收法律、行政法规规定不一致的，纳税时应当依法进行调整。

第七条　各级人民政府及其部门、机构出资的企业，其财务关系隶属同级财政机关。

第二章　企业财务管理体制

第八条　企业实行资本权属清晰、财务关系明确、符合法人治理结构要求的财务管理体制。

企业应当按照国家有关规定建立有效的内部财务管理级次。企业集团公司自行决定集团内部财务管理体制。

第九条　企业应当建立财务决策制度，明确决策规则、程序、权限和责任等。法律、行政法规规定应当通过职工（代表）大会审议或者听取职工、相关组织意见的财务事项，依照其规定执行。

企业应当建立财务决策回避制度。对投资者、经营者个人与企业利益有冲突的财务决策事项，相关投资者、经营者应当回避。

第十条　企业应当建立财务风险管理制度，明确经营者、投资者及其他相关人员的管理权限和责任，按照风险与收益均衡、不相容职务分离等原则，控制财务风险。

第十一条　企业应当建立财务预算管理制度，以现金流为核心，按照实现企业价值最大化等财务目标的要求，对资金筹集、资产营运、成本控制、收益分配、重组清算等财务活动，实施全面预算管理。

第十二条　投资者的财务管理职责主要包括：

（一）审议批准企业内部财务管理制度、企业财务战略、财务规划和财务预算；

（二）决定企业的筹资、投资、担保、捐赠、重组、经营者报酬、利润分配等重大财务事项；

（三）决定企业聘请或者解聘会计师事务所、资产评估机构等中介机构事项；

（四）对经营者实施财务监督和财务考核；

（五）按照规定向全资或者控股企业委派或者推荐财务总监。

投资者应当通过股东（大）会、董事会或者其他形式的内部机构履行财务管理职责，可以通过企业章程、内部制度、合同约定等方式将部分财务管理职责授予经营者。

第十三条　经营者的财务管理职责主要包括：

（一）拟订企业内部财务管理制度、财务战略、财务规划，编制财务预算；

（二）组织实施企业筹资、投资、担保、捐赠、重组和利润分配等财务方案，诚信履行企业偿债义务；

（三）执行国家有关职工劳动报酬和劳动保护的规定，依法缴纳社会保险费、住房公积金等，保障职工合法权益；

（四）组织财务预测和财务分析，实施财务控制；

（五）编制并提供企业财务会计报告，如实反映财务信息和有关情况；

（六）配合有关机构依法进行审计、评估、财务监督等工作。

第三章　资金筹集

第十四条　企业可以接受投资者以货币资金、实物、无形资产、股权、特定债权等形式的出资。其中，特定债权是指企业依法发行的可转换债券、符合有关规定转作股权的债权等。

企业接受投资者非货币资产出资时，法律、行政法规对出资形式、程序和评估作价等有规定的，依照其规定执行。

企业接受投资者商标权、著作权、专利权及其他专有技术等无形资产出资的，应当符合法律、行政法规规定的比例。

第十五条　企业依法以吸收直接投资、发行股份等方式筹集权益资金的，应当拟订筹资方案，确定筹资规模，履行内部决策程序和必要的报批手续，控制筹资成本。

企业筹集的实收资本，应当依法委托法定验资机构验资并出具验资报告。

第十六条　企业应当执行国家有关资本管理制度，在获准工商登记后30日内，依据验资报告等向投资者出具出资证明书，确定投资者的合法权益。

企业筹集的实收资本，在持续经营期间可以由投资者依照法律、行政法规以及企业章程的规定转让或者减少，投资者不得抽逃或者变相抽回出资。

除《公司法》等有关法律、行政法规另有规定外，企业不得回购本企业发行的股份。企业依法回购股份，应当符合有关条件和财务处理办法，并经投资者决议。

第十七条　对投资者实际缴付的出资超出注册资本的差额（包括股票溢价），企业应当作为资本公积管理。

经投资者审议决定后，资本公积用于转增资本。国家另有规定的，从其规定。

第十八条　企业从税后利润中提取的盈余公积包括法定公积金和任意公积金，可以用于弥补企业亏损或者转增资本。法定公积金转增资本后留存企业的部分，以不少于转增前注册资本的25%为限。

第十九条　企业增加实收资本或者以资本公积、盈余公积转增实收资本，由投资者履行财务决策程序后，办理相关财务事项和工商变更登记。

第二十条　企业取得的各类财政资金，区分以下情况处理：

（一）属于国家直接投资、资本注入的，按照国家有关规定增加国家资本或者国有资本公积；

（二）属于投资补助的，增加资本公积或者实收资本；国家拨款时对权属有规定的，按规定执行，没有规定的，由全体投资者共同享有；

（三）属于贷款贴息、专项经费补助的，作为企业收益处理；

（四）属于政府转贷、偿还性资助的，作为企业负债管理；

（五）属于弥补亏损、救助损失或者其他用途的，作为企业收益处理。

第二十一条 企业依法以借款、发行债券、融资租赁等方式筹集债务资金的，应当明确筹资目的，根据资金成本、债务风险和合理的资金需求，进行必要的资本结构决策，并签订书面合同。

企业筹集资金用于固定资产投资项目的，应当遵守国家产业政策、行业规划、自有资本比例及其他规定。

企业筹集资金，应当按规定核算和使用，并诚信履行合同，依法接受监督。

第四章 资产营运

第二十二条 企业应当根据风险与收益均衡等原则和经营需要，确定合理的资产结构，并实施资产结构动态管理。

第二十三条 企业应当建立内部资金调度控制制度，明确资金调度的条件、权限和程序，统一筹集、使用和管理资金。企业支付、调度资金，应当按照内部财务管理制度的规定，依据有效合同、合法凭证，办理相关手续。

企业向境外支付、调度资金应当符合国家有关外汇管理的规定。

企业集团可以实行内部资金集中统一管理，但应当符合国家有关金融管理等法律、行政法规规定，并不得损害成员企业的利益。

第二十四条 企业应当建立合同的财务审核制度，明确业务流程和审批权限，实行财务监控。

企业应当加强应收款项的管理，评估客户信用风险，跟踪客户履约情况，落实收账责任，减少坏账损失。

第二十五条 企业应当建立健全存货管理制度，规范存货采购审批、执行程序，根据合同的约定以及内部审批制度支付货款。

企业选择供货商以及实施大宗采购，可以采取招标等方式进行。

第二十六条 企业应当建立固定资产购建、使用、处置制度。

企业自行选择、确定固定资产折旧办法，可以征询中介机构、有关专家的意见，并由投资者审议批准。固定资产折旧办法一经选用，不得随意变更。确需变更的，应当说明理由，经投资者审议批准。

企业购建重要的固定资产、进行重大技术改造，应当经过可行性研究，按照内部审批制度履行财务决策程序，落实决策和执行责任。

企业在建工程项目交付使用后，应当在一个年度内办理竣工决算。

第二十七条 企业对外投资应当遵守法律、行政法规和国家有关政策的规定，符合企业发展战略的要求，进行可行性研究，按照内部审批制度履行批准程序，落实决策和执行的责任。

企业对外投资应当签订书面合同，明确企业投资权益，实施财务监管。依据合同支付投资款项，应当按照企业内部审批制度执行。

企业向境外投资的，还应当经投资者审议批准，并遵守国家境外投资项目核准和外汇管理等相关规定。

第二十八条　企业通过自创、购买、接受投资等方式取得的无形资产，应当依法明确权属，落实有关经营、管理的财务责任。

无形资产出现转让、租赁、质押、授权经营、连锁经营、对外投资等情形时，企业应当签订书面合同，明确双方的权利义务，合理确定交易价格。

第二十九条　企业对外担保应当符合法律、行政法规及有关规定，根据被担保单位的资信及偿债能力，按照内部审批制度采取相应的风险控制措施，并设立备查账簿登记，实行跟踪监督。

企业对外捐赠应当符合法律、行政法规及有关财务规定，制定实施方案，明确捐赠的范围和条件，落实执行责任，严格办理捐赠资产的交接手续。

第三十条　企业从事期货、期权、证券、外汇交易等业务或者委托其他机构理财，不得影响主营业务的正常开展，并应当签订书面合同，建立交易报告制度，定期对账，控制风险。

第三十一条　企业从事代理业务，应当严格履行合同，实行代理业务与自营业务分账管理，不得挪用客户资金、互相转嫁经营风险。

第三十二条　企业应当建立各项资产损失或者减值准备管理制度。各项资产损失或者减值准备的计提标准，一经选用，不得随意变更。企业在制定计提标准时可以征询中介机构、有关专家的意见。

对计提损失或者减值准备后的资产，企业应当落实监管责任。能够收回或者继续使用以及没有证据证明实际损失的资产，不得核销。

第三十三条　企业发生的资产损失，应当及时予以核实、查清责任，追偿损失，按照规定程序处理。

企业重组中清查出的资产损失，经批准后依次冲减未分配利润、盈余公积、资本公积和实收资本。

第三十四条　企业以出售、抵押、置换、报废等方式处理资产时，应当按照国家有关规定和企业内部财务管理制度规定的权限和程序进行。其中，处理主要固定资产涉及企业经营业务调整或者资产重组的，应当根据投资者审议通过的业务调整或者资产重组方案实施。

第三十五条　企业发生关联交易的，应当遵守国家有关规定，按照独立企业之间的交易计价结算。投资者或者经营者不得利用关联交易非法转移企业经济利益或者操纵关联企业的利润。

第五章 成本控制

第三十六条 企业应当建立成本控制系统，强化成本预算约束，推行质量成本控制办法，实行成本定额管理、全员管理和全过程控制。

第三十七条 企业实行费用归口、分级管理和预算控制，应当建立必要的费用开支范围、标准和报销审批制度。

第三十八条 企业技术研发和科技成果转化项目所需经费，可以通过建立研发准备金筹措，据实列入相关资产成本或者当期费用。

符合国家规定条件的企业集团，可以集中使用研发费用，用于企业主导产品和核心技术的自主研发。

第三十九条 企业依法实施安全生产、清洁生产、污染治理、地质灾害防治、生态恢复和环境保护等所需经费，按照国家有关标准列入相关资产成本或者当期费用。

第四十条 企业发生销售折扣、折让以及支付必要的佣金、回扣、手续费、劳务费、提成、返利、进场费、业务奖励等支出的，应当签订相关合同，履行内部审批手续。

企业开展进出口业务收取或者支付的佣金、保险费、运费，按照合同规定的价格条件处理。

企业向个人以及非经营单位支付费用的，应当严格履行内部审批及支付的手续。

第四十一条 企业可以根据法律、法规和国家有关规定，对经营者和核心技术人员实行与其他职工不同的薪酬办法，属于本级人民政府及其部门、机构出资的企业，应当将薪酬办法报主管财政机关备案。

第四十二条 企业应当按照劳动合同及国家有关规定支付职工报酬，并为从事高危作业的职工缴纳团体人身意外伤害保险费，所需费用直接作为成本（费用）列支。

经营者可以在工资计划中安排一定数额，对企业技术研发、降低能源消耗、治理“三废”、促进安全生产、开拓市场等作出突出贡献的职工给予奖励。

第四十三条 企业应当依法为职工支付基本医疗、基本养老、失业、工伤等社会保险费，所需费用直接作为成本（费用）列支。

已参加基本医疗、基本养老保险的企业，具有持续盈利能力和支付能力的，可以为职工建立补充医疗保险和补充养老保险，所需费用按照省级以上人民政府规定的比例从成本（费用）中提取。超出规定比例的部分，由职工个人负担。

第四十四条 企业为职工缴纳住房公积金以及职工住房货币化分配的财务处理，按照国家有关规定执行。

职工教育经费按照国家规定的比例提取，专项用于企业职工后续职业教育和职业培训。

工会经费按照国家规定比例提取并拨缴工会。

第四十五条　企业应当依法缴纳行政事业性收费、政府性基金以及使用或者占用国有资源的费用等。

企业对没有法律法规依据或者超过法律法规规定范围和标准的各种摊派、收费、集资，有权拒绝。

第四十六条　企业不得承担属于个人的下列支出：

（一）娱乐、健身、旅游、招待、购物、馈赠等支出；

（二）购买商业保险、证券、股权、收藏品等支出；

（三）个人行为导致的罚款、赔偿等支出；

（四）购买住房、支付物业管理费等支出；

（五）应由个人承担的其他支出。

第六章　收益分配

第四十七条　投资者、经营者及其他职工履行本企业职务或者以企业名义开展业务所得的收入，包括销售收入以及对方给予的销售折扣、折让、佣金、回扣、手续费、劳务费、提成、返利、进场费、业务奖励等收入，全部属于企业。

企业应当建立销售价格管理制度，明确产品或者劳务的定价和销售价格调整的权限、程序与方法，根据预期收益、资金周转、市场竞争、法律规范约束等要求，采取相应的价格策略，防范销售风险。

第四十八条　企业出售股权投资，应当按照规定的程序和方式进行。股权投资出售底价，参照资产评估结果确定，并按照合同约定收取所得价款。在履行交割时，对尚未收款部分的股权投资，应当按照合同的约定结算，取得受让方提供的有效担保。

上市公司国有股减持所得收益，按照国务院的规定处理。

第四十九条　企业发生的年度经营亏损，依照税法的规定弥补。税法规定年限内的税前利润不足弥补的，用以后年度的税后利润弥补，或者经投资者审议后用盈余公积弥补。

第五十条　企业年度净利润，除法律、行政法规另有规定外，按照以下顺序分配。

（一）弥补以前年度亏损。

（二）提取10%法定公积金。法定公积金累计额达到注册资本50%以后，可以不再提取。

（三）提取任意公积金。任意公积金提取比例由投资者决议。

（四）向投资者分配利润。企业以前年度未分配的利润，并入本年度利润，在充分考虑现金流量状况后，向投资者分配。属于各级人民政府及其部门、机构出资的企业，应当将应付国有利润上缴财政。

国有企业可以将任意公积金与法定公积金合并提取。股份有限公司依法回购后暂未转让或者注销的股份，不得参与利润分配；以回购股份对经营者及其他职工实施股权激励的，在拟订利润分配方案时，应当预留回购股份所需利润。

第五十一条 企业弥补以前年度亏损和提取盈余公积后，当年没有可供分配的利润时，不得向投资者分配利润，但法律、行政法规另有规定的除外。

第五十二条 企业经营者和其他职工以管理、技术等要素参与企业收益分配的，应当按照国家有关规定在企业章程或者有关合同中对分配办法做出规定，并区别以下情况处理：

（一）取得企业股权的，与其他投资者一同进行企业利润分配；

（二）没有取得企业股权的，在相关业务实现的利润限额和分配标准内，从当期费用中列支。

第七章 重组清算

第五十三条 企业通过改制、产权转让、合并、分立、托管等方式实施重组，对涉及资本权益的事项，应当由投资者或者授权机构进行可行性研究，履行内部财务决策程序，并组织开展以下工作：

（一）清查财产，核实债务，委托会计师事务所审计；

（二）制订职工安置方案，听取重组企业的职工、职工代表大会的意见或者提交职工代表大会审议；

（三）与债权人协商，制订债务处置或者承继方案；

（四）委托评估机构进行资产评估，并以评估价值作为净资产作价或者折股的参考依据；

（五）拟订股权设置方案和资本重组实施方案，经过审议后履行报批手续。

第五十四条 企业采取分立方式进行重组，应当明晰分立后的企业产权关系。

企业划分各项资产、债务以及经营业务，应当按照业务相关性或者资产相关性原则制订分割方案。对不能分割的整体资产，在评估机构评估价值的基础上，经分立各方协商，由拥有整体资产的一方给予他方适当经济补偿。

第五十五条 企业可以采取新设或者吸收方式进行合并重组。企业合并前的各项资产、债务以及经营业务，由合并后的企业承继，并应当明确合并后企业的产权关系以及各投资者的出资比例。

企业合并的资产税收处理应当符合国家有关税法的规定，合并后净资产超出注册资本的部分，作为资本公积；少于注册资本的部分，应当变更注册资本或者由投资者补足出资。

对资不抵债的企业以承担债务方式合并的，合并方应当制定企业重整措施，按照合并方案履行偿还债务责任，整合财务资源。

第五十六条 企业实行托管经营，应当由投资者决定，并签订托管协议，明确托管经营的资产负债状况、托管经营目标、托管资产处置权限以及收益分配办法等，并落实财务监管措施。

受托企业应当根据托管协议制订相关方案，重组托管企业的资产与债务。未经托管企业投资者同意，不得改组、改制托管企业，不得转让托管企业及转移托管资产、经营业务，不得以托管企业名义或者以托管资产对外担保。

第五十七条 企业进行重组时，对已占用的国有划拨土地应当按照有关规定进行评估，履行相关手续，并区别以下情况处理：

（一）继续采取划拨方式的，可以不纳入企业资产管理，但企业应当明确划拨土地使用权权益，并按规定用途使用，设立备查账簿登记（国家另有规定的除外）；

（二）采取作价入股方式的，将应缴纳的土地出让金转作国家资本，形成的国有股权由企业重组前的国有资本持有单位或者主管财政机关确认的单位持有；

（三）采取出让方式的，由企业购买土地使用权，支付出让费用；

（四）采取租赁方式的，由企业租赁使用，租金水平参照银行同期贷款利率确定，并在租赁合同中约定。

企业进行重组时，对已占用的水域、探矿权、采矿权、特许经营权等国有资源，依法可以转让的，比照前款处理。

第五十八条 企业重组过程中，对拖欠职工的工资和医疗、伤残补助、抚恤费用以及欠缴的基本社会保险费、住房公积金，应当以企业现有资产优先清偿。

第五十九条 企业被责令关闭、依法破产、经营期限届满而终止经营的，或者经投资者决议解散的，应当按照法律、法规和企业章程的规定实施清算。清算财产变卖底价，参照资产评估结果确定。国家另有规定的，从其规定。

企业清算结束，应当编制清算报告，委托会计师事务所审计，报投资者或者人民法院确认后，向相关部门、债权人以及其他的利益相关人通告。其中，属于各级人民政府及其部门、机构出资的企业，其清算报告应当报送主管财政机关。

第六十条 企业解除职工劳动关系，按照国家有关规定支付的经济补偿金或者安置费，除正常经营期间发生的列入当期费用以外，应当区别以下情况处理：

（一）企业重组中发生的，依次从未分配利润、盈余公积、资本公积、实收资本中支付；

（二）企业清算时发生的，以企业扣除清算费用后的清算财产优先清偿。

第八章　信息管理

第六十一条　企业可以结合经营特点，优化业务流程，建立财务和业务一体化的信息处理系统，逐步实现财务、业务相关信息一次性处理和实时共享。

第六十二条　企业应当逐步创造条件，实行统筹企业资源计划，全面整合和规范财务、业务流程，对企业物流、资金流、信息流进行一体化管理和集成运作。

第六十三条　企业应当建立财务预警机制，自行确定财务危机警戒标准，重点监测经营性净现金流量与到期债务、企业资产与负债的适配性，及时沟通企业有关财务危机预警的信息，提出解决财务危机的措施和方案。

第六十四条　企业应当按照有关法律、行政法规和国家统一的会计制度的规定，按时编制财务会计报告，经营者或者投资者不得拖延、阻挠。

第六十五条　企业应当按照规定向主管财政机关报送月份、季度、年度财务会计报告等材料，不得在报送的财务会计报告等材料上作虚假记载或者隐瞒重要事实。主管财政机关应当根据企业的需要提供必要的培训和技术支持。

企业对外提供的年度财务会计报告，应当依法经过会计师事务所审计。国家另有规定的，从其规定。

第六十六条　企业应当在年度内定期向职工公开以下信息：

（一）职工劳动报酬、养老、医疗、工伤、住房、培训、休假等信息；

（二）经营者报酬实施方案；

（三）年度财务会计报告审计情况；

（四）企业重组涉及的资产评估及处置情况；

（五）其他依法应当公开的信息。

第六十七条　主管财政机关应当建立健全企业财务评价体系，主要评估企业内部财务控制的有效性，评价企业的偿债能力、盈利能力、资产营运能力、发展能力和社会贡献。评估和评价的结果可以通过适当方式向社会发布。

第六十八条　主管财政机关及其工作人员应当恰当使用所掌握的企业财务信息，并依法履行保密义务，不得利用企业的财务信息谋取私利或者损害企业利益。

第九章　财务监督

第六十九条　企业应当依法接受主管财政机关的财务监督和国家审计机关的财务审计。

第七十条　经营者在经营过程中违反本通则有关规定的，投资者可以依法追究经营者的责任。

第七十一条　企业应当建立、健全内部财务监督制度。

企业设立监事会或者监事人员的，监事会或者监事人员依照法律、行政法规、本通则和企业章程的规定，履行企业内部财务监督职责。

经营者应当实施内部财务控制，配合投资者或者企业监事会以及中介机构的检查、审计工作。

第七十二条　企业和企业负有直接责任的主管人员和其他人员有以下行为之一的，县级以上主管财政机关可以责令限期改正、予以警告，有违法所得的，没收违法所得，并可以处以不超过违法所得 3 倍、但最高不超过 3 万元的罚款；没有违法所得的，可以处以 1 万元以下的罚款。

（一）违反本通则第三十九条、四十条、四十二条第一款、四十三条、四十六条规定列支成本费用的。

（二）违反本通则第四十七条第一款规定截留、隐瞒、侵占企业收入的。

（三）违反本通则第五十条、五十一条、五十二条规定进行利润分配的。但依照《公司法》设立的企业不按本通则第五十条第一款第二项规定提取法定公积金的，依照《公司法》的规定予以处罚。

（四）违反本通则第五十七条规定处理国有资源的。

（五）不按本通则第五十八条规定清偿职工债务的。

第七十三条　企业和企业负有直接责任的主管人员和其他人员有以下行为之一的，县级以上主管财政机关可以责令限期改正、予以警告。

（一）未按本通则规定建立健全各项内部财务管理制度的。

（二）内部财务管理制度明显与法律、行政法规和通用的企业财务规章制度相抵触，且不按主管财政机关要求修正的。

第七十四条　企业和企业负有直接责任的主管人员和其他人员不按本通则第六十四条、第六十五条规定编制、报送财务会计报告等材料的，县级以上主管财政机关可以依照《公司法》、《企业财务会计报告条例》的规定予以处罚。

第七十五条　企业在财务活动中违反财政、税收等法律、行政法规的，依照《财政违法行为处罚处分条例》（国务院令第 427 号）及有关税收法律、行政法规的规定予以处理、处罚。

第七十六条　主管财政机关以及政府其他部门、机构有关工作人员，在企业财务管理中滥用职权、玩忽职守、徇私舞弊或者泄露国家机密、企业商业秘密的，依法进行处理。

第十章　附则

第七十七条　实行企业化管理的事业单位比照适用本通则。

第七十八条　本通则自 2007 年 1 月 1 日起施行。

【各章练习题参考答案】

第一章　练习题参考答案

单项选择题

1. B　2. D　3. D　4. C　5. A

多项选择题

1. ACE　2. CE　3. BC　4. ABD　5. AC　6. BDE

第二章　练习题参考答案

单项选择题

1. C　2. C　3. D　4. B　5. B　6. B　7. A　8. B

多项选择题

1. BD　2. ADE　3. ABCD　4. AD　5. BE　6. ABCE

计算分析题

1.（1）现在一次存入153 846元；

（2）每年年初存入34 472元。

2.（1）5年以后的本利和为1 300元；

（2）单利计息下的即付年金终值为 $FA = n \times A + A \times n \times i\ (n+1) / 2$。

3. 前5年每年还款额为77.91万元；

后5年每年还款额为71.94万元。

4.（1）退休时养老金账户的本利和为652 523元；

（2）每月可（等额）取出4 675元。

第三章　练习题参考答案

单项选择题

1. B　2. D　3. B　4. C　5. C　6. D　7. A　8. D

多项选择题

1. BCE　2. CD　3. AD　4. BD　5. ABDE　6. BDE

计算分析题

1.（1）（静态）投资回收期为4.4年；

（2）$NPV = -73.64$，故该项目不可行。

2.（1）贴现率为9%，$NPV = 185.71$ 万元；贴现率为12%，$NPV = -74.38$ 万元。因此，甲投资者认为该项目可行，而乙投资者认为该项目不可行。

（2）项目的内含报酬率（*IRR*）=11.14%。

3. 甲设备平均年成本=104 833.72/（*P/A*，10%，4）=33 071.62（元）

乙设备平均年成本=85 821.06/（*P/A*，10%，3）=34 509.25（元）

购置甲设备比较合算。

4. （1）第一年的现金净流量为6.9万元，第2~5年每年8.7万元，第6年9.7万元（含收回的营运资金垫支额）。

（2）净现值*NPV*=2.398万元，该项目可行。

第四章　练习题参考答案

单项选择题

1. B　2. D　3. A　4. B　5. D　6. D　7. B　8. C

多项选择题

1. ACE　2. ABCDE　3. ABCE　4. AC　5. ABD　6. BCE

计算分析题

1. （1）A股票价值7.95元，B股票价值7.50元；

（2）应当购买A股票。

2. （1）如果债券每年付息，按照8%的贴现率计算，债券的理论价值为1 066.21元，杜先生以1 050元的价格买进，获得的收益率将高于8%；

（2）债券年收益率为7.46%。

3. （1）三个方案报酬率的期望值均为16.5%。

（2）三个方案报酬率的标准离差率分别为：A产品，19.11%；B产品，10.5%；C产品，27.75%。

（3）优劣排序为：B、A、C。

4. （1）证券组合的β系数为1.49；

（2）证券组合的风险收益率为7.45%；

（3）证券组合的必要收益率为12.45%。

第五章　练习题参考答案

单项选择题

1. A　2. C　3. B　4. B　5. D　6. B

多项选择题

1. ACDE　2. ACD　3. ACDE　4. BD　5. BCDE

计算分析题

1. （1）最佳持有量为50 000元；

（2）总成本为5 000元。

2. 改变信用期限增加的净收益为1.8万元，改变信用期限对公司是有利的。

提示：应收账款的机会成本变化为：

［（4 800×50%÷360）×10＋（4 800×50%÷360×72）］×75%×12%－（4 500÷360）×48×75%×12%＝49.2－54＝－4.8（万元）

3. （1）经济订货量＝6 480件；全年订货次数＝10次；与批量有关的总成本＝32 400元。

（2）经济批量＝8 100件，一年应采购8次。

第六章　练习题参考答案

单项选择题

1. B　2. D　3. C　4. B　5. A　6. A　7. D　8. C

多项选择题

1. AE　2. BC　3. BCD　4. BCD　5. ABC　6. BD　7. ABCE　8. BCE

计算分析题

1. （1）2003年每股收益＝0.48（元）

（2）市盈率＝13.94（倍）

（3）市盈率＝25.25（倍）

2. （1）前4年每年还款额为151.26万元；

（2）借款的本息偿付计划表从略。

3. A方案发行价格为101.16元；

B方案发行价格为97.05元。

4. （1）应当支付的总金额为441万元；

（2）放弃折扣百分比为29.39%；

（3）放弃折扣百分比为13.36%。

第七章　练习题参考答案

单项选择题

1. D　2. C　3. D　4. A　5. C　6. B　7. C　8. D

多项选择题

1. ABCD　2. ACE　3. AD　4. BDE　5. CD　6. ABCDE

计算分析题

1. （1）25万元，75万元；（2）5.5万元；（3）49.5万元。

2. 普通股总额8 800万元；资本公积7 400万元；盈余公积2 500万元；未分配利

润 7 050 万元；股东权益 25 750 万元；发放前每股利润 0.825 元；发放后每股利润 0.75 元。

3. 0.385 元/股；0.375 元/股。

第八章　练习题参考答案

单项选择题

1. D　2. B　3. D　4. A　5. B　6. A　7. C　8. C

多项选择题

1. AB　2. ABC　3. ACE　4. ACD　5. ABD　6. ABE　7. ABD

计算分析题

1. （1）6.82%；（2）12.37%；（3）18.5%；（4）13.49%。

2. （1）1.75，1.6；（2）42%（提示：利用总杠杆系数计算）。

3. （1）*EPS*（A）=0.75 元，*EPS*（B）=0.78 元，B 方案的每股收益高于 A 方案。

（2）*EPS*（A）=1.125 元，*EPS*（B）=1.08 元，A 方案的每股收益高于 B 方案。

（3）每股盈余无差别点 =3 400（万元）

第九章　练习题参考答案

单项选择题

1. C　2. B　3. B　4. A　5. B　6. D　7. A　8. C

多项选择题

1. BD　2. ABDE　3. AD　4. ACD　5. ABC

计算分析题

1. （1）应收账款周转率为 6 次；

（2）存货周转率为 2.8 次；

（3）年末的流动比率为 1.68；

（4）年末的速动比率为 0.72。

2. （略）。

主要参考书目

1. 中国注册会计师协会编．财务成本管理（2013 年度注册会计师全国统一考试辅导教材）．北京：中国财政经济出版社，2013
2. 刘文国，王纯编．上市公司财务报表分析．上海：复旦大学出版社，2012
3. 财政部会计资格评价中心编．财务管理（2012 年度全国会计专业资格考试辅导教材——中级会计资格）．北京：中国财政经济出版社，2011
4. 刘方乐编．财务管理理论与实务．北京：清华大学出版社，2009
5. 祝锡萍编．企业财务系统：平衡、均衡和权衡．杭州：浙江大学出版社，2009
6. 中国证券监督管理委员会．公司债券发行试点办法．2007（6）
7. 中国证券监督管理委员会．首次公开发行股票并上市管理办法．2006（5）
8. 中国证券监督管理委员会．上市公司证券发行管理办法．2006（4）
9. 陈梦法编．中华人民共和国证券法详解．北京：中国财政经济出版社，2005
10. 张新民编．企业财务报表分析．北京：对外经济贸易大学出版社，2004
11. 王化成编．高级财务管理学．北京：中国人民大学出版社，2003
12. 欧阳令南编．公司财务．大连：东北财经大学出版社，2002
13. 傅依，张平编．公司价值评估与证券投资分析．北京：中国财政经济出版社，2001
14. 余怒莲编．管理会计．北京：对外经济贸易大学出版社，2000
15. 朱惠芹编．财务管理与分析．杭州：浙江大学出版社，2000
16. 罗福凯编．财务分析．北京：中国商业出版社，1999
17. 周首华，［美］杨济华编．现代西方财务管理．大连：东北财经大学出版社，1997
18. Gabriel Hawawini，Claude Viallet. *Finance for Executives*：*Managing for Value Creation*. 2th edition. 北京：机械工业出版社，2003
19. Ronald W. Hilton. *Managerial Accounting*：*Creating Value in a Dynamic Business Environment*. 5th edition. 北京：机械工业出版社，2002
20. Stephen A. Ross，Randolph W. Westerfield，Bradford D. Jordan. *Fundamentals of Corporate Finance*. 方红星译．大连：东北财经大学出版社，2002

《财务管理基础（第二版）》
编读互动信息卡

亲爱的读者：

感谢您购买本书。只要您以以下三种方式之一成为普华公司的会员，即可免费获得普华每月新书信息快递，在线订购图书或向我们邮购图书时可获得免付图书邮寄费的优惠：①详细填写本卡并以传真（复印有效）或邮寄返回给我们；②登录普华公司官网注册成为普华会员；③关注微博：@普华文化（新浪微博）。会员单笔订购金额满300元，可免费获赠普华当月新书一本。

哪些因素促使您购买本书（可多选）

○本书摆放在书店显著位置　○封面推荐　○书名

○作者及出版社　○封面设计及版式　○媒体书评

○前言　○内容　○价格

○其他（　　　　）

您最近三个月购买的其他经济管理类图书有

1.《　　》　2.《　　》

3.《　　》　4.《　　》

您还希望我们提供的服务有

1. 作者讲座或培训　2. 附赠光盘

3. 新书信息　4. 其他（　　　　）

请附阁下资料，便于我们向您提供图书信息

姓　名　　联系电话　　职　务

电子邮箱　　工作单位

地　址

地　　址：北京市东城区龙潭路甲3号翔龙大厦218室
北京普华文化发展有限公司（100061）

传　　真：010－67120121

读者热线：010－67129879　010－67129872－207

投稿邮箱：tougao@puhuabook.com，或请登录普华官网“作者投稿专区”。

购书电话：010－67129872－818　淘宝店网址：http：//shop60686916.taobao.com

媒体及活动联系电话：010－67129872－830　邮件地址：liujun@puhuabook.com

普华官网：http：//www.puhuabook.com.cn

博　　客：http：//blog.sina.com.cn/u/1812635437

新浪微博：@普华文化（关注微博，免费订阅普华每月新书信息速递）